"十三五"应用型人才培养规划教材——财经商贸

会计信息系统

——用友ERP-U8.72版

齐莲花 康 莉 / 主 编

王铁媛 杨 婧 / 副主编

清华大学出版社

北 京

内容简介

本书根据高职高专人才培养目标的要求来设置课程体系,体现理论和实践相结合,着重提高分析和解决实际问题的能力,模拟企业实际经济环境,采用近似真实的应用案例,演绎财务软件的具体操作过程和方法,在动手操作的过程中嵌入复杂的理论讲授,以便适应学生从感性认识到理性认识的认知过程。同时为了学和练的有机结合,本书还附有原始凭证及上机实际操作指导。全书共八章,主要内容包括:会计信息系统概述、系统管理与基础设置、企业应用平台、总账系统、UFO 报表管理、薪资管理系统、固定资产系统、应收款管理系统和应付款管理系统。

本书可作为高职高专、应用型本科院校财务会计专业的教材。

图书在版编目(CIP)数据

会计信息系统:用友 ERP-U8.72 版/齐莲花,康莉主编.--北京:清华大学出版社,2016(2019.2重印)
"十三五"应用型人才培养规划教材.财经商贸
ISBN 978-7-302-43496-2

Ⅰ.①会… Ⅱ.①齐… ②康… Ⅲ.①会计信息－财务管理系统－高等职业教育－教材
Ⅳ.①F232

中国版本图书馆 CIP 数据核字(2016)第 078095 号

责任编辑:张 弛
封面设计:常雪影
责任校对:袁 芳
责任印制:沈 露

出版发行:清华大学出版社
网　　　址:http://www.tup.com.cn, http://www.wqbook.com
地　　　址:北京清华大学学研大厦 A 座　　　　邮　编:100084
社 总 机:010-62770175　　　　　　　　　　邮　购:010-62786544
投稿与读者服务:010-62776969, c-service@tup.tsinghua.edu.cn
质量反馈:010-62772015, zhiliang@tup.tsinghua.edu.cn
课件下载:http://www.tup.com.cn,010-62770175-4278
印 装 者:三河市吉祥印务有限公司
经　　销:全国新华书店
开　　本:185mm×260mm　　印　张:16.75　　字　数:403 千字
版　　次:2016 年 8 月第 1 版　　　　　　　印　次:2019 年 2 月第 5 次印刷
定　　价:39.00 元

产品编号:068253-02

编写委员会

PREFACE ━━━━━━━━━━━━━━━━━ 序

　　我国经过多年的改革开放,经济已连续多年保持持续高速的增长。为了稳步推动我国经济和社会全面、协调、可持续发展,国家财政部陆续颁布实施了新的"税法、企业会计准则、企业财务通则"等法律法规和财税管理规章制度,促进了我国财税理论与实践的变革与发展。财税管理作为市场经济运行管理的主体,为财政税收管理,国家、区域和企业经济政策和发展计划的制定及实施,提供科学的依据和支持。会计和税务在国家经济建设和发展、改善民生、构建和谐社会等各方面发挥着极其重要的作用,并涉及各个经济领域的每一个企业、单位,因而,深受各级政府、各类企业和各单位管理者的高度重视。

　　目前,我国已进入经济和社会转型期,随着国家经济转轨、产业结构调整,我国政府倡导全民大众创新创业,大批新兴服务和文化创意产业不断涌现,如物流、电子商务、旅游、生物、医药、动漫、演艺等;同时,我国"一带一路、互联互通"总体发展战略的制定和实施,极大地促进了我国经济国际化的快速发展。这些都促使国家及时出台多项有利于新兴产业、外向型企业和中小微企业发展的财税政策。

　　现代会计在其发展过程中已构建了较为完善的会计信息系统和会计控制系统,渗透到企业经营管理的各个方面,发挥着重要的管理作用;财税政策体现了国家经济发展的主导性,财税规章管理制度则是企业合法经营的基本保障。随着我国经济改革不断深化、经济国际化特征日趋明显,企业内外部环境也在发生着重大变化,新的经济现象与管理方式不断出现,这就对企业会计从业人员业务素质提出越来越高的要求。加强现代企业管理者会计、税务知识技能的培训及更新升级,定期、系统培养并提供符合时代需求的财税管理人才,规范经营、提高管理能力、更好地为我国经济发展服务,已成为财税管理工作的一个重要目标,这也是本套教材出版的目的和意义。

　　我们依据高校教育教学特点和培养目标,参考大量国内外相关教育教学理论书籍,结合多年的财税理论研究和教学实践经验,组织多年从事会计和税务课程教学的多所高校的一线老师共同撰写完成本套系列教材。

　　本套系列教材具有以下特点。

　　(1)新理念。本套系列教材在编写过程中,遵循科学发展观,坚持改革创新,注重与时俱进,按照高校教育教学目标的精神和要求,依据我国目前经济转轨、产业结构调整的新思路及财税改革的新举措,同时,考虑大学生就业特点和社会各类企业对财税岗位用人的实际需求。既强调财税理论和方法的掌握,又重视运用能力的培养;既考虑教材的适用性,也充分考虑专业素质教育的要求。

　　(2)新模式。积极吸收国内外新的财税教学理论和方法,在教学结构和模型设计上,力求以学生为中心,以专业主题为主线,以综合能力培养为目标,体现理论教学、案例分析、软件应用相结合的实操训练一体化教学结构与模式。

（3）新内容。本套教材紧密结合国家财税改革与发展,前瞻性强,具有理论表述通俗、注重系统知识和知识更新、案例丰富且贴近实际、强调实用性、突出计算机新功能软件的运用、适用范围广等特点。既重视学生掌握财税专业理论和方法知识,并且能够运用专业理论和方法去正确地认识和反映社会经济活动。同时,还要考虑学生就业、考取上岗资格证、各级专业证书的需要。

本套系列教材依据高校教育教学特点和培养目标编写,同时兼顾高职高专和成人高校会计、税务教学。因此,本套教材既可以作为应用型大学财经管理专业的首选教材,也可以作为高职高专院校经济类和管理类专业的教学用书,还可以作为经济管理领域的财会及税务实务工作者和管理人员的岗位培训用书和参考用书,并可为社会广大中小微企业创业者提供有益的学习指导。

在教材编写过程中,我们参阅和借鉴了国内外同行的大量文献,以及国家历年颁布实施的财税政策法规与管理制度,并得到院校、会计事务及行业协会专家、教授的帮助与支持以及具体指导,在此表示衷心的感谢。为配合本套教材的发行使用特提供配套电子课件,读者可以从清华大学出版社网站(www.tup.com.cn)免费下载使用。由于水平有限,加上国家财税政策变化快、时间比较仓促,书中不足之处在所难免,恳请读者多提宝贵意见。

教材编委会

2016 年 3 月

FOREWORD ——————————— 前　言

　　本书以培养应用型财经人才为宗旨，以用友 ERP-U8.72 版为蓝本，结合财经类院校人才培养目标的要求，集合社会各方面力量，组织教学与科研一线的骨干教师编写，为大学生提供一个可以了解企业实际经济业务的环境，为社会培养具有实际动手能力的复合型、应用型人才。

　　本书模拟企业实际经济环境，采用一个近似真实的应用案例，来演绎会计信息系统的具体操作过程和方法，重点演绎系统管理、总账系统、UFO 报表管理、薪资管理系统、固定资产系统、应收款管理系统和应付款管理系统的各自功能及相互关联，将复杂的理论具体化，以适应应用型财经院校会计信息系统课程的理论与实践讲授，同时为了学和练的有机结合，本书还附有原始凭证及上机实际操作。

　　本书的特点如下。

1. 可操作性

　　本书以一套完整的会计资料为数据源，从初始设置开始进而执行各子系统日常业务处理，理解和掌握各子系统的关联，最终完成会计报表的编制，充分体现了会计业务核算和管理流程，具有可操作性和实用性。

2. 前沿性

　　本书及时反映最新的会计信息系统技术，紧随软件开发的步伐，并能把最前沿的科技知识引入教材，结合应用型财经类院校的教学特点设计教学环节，遵循学习者的认知规律，循序渐进，完全符合教学规律。

3. 创新性

　　本书在会计业务中提供了原始凭证，使教材更接近于实际业务工作，做到理论结合实际；采用一套完整的模拟数据为主线，按照会计核算程序设计教学任务，从而赋予本书以全新的面貌。

　　本书由内蒙古财经大学职业学院教授齐莲花、副教授康莉担任主编，负责全书的总体设计和总撰，由内蒙古财经大学会计学院副教授王铁媛、讲师杨婧担任副主编工作，由内蒙古财经大学会计学院讲师刘刚、副教授王春梅、内蒙古财经大学职业学院高级实验师王红梅参与编写。各章编写分工如下（以章次为序）：第一章由王红梅编写；第二章由刘刚编写；第三章由王春梅编写；第四章、第五章由康莉编写；第六章、第七章由齐莲花编写；第八章由王铁媛编写；第九章由杨婧编写。全书由齐莲花、康莉负责主审工作。

本书在编写过程中，参考了有关专家、学者编写的教材和专著，并从中汲取了丰富的知识和内容，这些书籍对本书的编写起到了很大的作用，在此一并表示衷心的感谢。

由于编写水平有限，书中难免存在疏漏和不妥之处，敬请广大读者批评、指正。

编　者

2016 年 6 月

CONTENTS 目 录

第一章

会计信息系统概述

🔖 **学习目标**

　　通过本章的学习，了解会计信息系统的概念、发展、构成；了解会计信息系统的管理体制；了解会计信息系统和传统手工会计的区别；掌握用友 ERP-U8.72 财务系统的功能结构；掌握各个模块之间的数据联系；掌握数据库 SQL Server 2000 和用友管理软件的安装、启动和操作步骤。为以后的学习提供理论支持。

第一节　会计信息系统的概念

一、会计信息系统的概念和作用

（一）会计信息系统的基本概念

　　会计信息是企事业单位最重要的经济信息，它连续、系统、全面、综合地反映和监督企业经营状况，并为管理、经营决策提供重要依据。而在现代科学技术的背景下，这样的信息系统无疑就是计算机管理信息系统。

　　会计信息系统以计算机为主要工具，对各种会计数据进行收集、记录、存储、处理与输出，并完成对会计信息的分析，向使用者提供所需会计信息，辅助使用者管理、预测和决策，提高企业管理水平与经济效益。

　　可以看出，在提出会计信息系统概念时，我国计算机使用还未普及，作为一种新的处理工具，会计信息系统的出现，极大地提高了会计业务处理的速度，同时也带来了会计信息系统在我国的快速发展。最初的使用仅仅局限在替代手工操作，例如：处理工资或库管工作这样重复量大、处理过程简单的业务。在对这个概念的理解上，经常存在误区：认为会计信息系统无非是同计算器、珠算等处理工具等同的一种处理工具。但是，应该看到，随着计算机的普及，会计软件功能的不断强大，到目前为止，会计信息系统软件已不仅仅是替代传统的手工操作，完成有关的会计核算，更重要的是，它形成了一套能够建立和完善集企业业务处理和会计核算、财务管理于一体，充分利用企业内部业务处理及核算信息和企业外部经济信息，准确分析现状和预测未来，为企业提供管理、分析、决策服务的电算化会计信息系统。

　　会计信息系统是管理信息系统的一个子系统，是以电子计算机网络技术和现代信息技术为基础，以人为主导，充分利用计算机硬件、软件、网络通信设备以及其他办公设备进行企事业单位会计业务数据的收集、存储、传输和加工，输出会计信息，并将其反馈给各有关单位，为企业的经营活动和决策活动提供帮助，为投资者、债权人、政府部门提供财务信息的系统。

对会计信息系统的概念应当从以下几个要点进行理解。

（1）会计信息系统是管理信息系统的子系统。

（2）会计信息系统采用计算机和信息技术。

（3）会计信息系统运用软件工程学的开发方法。

（4）会计信息系统处理会计核算业务。

（5）会计信息系统能够进行财会分析、预测、决策和控制等管理。

（二）会计信息系统的发展历程

会计信息系统是社会发展到一定阶段、特定的环境下才发展起来的,体现了会计的本质特征。以信息系统化为核心所形成的理论和方法体系能适应具体社会环境的要求。根据信息技术对会计信息系统的影响程度不同,将会计信息系统模式划分为四种。

1. 手工会计信息系统（15 世纪）

手工会计信息系统的核心是会计恒等式、会计循环、会计科目表、分录和账簿。该模式可追溯到十三四世纪威尼斯商人的借贷记账法,后由意大利数学家、近代会计之父卢卡·帕乔利经过 6 年调查研究和整理,于 1494 年 11 月 10 日出版了《数学大全》一书,该模式一直沿用至今。

2. 电算化会计信息系统（20 世纪 50 年代）

电子计算机应用于手工会计信息系统之中,即为电算化会计信息系统模式,该模式正逐步取代手工会计信息系统。1946 年 2 月 14 日,由美国政府和宾夕法尼亚大学合作开发的世界上第一台电子计算机 ENIAE 在费城公诸于世。1954 年美国通用电气公司第一次使用计算机计算职工工资,从而引起了会计处理的变革,标志着电算化会计信息系统模式的开始。电算化会计信息系统横向扩展,最后形成整个企业管理信息系统,纵向发展并按职能结构分为会计信息处理系统、会计管理信息系统、会计决策支持系统。

3. 准现代会计信息系统（20 世纪 60 年代末）

计算机数据管理技术经历了人工管理、文件系统、数据库系统三个阶段。数据库会计的理论模型可以追溯到 1939 年,由戈茨（Goetz）提出,该系统是保存最原始状态的数据,以便数据可以按照最切合每一个用户需求的形式进行组织。遗憾的是,在建立数据模型时,主要按传统会计模式的数据逻辑模型组织数据,利用数据库技术对数据进行更多的分类操作;只描述与复式记账会计体系有关的数据,未能用先进的数据结构描述会计处理的对象本身,以便系统能产生更多的视图。

4. 现代会计信息系统（1982 年）

1982 年 7 月,美国密歇根州立大学会计系教授麦卡锡（Me. Carthy）在《会计评论》上发表文章,提出了 REA（Resources Events Agents）模型,标志着现代会计信息系统模式的开始。

现代会计信息系统的核心是集成,集成业务处理、信息处理、实时控制和管理决策。它不仅局限于财务管理,而是面向整个企业管理,从详细记录最原始经济业务事件的属性或语义表述于数据库中开始,而不是从记录经过人为加工后的会计分录开始,其基本元素不再是科目、分录、账簿。充分利用信息技术并克服了电算化会计信息系统的弊端,因此称其为现代会计信息系统。

(三) 会计信息系统的作用

会计信息系统的应用是会计发展史上的一次重大变革,在市场经济环境中,其意义不仅在于替代传统手工操作,而且,在提高企业会计数据处理水平和质量、转变会计人员的职能、提高会计辅助管理等方面有着重要的作用。具体表现在以下几个方面。

(1) 提高会计数据处理的时效性和准确性,提高会计核算的水平和质量,减轻会计人员的劳动强度。

首先,在会计信息系统条件下,会计凭证录入计算机后,即可审核入账,产生最新的账户余额和发生额资料。手工操作条件下表现为一个周期(月、季、年)的会计循环在会计信息系统条件下能以实时方式完成,因此,极大地提高了会计数据处理的时效性。

其次,在手工操作条件下,会计核算不规范,核算工作出现误差是不可避免的现象。而在会计信息系统条件下,由于数据处理工作由计算机根据合法规范的会计核算软件自动处理,只要保证输入会计数据的正确性和合法性,一般也就保证了整个会计数据处理过程及其结果的准确性和合法性。

最后,在会计信息系统条件下,除会计凭证由人工录入和审核外,其余各项工作都由计算机自动完成。会计人员可以从繁重的记账、算账、报账中解脱出来,凭借计算机的自动化处理,能及时完成各项会计核算任务。这极大地提高了会计人员的工作效率,减轻了劳动强度。

(2) 提高经营管理水平,使财务会计管理由事后管理向事中控制、事先预测转变,为管理信息化打下基础。

首先,在手工操作条件下,受人工处理信息能力的限制,日常企业管理很难建立在科学、及时的定量决策基础上,管理和决策的随意性很大。会计信息系统的实现,使准确及时地提供各类管理所需信息成为可能,提高了经营管理水平。

其次,在手工操作条件下,受人工处理信息能力的限制,日常企业管理是建立在事后定期核算管理基础上的。实现会计信息系统后,可以实现对经营管理过程的事中控制、反馈和管理,还可通过计算机管理决策模型对各项管理活动进行事先预测和决策。

最后,会计信息系统的实现,将为企业全面管理信息化奠定基础。这是因为会计信息是企业管理信息中最重要的一个子集。企业组织的全部成员均在一定程度上参与会计数据的产生,并且所有管理人员均在一定程度上利用会计信息。在实际工作中,企业管理信息系统的建立往往是从会计信息系统开始的,以会计信息系统为中心发展起来的。

(3) 推动会计技术、方法、理论创新和观念更新,促进会计工作进一步发展。

会计信息系统的产生和发展,使传统会计学的理论和实践都受到了影响,许多地方需要改革才能适应这一情况。会计信息系统不仅使传统会计使用的介质、工具、簿记格式等形式上都发生了变化,而且对会计的核算方式、程序、内容和方法以及控制、管理制度都提出了变化的要求,涉及了会计学的理论问题。

因此,会计信息系统的发展,不是一次微小的变动,而是一场深刻的变革,是会计学发展历史上的一次改革。会计信息系统的发展,必然对会计理论和会计实践提出许多新的问题和新的要求,从而促进会计理论与实践的进一步发展和提高。

(四) 会计信息系统软件

我国会计信息系统是从 20 世纪 80 年代初开始运用的,最初会计信息系统软件由企业自制,后来出现了用友、金碟等财务软件公司,财务软件的发展逐渐走向规范与成熟。

从20世纪90年代末,传统财务软件的缺陷渐渐显现出来,企业不再简单地要求软件系统进行记账与报表输出,还要求软件系统能够提供业务相关的成本、盈利以及绩效等方面的支持信息,这就促使财务软件逐渐向ERP等高度集成化的软件发展,国内各大财务软件厂商也纷纷从单独的财务软件设计转型为ERP厂商。ERP是基于企业价值链的现代管理系统,它集企业的物流、价值流和信息流于一体。会计信息系统是ERP的重要组成部分,是ERP中的重心,是整合企业各个部门各种资源的最佳手段,完全实现了管理会计与财务会计的一体化以及财务业务的一体化。

会计信息系统软件的分类与管理如下。

1. 按会计信息系统层次分类

按会计信息系统层次划分,会计信息系统软件分为核算型、管理型、决策型三种。

(1) 核算型财务软件。其功能是完成日常的会计核算业务,一般包括账务处理、薪资核算、固定资产核算、存货核算、成本核算、销售核算、往来核算和报表处理等。

(2) 管理型财务软件。其功能是完成会计管理和控制工作,主要包括资金筹集的管理、流动资金管理、成本控制、销售收入和利润管理等。

(3) 决策型财务软件。其功能是帮助会计问题的决策者制定科学的经营决策和预测工作,主要包括量本利分析、利润决策、投资决策等。

2. 按会计信息系统使用范围分类

按使用范围不同,会计信息系统软件可分为通用财务软件和专用财务软件。

(1) 通用财务软件。它是指直接用于或通过简单修改后可以直接用于各行业、各单位的财务软件。通用财务软件通常是由专门从事软件开发的公司编写的,作为商品出售给使用单位,所以又叫商品化财务软件。如:用友、万能、安易、金蝶、先锋、蜘蛛、天财、国强、通用、新中大等都是商品化的财务软件。

(2) 专用财务软件。它是指应用于某一特定行业或某一特定单位的财务软件。它通常是由某一单位自行组织开发或使用单位委托计算机公司进行开发的,开发财务软件就是从开发专用财务软件入手的。

3. 按会计信息系统信息共享分类

按会计信息共享划分,会计信息系统软件可分为单用户财务软件、网络与多用户财务软件。

(1) 单用户财务软件。它是指将会计信息系统软件安装在一台或几台计算机上,各个计算机上的会计软件单独运行,生成的数据只存储在本计算机上,各机之间不能直接进行数据交换和共享。

(2) 网络与多用户财务软件。它是指不同工作站或终端上的会计人员可以共享会计信息,保证各用户之间数据共享和数据一致性。

二、会计信息系统的管理体制

会计信息系统的实施,给会计数据处理技术带来了巨大的变革,也给传统的财务会计管理工作带来了重大的变化和新的要求。作为一项新兴的事业,国家应在宏观上用制度加以引导,使全国的会计信息系统工作逐步走向规范化、制度化。因此,会计信息系统管理体制的建设是会计信息系统管理的重要内容。

我国会计信息系统管理体制是：财政部管理全国的会计信息系统工作,地方各级财政部门管理本地区的会计信息系统工作,各单位在遵循国家统一的会计制度和财政部门会计信息系统发展规划前提下,结合本单位具体情况,具体组织实施本单位的会计信息系统工作。

财政部门管理会计信息系统的基本任务如下。

1. 制定会计信息系统发展规划并组织实施

各级财政部门和业务部门要在摸清本地区、本部门会计信息系统现状的基础上,结合经济发展对会计信息系统工作的需要,制定本地区、本部门的会计信息系统事业发展规划,并采取切实措施组织实施,有计划、有步骤地推动我国会计信息系统事业的发展。

2. 制定会计信息系统法规制度

财政部门负责对会计核算软件及生成的会计资料是否符合国家统一的会计制度情况实施监督。加强会计信息系统法规制度的建设,是会计信息系统工作顺利发展的重要保证。各级财政部门要加强会计信息系统法规制度建设,对商品化会计核算软件评审、会计核算软件的基本功能、会计核算软件。

三、会计信息系统与手工会计的比较

1. 会计数据的采集

手工会计由财务人员收集、填制及审核各种原始凭证,根据有关会计制度将反映经济业务的会计数据集中在记账凭证中。

在会计信息系统中,会计数据的采集有多种方式。

(1) 直接输入。财务人员根据原始凭证或记账凭证,通过输入设备将数据直接送入计算机,存入凭证文件中。

(2) 间接输入。会计信息系统环境下,会计人员可以将数据存放在存储介质上,然后再将其转换成计算机所能接受的凭证,并保存在凭证文件中。

(3) 自动输入。会计信息系统下,有很多凭证可以由系统自动编制,如：总账系统期末转账处理、薪资管理系统自动编制凭证传递到总账系统、固定资产管理系统自动计提折旧业务等。

2. 会计数据的处理流程

手工会计条件下,会计数据的处理需要各个岗位人员协同处理才能完成。企业设置总分类账户和明细分类账户,采用平行登记的方法记录。由多个人员来共同完成,不可避免地会出现各种错误,所以要进行对账工作。手工会计处理流程如图 1-1 所示。

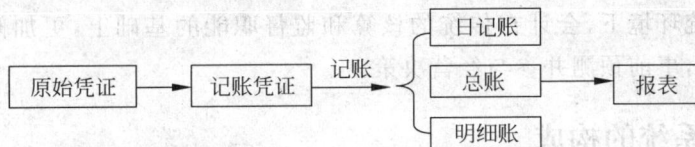

图 1-1 手工会计处理流程图

会计信息系统环境下,由计算机自动完成记账、算账、编制会计报表的工作,没有必要采用平行登账的方式,记账凭证的数据不必重复处理,也没有必要区分总分类账和明细分类账,从而调整和取消了由于手工操作而人为增加的重复环节,处理流程更加简捷、合理。会计信息系统处理流程如图 1-2 所示。

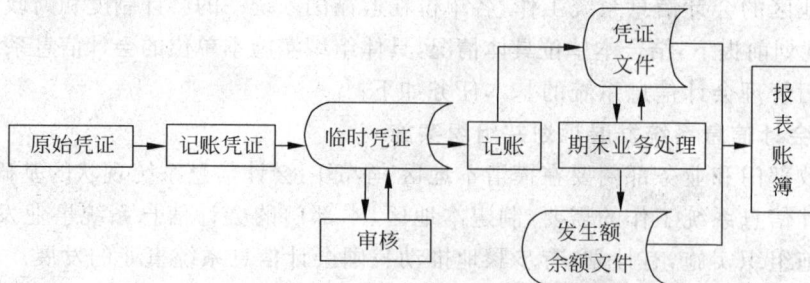

图 1-2　会计信息系统处理流程图

3．会计信息的存储

手工会计环境下,采用纸质介质进行存储。纸介质记录的信息转抄困难,这是手工会计工作记账工作量大的主要原因。但纸介质记录的内容有很强的证据性,对于会计工作是很重要的优点。

会计信息系统环境下,采用硬盘或软盘进行存储。优点是复制方便,查找迅速;但相应的缺点是修改难以保留痕迹,这个特性给审计工作带来了一些新的问题。

4．输出方式

手工会计环境下,最终输出只有各种报表,将报表发送给企业管理者、投资人及税务部门等信息的使用者。

会计信息系统环境下,会计数据保存在存储介质中,只要从存储接种中提取信息即可输出。常见的输出方式有:屏幕显示输出、打印输出、软盘输出、网络输出等。

5．会计内部控制制度

手工会计环境下,有岗位责任制和各种内部牵制制度,保证手工会计信息系统的正确性,企业资产的完整和安全。

会计信息系统环境下,原来的内部控制方式部分被改变或取消。例如:原来靠账簿之间核对实现的查错、纠错控制基本上已经不复存在。而代之以更加严密的输入控制。控制范围已经从财务部门转变为财会部门和计算机部门;控制的方式也从单纯的手工控制转化为组织控制、手工控制和程序控制结合的全面内部控制。

6．会计职能

手工会计环境下,会计的基本职能是核算和监督经济活动的过程。

会计信息系统环境下,会计在传统的核算和监督职能的基础上,更加侧重发展管理职能,进行事中控制,事前预测并参与经营决策。

四、会计信息系统的构成

会计信息系统由以下几方面构成。

1．系统人员

系统人员是直接从事系统研制开发、使用和维护的人员。这些人可以分为两类:一类是系统开发人员,包括系统分析员、系统设计员、系统编程人员;另一类是系统使用人员,包括系统管理人员、系统维护人员、系统操作员、数据录入员、审核人员、档案管理员和财务分析人员等。

2．计算机硬件

计算机硬件包括数据输入设备、处理设备、存储设备和输出设备等。硬件的作用是实现数据的输入、处理和输出等一系列操作。例如:键盘、光电扫描仪、条形码扫描仪等输入设备,计算机主机等数据处理设备,磁盘、光盘等存储设备,打印机、显示器等输出设备。

计算机硬件设备的不同组合方式构成了不同的硬件体系结构,也决定了计算机具有不同的工作方式。

(1)单机结构。整个系统只有一台计算机和相应的外部设备,所用的计算机一般为微型计算机,属于单用户、单任务工作方法。其优点是开发周期短,价格低廉,操作简便,数据共享程度高。缺点是输入速度慢。

(2)多用户结构。整个系统配置一台主机和多个终端,通过通信线路连接而成。允许多个用户同时在不通过的终端上分散输入数据,由主机集中处理,处理结果又可直接返回各个终端用户。其优点是分散输入、输出,解决了输入、输出的"瓶颈"问题,集中处理实现了数据库共享,提高了系统效率。缺点是一旦主机发生故障会造成整个系统中断工作。

(3)计算机网络结构。将地理上分散的具有独立功能的多个计算机通过通信设备和线路连接起来,由功能完善的网络软件实现资源共享,组成一个功能更强的计算机网络系统。系统的软件、硬件和数据资源可以共享,实现分布式处理,即可以将一项复杂任务分解,在网内各计算机上独立进行数据输入和处理,系统的功能和灵活性增强。

3．计算机软件

计算机软件包括系统软件和应用软件。

系统软件是指对计算机资源的管理、监控和维护以及对各类应用软件进行解释和运行的软件。系统软件是计算机必备的软件,包括操作系统软件、语言处理程序、支撑服务程序、数据库管理系统软件等。如:目前,许多计算机采用的 Windows 操作系统即系统软件。

应用软件是在硬件和系统软件的支持下,为解决各类具体应用问题而编制的软件。如:文字处理软件、表格处理软件等。会计软件属于应用软件。

4．会计规范

会计规范是为了保证会计信息系统正常运行而制定的法律、法规、准则和会计信息系统内部管理制度。主要包括两大类:一是政府的法令、条例,例如,我国财政部发布的《会计信息系统管理办法》;二是基层单位在会计信息系统工作中的各项具体规定,如:岗位责任制度、软件操作管理制度、会计档案管理制度等。

五、会计信息系统的实施

在企业管理领域中的计算机应用项目必须采用系统的方法予以组织,其方案的制定则成为一个企业管理信息系统能否成功构架并健康运行的关键步骤。电算化会计信息系统是企业管理信息系统中的一个核心子系统,其应用实施绝不仅仅是某种会计软件的使用过程,而更多地包含着系统目标规划、业务流程和系统功能调整以及各类系统档案的管理等诸方面内容。

（一）会计信息系统应用实施的目标规划

会计信息系统的目标规划是一个多目标问题，涉及企业管理信息系统的方方面面，且对于不同的组织形式会有不同的目标约束，其中，以下三个目标必须充分考虑。

1. 企业内部信息充分共享

在会计信息系统中，某些资金占用情况的变动，必须实时获取、实时处理，并且能够提供给相关部门使用。这种信息实时共享的目标，仅依靠财务管理的日清月结制度显然难以保证目标的实现，只有通过先进的计算机网络技术，合理地设置信息采集点，才可能真正实现资金占用信息的实时处理。

信息的共享规划问题还体现在原有会计信息系统的其他方面。在一般会计软件的往来账管理功能中，已经记录着各个往来客户的资金交往信息，如果能够很好地规划这些信息的共事方案，就能有效地处理往来客户的资信度信息。另外，通过有效的信息共事目标规划，还有可能扩充生产成本管理功能，使其具有处理劳动生产率信息的功能，扩充材料采购和产品销售管理功能，处理供销市场的变化与趋势信息的功能等。

2. 全面参与企业经营决策过程

为了能实现这一目标，除了前面谈到的以外，信息的处理方式以及信息的处理结果也是至关重要的。会计信息系统的信息处理结果一般为各类会计报告，而这些会计报告的需求及时化及其形式多样化将成为企业管理人员的必然要求。

传统的会计报告根据持续经营和会计分期假设，按月、季、年编制。随着生命周期不断缩短、竞争日趋激烈、经营活动的不确定性日趋显著的现实，会计信息的决策有效期明显缩短，这就要求会计信息系统有能力提供适时的会计报告。同时，企业经营规模的扩大，总括的财务信息很可能会掩盖某些经营项目的实质，因此，必须要求会计信息系统有能力提供分部会计报告和多元计价报告等多种形式的会计报告。

3. 适应高新技术发展

现代信息技术与通信技术的飞速发展正是顺应着人类社会对信息传播与共享的需求，以实时信息共享为目标的会计信息系统必须充分利用这一类高新技术发展所取得的相关技术成果。

以当前的计算机技术发展水平来看，在实施会计信息系统时，可以采用宽带网接入技术实现与企业组织外部的信息交换功能，在企业组织内部构建 Internet 以实现企业内部的信息共享功能。随着电子商务技术的引入与发展，企业的经营方式会发生巨大的变化。在实施会计信息系统时，必须充分考虑电子商务技术带来的经营结算方式的变化，以便能够满足将来电子交易、电子结算等业务的功能需要。

（二）会计信息系统的会计业务流程与功能调整

在企业的生产经营活动中，各项高新技术的应用，诸如电子签约、电子交割、电子结算、电子报关、网上采购等现代电子商务技术的应用，都必须要求有一个能够与之相匹配的会计信息系统作为基础，在组织实施会计信息系统的过程中，必须对传统的会计业务流程及其相关功能进行必要的调整。

1. 会计业务流程的调整

在一般的会计软件中，会计业务流程起始于原始凭证以及依此写出的记账凭证，基于输入系统的凭证数据,即可形成各类账、表及其相关会计报告。凭证被称为会计软件的数据源,而各类账、表及其相关会计报告则为会计软件提供财务信息。就目前的技术水平来看,会计业务流程的调整主要表现在会计数据的采集上。

在会计信息系统中,数据源形式会变得复杂一些,其实时性也会要求得更高一些。例如,在一笔电子结算业务过程中,会计信息系统既可以接受电子数据作为数据源,也可以接受业务发生以后的相关纸介质传票作为数据源。无疑,前者的实时性明显优于后者,但其安全性尚有待于电子商务技术应用的发展与普及。会计信息系统可以以接受电子数据作为即时数据源,同时辅以接受纸介质传票作为验证数据源的方式,重组会计业务流程。这样,才能够满足现代财务管理对会计信息系统的要求。

2. 会计业务的功能调整

在一般情况下,作为会计信息系统基础的会计软件很难全面满足上述多元化要求。但同时,在会计软件的数据库中又确实存储着足以产生相关会计报告所需的数据,这显然是一种功能上的缺陷,对此,有两种方案可供选择:第一种方案,要求会计软件提供上述功能;第二种方案,根据工作需要即时进行数据库数据的人工折取操作。若采用第一种方案,系统成本会增大,且很难保证能够满足所有的即时需求;若采用第二种方案,则对相关会计人员的职业素质有很高的要求,并要求他们必须具备很强的计算机相关软件的使用技能。

总之,应该将二者结合起来,从而制定会计信息系统的招生方案。也就是说,既要求会计软件提供可以预见的各项公用功能,又同时设立会计数据分析员岗位,进行必要的会计数据人工提取处理工作。为了保证系统安全,会计数据的人工折取操作必须限定在数据库的只读方式下进行。

(三)会计信息系统的档案管理

会计信息系统是一个极为复杂的人机系统。为了系统能够安全、健康的运行,档案管理就成为一项重要的基础性工作。在制订会计信息系统的招生方案时,档案管理制度必须是严格且具有实际操作性的。

会计信息系统的档案可以分为三大类:会计数据档案、系统开发与维护更新文本档案和系统操作痕迹记录档案。每一类档案又可分别以纸介质、磁介质、光介质予以存储。对于磁介质档案,又可以有联机与脱机两种不同存储方式。因此,有效实施系统档案管理是有一定难度的。

1. 会计数据档案管理

纸介质会计数据档案指用计算机的打印机输出的会计凭证、会计账簿及会计报表,应该按照财政部颁布的《会计档案管理办法》实施管理。

光、磁介质会计数据档案可分为历史数据和当前数据分别进行管理。对于历史数据,应至少制作两个备份,分别脱机保存;对于当前数据,则应采用定期备份、脱机保存的方式,以保证在系统发生故障时能够及时恢复,尽可能降低故障损失。

2. 系统开发与维护更新文本档案管理

这一类档案包括系统设计说明书、系统使用说明书、程序源代码以及系统数据字典等各项文本。这类档案既有纸介质,也有光、磁介质,均应保存至系统停止使用或有重大更改后3年。

3. 系统操作痕迹记录档案管理

系统操作痕迹记录档案是最容易被忽略的一类档案。按照财政部的规定,各类通过评审的会计软件均必须具有保存操作痕迹记录的功能,某一人在何时以何种身份调用了哪些功能、进行了哪些操作,均应一一记录在案,以定期备份、妥善保存。这既构成了一种安全性保障,也提供了在发生事故后追查事故原因的依据。

第二节　用友 ERP-U8 管理软件的安装

一、系统运行环境

(一) 用友 ERP-U8 对硬件环境的要求

硬件是会计信息系统软件运行中需要的所有物理装置的总称,也称硬件平台或硬件环境。它的作用是实现数据的输入、处理、输出等一系列根本性操作。商品化的会计信息系统软件对计算机硬件环境的要求是指对计算机硬件配置的要求。目前,在会计信息系统工作中,小型单位一般选用微型电子计算机,包括主机、键盘、显示器和打印机等;大中型企业使用最多的是微机局域网络。组成一个微机局域网络的基本硬件有:网络服务器、微机工作站网络接口和网络集线器、传输媒介等。

不同的会计信息系统软件对计算机硬件环境的要求不同,用友 ERP-U8 对硬件环境的要求如下。

1. 硬件最低配置

客户端:内存128MB以上、CPU 35MB以上、磁盘空间2GB以上。

数据服务器:最低配置内存512MB以上、CPU 频率1GB以上、磁盘空间2GB以上。

发布服务器:内存1GB以上、CPU 1GB以上双CPU、磁盘空间10GB以上。

2. 硬件标准服务器

客户端:内存256MB以上、CPU 800MB以上、磁盘空间1GB以上。

数据库服务器的配置最好为:内存1GB以上、CPU 1GB以上双CPU、磁盘空间20GB以上。

发布服务器的配置最好为:内存1GB以上、CPU 1GB以上双CPU、磁盘空间10GB以上。

网络宽带:广域网最低为56Kbps、局域网最低为10Mbps。

(二) 用友 ERP-U8 会计信息系统软件的安装模式

会计信息系统软件的运行不但需要有相应的计算机硬件支持,还需要有与之匹配的系统软件支持。用友 ERP-U8 管理系统需要按以下要求配置硬件环境准备系统软件。

1. 硬件最低及推荐配置

CPU:500MB～1GHz。

内存:256～512MB。

硬盘:4～10GB。

2. 系统软件配置

操作系统:Windows XP 或 Windows 2000 及以上。

数据库：Microsoft SQL Server 2000 标准版/个人版或用友 ERP-U8 管理软件安装盘自带的 MSDE 2000。

网络协议：TCP/IP。

二、数据库 SQL Server 2000 的安装

数据库 SQL Server 2000 的安装操作步骤如下。

第一步：安装数据库 SQL Server 2000。

（1）将数据库 SQL Server 2000 光盘放入光驱中，首先安装 MSDE，找到光盘中的"SQL Server 2000\MSDE"文件夹，如果电脑是 Win 2000 Setup，则在此不用安装 MSDE，直接安装 SQL Server 2000 即可。

（2）双击"Setup.exe"应用程序文件，系统自动进行 MSDE 安装。

（3）系统自动安装完成，重新启动计算机，在任务栏上就会有 SQL 图标，鼠标放在 SQL 上，单击鼠标右键，选择"SQL Server 2000 服务管理器"，出现"SQL Server 2000"对话框。

（4）再次打开光盘中的"SQL Server 2000"文件夹。

（5）双击 Autorun 文件，系统进入安装界面。

（6）单击"SQL Server 2000"组件。

（7）选择"安装数据库服务器"，然后参照安装提示，单击"下一步"按钮，进行安装。

（8）安装完成后，单击"开始"菜单，选择"程序\Microsoft SQL Server\企业管理器"。

（9）打开"控制台根目录"，在带有本机名称的实例上右击选择"属性 SQL Server 属性配置"，选择"安全页"，在"身份验证"处勾选"SQL Server 和 Windows"，最后单击"确定"按钮，然后关闭"企业管理器"。

（10）安装完成后重启计算机，在任务栏中出现 SQL 服务器图标 ，表示 SQL Server 数据服务管理器安装成功。

第二步：安装用友 ERP-U8 软件。

（1）安装完数据库 SQL Server 2000 后，就可以开始安装用友软件了。将光盘放入光盘驱动器中，系统将自动进入安装界面，也可以打开光盘内容进行浏览。

（2）双击"Setup.exe"应用程序文件，则进入安装界面，依据系统提示，选择相应的安装方式，然后单击"下一步"按钮进行安装。安装进行到"安装类型"对话框，系统提示有几种不同的安装类型进行选择。

（3）可以根据系统提示选择不同的安装方式，也可以选择"自定义安装"方式进行安装，因为用友 ERP-U8 是三层结构，所以在此也提供了不同的安装方式，如果使用者不知如何选择，就选择"完全"项最稳妥。依据系统提示一步一步完成安装，最后系统会重启。

数据库 SQL Server 2000 安装完成后重启，系统提示需要"配置 U8 服务"，单击"是"按钮，系统自动弹出"配置 U8 服务"对话框（如果是在工作站上安装完用友软件时，并且安装类型选择的是应用客户端安装，则不提示配置 U8 服务），单击"确定"按钮，用友财务软件安装成功。

第三节　用友 ERP-U8 管理软件简介

一、会计信息系统软件概述

会计信息系统软件要完成各项会计工作,必须具备各种功能。我们把相对独立地实现某种功能的一组程序叫作会计信息系统软件的功能模块。

会计信息系统软件的功能模块主要包括:总账处理模块、薪资核算模块、固定资产核算模块、采购管理模块、应付款管理模块、存货核算模块、成本核算模块、销售管理模块、应收款管理模块、UFO 报表处理模块、会计分析模块等。

会计信息系统软件各个功能模块之间不是独立的,而是相互作用、相互依赖,共同完成会计信息系统的反映、控制和监督。其中:账务处理模块处于核心地位,它与其他各个模块之间都有十分密切的联系,它不仅可以直接接收记账凭证的输入,而且可以接收来自各核算子模块的凭证,进行总分类核算。同时,它还为会计报表和会计分析等子模块提供有关数据和信息,以便编制会计报表和进行会计分析,满足投资者、债权人、企业管理人员和政府有关部门等企业内外各方面对会计信息的需要。

会计信息系统软件模块间关系如图 1-3 所示。

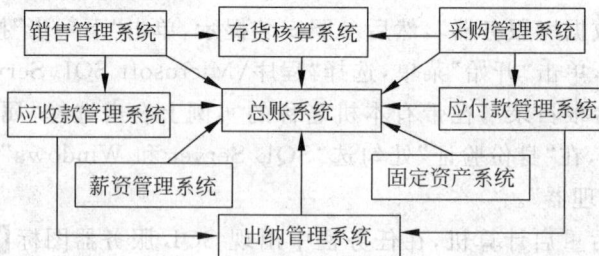

图 1-3　会计信息系统软件模块间关系

二、用友 ERP-U8 管理软件简介

用友 ERP-U8 软件是帮助企事业单位解决财务核算问题,提高工作效率和提升管理的系统工具。可以满足企业不同角色的会计人员处理日常业务,系统可以自动编制收款、付款、转账凭证,自动进行期末记账与结账,自动形成总分类账、明细分类账和财务报表,自动进行财务分析。既可以提高企业财务核算效率,又可以实时反映业务运营状况;真正的财税一体化。

(一)用友 ERP-U8 管理软件各功能简介

1. 总账系统

总账系统适用于各类企事业单位进行凭证管理、账簿处理、个人往来款管理、部门管理、项目核算和出纳管理等。

2. UFO 报表

UFO 报表主要提供各行业报表模板、进行报表文件管理、实现报表格式管理和数据处理,它与其他电子表软件的最大区别在于它是真正的三维立体表,在此基础上提供了丰富的实用功能,完全实现了三维立体表的四维处理能力。

3. 薪资管理系统

薪资管理系统适用于各类企业、行政事业单位进行工资核算、工资发放、工资费用分摊、工资统计分析和个人所得税核算等。可以与总账系统集成使用,将工资凭证传递到总账中;也可以与成本管理系统集成使用,为成本管理系统提供人员的费用信息。

4. 固定资产管理系统

固定资产管理模块适用于各类企业和行政事业单位进行固定资产管理、折旧计提等。可同时为总账系统提供折旧凭证,为成本管理系统提供固定资产的折旧费用依据。

5. 应收款管理系统

应收款管理系统通过发票、其他应收单、收款单等单据的录入,对企业的往来账款进行综合管理,及时、准确地提供客户的往来账款余额资料,提供各种分析报表,帮助您合理地进行资金的调配,提高资金的利用效率。

6. 应付款管理系统

应付款管理系统通过发票、其他应付单、付款单等单据的录入,对企业的往来账款进行综合管理,及时、准确地提供供应商的往来账款余额资料,提供各种分析报表,帮助您合理地进行资金调配,提高资金的利用效率。

7. 采购管理系统

采购管理系统主要针对企业采购业务的全部流程进行管理,提供请购、订货、到货、入库、开票、采购结算的完整采购流程,企业可以根据实际情况进行采购流程的定制。本系统可以单独使用,也可以与其他系统集成使用。

8. 销售管理系统

销售管理系统体现了企业经营成果的实现过程,它提供了报价、订货、发货、开票的完整销售流程,包括普通销售、受托代销、分期收款销售、直运销售、零售、销售调拨等多种类型的销售业务,并可以对销售价格和信用进行实时监控。企业可以根据实际情况对销售管理系统进行定制。

9. 存货核算系统

存货核算系统主要是进行存货核算,正确计算存货购入成本,反映和监督存货的收发、领退、保管情况以及存货资金的占用情况。

10. 出纳管理系统

出纳管理系统是专门进行现金日记账、银行存款日记账的管理,进行现金盘点和银行存款对账的操作,进行票据管理,并与总账进行对账。

（二）用友 ERP-U8 管理软件的应用价值

1. 财务核算自动化

用友 ERP-U8 总账系统可以满足企业不同角色的会计人员处理日常业务,系统可以自动编制收款、付款、转账凭证,自动进行期末记账与结账,自动形成总分类账、明细分类账和财务报表,自动进行财务分析。既可以提高企业财务核算效率,又可以实时反映业务运营状况。

2. 真正的财税一体化

为企业提供财税一体化的应用,解决企业所得税纳税填报困难,防止因不熟悉税收政策和财税差异而造成的计算和填报错误,提高纳税申报质量。

3. 实时的银企互联

利用网上银行,帮助企业会计和出纳人员不必每天往来于企业和银行之间办理烦琐的业务,实现网上付款、余额查询、交易明细查询和实时对账。

4. 全面支持新会计准则

用友ERP-U8财务方案,不论从科目体系、财务报表、合并报表财务体系设计上,还是从存货、固定资产、薪资等各种业务处理的规则上,都提供了全面、实用的新会计准则解决方案、帮助企业轻松应对新会计准则。

5. 健全的资金管理机制

通过对现金和货款的追踪、对费用的控制,帮助企业实现资金的合理分配与运用,减少应收账款,降低存货资金占用,加速资金周转,提高资金运作效率。

6. 适用的出纳管理平台

出纳管理是面向出纳人员使用的一款工具软件,它包含库存现金、银行日记账、资金日(月)报表、银行对账、支票管理等功能,自动生成银行存款余额调节表、专用的库存现金、银行存款日记账、资金日(月)报表,做到日清日结,做好账实相符、账账相符。

7. 固定资产价值的动态核算

对资产变动业务处理,包括原值变动、部门转移、使用状况变动、使用年限调整、折旧方法调整、净残值(率)调整、工作总量调整,累计折旧调整、资产类别调整、折旧的自动计提等业务,及时反映固定资产的增加、减少、原值变化及其他变动,从而实现固定资产价值的动态核算。

8. 快速准确的薪资核算

每到月底,人事部门统计考勤时,每个部门或多或少会有人请年假、事假、病假、婚假、丧假等带薪假期以及存在迟到、早退、旷工等情况,用友ERP-U8薪资管理可以自动设置工资数据项与计算公式,快速准确地完成薪资计算,保证工资发放的及时性。

9. 支持个人所得税自动计算与申报

根据个人所得税税法规定,企业的任何人员个人工资所得超过法定的金额,必须缴纳个人所得税,用友ERP-U8薪资管理系统提供个人所得税自动计算,用户只需自定义所得税率,系统自动计算个人所得税,既减轻了用户的工作量,又提高了工作效率。

10. 账簿的动态查询与打印

通过用友ERP-U8账簿查询,用户可以在账务处理的任一时段,随时查询到包含未记账凭证的所有账表,并可以实现由凭证连查明细账、总账、报表、单据,充分满足用户对信息及时性管理的要求,并可实现所见即所得的打印效果。

第二章

系统管理与基础设置

学习目标

通过本章的学习,了解系统管理和基础设置的基本内容;理解系统管理在整个会计信息系统中的作用以及基础设置的重要性;掌握建立和修改账套、增加操作员以及操作员权限等工作;熟悉账套的输出和引入方法;学会基础信息、基础档案、数据权限的录入和设置方法,明确系统管理和基础设置对日常工作的影响。

第一节 系统管理概述

一、系统管理的功能

(一)系统管理的特点

用友 ERP-U8 软件是由多个产品组成的,各个产品是为同一个主体的不同层面服务,并且产品与产品之间相互联系、数据共享,完全实现财务业务一体化的管理。对于企业资金流、物流、信息流的统一管理提供了有效的方法和工具。因此,这些产品应具备以下特点。

(1)具备公共的基础信息。

(2)用友相同的账套和年度账。

(3)操作员和操作权限集中管理并且进行角色的集中权限管理。

(4)业务数据共用一个数据库。

(二)系统管理的主要功能

系统管理是用友 ERP-U8 管理系统中一个非常特殊的组成部分。它的主要功能是对用友 ERP-U8 管理系统的各个子系统进行统一的操作管理和数据维护,具体包括账套管理、操作员及其权限的集中管理、系统数据及运行安全的管理等几个方面。

系统管理的主要功能包括:

(1)对账套统一管理,包括账套的建立、修改、引入和输出。

(2)对操作员及其功能权限实行统一管理,设立统一的安全机制,包括用户、角色权限设置。

(3)允许设置自动备份计划,系统根据这些设置定期进行自动备份处理,实现账套自动备份。

(4)对年度账的管理,包括年度账的建立、引入、输出,结转上年数据,清空年度数据。

系统管理操作流程如图 2-1 所示。

```
① 以系统管理员Admin的身份注册进入系统管理
              ↓
② 新建账套并设置账套主管
              ↓
③ 增加角色、用户并设置其权限
              ↓
④ 以账套主管的身份注册登录设置账套参数
              ↓
⑤ 进入企业门户
              ↓
⑥ 系统启用、基础设置、建立基础档案
              ↓
⑦ 启动各子系统
              ↓
⑧ 录入期初余额
              ↓
⑨ 日常业务处理
              ↓
⑩ 月末结账
        ↙        ↘
⑪ 数据备份      ⑫ 打印各种账簿
        ↘        ↙
⑬ 完成上年各项工作
              ↓
⑭ 由账套主管建立下一年度账
              ↓
⑮ 结转上年数据
              ↓
⑯ 调整账套参数、基础信息、期初余额
```

开始下月业务

开始下年业务

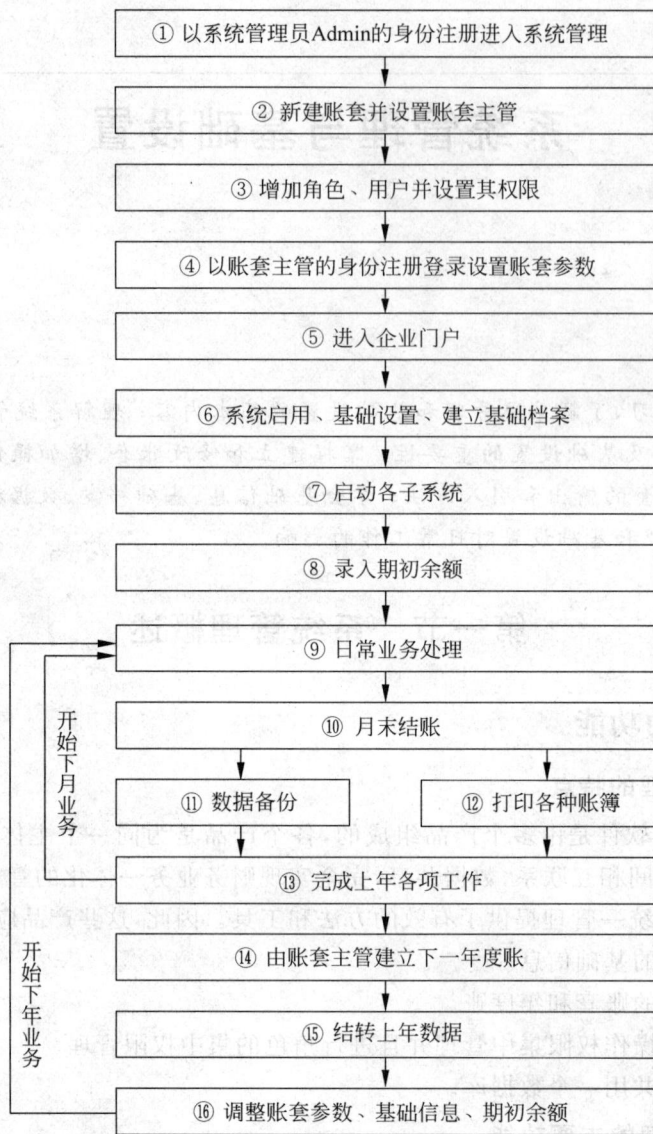

图 2-1　系统管理操作流程

系统管理操作流程说明。

（1）步骤①～⑧是建账的过程，其中：步骤①～④在系统管理模块中操作，在建账向导中设置账套，设置用户组和用户，并设置其功能权限；步骤⑤是登录企业门户后在控制台中操作；步骤⑥设置系统的基础信息；步骤⑦、⑧在各子系统中完成。

（2）步骤⑨～⑬是子系统在一个会计年度内的日常处理工作，各子系统的具体日常业务处理不尽相同。

（3）步骤⑭～⑯是建立下一年度账、结转上年数据和调整账套参数、调整基础信息、调整各子系统期初余额的过程。步骤⑭、⑮在系统管理模块中完成；步骤⑯在基础设置和各子系统中完成。

二、系统管理员和账套主管

系统管理的使用者为企业的信息管理人员,即系统管理员 Admin 和账套主管。用友 ERP-U8 管理系统允许以两种身份注册进入系统管理:一是以系统管理员的身份;二是以账套主管的身份。

系统管理员(Admin)在软件开发时已经被设定好,负责整个应用系统的总体控制和维护工作,可以管理用友 ERP-U8 管理系统中所有的账套。以系统管理员身份注册进入系统管理,可以对账套进行管理,设置用户、角色及其权限;可以设置备份计划,监控系统运行过程以及清除异常任务等,而且系统管理员是不可以修改和删除的。

账套主管负责所管账套的维护工作,主要包括对所管理的账套进行修改,对所选年度内的账套进行管理(包括年度账的创建、清空、引入、输出以及各子系统的年末结转),以及设置本账套操作员的权限。

系统管理员(Admin)和账套主管的操作权限如表 2-1 所示。

表 2-1　系统管理员和账套主管的操作权限对比

主要功能	详细功能 1	详细功能 2	系统管理员	账套主管
账套操作	账套建立	新账套建立	有	无
		年度账建立	无	有
	账套修改		无	有
	数据删除	账套数据删除	有	无
		年度账数据删除	无	有
	账套备份	账套数据输出	有	无
		年度账数据输出	无	有
	设置备份计划	设置账套数据输出计划	有	无
		设置年度账数据输出计划	有	无
	账套数据恢复	账套数据恢复	有	无
		年度账数据恢复	无	有
	升级 Access 数据		有	无
	升级 SQL Server 数据		有	无
	清空年度数据		无	有
	结转上年数据		无	有
人员、权限	角色	角色操作	有	无
	用户	用户操作	有	无
	权限	权限操作	有	无
其他操作	清除异常任务		有	无
	清除所有任务		有	无
	清除选定任务		有	无
	清退站点		有	无
	清除单据锁定		有	无
	上机日志		有	无
	视图	刷新	有	有

第二节　用户、角色及权限管理

一、用户的类型及其职责

操作员即通常意义上的"用户",是指有权登录系统,对应用系统进行操作的人员。每次注册登录应用系统,都要进行用户身份的合法性检查。只有设置了具体的用户之后,才能进行相关的操作。通常用户包括以下三种类型。

1. 系统管理员(Admin)

系统管理员在软件开发时已经被设定好的,负责整个应用系统的总体控制和维护工作,可以管理用友 ERP-U8 管理系统中所有的账套。以系统管理员身份注册进入系统管理,可以对账套进行管理,设置用户、角色及其权限;可以设置备份计划,监控系统运行过程以及清除异常任务等,而且是不可以修改和删除的。

2. 账套主管

账套主管负责所管账套的维护工作,主要包括对所管理的账套进行修改,对所选年度内的账套进行管理(包括年度账的创建、清空、引入、输出以及各子系统的年末结转),以及设置该账套操作员的权限。

3. 一般操作员

一般操作员是由系统管理员或账套主管所授予的相关权限。具体包括企业会计、出纳、采购人员、销售人员、库管人员等。这些人员需要由系统管理员设置和赋予相应权限。一般的操作员权限也可由其对应的账套主管设置权限。这些人不能登录系统管理,只能在企业门户中做与其权限相关的业务。

二、用户管理的内容和权限

用友 ERP-U8 提供了几种权限管理,除了提供用户对各模块操作的权限之外,还相应地提供了金额权限管理和对于数据的字段级和记录级的控制,不同的组合方式将为企业的控制提供有效的方法。上述权限管理具体如下。

(1)功能级权限管理。该权限提供划分更为细致的权限管理功能,包括各功能模块相关业务的查看和分配权限。

(2)数据级权限管理。该权限可以通过两个方面进行权限控制,即字段级权限控制和记录级权限控制。

(3)金额级权限管理。该权限主要用于完善内部金额控制,实现对具体金额数量划分级别,对不同岗位和职位的操作员进行金额级别控制,限制其制单时可以使用的金额数量,不涉及内部系统控制的不在管理范围内。

功能级权限管理在"系统管理"中设置完成。数据级权限管理和金额级权限管理在"企业应用平台"中进行设置。数据级权限管理和金额级权限管理的设置必须是在功能级权限管理设置完成后才能进行。

下面主要介绍功能级权限管理的设置。

在系统管理中,用户管理只有系统管理员或账套主管有权进行。账套主管是系统管理员指定的,并且只能对所管辖账套的用户进行赋权。而系统管理员可以对系统内所有账套的所有用户进行管理。

系统一次只能对一个账套的某一个年度账进行分配,一个账套可以有多个账套主管;一个用户可以是多套账的账套主管。正在使用的用户权限不能进行修改、删除的操作。如果对某角色分配了权限,则在增加新的用户时(该用户属于此角色)则该用户自动拥有此角色具有的权限。如果操作员只拥有我的账表权限,而没有某子系统的任何其他功能权限,则企业应用平台中业务列表不显示该子系统。

1. 注册操作员

注册操作员除了账套主管以外,不得少于两名。便于企业内部财务分工和相互牵制。

> **提示**
>
> 有的软件姓名必须唯一。有的则用代码来区别。

2. 设置口令

为了防止非法和越权操作、确保数据安全与完整,必须设置保密和"修改口令"的权限,而且密码不能太少、太简单,还要不定期更改。

3. 分工授权

财务分工即设置操作员权限,是指对允许使用财务软件的操作员规定操作权限。使用系统之前,需对操作员进行岗位分工,对指定的操作员实行使用权限控制,防止与业务无关的人擅自使用软件,以保证会计数据的安全和保密。同时,还应遵循"人尽其能、便于操作、账套安全"的原则。

> **分工授权的注意事项**
>
> - 不相容权限必须分开授权:有利于保证账套数据的正确性和合法性。
> - 重要的权限应给专人授权。
> - 与岗位相关的权限可以同时授权。
> - 工作量较大的权限可以分散授权。

虽然某些权限可以授权几个操作员,或者某些操作员可以拥有几个权限,但在具体分工授权时,会计管理工作应与其他工作分开授权,有利于保证账套数据的安全和完整。

系统管理员和账套主管都有权进行权限设置,但两者权限又有所区别。系统管理员可以指定某账套的账套主管,还可以对各个账套的操作员进行权限设置,而账套主管只可以对所管辖账套的操作员进行权限设置。

> **系统管理员与账套主管的区别**
>
> 系统管理员和账套主管在登录时,其界面差异也体现二者的区别。
> - 系统管理员的登录界面包括服务器、操作员、密码、语言区域。
> - 账套主管的登录界面包括服务器、操作员、密码、账套、操作日期、语言区域。

4. 注销操作员

对于已注册但因工作变动等原因不再操作会计软件的操作员,目前的会计软件有两种处理方式。

(1)可以注销。这类会计软件约定:凡是不再操作会计软件的操作员,都可以从系统中注销,但不会删除该操作员以前的操作内容;每个账套至少要有一个操作员即账套主管。否则,该账套有些功能可能无法使用将会作废,也就是说,账套主管千万不要注销。因为有了账套主管,就可以重新分工授权。因此,有些会计软件对此就采取了严密的控制措施。用友系统允许注销操作员。

(2)不能注销。这类会计软件约定:已注册的操作员一旦进入系统相应的功能模块,就不能从系统中注销,只能删除拥有的权限。其目的是为了保全该系统所有的操作员。

三、用户与角色

角色是指在企业管理中拥有某一类职能的组织,这个角色组织可以是实际的部门,可以是由拥有同一类职能的人构成的虚拟组织。例如:实际工作中最常见的会计和出纳两个角色(他们可以是一个部门的人员,也可以不是一个部门但工作职能是一样的角色统称)。我们在设置角色后,可以定义角色的权限,再选择归属于某一角色的用户,如果用户归属此角色,其相应具有该角色的权限。设置角色的好处是方便控制操作员权限,可以依据职能统一进行权限划分。

用户与角色的联系:一个角色可以拥有多个用户,一个用户也可以分属于多个不同的角色。用户自动拥有所属角色所拥有的所有权限,同时可以额外增加角色中没有包含的权限。若角色已经设置过,系统则会将所有的角色名称自动显示在角色设置中的所属角色名称的列表中。若修改了用户的所属角色,则该用户对应的权限也跟着角色的改变而相应的改变。所有新增用户默认都属于"普通用户"角色。用户和角色设置不分先后顺序,用户可以根据自己的需要先后设置。但对于自动传递权限来说,应该首先设定角色,然后分配权限,最后进行用户的设置。这样在设置用户的时候,如果选择其归属的那一个角色,则用户将自动具有该角色的权限。

> **提示**
> 只有系统管理员有权限进行角色设置。

第三节 账套管理

在系统管理中,用户不仅可以建立多个账套,而且每个账套中可以把会计数据按年度进行划分,成为年度账。这样对不同核算单位、不同时期的数据只需要设置相应的系统路径,就可以存放不同年度的会计数据,因而对历年数据的查询和比较分析也很方便。

一、电子账套的实质与类型

（一）账套管理

账套是指一组相互紧密关联的数据。一般来说，可以为每一个独立核算的会计主体在系统中建立一个账套，用友 ERP-U8 管理系统中最多建立 999 套账。不同的账套数据之间彼此独立。

在使用系统之前必须建立本单位的账套，只有系统管理员才有权创建新的账套。账套管理包括账套的建立、修改、引入和输出（恢复备份和备份）等。本节主要介绍账套管理，具体内容见后。

（二）年度账管理

年度账管理主要包括：建立年度账、年度账的输出和引入、结转上年数据、清空年度数据。对年度账的管理只能由具有账套主管权限的用户进行有关年度账的操作。

1. 建立年度账

新年到来时，应首先建立新年度核算体系，即建立年度账，再进行与年度账相关的其他操作。年度账的建立是在已有上年度账套的基础上，通过年度账建立，自动将上个年度账的基本档案信息结转到年度账中。对于上年余额等信息需要在年度账结转操作完成后，由上年自动转入下年的新年度账中。

2. 年度账的输出和引入

年度账操作中输出和引入与账套操作中的输出和引入的含义基本一致，作用都是对数据的备份和恢复。但两者的数据范围不同，年度账操作中引入和输出的不是整个账套的全部数据，而且针对账套中的某一年度的数据。为了区分这两种不同类型的备份文件，系统会用特定的文件名称或扩展名来进行标识。

3. 结转上年数据

一般情况下，单位是持续经营的，因此单位会计工作是一个连续性的工作。每到年末，启用新年度账时，就需要将上年度中的相关账户的余额以及其他信息结转到新年度账中。结转上年数据包括手工年结和自动年结两种方式。

4. 清空年度数据

如果年度账中错误太多，或不希望上年度的余额或其他信息全部转到下一年度，这时便可使用清空年度账的功能。"清空"并不是指将年度账的数据全部删除，并不是清除基础设置、档案的内容，而是还要保留一些信息，如：账套基础信息、系统预置的科目报表等。保留这些信息主要是为了方便用户使用清空后的年度账重新做账。清空年度数据一定要备份数据，然后再进行清空操作。

（三）账套与年度账的联系

账套是年度账的上一级，账套由年度账组成。一个账套可以拥有多个年度的年度账。如果某企业拥有多个核算单位，则企业可以拥有多个账套（最多可以拥有 999 个账套），即每个核算单位设置一个账套，而每个账套下又可以存在多个年度账。账套和年度账的两层结构方式便于企业的管理，如进行账套的上报，跨年的数据管理结构调整等；方便数据备份输出和引入；减少数据的负担，提高应用效率。

二、账套主要参数的含义和作用

根据会计核算的需要设置账套参数,它决定了系统数据输入、处理和输出的内容和形式,至关重要。只有系统管理员才能创建新账套。账套建立的主要内容如下。

(1)已存账套。此处显示现有已经存在的账套,用户只能参照,而不能输入或修改。其作用是在建立新账套时避免与已存账套重复。

(2)账套号。用来输入新建账套的编号,用户必须输入,可输入3个字符(只能是001~999的数字,而且不能是已存账套中的账套号)。它是系统区别不同核算单位的唯一标志,因此,在同一会计信息系统中不能重复。

(3)账套名称。用来输入新建账套的名称,用户必须输入。可以输入40个字符。它是账套使用的会计主体,在用户操作和打印账套时,系统将自动显示和调用,因而不能为空,并与账套代码相互对应。

(4)账套路径。用来输入新建账套所要被保存的路径,用户必须输入,可以参照输入,但不能是网络路径中的磁盘。它指明了利用该账套数据的报表管理系统所在的路径。其目的都是为了账务处理系统与其他子系统之间进行传递和共享数据。

(5)启用会计期。用来输入新建账套将被启用的时间,具体到"月",用户必须输入。系统根据"启用会计期"的设置,自动将启用月份以前的日期标识为不可修改的部分;而将启用月份以后的日期(仅限于各月的截止日期,至于各月的初始日期则随上月截止日期的变动而变动)标识为可以修改的部分,用户可以任意设置。

如果由于企业需要,每月25日结账,那么可以在"会计日历—建账"界面双击可修改日期部分(白色部分),在显示的会计日历上输入每月结账日期,下月的开始日期为上月截止日期+1(26日),年末12月份仍以12月31日为截止日期。设置完成后,企业每月25日为结账日,25日以后的业务记入下个月。每月的结账日期可以不同,但其开始日期为上一个截止日期的下一天。

(6)单位信息。用于记录本单位的基本信息,单位名称为必输项。

(7)本币代码和本位币名称。用来输入新建账套所用的本位币的代码(系统默认"人民币"的代码RMB)和本位币的名称(系统默认的是"人民币")。

(8)企业类型。系统提供工业、商业和医药流通三种选择,必须从下拉框中选择输入与自己企业类型相同或最相近的类型。

(9)行业性质。用户必须从下拉框中选择输入本单位所处的行业性质。系统提供了37个行业,选择适合本企业的行业性质,为下一步"是否按行业预置科目"确定科目范围,并且系统会根据企业所选行业(工业和商业)预制一些行业的特定方法和报表。

(10)是否按行业预置科目。如果企业希望采用系统预置所属行业的标准一级科目,则在该选项前打钩,那么进入企业应用平台后,会计科目由系统自动设置;如果不选,则由企业自己设置会计科目。

(11)存货是否分类。如果企业存货较多且类别繁多,可以在存货是否分类选项前打钩,表明要对存货进行分类管理;如果企业存货较少且类别单一,可以不进行存货分类。如果选择了存货分类,那么在进行基础信息设置时,必须先设置存货分类,然后才能设置存货档案。

　　（12）客户是否分类。如果企业客户较多且希望进行分类管理,可以在客户是否分类选项前打勾,表明要对客户进行分类管理;如果企业客户较少,可以不进行客户分类。如果选择了客户分类,那么在进行基础信息设置时,必须先设置客户分类,然后才能设置客户档案。

　　（13）供应商是否分类。如果企业供应商较多且希望进行分类管理,可以在供应商是否分类选项前打勾,表明要对供应商进行分类管理;如果企业供应商较少,可以不进行供应商分类。如果选择了供应商要分类,那么在进行基础信息设置时,必须先设置供应商分类,然后才能设置供应商档案。

　　（14）是否有外币核算。如果企业有外币业务,可以在此选项前打勾。

　　（15）编码规则。它包括分级级数和每级位长两项内容的设置,一般采用群码即组合码,即本级总编码＝上级编码＋本级编码。主要有科目、客户、部门、项目和现金流量等编码规则。例如,会计科目的编码规则分 4 级,每级位长分别为 4-2-2-2。

　　（16）系统启用。账套建立完成后,系统提示"系统启用"设置。选择"是"则进入系统启用设置界面,选择"否"则以后进入"企业应用平台—基础信息—基本信息"进行设置。

三、账套修改的权限与条件

　　账套修改功能可以帮助查看某个账套的信息,也可以修改这个账套的信息。当账套建立后,如果发现账套的某些信息需要修改,可以通过"修改账套"功能来完成。只有账套主管才能修改账套,系统管理员无权修改。如果此前是以系统管理员的身份进入系统管理,那么需要首先执行"系统"菜单中的"注销"命令,注销系统操作员,再以账套主管的身份登录。

　　修改账套是更正账套中有些错误的或者过期的信息项目,例如:账套名称、单位所有信息、行业性质、基础信息的全部内容。但是,有些信息不得修改,包括账套号、账套语言、账套路径、启用会计期、本位币代码和名称、企业类型、账套主管。因此,在建立账套时必须认真设置相关参数。

四、账套备份、恢复、删除的意义和注意事项

　　（1）账套备份。就是将账务处理系统中的账套数据备份(或输出)到软盘、硬盘或可写光盘上,以便安全保管。并防备在硬盘因意外事故造成数据丢失、非法篡改和破坏时使用。每次备份后,一定要标明备份数据所属的时间,以免恢复数据时发生错误。为了确保账套数据万无一失,最好进行双重备份。

　　（2）恢复数据。就是把备份的账套数据恢复(或引入)到账务处理系统中。恢复后硬盘上相应年份的会计数据将被取代,因此,恢复数据一定要谨慎操作。

　　（3）账套删除。当账务处理系统运行需要的硬盘空间不足时,可以删除机内账套中的往年数据。为了便于使用,只要硬盘有足够的空间,尽量不要删除往年数据。为了保证账套数据的安全和完整,有的会计软件就强制要求:只有已备份的数据系统才允许删除。此功能可以一次将该账套下的所有数据彻底删除。

> **提 示**
>
> 账套删除和账套输出备份的操作基本一样,区别只是在输出选择界面是否选中删除操作。

(4)设置备份计划。其作用是自动定时对设置好的账套进行输出备份,多个账套可以同时输出,它在很大程度上减轻了系统管理员的工作量,可以更好地对系统进行管理。

实验一　系统管理设置

【实验内容】

(1)设置操作员。

(2)建立单位账套。

(3)设置操作员权限。

(4)修改账套。

(5)备份账套数据

【实验资料】

1. 设置操作员(见表2-2)

表2-2　设置操作员一览表

编　号	姓　名	口　令	所属部门	角　色
001	韩冬	001	财务部	账套主管
002	夏雪	002	财务部	总账会计
003	申秋	003	财务部	出纳

2. 建立账套

(1)账套信息

账套号:450

账套名称:北京鑫源有限责任公司

账套路径:按系统默认的路径,不需修改

启用会计期:2015年12月

(2)单位信息

单位名称:北京鑫源有限责任公司

单位简称:鑫源公司

单位地址:北京市海淀区花园路甲1号

邮政编码:100088

电话:010-68064123

法人代表:马璐

开户银行:中国工商银行海淀支行

银行账号：682476300012

纳税人登记号：547183447851339

企业记账本位币：人民币（RMB）

企业类型：工业

行业性质：2007 年新会计制度科目

账套主管：默认

要求：按行业性质预置科目。

（3）基础信息

对存货、客户进行分类，有外币核算。

数据精度默认。

分类编码方案如下。

科目编码级次 4222　　　　　客户分类编码级次 123

存货分类编码级次 122　　　　部门编码级次 122

结算方式编码级次 12　　　　 收发类别编码级次 12

3. 操作员权限（见表 2-3）

表 2-3 操作员权限一览表

编号	姓名	权　　　　限
001	韩冬	账套主管的全部权限
002	夏雪	①公用目录设置权限：常用摘要。②总账权限：凭证处理、审核凭证、查询凭证、科目汇总、记账、常用凭证、凭证复制、现金流量录入、现金流量凭证查询、期末、账表的权限。③薪资、固定资产、应付款管理、应收款管理的所有权限
003	申秋	总账权限：凭证中的出纳签字、查询凭证以及出纳的所有权限

4. 修改账套

将账套名称修改成自己姓名。

提 示

- 如果账套启用后需要修改建账参数，必须以账套主管的身份注册进入，在"系统管理"的"账套—修改"功能中完成。
- 账套中的很多数据一旦存储就不能修改。例如：账套号、账套存放路径等。

---

5. 备份账套数据

略。

【实验指导】

实验指导 1：增加操作员

（1）执行"开始|程序|用友 ERP-U872|系统服务|系统管理"命令，登录系统管理。

（2）执行"系统|注册"命令，打开"系统管理员登录"对话框。

（3）系统中预先设定了一个系统管理员 Admin，第一次运行时，系统管理员密码为空，单击"确定"按钮，以系统管理员身份进入系统管理，如图 2-2 所示。

图 2-2 系统管理员登录系统管理

（4）执行"权限|用户"命令，进入"用户管理"窗口，窗口中显示系统预设的几位用户：demo、SYSTEM 和 UFSOFT（此三位用户不能删除）。

（5）单击工具栏中的"增加"按钮，打开"增加用户"对话框，录入编号"001"，姓名"韩冬"，口令及确认口令"001"，所属部门"财务部"，单击"账套主管"前的复选框，选中账套主管，如图 2-3 所示。

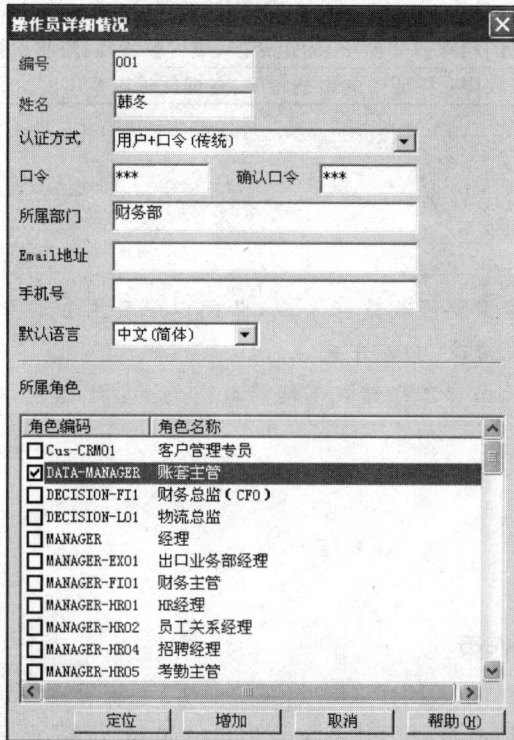

图 2-3 增加 001 用户

(6) 依次增加其他的操作员，如图 2-4 所示。

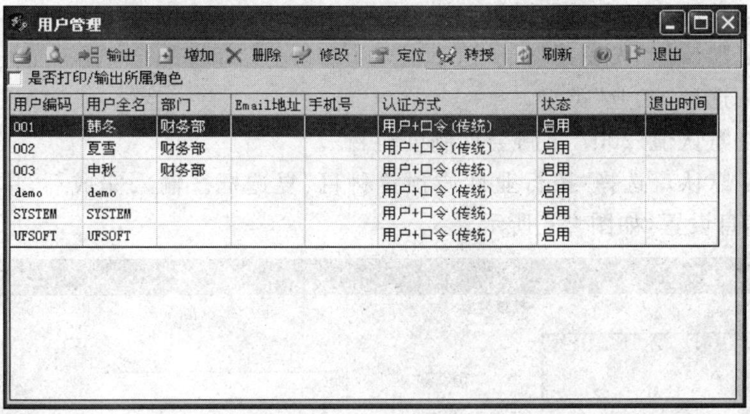
用户管理
输出 增加 删除 修改 定位 转授 刷新 退出
是否打印/输出所属角色
用户编码 用户全名 部门 Email地址 手机号 认证方式 状态 退出时间
001 韩冬 财务部 用户+口令(传统) 启用
002 夏雪 财务部 用户+口令(传统) 启用
003 申秋 财务部 用户+口令(传统) 启用
demo demo 用户+口令(传统) 启用
SYSTEM SYSTEM 用户+口令(传统) 启用
UFSOFT UFSOFT 用户+口令(传统) 启用

图 2-4 增加的所有用户

(7) 最后单击“退出”按钮结束，返回“用户管理”窗口，所有操作员以列表方式显示。单击工具栏中的“退出”按钮，返回“系统管理”窗口。

实验指导 2：建立账套

> **提 示**
>
> 建立账套的工作应由系统管理员在“系统管理”功能中完成。包括设置账套信息、单位信息、核算类型、基础信息及确定分类编码方案和数据精度。

(1) 执行“账套|建立”命令，打开“创建账套”对话框。

(2) 输入账套信息。

现存账套：系统将已存在的账套以下拉列表框的形式显示，用户只能查看，不能输入或修改。

(3) 输入单位信息，如图 2-5 所示。

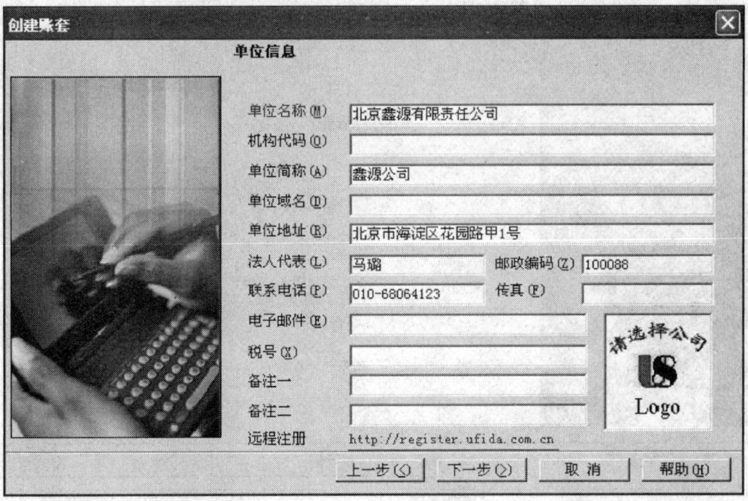
创建账套
单位信息
单位名称(M) 北京鑫源有限责任公司
机构代码(O)
单位简称(A) 鑫源公司
单位域名(D)
单位地址(R) 北京市海淀区花园路甲1号
法人代表(L) 马璐
邮政编码(Z) 100088
联系电话(P) 010-68064123
传真(F)
电子邮件(E)
税号(X)
备注一
备注二
远程注册 http://register.ufida.com.cn
请选择公司
Logo
上一步(<)
下一步(>)
取 消
帮助(H)

图 2-5 单位信息

（4）输入核算类型。

本币代码：默认值"RMB"。

本币名称：默认值"人民币"。

企业类型：选择"工业"类型。

行业性质：默认值"2007年新会计制度科目"。

账套主管：默认。选择"按行业性质预置科目"复选框。输入完成后，单击"下一步"按钮，进行基础信息设置，如图2-6所示。

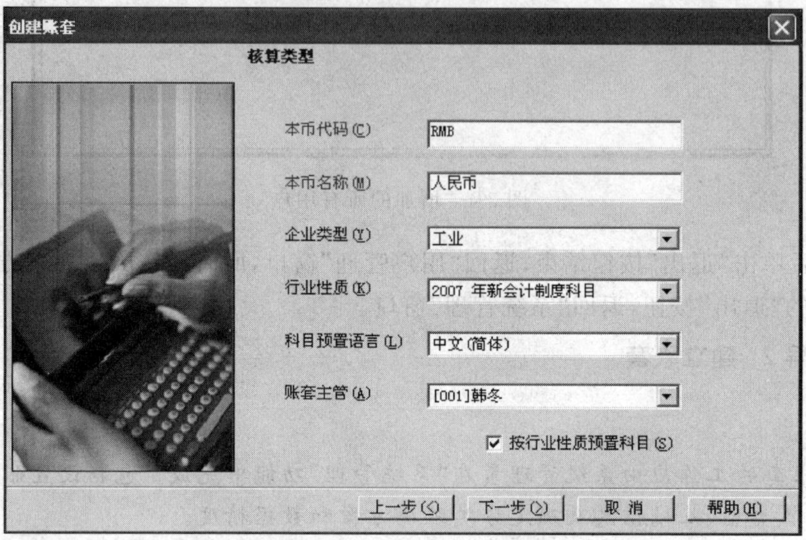

图2-6 核算类型

（5）确定基础信息。

选中"存货是否分类"、"客户是否分类"、"有无外币核算"三个复选框，单击"完成"按钮，如图2-7所示。

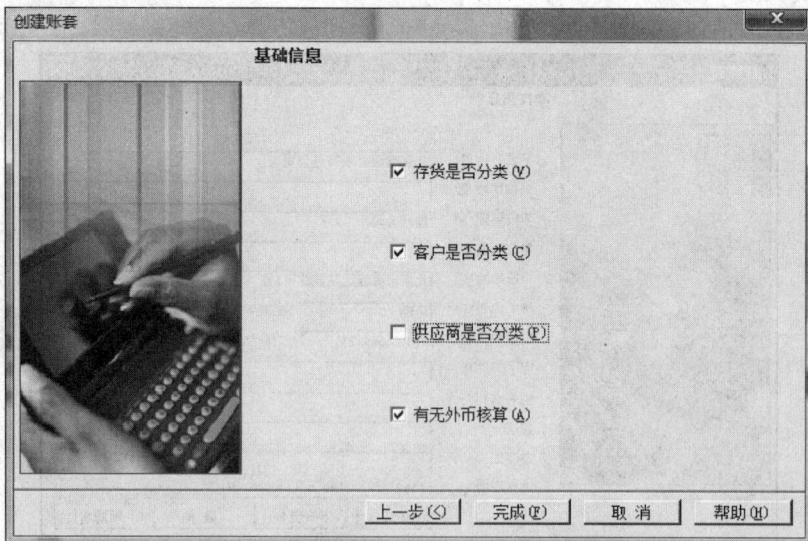

图2-7 基础信息

提示

　　存货、客户、供应商一旦选定进行分类，今后就要先增加相关的分类，再增加档案。有无外币核算选项选择，将直接影响今后外币核算和外币档案能否增加。

　　（6）确定分类编码方案。

　　单击"完成"按钮后，弹出系统提示"可以创建账套了吗?"，单击"是"按钮，稍候，系统创建账套成功。自动打开"编码方案"对话框，如图 2-8 所示。

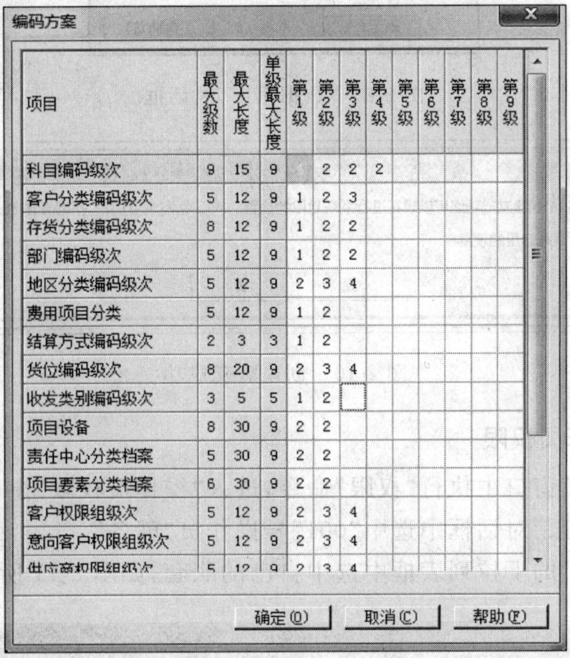

项目	最大级数	最大长度	单级最大长度	第1级	第2级	第3级	第4级	第5级	第6级	第7级	第8级	第9级
科目编码级次	9	15	9		2	2	2					
客户分类编码级次	5	12	9	1	2	3						
存货分类编码级次	8	12	9	2	2							
部门编码级次	5	12	9	2	2							
地区分类编码级次	5	12	9	2	3	4						
费用项目分类	5	12	9	1	2							
结算方式编码级次	2	3	3	1	2							
货位编码级次	8	20	5	2	3	4						
收发类别编码级次	3	5	5	1	2							
项目设备	8	30	5	2								
责任中心分类档案	5	30	5	2								
项目要素分类档案	6	30	5	2								
客户权限组级次	5	12	9	2	3	4						
意向客户权限组级次	5	12	9	2	3	4						
供应商权限组级次	5	12	9	2	3	4						

确定(O)　　取消(C)　　帮助(F)

图 2-8　"编码方案"对话框

提示

　　由于之前已经选定"按行业性质预制科目"选项，系统已经按照用户选择的"2007 年新会计制度科目"的科目编码原则预置了科目，所以，此处第一级编码不能修改。

　　（7）数据精度定义。

　　单击"确定"按钮后，单击"取消"按钮，自动进入"数据精度"对话框。按系统默认值，单击"确定"按钮，再单击"取消"按钮，如图 2-9 所示。

　　弹出系统提示"系统启用"的提示对话框，单击"否"按钮。

　　（8）建立账套成功。

　　数据精度设置完成后，系统弹出提示窗口，表明建立账套成功，如图 2-10 所示。

　　"系统启用"可以现在设置（单击"是"按钮），也可以从"企业应用平台"进行设置（单击"否"按钮退出）。

图 2-9 "数据精度"对话框

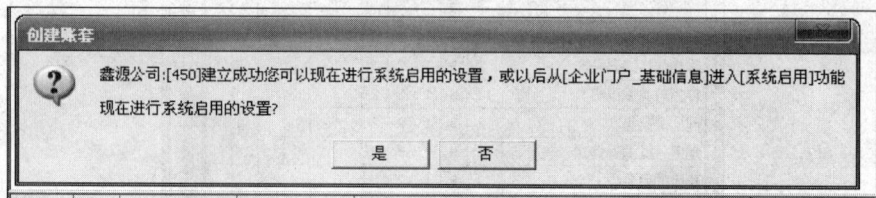

图 2-10 创建账套成功

实验指导 3：操作员权限

(1) 在"系统管理"窗口中执行"权限"命令，进入"操作员权限"窗口。

(2) 在"操作员权限"对话框中选中"001"号操作员"韩冬"。

(3) 在"账套主管"的下拉列表框中选中自己的账套，如图 2-11 所示。

图 2-11 操作员 001 的权限

（4）在操作员窗口中，选中"002"号操作员"夏雪"，在"账套主管"下拉列表框中选中自己的账套。单击工具栏中的"修改"按钮，打开"增加和调整权限"对话框，在"增加和调整权限"对话框中单击"总账"前的复选框。分别赋予夏雪相应权限，单击"确定"按钮，如图2-12所示。

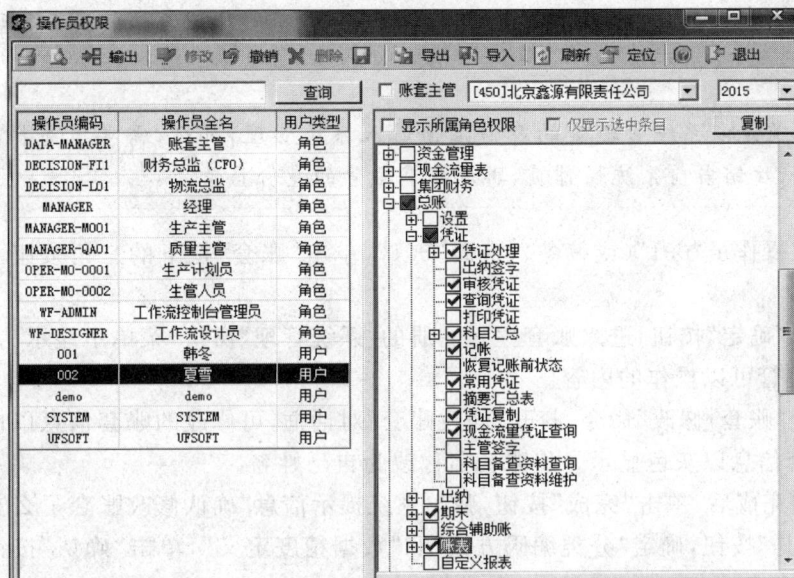

图 2-12　操作员 002 的权限

（5）同理给 003 号操作员"申秋"授权，如图 2-13 所示。

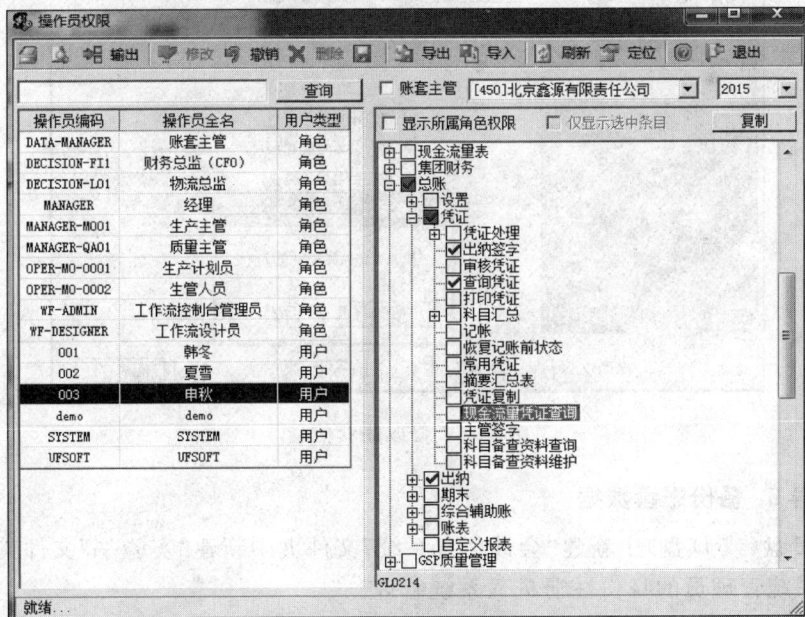

图 2-13　操作员 003 的权限

（6）单击工具栏中的"退出"按钮，返回系统管理。

实验指导4：修改账套

如果账套启用后，需要修改建账参数，必须以账套主管的身份注册进入，在"系统管理"的"账套|修改"功能中完成。

（1）在"系统管理"窗口中执行"系统|注册"命令，打开"注册系统管理"对话框。

> **提示**
>
> 如果此前是以系统管理员的身份注册进入系统管理，那么，需要首先执行"系统"、"注销"命令，注销当前系统操作员，再以账套主管的身份登录。

（2）录入操作员"001"（或韩冬），密码"001"，单击"账套"栏下的三角按钮，选择自己的账套。

（3）单击"确定"按钮，进入账套主管注册的"系统管理"窗口，菜单中显示为黑色字体的部分为账套主管可以操作的内容。

（4）执行"账套|修改"命令，打开"修改账套"对话框，可修改的账套信息以白色显示，不可修改的账套信息以灰色显示。将账套名称改为自己姓名。

（5）修改完成后，单击"完成"按钮，弹出系统提示信息"确认修改账套了么？"，如图2-14所示。单击"是"按钮，确定"分类编码方案"和"数据精度定义"，单击"确认"按钮，弹出系统提示"修改账套成功！"。

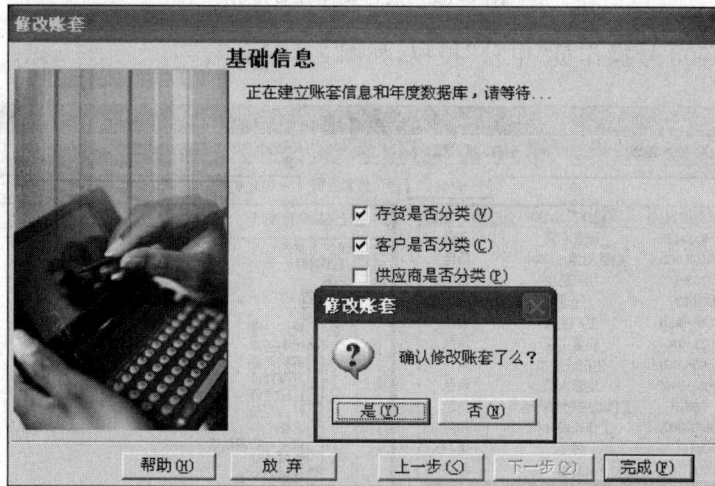

图2-14 修改账套信息

实验指导5：备份账套数据

（1）在E盘（或D盘）中新建"会计信息系统"文件夹中新建"实验一"文件夹。

（2）以系统管理员的身份注册进入系统管理。

（3）执行"账套|输出"命令，打开"账套输出"对话框，选择需要输出的账套，单击"确认"按钮，弹出系统提示信息，选择备份的文件夹，如图2-15所示。

（4）系统压缩完成所选账套数据后，弹出"选择备份目标"对话框。

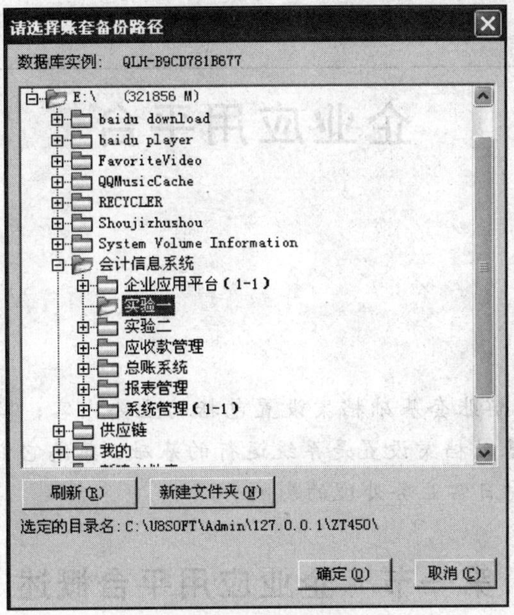

图 2-15　备份账套路径

（5）单击下拉列表框，选择需要将账套数据输出的驱动器及所在目录，将账套数据保存在新建的"会计信息系统"文件夹中新建的"实验一"文件夹中，单击"确定"按钮。

（6）系统开始进行备份，备份完成后，弹出系统提示"备份完毕！"，单击"确定"按钮返回。

第三章

企业应用平台

学习目标

通过本章的学习,了解账套基础档案设置包括的主要内容;掌握账套基础档案设置操作的权限和方法;理解基础档案设置是系统运行的基础;熟悉它们在整个系统中的共享作用;理解设置基础档案对日常业务处理的影响。

第一节 企业应用平台概述

用友 ERP-U8 管理软件是由多个子系统组成的,这些子系统存在一些共同之处,一方面都需要先进行启用才能进入相应模块实施操作;另一方面各个子系统之间存在许多公共使用的信息。为了使整个系统的资源得以共享并有效合理的利用,我们应通过"企业应用平台"功能来实现。

企业应用平台是用于存储企业内部和外部的各种信息,使企业员工、用户和合作伙伴能够从单一的渠道访问其所需的个性化信息。通过企业应用平台,企业员工可以通过单一的访问入口访问企业的各种信息,定义自己的业务工作,并设计自己的工作流程。通过企业应用平台,信息及时沟通,资源有效利用,与合作伙伴在线、实时链接,提高了企业员工的工作效率以及企业的总处理能力。

企业应用平台是一个方便用户通过单一入口进入各模块对公共信息进行集中管理的一个平台。

企业应用平台以场景驱动业务工作,由"视图"组成,"视图"是指用于用户处理或监控某项工作、完成某种功能的窗口。系统预置常用工作场景:简易桌面、高级桌面、工作场景、流程导航。

(1)简易桌面。系统预置的进入门户的默认显示布局,用户可以修改,包括业务导航视图、我的工作、消息中心(隐藏)、子产品许可管理(隐藏)。

(2)高级桌面。包括业务导航视图、我的报表、许可管理视图、我的工作、工作日历、消息中心。用户可修改。

(3)工作场景。系统预置的业务处理时默认进入的"工作场景",用户可以修改,门户会自动切换到此场景。包括我的工作(最小化)、审批视图(隐藏)、助手视图、审批进程表(隐藏)。用户可修改。

(4)流程导航。包括个性流程和企业流程,选择树形图显示的流程节点,打开流程图,完成业务处理。

第二节 基 本 信 息

一、系统启用

对于已经安装的各功能模块,在使用之前必须操作系统启用,记录启用日期和启用人。所有系统进入时都要判断系统是否已经启用,未启用的系统不能登录。

系统启用的方式有两种。

(1)系统管理员在建立账套时直接启用。用户创建一个新账套后,自动进入系统启用界面,用户可以同时完成创建账套和系统启用。此时,系统启用人为系统管理员 Admin。

(2)账套主管在企业应用平台的基本信息中进行系统启用。由"用友 ERP-U8 企业应用平台—基础信息—基本信息"进入,作系统启用设置。此时,系统启用人为账套主管。

> **提示**
> • 只有系统管理员 Admin 和账套主管有权作系统启用。
> • 各系统的启用时间必须大于或等于账套的启用时间。

系统启用的操作步骤如下。

(1)创建一个新账套后或由"用友 ERP-U8 企业应用平台—基础信息—基本信息"进入,打开"系统启用"菜单,列示所有功能模块。

(2)选择要启用的系统模块,在前方复选框内打勾。

(3)在启用会计期间输入启用的年、月数据。

(4)用户按"确认"按钮后,保存此次启用信息,并将当前操作员写入启用人。

二、编码方案

编码方案主要用于设置有级次档案的分级方式和各级编码长度,可分级设置的内容有:科目编码、客户分类编码、部门编码、存货分类编码、地区分类编码、供应商分类编码、收发类别编码和结算方式编码。编码级次和各级编码长度的设置将决定用户单位如何编制基础数据的编号,进而构成用户分级核算、统计和管理的基础。

(1)科目编码。系统最大限制为九级十五位,且任何一级的最大长度都不得超过九位编码。一般单位用 42222 即可。用户在此设定的科目编码级次和长度将决定用户单位的科目编号如何编制。例如:某单位将科目编码设为 42222,则科目编号时一级科目编码是四位长,二至五级科目编码均为两位长。

(2)客户分类编码。系统的最大限制为五级十二位,且任何一级的编码长度都不得超过九位编码。用户在此设定的客户分类编码级次和长度将决定用户单位的客户编号如何编制。例如:某单位将客户分类编码设为 234,则编号时,一级客户分类编码为二位长,二级编码为三位长,三级编码为四位长。

(3)部门编码。系统的最大限制为五级十二位,且任何一级的编码长度都不得超过九位编码。用户在此设定的部门编码级次和长度将决定用户单位的部门编号如何编制。例如：某单位将部门编码设为234,则编号时,一级部门编码为二位长,二级编码为三位长,三级编码为四位长。

（4）存货分类编码。系统最大限制为八级十二位,且任何一级的最大长度都不得超过九位编码。

（5）地区分类编码。系统的最大限制为五级十二位,且任何一级的编码长度都不得超过九位编码。用户在此设定的地区编码级次和长度将决定用户单位的地区编号如何编制。例如：某单位将地区编码设为234,则编号时,一级地区编码为二位长,二级编码为三位长,三级编码为四位长。最大限制为5级30位,任何一级的最大长度都不得超过9位编码。

（6）供应商分类编码。系统的最大限制为五级十二位,且任何一级的编码长度都不得超过九位编码。用户在此设定的供应商分类编码级次和长度将决定用户单位的供应商编号如何编制。例如：某单位将供应商分类编码设为234,则编号时,一级供应商分类编码为二位长,二级编码为三位长,三级编码为四位长。

（7）收发类别编码。系统将收发类别编码级次固定为三级,总长度不得超过五位编码。用户在此设定的收发类别编码级次和长度将决定用户单位的收发类别编号如何编制,系统默认收发类别编码为12,即编号时,一级收发类别编码为一位长,二级编码为二位长。

（8）结算方式编码。系统将结算方式编码级次固定为二级,总长度不得超过三位编码。用户在此设定的结算方式编码级次和长度将决定用户单位的结算方式类别编号如何编制,系统默认结算方式类别编码为12,即编号时,一级结算方式类别编码为一位长,二级编码为二位长。

提示

只有在建立账套时设置存货、客户、供应商需要分类,才能对存货分类、客户分类、供应商分类的编码方案进行设置。

修改编码方案时,单击要修改的编码方案中的级次和长度,可以直接按数字键定义级长。但设置的编码方案级次不能超过最大级数;同时系统限制最大长度,只能在最大长度范围内,增加级数,改变级长。灰色区域表示不可修改。

三、数据精度

数据精度的设置适用于各企业对数量、单价的核算精度的不同要求。需要设置的数据精度主要有：存货数量小数位、存货单价小数位、开票单价小数位、件数小数位数、换算率小数位数和税率小数位数。用户可根据企业的实际情况进行设置。应收、应付、销售、采购、库存、存货、采购计划系统均需使用数据精度。

（1）存货数量小数位。根据企业的实际情况,输入在进行存货数量核算时所要求的小数位数。只能输入0～6的整数,系统默认值为2。

（2）存货单价小数位。根据企业的实际情况,输入在进行存货单价核算时所要求的小数位数。只能输入0～8的整数,系统默认值为4。

（3）开票单价小数位。根据企业的实际情况,输入在开票时所要求的单价的小数位数。

只能输入 0～8 的整数,系统默认值为 4。

(4)件数小数位数。根据企业的实际情况,输入在进行开票时所要求的件数小数位数。只能输入 0～6 的整数,系统默认值为 2。

(5)换算率小数位数。根据企业的实际情况,输入在进行单位换算时所要求的换算率的小数位数。只能输入 0～6 的整数,系统默认值为 2。

(6)税率小数位数。只能输入 0～6 的整数,系统默认值为 2。

第三节 基础档案

基础设置是会计软件的系统初始化模块,是所有子系统共用的模块,其作用是将手工作业的基本业务移植到计算机中所进行的一系列准备工作。使用系统基础信息模块之前,应根据单位实际情况与业务要求,按计算机的要求手工整理一份基础信息资料,以便于初始建账工作顺利进行。

基础档案包括机构人员、客商信息、存货、财务、收付结算、业务、生产制造、对照表、其他。

基础档案设置的顺序如图 3-1 所示。

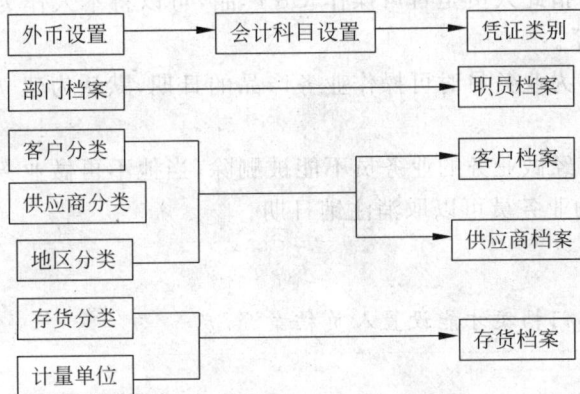

图 3-1 基础档案设置顺序

一、机构人员

1. 部门档案

部门档案主要用于设置企业各个职能部门的信息,部门可以是实际的部门机构,也可以是虚拟的核算单元。按照已经定义好的部门编码级次原则输入部门编号及其信息。

(1)部门编号:要求符合编码级次原则,必须录入,必须唯一。

(2)部门名称:必须录入。负责人、电话、地址、部门的辅助信息,可以为空,其中地址为 255 字符,127 个汉字。

(3)部门属性:输入的部门是车间、采购部门、销售部门等部门分类属性,可以为空。

(4)信用信息:包括信用额度、信用等级、信用天数,指该部门对本部门负责的客户的信用额度和最大信用天数,可以不填。

（5）成立日期：指部门的成立时间，默认为当前登录时间。

（6）撤销日期：指部门的撤销时间，通过撤销按钮输入。

2．人员类别

人员类别是对企业的人员进行分类设置和管理。系统已经预置在职人员、离退人员、离职人员和其他人员四类顶级类别，顶级类别可以修改，但不允许增加和删除。用户可以自定义扩充人员子类别。当某类别已有人员引用时，不允许增加其子类别。新增或修改人员信息时，只能选择末级的人员类别。

3．人员档案

人员档案用于设置企业各职能部门中需要进行核算和业务管理的职员信息，必须先设置好部门档案才能在这些部门下设置相应的职员档案。除了固定资产和成本管理产品外，其他产品均需使用职员档案。

（1）人员编号、人员名称、性别都必须录入；人员编号必须唯一；人员名称可以重复。

（2）行政部门名称：指职员所属的行政部门，参照部门档案。

（3）人员属性：填写职员是属于采购员、库房管理人员还是销售人员等人员属性。

（4）人员类别：必须录入，参照人员类别档案。

（5）是否业务员：指此人员是否可操作U8其他的业务产品，如总账、库存等。

（6）是否操作员：指此人员是否可操作U8产品，可以将本人作为操作员，也可与已有的操作员设为对应关系。

（7）生效日期：作为业务员时可操作业务产品的日期，默认为建立人员时的登录日期，可修改。

（8）注销日期：已经做业务的业务员不能被删除，当他不再做业务时，取消其使用业务功能的权利；已注销的业务员可以取消注销日期。

> **提示**
>
> 只有先设置好部门档案才能设置人员档案。

二、客商信息

1．客户分类及其档案

企业为进行客户往来管理，必须将企业中客户的详细信息录入客户档案中，建立客户档案直接关系到对客户数据的统计、汇总和查询等分类处理。客户信息的主要内容有以下几项。

（1）客户编码和名称：编码和名称不能为空，编码必须唯一。以后使用时只需录入"编码"便可得到对应单位的名称等固定信息，从而大大提高输入和处理的效率。

（2）类别名称：如果需要进行分类，则选择正确的客户类别。

（3）性质：可根据单位性质选取。

2．供应商分类及其档案

企业为进行供应商往来管理，需要将企业中供应商的详细信息录入供应商的档案中，建立供应商档案直接关系到对供应商的统计、汇总和查询等分类处理。供应商信息的内容有以下几项。

（1）供应商编号、名称和简称必须输入，不能与已有的供应商档案重复。

（2）应付余额是企业应付给供应商的欠款额。

（3）折扣率是供应商给企业的固定折扣率。

（4）信用额度和信用期间是供应商与企业商定应付款的一般额度。超过这个额度，供应商就发出催款单（函）。

（5）付款条件用于采购单据中付款条件的默认取值。

（6）最后交易日期、最后交易金额、最后付款日期、最后付款金额由计算机自动记录。

三、财务

1. 外币设置

建立新账时如果选择了"有外币核算"则必须对外币做出设置。外币设置的内容主要包括外币的名称、折算方式、折算汇率。

（1）币符及币名：所定义外币的符号及其名称，币符为必输项。

（2）折算方式：分为直接汇率与间接汇率两种，用户可以根据外币的使用情况选定汇率的折算方式。直接汇率即"外币×汇率＝本位币"；间接汇率即"外币/汇率＝本位币"。

（3）固定汇率与浮动汇率：选"固定汇率"即按照当月月初汇率折算外币；选"浮动汇率"即按照当月外币业务发生时的汇率折算。

2. 会计科目

会计科目是填制会计凭证、登记会计账簿、编制会计报表的基础。会计科目是一个完整的体系，是复式记账和分类核算的基础。会计科目设置的完整性影响着会计过程的顺利实施，会计科目设置的层次深度直接影响会计核算的详细、准确程度。

提示

设置会计科目时要求"自上而下"，即先从一级科目设置开始，逐级设置所属下级科目，确保会计科目体系的严密性和完整性。删除会计科目时要求"自下而上"进行。

（1）科目编码：是科目的唯一标志，体现上下级逻辑关系，能减少会计科目输入的工作量，便于计算机识别和处理（在传递、汇总、分类等过程中）。科目代码必须是数字码、不能重复，且应符合会计科目编码规则。

（2）科目名称：便于人机交流以及企业与外部交流信息。要求一级科目和有些明细科目的名称有规定，只需输入本级科目的名称，在同一上级科目下不能有同名科目。

（3）科目性质：便于会计核算与管理。《企业会计准则（2007年）》将会计科目分为6大类，首位是"1"代表资产类科目、"2"代表负债类科目、"3"代表共同类科目、"4"代表权益、"5"代表成本、"6"代表损益类科目。因此，科目性质是系统自动根据录入的科目代码来自动确定。

（4）账户格式：它决定了提供数据的内容和详细程度。一般有金额式、外币金额式、数量金额式、数量外币式。

提 示

在电子账套中,多栏式账只是一种输出格式,并非存储数据的账户格式。将手工会计中的多栏式明细账中的栏目(或项目)作为下级科目来设置即可。

(5)外币核算:用于需要进行外币核算的科目,其账户格式一般为外币金额式。从已经设置好的外币中选择本科目核算所用的外币币种。

(6)计量单位:用于需要进行数量核算的科目,其账户格式一般为数量金额式或数量外币式。根据计量的需要可将计量单位设置为千克、吨、台、件、个等。

(7)科目性质(余额方向):科目的余额方向一般取决于科目的性质,即一般情况下,资产类科目余额在借方;负债类科目余额在贷方;所有者权益类科目余额在贷方;成本类科目余额在借方;收入收益类科目余额在贷方;费用类科目余额在借方。但某些科目例外,如"坏账准备"科目,其性质为资产类科目,但其余额为贷方。因此,设置科目性质后可以根据需要修改科目的余额方向。

(8)辅助核算:选择辅助核算其作用相当于会计手工处理下给某科目设置了明细账。辅助核算包括部门核算、个人往来、客户往来、供应商往来、项目核算和自定义项。科目设置辅助核算后,系统自动为该科目开设辅助账,用于统计明细。例如:将"应收账款"科目设置为"客户往来",则系统中已存在的所有客户就成为本科目的明细账。有辅助核算的科目发生业务时,系统要求录入该科目相应的辅助核算,系统自动将该科目金额记录到辅助账中,总账科目金额应等于辅助账金额合计。

设置辅助核算的注意事项

- 一个科目可以同时设置多种辅助核算。
- 设置辅助核算应慎重,如果科目有数据,而要对科目的辅助核算进行修改,可能会造成总账和明细账的对账不符。

(9)指定会计科目:指定会计科目是指指定出纳员的专管会计科目,只有指定会计科目后才能执行出纳签字,从而实现现金科目、银行科目在保密性管理,以及查看现金、银行存款日记账。

指定会计科目包括三项指定:指定为"现金科目"则本科目为日记账科目,是出纳员的专管科目;指定为"银行科目"则本科目既是日记账科目,属于出纳员的专管科目,又是银行科目,即每月至少和银行对账一次;指定为"现金流量科目"则本科目与现金流量表的编制有关。

现金流量表在编制时有两种方法:一是利用总账中的现金流量辅助核算编制;二是利用专门的现金流量表软件编制。采用第一种方法时必须通过指定设置现金流量科目。

3. 凭证类别

为了便于管理或登账方便,一般对记账凭证进行分类编制,系统提供了五种凭证类别设置的方法,凭证类别设置的内容包括类别名称、限制类型、限制科目。

(1)类别名称:分全称和简称(即类别字),如:收款凭证(简称:收)等。

(2)限制类型和限制科目:其作用是防止凭证类型错误。某些类别的凭证在制单时对科目有一定的限制,通常系统有五种限制类型供选择。

① 借方必有:制单时,此类凭证借方至少有一个限制科目有发生额。

② 贷方必有:制单时,此类凭证贷方至少有一个限制科目有发生额。

③ 凭证必有:制单时,此类凭证无论借方还是贷方至少有一个限制科目有发生额。

④ 凭证必无:制单时,此类凭证无论借方还是贷方不可有一个限制科目有发生额。

⑤ 无限制:制单时,此类凭证可使用所有合法的科目。

限制科目由用户输入,可以是任意级次的科目,科目之间用逗号分隔,数量不限;也可参照输入,但不能重复录入。

在录入凭证之前,应进行凭证类别的设置;已使用的凭证类别不能删除,也不能修改类别字;若限制科目为非末级科目,则在制单时,其所有下级科目都将受到同样的限制。

> **设置凭证类别应注意的问题**
> - 至少设置一种通用凭证类型:便于以后新增凭证类型。
> - 最好设置凭证类型控制科目:发挥自动控制的作用。
> - 不能随意修改和删除凭证类型。

4. 项目目录

企业在实际业务处理中可以将具有相同特性的一类项目定义成一个项目大类,例如:在建工程、对外投资、技术改造项目、项目成本管理、合同等均可设为一个项目大类。一个项目大类可以核算多个项目,例如:在建工程项目大类中可以包含多个工程项目。为了便于管理,我们还可以对这些项目进行分类管理。

项目核算与管理的首要步骤是设置项目档案,包括:增加或修改项目大类,定义项目核算科目、项目分类、项目栏目结构并进行项目目录的维护。

(1)项目核算科目:在总账系统"会计科目"功能中设置项目辅助核算,如:对产成品、生产成本、商品采购、库存商品、在建工程、科研课题、科研成本等科目设置项目核算的辅助账类。

(2)项目分类:为了便于统计,可对同一项目大类下的项目进行进一步划分,这就需要进行项目分类的定义。

(3)项目栏目结构:一个项目除了项目名称外,有时还应加一些其他备注说明,例如:课题项目可以设置课题名称、课题性质、课题承担单位、课题负责人等备注说明,这些备注说明均可以设置为项目栏目。

(4)项目目录:列出所选项目大类下的所有项目。

四、收付结算

收付结算主要包括结算方式和付款条件的设置,这里主要介绍结算方式。

结算方式用于管理企业在经营活动中所涉及的结算问题,如:现金结算、支票结算等。结算方式最多可以分为2级。结算方式一旦被引用,不能进行修改和删除的操作。

(1)结算方式编码:用以标识某种结算方式。企业必须按照结算方式编码级次的先后顺序来进行录入,录入值必须唯一。

（2）结算方式名称：根据企业的实际情况，必须录入所用结算方式的名称，录入值必须唯一。结算方式名称最多可写 6 个汉字（或 12 个字符）。

（3）票据管理标志：根据企业实际情况，通过单击复选框来选择该结算方式下的票据是否要进行票据管理，即该结算方式下的票据是否要进行支票登记簿管理。

五、其他

这里主要介绍常用摘要。企业在处理日常业务数据时，在输入单据或凭证的过程中，因为业务的重复性较大，经常会有许多摘要完全相同或大部分相同，如果将这些常用摘要存储起来，在输入单据或凭证时随时调用，必将大大提高业务处理效率。

（1）常用摘要编码：用以标识某常用摘要。在制单中录入摘要时，用户只要在摘要区输入该常用摘要的编码，系统即自动调入该摘要正文和相关科目。

（2）常用摘要正文：结合本单位的实际情况，输入常用摘要的正文。

（3）相关科目：如果某条常用摘要对应某科目，则可以在此输入，在调用常用摘要的同时，也将被一同调入，以提高录入速度。

第四节　权限管理

一、数据权限

在系统管理中定义角色或用户，并分配完成功能级权限后才能进行"数据权限分配"。数据权限分配包括记录权限分配和字段权限分配。

记录权限分配是指对具体业务对象进行权限分配。包括对科目、工资权限、用户、仓库的权限分配。

字段权限分配是对单据中包含的字段进行权限分配。是出于安全保密性考虑，对一些单据或者列表中有些栏目限制查看权限，例如：限制仓库保管员看到出入库单据上的有关商品价格信息。

二、金额权限

用于设置用户可使用的金额级别，对业务对象提供金额级权限设置，包括采购订单的金额审核额度、科目的制单金额额度。

在设置这两个金额权限之前必须先设定对应的金额级别，金额级别总共分六级，从级别一至六，金额必须逐级递增，不允许中间为空的情况存在，但允许最后有不设置的级别存在。对于科目来说，可以根据需要设置对应科目的金额级别，可以直接对上级科目设置级别，也可以明细到末级进行级别设置，但不允许对有上下级关系的科目同时进行级别设置。采购订单的金额审核级别设置一条记录即可。

三、功能权限

功能权限转授实现了除系统管理员外允许其他用户进行功能权限的授权，以减少系统管理员的压力和责任,完善功能权限的管理,提供功能权限授权的灵活性。只有系统管理员才可以指定哪个用户有权进行权限转授。

实验二　企业应用平台基础设置

【实验准备】

已经完成了实验一的操作,可以引入 E 盘"会计信息系统"文件夹"实验一"的备份数据,将系统日期修改为"2015 年 12 月 1 日"。

【实验内容】

(1) 启用"总账、薪资管理、固定资产系统"系统。

(2) 设置部门档案。

(3) 设置在职人员类别、退休人员档案。

(4) 设置职员档案。

(5) 设置客户分类。

(6) 设置客户档案。

(7) 设置供应商档案。

(8) 设置操作员夏雪有权对韩冬及申秋所填制凭证的查询、删改、审核、弃审及关闭权限。

(9) 总账系统参数设置。

(10) 基础档案设置:会计科目、凭证类别、外币设置、项目目录等。

(11) 账套备份。

【实验资料】

1. 系统启用

分别启用总账、薪资管理、固定资产系统,启用日期均为 2015 年 12 月 1 日。

2. 部门档案(见表 3-1)

3. 人员类别——在职人员(见表 3-2)

<table>
<tr><td colspan="2">表 3-1　部门档案一览表</td><td colspan="2">表 3-2　在职人员类别表</td></tr>
<tr><td>部 门 编 码</td><td>部 门 名 称</td><td>分 类 编 码</td><td>分 类 名 称</td></tr>
<tr><td>1</td><td>总经理办公室</td><td>1001</td><td>企业管理人员</td></tr>
<tr><td>2</td><td>人事部</td><td>1002</td><td>经营人员</td></tr>
<tr><td>3</td><td>财务部</td><td>1003</td><td>车间管理人员</td></tr>
<tr><td>4</td><td>市场部</td><td>1004</td><td>甲产品生产人员</td></tr>
<tr><td>401</td><td>供应科</td><td>1005</td><td>乙产品生产人员</td></tr>
<tr><td>402</td><td>销售科</td><td></td><td></td></tr>
<tr><td>5</td><td>生产车间</td><td></td><td></td></tr>
</table>

4. 人员档案

（1）在职人员档案（见表3-3）

表3-3　在职人员档案表

职员编码	职员姓名	性别	人员类别	所属部门	是否操作员	是否业务员
001	马璐	男	企业管理人员	总经理办公室		是
002	李杰	男	企业管理人员	总经理办公室		是
003	赵菲	女	企业管理人员	人事部		是
004	韩冬	男	企业管理人员	财务部	是	是
005	夏雪	女	企业管理人员	财务部	是	是
006	申秋	男	企业管理人员	财务部	是	是
007	刘佳	男	经营人员	供应科		是
008	吴军	男	经营人员	销售科		是
009	孙媛	女	车间管理人员	生产车间		是
010	肖宏	男	甲产品生产人员	生产车间		是
011	季伟	男	乙产品生产人员	生产车间		是

（2）退休人员档案（见表3-4）

表3-4　退休人员档案表

职员编码	职员姓名	性别	人员类别	所属部门	是否操作员	是否业务员
012	黎明	男	退休人员	人事部		是
013	郭成	男	退休人员	人事部		是

5. 客户分类（见表3-5）
6. 客户档案（见表3-6）

表3-5　客户分类一览表

类别编码	类别名称
1	北京地区
2	上海地区
3	东北地区
4	华北地区
5	西北地区

表3-6　客户档案一览表

客户编码	客户简称	所属分类
01	北京华景公司	1（北京地区）
02	北京远洋公司	1（北京地区）
03	上海白云公司	2（上海地区）
04	上海锦江公司	2（上海地区）
05	鞍山钢铁厂	3（东北地区）
06	山西金成公司	4（华北地区）
07	兰州新风公司	5（西北地区）

7. 供应商档案（见表3-7）

表3-7　供应商档案一览表

供应商编码	供应商简称	所属分类
01	畅想公司	00
02	联创公司	00
03	中信公司	00

8. 外币设置（见表 3-8）

表 3-8 外币一览表

币 名	币 符	汇率方式	记账汇率
美元	USD	固定汇率	1：6.135
日元	JPY	浮动汇率	1：0.059

9. 增设和修改会计科目（见表 3-9）

表 3-9 会计科目表

科目名称	方 向	辅助核算	币别、计量
库存现金(1001)	借	日记账	
银行存款(1002)	借	银行账、日记账	
工行存款(100201)	借	银行账、日记账	
中行存款(100202)	借	银行账、日记账	美元
应收票据(1121)	借	客户往来	
应收账款(1122)	借	客户往来	
预付账款(1123)	借	供应商往来	
其他应收款(1221)	借		
应收职工借款(122101)	借	个人往来	
在途物资(1402)	借		
生产用(140201)	借		
其他(140202)	借		
原材料(1403)	借		
生产用(140301)	借	数量核算	吨
其他(140302)	借	数量核算	吨
库存商品(1405)	借		
甲产品(140501)	借	数量核算	件
乙产品(140502)	借	数量核算	件
固定资产(1601)	借		
办公楼(160101)	借		
厂房(160102)	借		
A 生产线(160103)	借		
B 生产线(160104)	借		
办公设备(160105)	借		
累计折旧(1602)	贷		
应付票据(2201)	贷	供应商往来	
应付账款(2202)	贷	供应商往来	
预收账款(2203)	贷	客户往来	
应付职工薪资(2211)	贷		
应付工资(221101)	贷		

续表

科 目 名 称	方 向	辅 助 核 算	币别、计量
应付福利费(221102)	贷		
工会经费(221103)	贷		
应交税费(2221)	贷		
应交增值税(222101)	贷		
进项税额(22210101)	贷		
销项税额(22210102)	贷		
应交营业税(222102)	贷		
应交消费税(222103)	贷		
应交城市维护建设税(222104)	贷		
应交教育费附加(222105)	贷		
应交所得税(222106)	贷		
盈余公积(4101)	贷		
法定盈余公积(410101)	贷		
任意盈余公积(410102)	贷		
利润分配(4104)	贷		
提取法定盈余公积(410401)	贷		
提取任意盈余公积(410402)	贷		
未分配利润(410403)	贷		
生产成本(5001)	借		
直接材料(500101)	借	项目核算	
直接人工(500102)	借	项目核算	
制造费用(500103)	借	项目核算	
主营业务收入(6001)	贷		
甲产品(600101)	贷	数量核算	件
乙产品(600102)	贷	数量核算	件
主营业务成本(6401)	借		
甲产品(640101)	借	数量核算	件
乙产品(640102)	借	数量核算	件
管理费用(6602)	借		
工资(660201)	借	部门核算	
招待费(660202)	借	部门核算	
办公费(660203)	借	部门核算	
差旅费(660204)	借	部门核算	
福利费(660205)	借	部门核算	
折旧费(660206)	借	部门核算	
其他(660207)	借	部门核算	

10. 指定会计科目

现金科目为"1001 库存现金";银行科目为"1002 银行存款";现金流量科目为"1001 库存现金"、"100201 工行存款"、"100202 中行存款"、"1012 其他货币资金"。

11. 设置项目目录(见表 3-10)

表 3-10 项目目录

项目设置步骤	设 置 内 容
第一步:项目大类	生产成本项目
第二步:核算科目	直接材料(550101) 直接人工(550102) 制造费用(550103)
第三步:项目分类	1. 自制产品 2. 委托加工产品
第四步:项目名称	甲产品　　所属分类:1 乙产品　　所属分类:2

12. 设置凭证类别(见表 3-11)

表 3-11 凭证类别

类别名称	限制类型	限制科目
收款凭证	借方必有	1001,1002
付款凭证	贷方必有	1001,1002
转账凭证	凭证必无	1001,1002

13. 设置结算方式(见表 3-12)

表 3-12 结算方式

编 号	结 算 方 式	是否票据管理	编 号	结 算 方 式	是否票据管理
1	支票结算		4	商业汇票	
101	现金支票	是	401	商业承兑汇票	
102	转账支票	是	402	银行承兑汇票	
2	电汇	是	5	托收承付	
3	银行汇票				

14. 账套备份

略。

【实验指导】

实验指导 1:系统启用

(1)执行"开始|程序|用友 ERP-U872|企业应用平台"命令,打开注册"企业应用平台"对话框。输入用户名为"001";在"账套"下拉列表框中选择自己的账套,如图 3-2 所示。

(2)单击"确定"按钮,打开"用友 ERP-U872|企业应用平台"窗口。

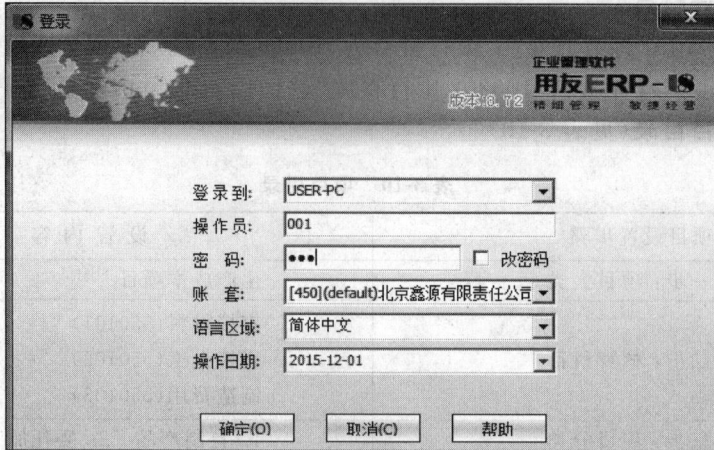

图 3-2　登录企业应用平台

（3）单击"基础信息"，双击"基本信息"，打开"基本信息"窗口。双击"系统启用"，选中"GL 总账"前的复选框，弹出"日历"对话框。

（4）选择"日历"对话框中的"2015 年 12 月 1 日"，如图 3-3 所示。

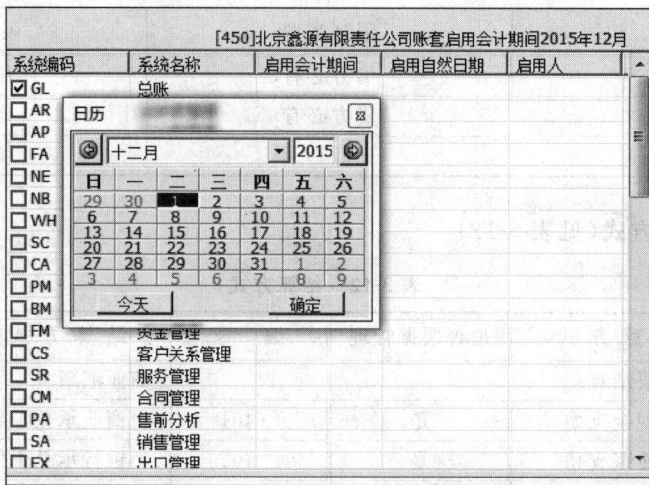

图 3-3　启用总账系统

（5）单击"确定"按钮，系统提示"确实启用当前系统么？"信息提示框，单击"是"按钮，完成总账系统的启用。

（6）依次类推，分别启用"薪资管理"和"固定资产"。

实验指导 2：部门档案

（1）在"设置"选项卡中，执行"基础档案|机构人员|部门档案"命令，进入"部门档案"窗口。

（2）单击"增加"按钮，输入部门编码"1"，部门名称"总经理办公室"，单击"保存"按钮，同理输入其他的部门档案，如图 3-4 所示。

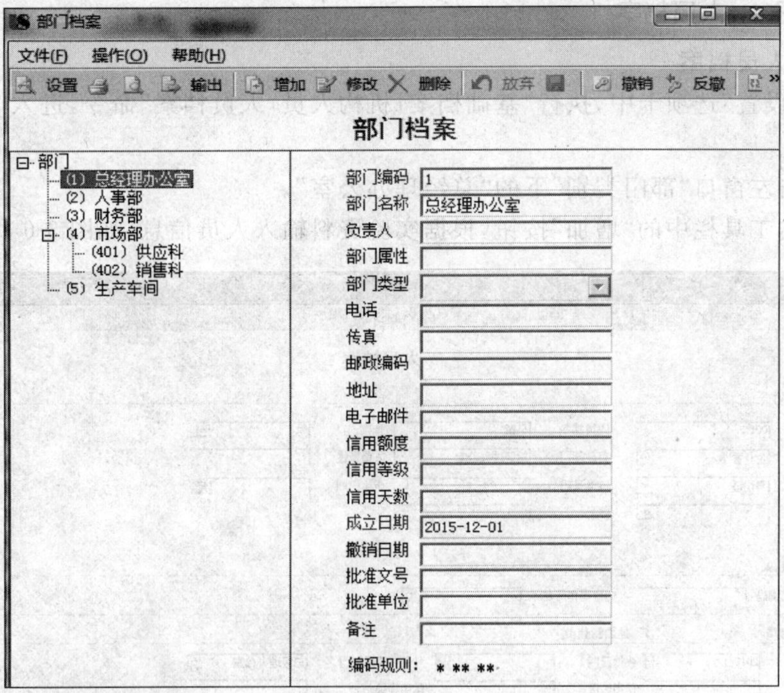

图 3-4 设置部门档案

实验指导 3：人员类别——在职人员

（1）在"设置"选项卡中，执行"基础档案｜机构人员｜人员类别｜在职人员"命令，单击"增加"按钮，进入"增加档案项"窗口，在"档案编码"输入"1001"，档案名称内输入"企业管理人员"，单击"确定"按钮。

（2）依次类推分别输入"经营人员"、"车间管理人员"和"生产人员"，如图 3-5 所示。

图 3-5 人员类别

提示

- 人员类别与工资费用的分配、分摊有关，人员类别设置的目的是为工资分摊生成凭证设置相应的入账科目作准备，可以按不同的入账科目需要设置不同的人员类别。
- 人员类别是人员档案中的必选项目，需要在人员档案建立之前设置。
- 人员类别名称可以修改，但已使用的人员类别名称不能删除。

实验指导4：人员档案

1. 在职人员档案

（1）在"设置"选项卡中，执行"基础档案|机构人员|人员档案"命令，进入"人员列表|在职人员"窗口。

（2）单击左窗口"部门类别"下的"总经理办公室"。

（3）单击工具栏中的"增加"按钮，根据实验资料输入人员信息，如图3-6所示。

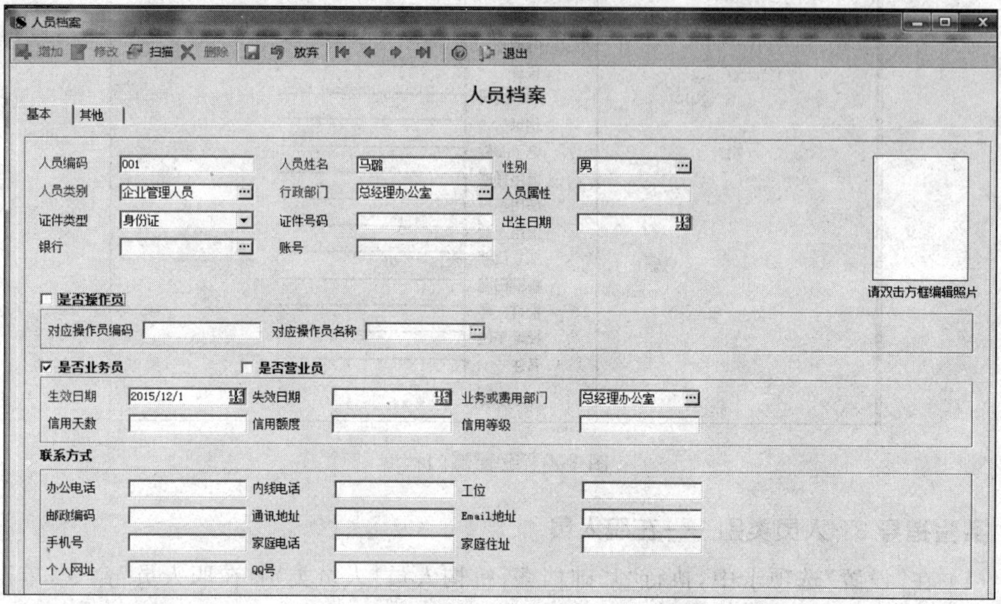

图3-6　增加人员档案

（4）单击"保存"按钮。

（5）同理依次输入其他人员档案，如图3-7所示。

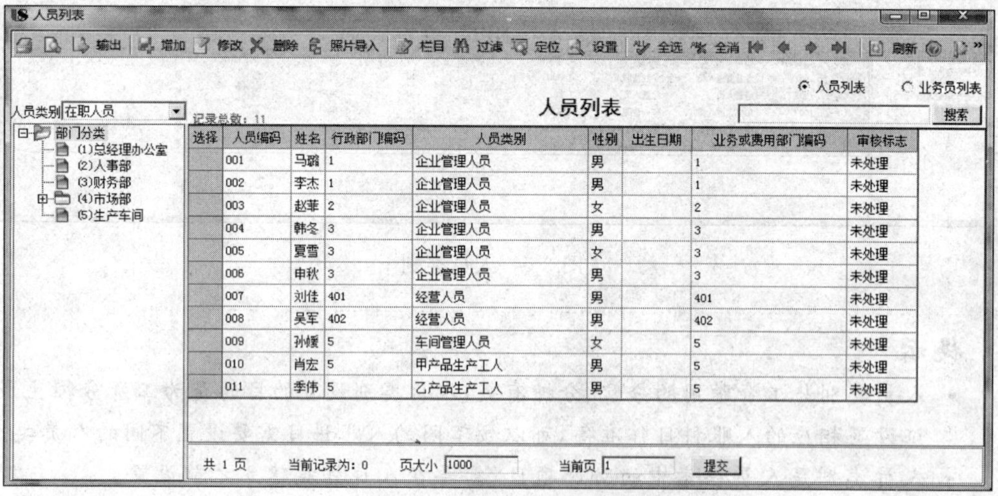

图3-7　在职人员档案

提示

- 此处的人员档案应该包括企业所有员工,人员编码必须唯一,行政部门只能是末级部门。
- 如果该员工需要在其他档案或其他单据的"业务员"项目中被参照,需要选中"是否业务员"选项。

2. 退休人员档案

(1)在"设置"选项卡中,执行"基础档案 | 机构人员 | 人员档案"命令,进入"人员列表 | 退休人员"窗口。

(2)单击左窗口"部门类别"下的"人事部"。

(3)单击工具栏中的"增加"按钮,根据实验资料输入人员信息。

(4)单击"保存"按钮。

(5)同理依次输入其他人员档案,如图 3-8 所示。

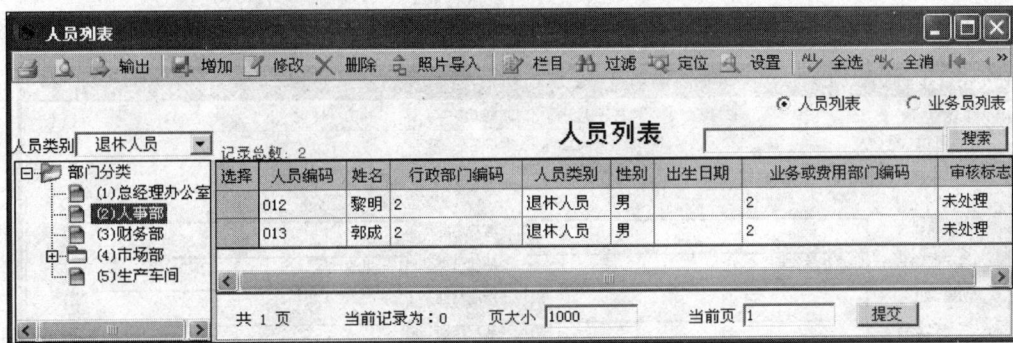

图 3-8 退休人员档案

实验指导 5:客户分类

(1)在"设置"选项卡中,执行"基础档案 | 客商信息 | 客户分类"命令,进入"客户分类"窗口。

(2)单击工具栏中的"增加"按钮,根据实验资料输入客户分类信息,如图 3-9 所示。

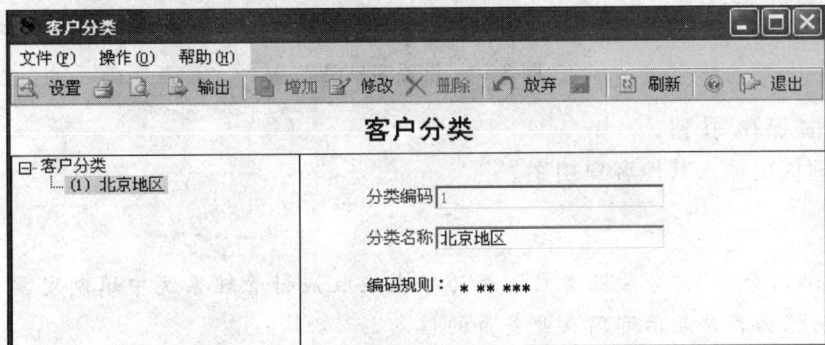

图 3-9 设置客户分类

（3）单击"保存"按钮。

（4）同理依次输入其他客户分类。

提 示

- 客户是否需要分类应在建立账套时确定。
- 客户分类编码必须符合编码规则。

实验指导6：客户档案

（1）在"设置"选项卡中，执行"基础档案|客商信息|客户档案"命令，打开"客户档案"窗口。窗口显示左右两部分，左窗口显示已经设置的客户分类，单击选中某一客户分类，右窗口中显示该分类下所有的客户列表。

（2）单击工具栏中的"增加"按钮，打开"增加客户档案"对话框。对话框共包括4个选项卡，即"基本"、"联系"、"信用"、"其他"，用于对客户不同的属性分别归类记录。

（3）根据实验资料输入"客户编码"、"客户名称"、"客户简称"、"所属分类"、"税号"、"分管部门"、"分管业务员"等相关信息，如图3-10所示。

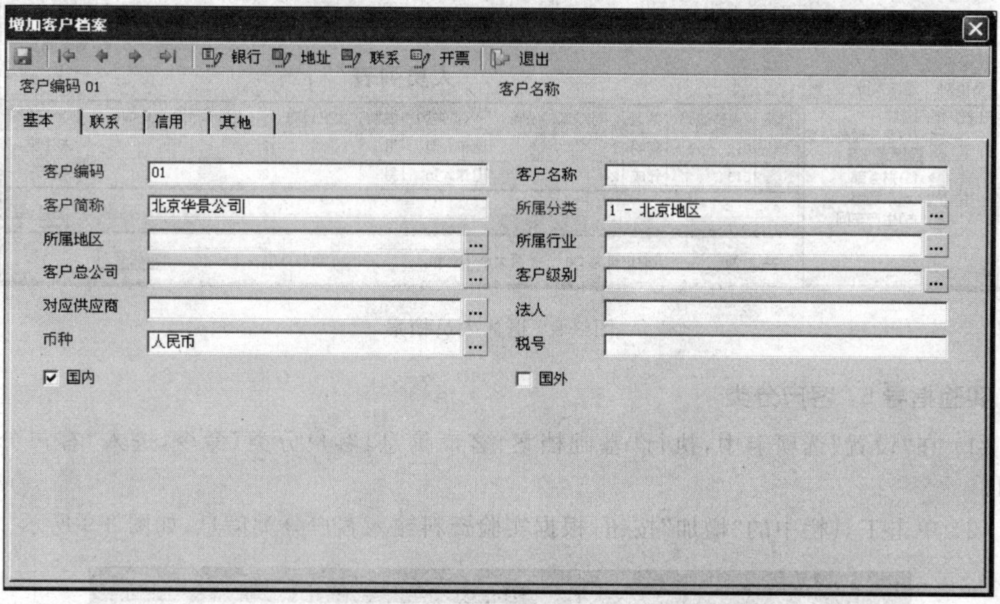

图3-10 设置客户档案

（4）单击"保存"按钮。

（5）同理依次输入其他客户档案。

提 示

设置"部门分管"、"分管业务员"，是为了在应收应付管理系统中填制发票等原始单据时能自动根据客户显示部门及业务员的信息。

实验指导 7：供应商档案

（1）在"设置"选项卡中，执行"基础档案|客商信息|供应商档案"命令，打开"供应商档案"窗口。窗口显示左右两部分，左窗口显示供应商无分类，右窗口中显示所有所有的供应商列表。

（2）单击工具栏中的"增加"按钮，打开"增加供应商档案"对话框。根据实验资料输入供应商相关信息。

（3）同理依次输入其他供应商档案。

> **提 示**
>
> - 在录入供应商档案时，供应商编码及供应商简称必须录入。
> - 由于该账套中并未对供应商进行分类，因此所属分类为无分类。
> - 供应商是否分类应在建立账套时确定，此时不能修改，如若修改只能在未建立供应商档案的情况下，在系统管理中以修改账套的方式修改。
> - 供应商编码必须唯一。

实验指导 8：外币设置

（1）执行"基础设置|财务|外币设置"命令，打开"外币设置"对话框。

（2）单击"增加"按钮，输入币符"USD"、币名"美元"，单击"确认"按钮。

（3）输入 12 月份的记账汇率 6.13500，如图 3-11 所示。

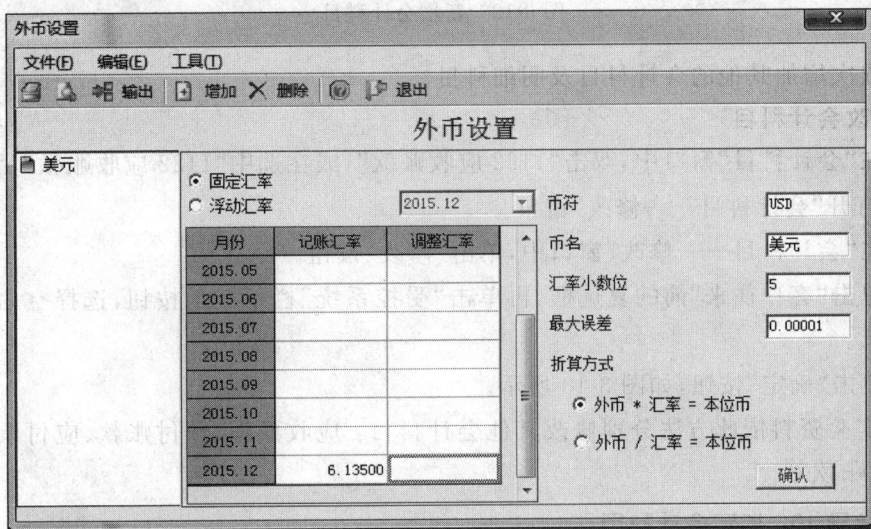

图 3-11　设置外币及汇率

（4）单击"增加"按钮，输入日元的币符、币名及汇率，单击"退出"按钮退出。

实验指导 9：增设和修改会计科目

1. 增设会计科目

（1）执行"基础设置|基础档案|会计科目"命令，打开"会计科目"窗口。

（2）单击"增加"按钮，打开"会计科目——新增"窗口。

（3）输入科目编码"100201"、科目中文名称"工行存款"，选中"日记账"、"银行账"复选框，单击"确定"按钮，如图3-12所示。

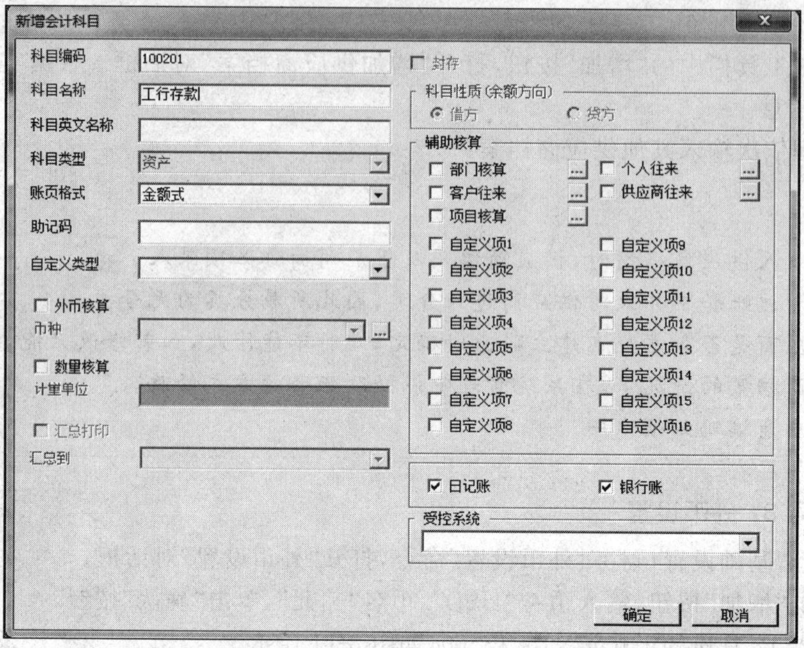

图3-12　新增会计科目

（4）依次增加其他的会计科目及明细科目。

2. 修改会计科目

（1）在"会计科目"窗口中，双击"1122 应收账款"，或在选中"1122 应收账款"后单击"修改"按钮，打开"会计科目——修改"窗口。

（2）在"会计科目——修改"窗口中，单击"修改"按钮。

（3）单击"客户往来"前的复选框，再单击"受控系统"栏下三角按钮，选择空白处（即无受控系统）。

（4）单击"确定"按钮，如图3-13所示。

根据实验资料依此方法分别修改其他会计科目：应收票据、预付账款、应付票据、应付账款、预收账款等。

实验指导10：指定会计科目

（1）执行"基础设置|基础档案|会计科目"命令，打开"会计科目"窗口。

（2）执行"编辑|指定科目"命令，打开"指定科目"窗口。

（3）在"指定科目"窗口中，单击"＞"按钮。

（4）单击"现金科目"，将"库存现金"从左侧的待选科目选到右侧的已选科目，即单击"＞"按钮。

（5）同理选中"银行科目"和"现金流量科目"前对应的科目，再单击"＞"按钮。

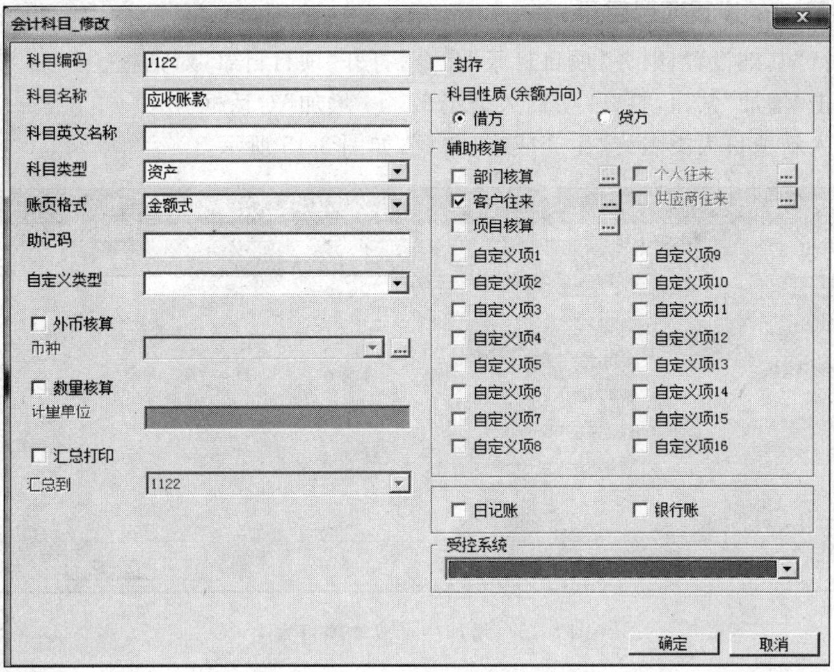

图 3-13 修改会计科目

（6）单击"确定"按钮，如图 3-14 所示。

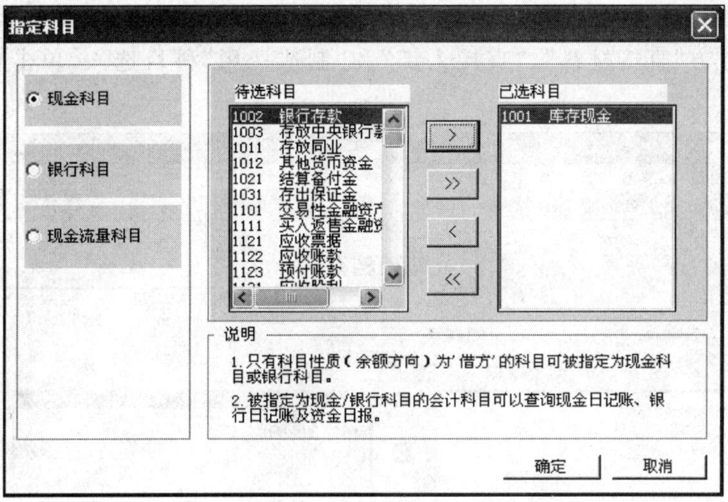

图 3-14 指定会计科目

提 示

- 被指定的"现金总账科目"及"银行总账科目"必须是一级会计科目。
- 只有指定现金及银行总账科目才能进行出纳签字的操作。
- 只有指定现金及银行总账科目才能查询现金日记账和银行存款日记账。

实验指导 11：设置项目目录

（1）执行"基础设置|财务|项目目录"命令，打开"项目目录"对话框。

（2）单击"增加"按钮，打开"项目大类定义——增加"对话框。

（3）输入新项目大类名称"生产成本项目"，如图 3-15 所示。

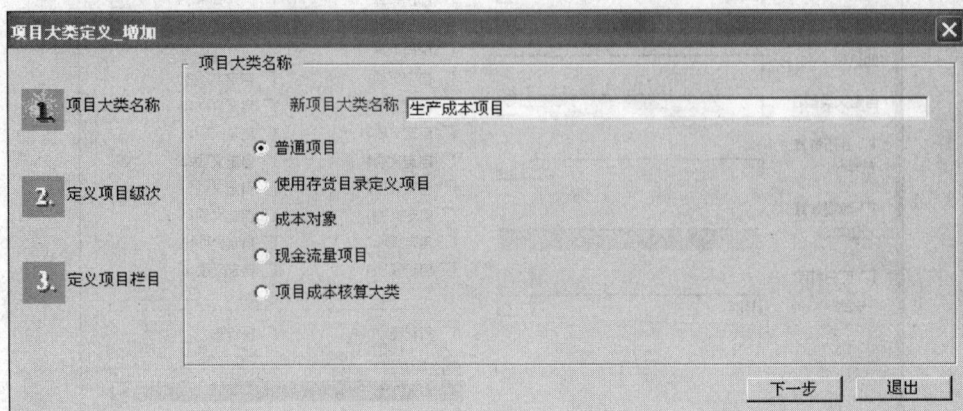

图 3-15　增加生产成本项目大类

（4）单击"下一步"按钮，打开"定义项目级次"对话框，在"定义项目级次"对话框中单击"下一步"按钮，打开"定义项目栏目"对话框，在"定义项目栏目"对话框中，单击"完成"按钮，返回"项目档案"窗口。

（5）单击"项目大类"栏下三角按钮，选择"生产成本项目"，再单击"核算科目"页签，单击 按钮。将左方"直接材料"、"直接人工"和"制造费用"科目选入，单击"确定"按钮，如图 3-16所示。

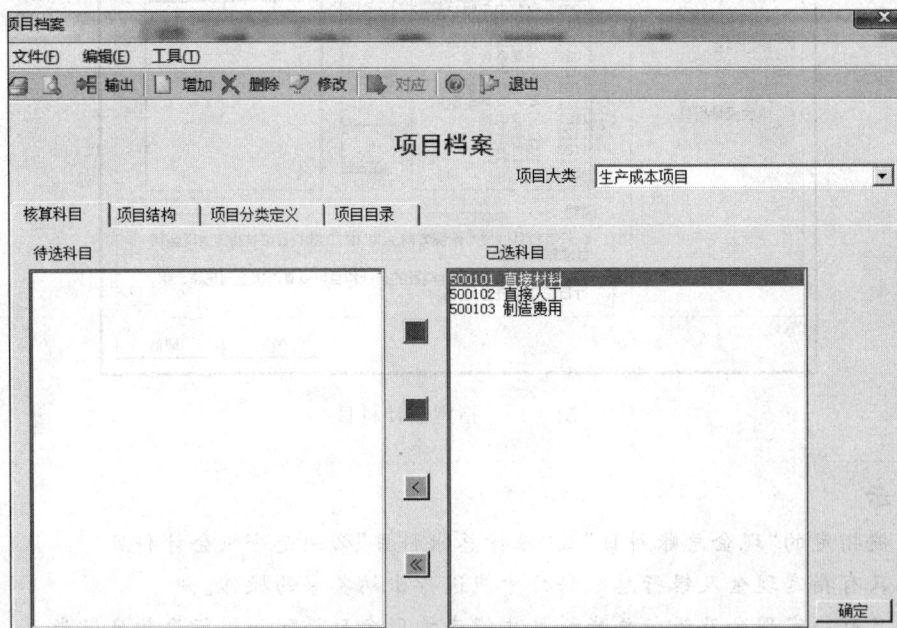

图 3-16　项目档案——核算科目

（6）单击"项目分类定义"页签。录入分类编码"1"，分类名称"自制产品"，单击"确定"按钮，如图 3-17 所示。再在"分类编码"栏录入"2"，在分类名称栏录入"委托加工产品"，单击"确定"按钮。

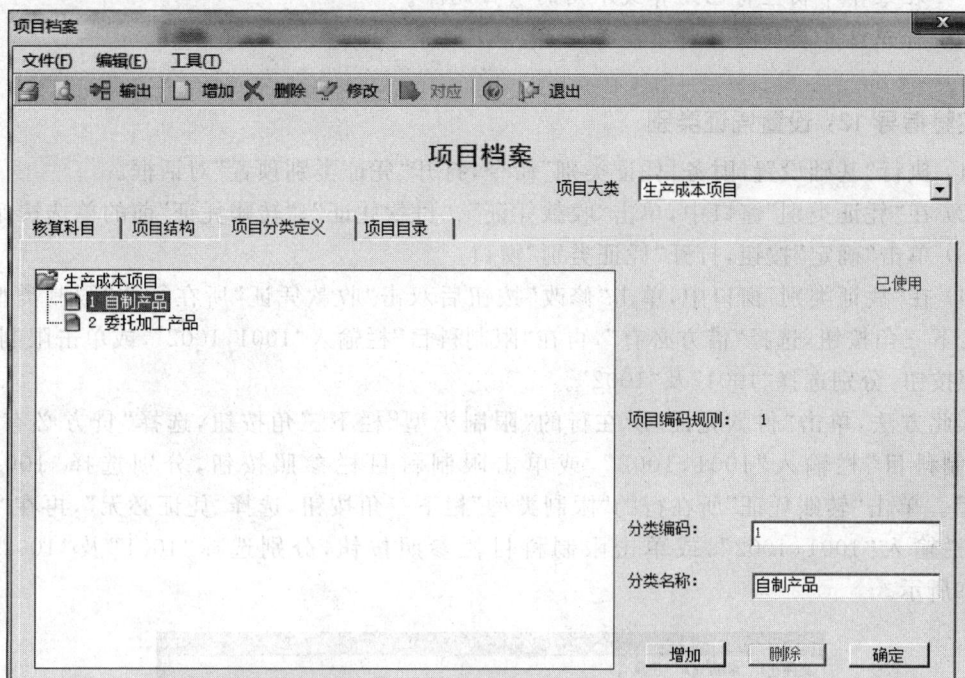

图 3-17　项目档案——项目分类定义

（7）单击"项目目录"页签，在"项目目录"页签中，单击"维护"按钮，打开"项目目录维护"窗口。

（8）在"项目目录维护"窗口中，单击"增加"按钮，录入项目编号中"1"，项目名称"甲产品"，单击所属分类码栏参照按钮，选择"自制产品"；再单击"增加"按钮，在项目编号栏中录入"2"，在项目名称栏录入"乙产品"，单击所属分类码栏参照按钮，选择"委托加工产品"，如图 3-18 所示。

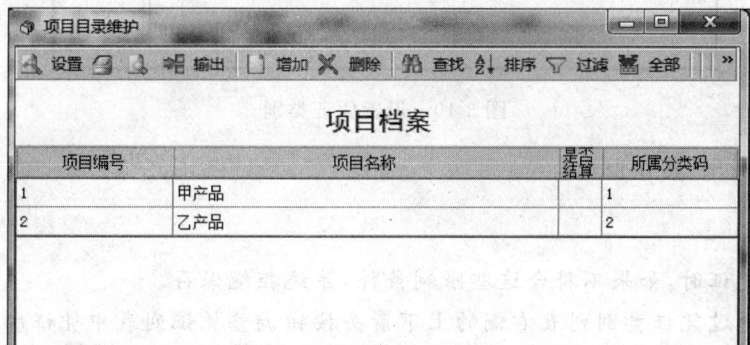

图 3-18　"项目目录维护"窗口

（9）单击"退出"按钮。

实验指导 12：设置凭证类别

（1）执行"基础设置|财务|凭证类别"命令,打开"凭证类别预置"对话框。

（2）在"凭证类别"窗口中,单击"收款凭证"、"付款凭证"、"转账凭证"前的单选按钮。

（3）单击"确定"按钮,打开"凭证类别"窗口。

（4）在"凭证类别"窗口中,单击"修改"按钮后双击"收款凭证"所在行的"限制类型"栏后单击下三角按钮,选择"借方必有",再在"限制科目"栏输入"1001,1002",或单击限制科目栏参照按钮,分别选择"1001"及"1002"。

依此方法,单击"付款凭证"所在行的"限制类型"栏下三角按钮,选择"贷方必有",再在"限制科目"栏输入"1001,1002",或单击限制科目栏参照按钮,分别选择"1001"及"1002"。单击"转账凭证"所在行的"限制类型"栏下三角按钮,选择"凭证必无",再在"限制科目"栏输入"1001,1002",或单击限制科目栏参照按钮,分别选择"1001"及"1002",如图 3-19所示。

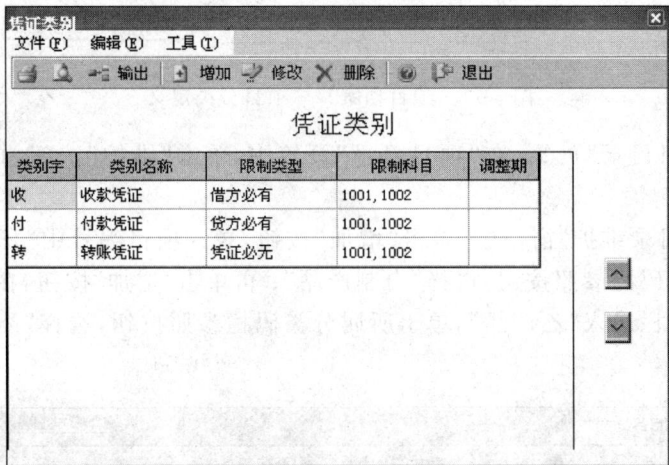

图 3-19　设置凭证类别

（5）单击"退出"按钮退出。

实验指导 13：设置结算方式

（1）执行"基础设置|收付结算|结算方式"命令，打开"结算方式"对话框。

（2）单击"增加"按钮，输入结算方式编码"1"，输入结算方式名称"现金结算"，单击"保存"按钮。依此方法继续输入其他的结算方式，如图 3-20 所示。

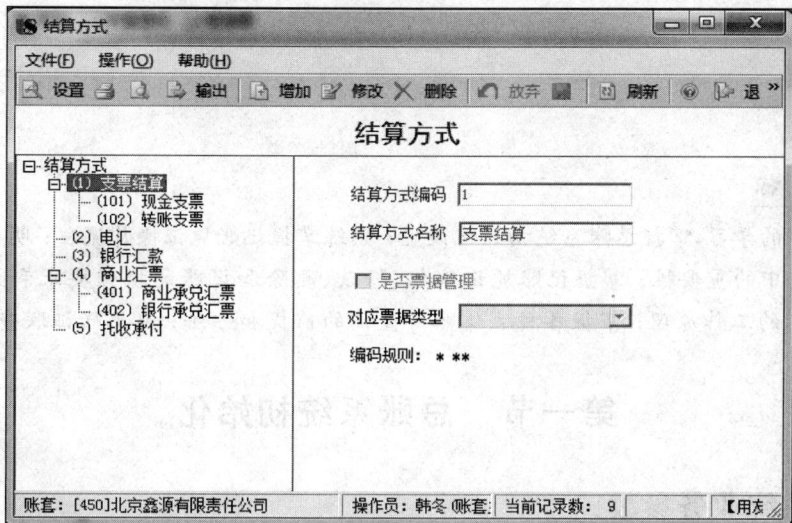

图 3-20 结算方式

（3）单击"退出"按钮退出。

> **提 示**
> - 结算方式的编码必须符合编码原则。
> - 结算方式的输入内容必须唯一。
> - 在不启动购销存系统的情况下，设置结算方式的主要目的是在使用有"银行账"辅助核算的会计科目时填写相应的结算方式，以便在进行银行对账时将结算方式作为对账的一个参数。

实验指导 14：账套备份

在 E 盘（或 D 盘）中的"会计信息系统"文件夹中新建"实验二"文件夹。将账套输出至"实验二"文件夹中。

第四章

总 账 系 统

学习目标

通过本章的学习,掌握总账系统初始化设置;熟练掌握记账凭证操作流程;明确记账凭证在账务处理系统中的重要性;掌握记账凭证审核、修改、删除和记账的操作要求和方法;理解计算机自动记账的工作原理;掌握各种主体账簿查询的前提和方法;熟悉账证联查的操作技巧。

第一节 总账系统初始化

一、总账系统业务参数

系统在建立新的账套后,由于企业具体情况需要或业务变更,会存在或发生一些账套信息与核算内容不符的情况,通过业务参数的设置和修改可以满足企业的实际需要。

总账管理系统业务参数一旦选择,直接影响总账管理系统业务处理流程和业务处理方式。总账管理系统业务参数包括"凭证"、"账簿"、"权限"、"会计日历"和"其他"等选项卡。

1."凭证"选项卡

(1)制单控制:它主要设置在填制凭证时,系统应当对哪些操作进行控制,包括制单序时控制和支票控制、赤字控制和科目控制。

(2)凭证控制:打印凭证页脚姓名,凭证审核控制到操作员,出纳凭证必须经由出纳签字,凭证必须经由主管会计签字,可查询他人凭证,自动填补凭证断号,批量审核凭证进行合法性校验等。

(3)凭证编号方式:系统在"填制凭证"功能中一般按照凭证类别按月自动编制凭证编号,则选择"系统编号"(一般情况下,"系统编号"和"制单控制"选项联用);但有的企业需要系统允许在制单时手工录入凭证编号,则选择"手工编号"。

(4)现金流量参照科目:用来设置现金流量录入界面的参照内容和方式。选中"现金流量科目"选项时,系统只参照凭证中的现金流量科目;选中"对方科目"选项时,系统只显示凭证中的非现金流量科目;选中"自动显示"选项时,系统依据前两个选项将现金流量科目或对方科目自动显示在指定现金流量项目界面中,否则需要手工参照选择。

2."账簿"选项卡

(1)打印位数宽度:定义正式账簿打印时各栏目的宽度,包括摘要、金额、外币、数量、汇率、单价。

(2)明细账(日记账、多栏账)打印输出方式:打印正式明细账、日记账或多栏账时,按月排页还是按年排页。

(3) 凭证、账簿套打:是用友公司专门为用友软件用户设计的,适合于用各种打印机输出管理用表单与账簿。

3."权限"选项卡

(1) 制单权限控制到科目:要在系统管理的"功能权限"中设置科目权限,再选择此项,权限设置才有效。选择此项,则在制单时,操作员只能使用具有相应制单权限的科目制单。

(2) 制单权限控制到凭证类别:要在系统管理的"功能权限"中设置凭证类别权限,再选择此项,权限设置才有效。选择此项,则在制单时只显示此操作员有权限的凭证类别。同时在凭证类别参照中按人员的权限过滤出有权限的凭证类别。

(3) 操作员进行金额权限控制:选择此项,可以对不同级别的人员进行金额大小的控制,例如:财务主管可以对 10 万元以上的经济业务制单,一般财务人员只能对 5 万元以下的经济业务制单。这样可以减少由于不必要的责任事故带来的经济损失。若为外部凭证或常用凭证调用生成,则处理与预算处理相同,不做金额控制。

(4) 凭证审核控制到操作员:若只允许某操作员审核本部门操作员填制的凭证,则应选择此选项。

(5) 出纳凭证必须经由出纳签字:若要求现金、银行科目凭证必须由出纳人员核对签字后才能记账,则选择此功能。

(6) 凭证必须经由主管会计签字:若要求所有凭证必须由主管签字后才能记账,则选择此功能。

(7) 允许修改、作废他人填制的凭证:若选择了此项,在制单时可修改或作废别人填制的凭证,并自动修改制单人。

(8) 可查询他人凭证:若允许操作员查询他人凭证,则选择此功能。

4."会计日历"和"其他"选项卡

"会计日历"选项卡可查看备会计期间的起始日期与结束日期,以及启用会计年度和启用日期。此处仅能查看会计日历的信息,如需修改还要到系统管理中进行。

"其他"选项卡主要包括外币核算、排序方式、启用调整期等功能。

(1) 外币核算:若企业有外币业务,则应选择相应的汇率方式即固定汇率或浮动汇率。"固定汇率"即在制单时,一个月只按一个固定的汇率(一般为期初汇率)折算本位币金额;"浮动汇率"即在制单时,按外币业务发生当日汇率折算本位币金额。

(2) 部门、个人、项目排序方式:在查询部门账、个人账、项目账或参照部门、个人、项目目录时,是按部门、个人、项目编码排序还是按其名称排序,可以根据需要在此设置。

(3) 启用调整期:若希望在结账后仍旧可以填制凭证用来调整报表数据,可在总账选项中启用调整期。调整期启用后,加入关账操作,在结账之后至关账之前为调整期。在调整期内填制的凭证为调整期凭证。

二、期初余额

1. 科目期初余额录入的方法

根据会计科目的性质,会计科目期初余额录入方式分为三种:末级科目、非末级科目和辅助核算科目。末级科目的初始数据可直接录入;非末级科目自动等于下级科目期初数据的加总;对于辅助核算科目,期初余额需要到相应的辅助账中进行录入。设置了辅助核算的会计科目底色为浅黄色,其累计借方余额和贷方余额可直接输入,而期初余额的录入要到相应的辅助账中进行。方法是:双击设置了辅助核算的科目的期初余额栏,进入相应的辅助账窗口,按照往来明细输入每笔业务金额,汇总后退出,合计数自动带到总账。

2.科目期初余额对账

期初对账的内容包括核对总账上下级、核对总账与辅助账、核对辅助账与明细账。若出现对账不符,则根据对账错误提示进行修改。

3.科目期初余额试算平衡

(1)上下级科目之间:在录入科目初始数据过程中自动完成;上级科目的数据要等于所属下级科目数据之和。

(2)一级科目之间:执行试算功能,按照会计恒等式"资产=负债+所有者权益"的平衡原理,自动对一级科目的期初余额进行试算检查。

实验三　总账系统初始化设置

【实验准备】

已经完成了实验二的操作,可以引入E盘(或D盘)中"会计信息系统"文件夹中"实验二"的备份数据,将系统日期修改为"2015年12月1日"。

【实验内容】

(1)总账系统业务参数设置。

(2)录入期初余额。

(3)录入辅助账账户期初余额。

(4)期初对账。

(5)试算平衡。

【实验资料】

1.总账系统业务参数设置

(1)凭证参数设置:支票控制;赤字控制;可以使用应收受控科目;可以使用应付受控科目;现金流量科目必须录入现金流量项目。其他默认。

(2)权限参数设置:凭证审核控制到操作员;出纳凭证必须经由出纳签字;不允许修改、作废他人填制的凭证。其他默认。

2.录入总账、明细账、辅助账的期初余额

如表4-1~表4-6所示。

表4-1　总账及明细账期初余额　　　　　　　　　　　单位:元

科 目 名 称	方向	币别计量	累计借方发生额	累计贷方发生额	期初余额
库存现金(1001)	借		12 000.00	18 860.00	5 100.00
银行存款(1002)	借		450 000.00	370 000.00	300 000.00

续表

科 目 名 称	方向	币别计量	累计借方发生额	累计贷方发生额	期初余额
工行存款(100201)	借		450 000.00	370 000.00	300 000.00
中行存款(100202)	借	美元			
应收账款(1122)	借		60 000.00	20 000.00	180 000.00
其他应收款(1221)	借		3 700.00	4 400.00	6 300.00
应收职工借款	借		3 700.00	4 400.00	6 300.00
在途物资(1402)	借			290 000.00	315 000.00
生产用(140201)	借			100 000.00	285 000.00
其他(140202)	借			190 000.00	30 000.00
原材料(1403)	借		290 000.00	514 700.00	225 000.00
生产用(140301)	借		100 000.00	314 700.00	225 000.00
		吨	100.00	314.70	225.00
其他(140302)	借		190 000.00	200 000.00	
		吨	380.00	400.00	
材料成本差异(1404)	借		24 000.00		8 400.00
库存商品(1405)	借		140 000.00	160 000.00	750 000.00
甲产品(140501)	借		121 600.00	140 600.00	665 000.00
		件	640	740	3 500
乙产品(140502)	借		18 400.00	19 400.00	85 000.00
		件	108	114	500
固定资产(1601)	借				1 200 000.00
办公楼(160101)					400 000.00
厂房(160102)					450 000.00
A生产线(160103)					150 000.00
B生产线(160104)					180 000.00
办公设备(160105)					20 000.00
累计折旧(1602)	贷		25 000.00	39 000.00	149 832.00
无形资产(1701)	借			58 500.00	87 750.00
短期借款(2001)	贷			200 000.00	508 416.00
应付账款(2202)	贷		150 000.00	60 000.00	275 550.00
应付职工薪资(2211)	贷		563 400.00	4 000.00	12 300.00
应付工资(221101)	贷		563 400.00	4 000.00	12 300.00
应交税费(2221)	贷		36 000.00	15 000.00	−25 200.00
应交增值税(222101)	贷		36 000.00	15 000.00	−25 200.00
进项税(22210101)	贷				−50 700.00
销项税(22210102)	贷		36 000.00	15 000.00	25 500.00
其他应付款(2241)	贷			2 100.00	3 150.00
长期应付款(2701)	贷				300 000.00
实收资本(4001)	贷		123 670.00		1 659 252.00
盈余公积(4101)	贷				26 100.00
法定盈余公积(410101)	贷				26 100.00
本年利润(4103)	贷		69 330.00	189 330.00	120 000.00

续表

科 目 名 称	方向	币别计量	累计借方发生额	累计贷方发生额	期初余额
利润分配(4104)	贷				60 000.00
未分配利润(410403)	贷				60 000.00
生产成本(5001)	借		8 790.00	10 000.00	11 850.00
直接材料(500101)	借		4 500.00	5 900.00	4 500.00
直接人工(500102)	借		890.00	900.00	600.00
制造费用(500103)	借		3 400.00	3 200.00	6 750.00
主营业务收入(6001)	贷		360 000.00	360 000.00	
甲产品(600101)	贷		300 000.00	300 000.00	
		件	1 000	1 000	
乙产品(600102)	贷		60 000.00	60 000.00	
		件	250	250	
其他业务收入(6051)	贷		250 000.00	250 000.00	
主营业务成本(6401)	借		228 000.00	228 000.00	
甲产品(640101)	借		190 000.00	190 000.00	
		件	1 000	1 000	
乙产品(640102)	借		38 000.00	38 000.00	
		件	250	250	
营业税金及附加(6403)	借		8 561.00	8 561.00	
其他业务成本(6405)	借		180 000.00	180 000.00	
销售费用(6601)	借		5 000.00	5 000.00	
管理费用(6602)	借		8 540.00	8 540.00	
工资(660201)	借		3 540.00	3 540.00	
招待费(660202)	借		1 126.00	1 126.00	
办公费(660203)	借		1 220.00	1 220.00	
差旅费(660204)	借		940.00	940.00	
福利费(660205)	借		210.00	210.00	
折旧费(660206)	借		1 404.00	1 404.00	
其他(660207)	借		100.00	100.00	
所得税费用(6801)	借		40 000.00	40 000.00	

表 4-2　"应收账款"辅助账期初明细

日　期	凭证号	客户	业务员	摘　要	方向	金额	票号	票据日期	累计借方金额	累计贷方金额
2015.11.20	转 12	北京远洋公司	吴军	销售产品	借	75 000	P029	2015.11.20	40 000	10 000
2015.11.26	转 14	上海锦江公司	吴军	销售产品	借	103 000	J031	2015.11.26	20 000	10 000
2015.11.28	转 15	上海锦江公司	吴军	代垫运杂费	借	2 000	K002	2015.11.28		
合　计						180 000			60 000	20 000

表 4-3 "其他应收款——应收职工借款"辅助账期初明细

日 期	凭证号	部门	个人	摘 要	方向	金额	累计借方金额	累计贷方金额
2015.11.30	转 18	财务部	韩冬	零星借款	借	1 900	2 000	2 400
2015.11.30	转 19	供应科	刘佳	出差借款	借	4 400	1 700	2 000
合 计						6 300	3 700	4 400

表 4-4 "应付账款"辅助账期初明细

日 期	凭证号	供应商	业务员	摘 要	方向	金 额	票号	票据日期	累计借方金额	累计贷方金额
2015.11.19	转 8	联创公司	刘佳	购买商品	贷	145 800	P025	2015.11.19	70 000	40 000
2015.11.25	转 26	中信公司	刘佳	购买商品	贷	129 750	J030	2015.11.25	80 000	20 000
合 计						275 550			150 000	60 000

表 4-5 "生产成本"辅助账期初明细

项 目		累计借方金额	累计贷方金额	金 额
直接材料	甲产品	4 000	3 500	4 200
	乙产品	500	2 400	300
小 计		4 500	5 900	4 500
直接人工	甲产品	600	500	400
	乙产品	290	400	200
小 计		890	900	600
制造费用	甲产品	2 000	1 800	5 000
	乙产品	1 400	1 400	1 750
小 计		3 400	3 200	6 750
合 计		8 790	10 000	11 850

表 4-6 "管理费用"辅助账明细

管理费用	部 门	方 向	累计借方金额	累计贷方金额
工资(660201)	总经理办公室	借	3 540	3 540
招待费(660202)	销售科	借	1 126	1 126
办公费(660203)	总经理办公室	借	1 220	1 220
差旅费(660204)	供应科	借	940	940
福利费(660205)	生产车间	借	210	210
折旧费(660206)	人事部	借	1 404	1 404
其他(660207)	财务部	借	100	100
合 计			8 540	8 540

3. 期初余额对账与试算平衡

略。

4. 账套备份

略。

【实验指导】

实验指导1：总账系统业务参数设置

（1）在企业应用平台"业务工作"选项卡中，执行"财务会计|总账"命令，打开"总账系统"。

（2）在总账系统中，执行"设置|选项"命令，打开"选项"对话框。

（3）单击"编辑"按钮，单击"凭证"选项卡中的"支票控制"、"可以使用应收受控科目"、"可以使用应付受控科目"、"现金流量科目必须录入现金流量项目"前的复选框，如图4-1所示。

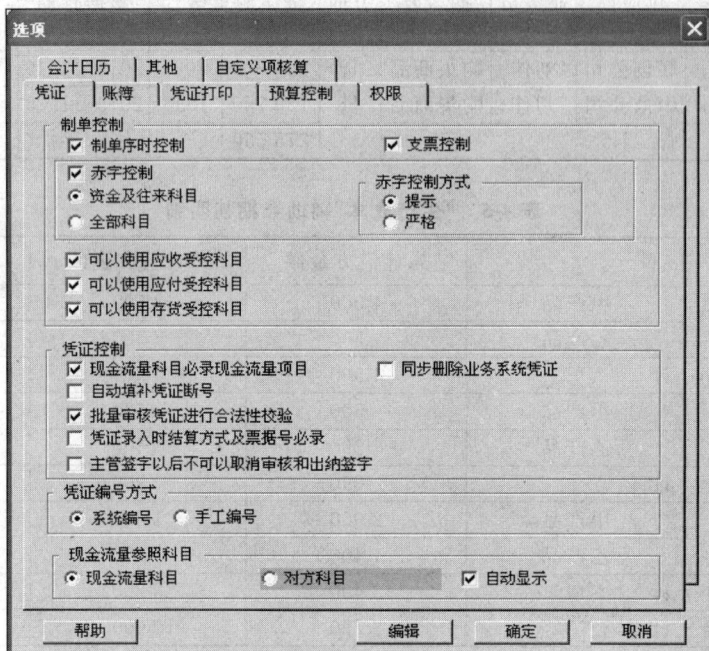

图4-1　总账参数设置

（4）单击"权限"选项卡，选中"凭证审核控制到操作员"、"出纳凭证必须经由出纳签字"，不允许修改、作废他人填制的凭证。其他默认。

实验指导2：录入总账、明细账、辅助账的期初余额

（1）在总账系统中，执行"设置|期初余额"命令，进入"期初余额录入"窗口。

（2）白色的单元为末级科目，可以直接输入在"期初余额"窗口中，依据期初余额表，分别录入各科目的"累计借方发生额"、"累计贷方发生额"和"期初余额"。如库存现金累计借方发生额12 000，累计贷方发生额188 600、期初余额5 100；银行存款——工行存款累计借方发生额450 000，累计贷方发生额370 000、期初余额300 000，如图4-2所示。

（3）黄色的单元代表对该科目设置了辅助核算，不允许直接录入余额，需要在该单元格中双击进入辅助账期初设置，在辅助账中输入期初数据，完成后自动返回总账期初余额表中。如双击应收账款所在行"期初余额"栏，打开"辅助期初余额"窗口。

（4）单击"往来明细"按钮，打开"期初往来明细"对话框，单击"增行"按钮，输入日期"2015-11-20"、"客户—北京远洋公司"、"业务员—吴军"、"摘要—销售产品"、"金额—

75 000”、“票号—P029”、“票据日期 2015-11-20”，同理输入上海锦江公司的金额103 000和代垫运杂费2 000，单击“汇总”按钮，如图 4-3 所示。

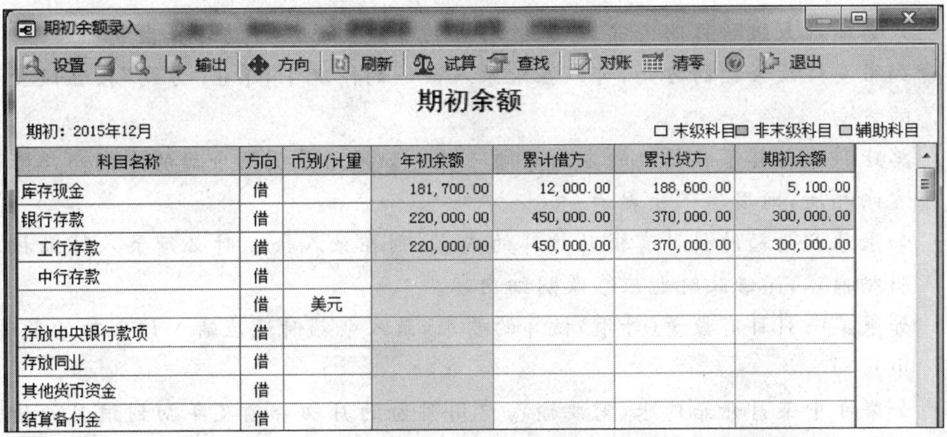

科目名称	方向	币别/计量	年初余额	累计借方	累计贷方	期初余额
库存现金	借		181, 700. 00	12, 000. 00	188, 600. 00	5, 100. 00
银行存款	借		220, 000. 00	450, 000. 00	370, 000. 00	300, 000. 00
工行存款	借		220, 000. 00	450, 000. 00	370, 000. 00	300, 000. 00
中行存款	借					
	借	美元				
存放中央银行款项	借					
存放同业	借					
其他货币资金	借					
结算备付金	借					

图 4-2 期初余额录入

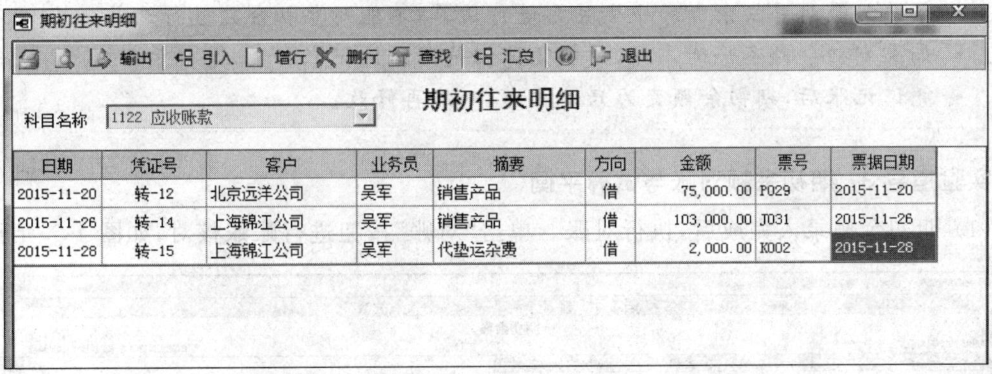

日期	凭证号	客户	业务员	摘要	方向	金额	票号	票据日期
2015-11-20	转-12	北京远洋公司	吴军	销售产品	借	75, 000. 00	P029	2015-11-20
2015-11-26	转-14	上海锦江公司	吴军	销售产品	借	103, 000. 00	J031	2015-11-26
2015-11-28	转-15	上海锦江公司	吴军	代垫运杂费	借	2, 000. 00	K002	2015-11-28

图 4-3 期初往来明细

（5）退出“期初往来明细”，显示“辅助期初余额”窗口，输入北京远洋公司累计借方发生额 40 000，累计贷方发生额 10 000，输入上海锦江公司累计借方发生额 20 000，累计贷方发生额 10 000，如图 4-4 所示。

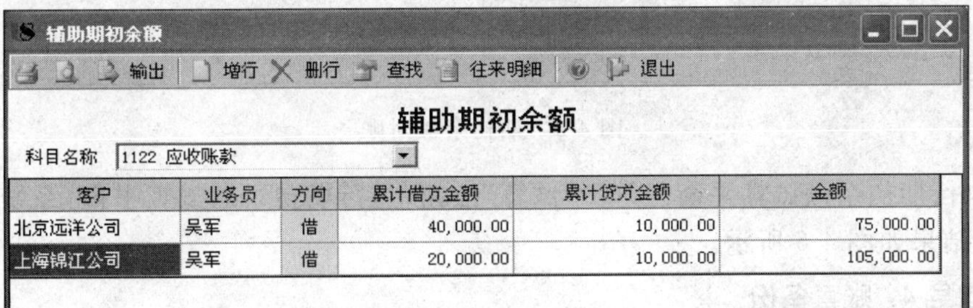

客户	业务员	方向	累计借方金额	累计贷方金额	金额
北京远洋公司	吴军	借	40, 000. 00	10, 000. 00	75, 000. 00
上海锦江公司	吴军	借	20, 000. 00	10, 000. 00	105, 000. 00

图 4-4 辅助期初余额

（6）同理，输入其他科目的余额和带有辅助核算科目的余额。

提 示

- 只需输入末级科目的余额，非末级科目的余额由系统自动计算生成。
- 如果要修改余额的方向，可以在未录入余额的情况下，单击"方向"按钮改变余额的方向。
- 总账科目与其下级科目的方向必须一致。如果所录明细余额的方向与总账余额方向相反，则用"—"号表示。
- 如果录入余额的科目有辅助核算的内容，则在录入余额时必须录入辅助核算的明细内容，而修改时也应修改明细内容。
- 如果某一科目有数量（外币）核算的要求，录入余额时还应输入该余额的数量（外币）。
- 如果年中某月开始建账，需要输入启用月份的月初余额及年初到该月的借贷方累计发生额（年初余额由系统根据月初余额及借贷方累计发生额自动计算生成）。
- 系统只能对月初余额的平衡关系进行试算，不能对年初余额进行试算。
- 如果期初余额不平衡，可以填制凭证但是不允许记账。
- 凭证记账后，期初余额变为只读状态，不能再修改。

实验指导 3：期初余额对账与试算平衡

（1）期初余额录入完成后，执行对账。单击"对账"按钮进行账账核对，如图 4-5 所示。

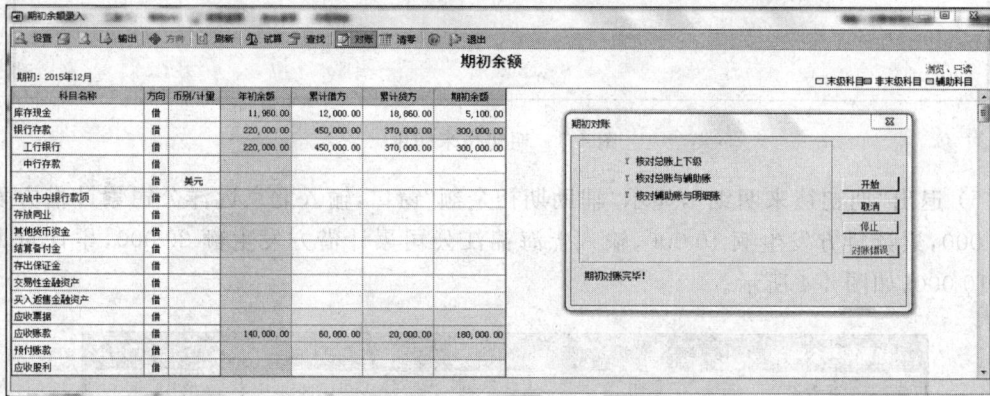

图 4-5　期初余额对账

（2）执行期初余额试算平衡。单击"试算"按钮，进行期初余额试算平衡，系统提示结果平衡，试算结果如图 4-6 所示。

实验指导 4：账套备份

在 E 盘（或 D）盘"会计信息系统"文件夹中新建"实验三"文件夹，将账套输出至"实验三"文件夹中。

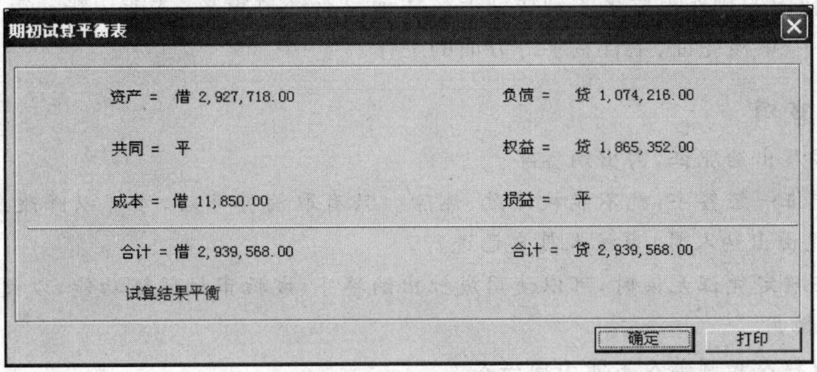

图 4-6　期初余额试算平衡表

第二节　总账系统日常账务处理

一、填制凭证

（1）凭证类别：单击"参照"按钮或按 F2 键。参照选择一个类别，确定后按 Enter 键，系统将自动生成凭证编号，并将光标定位在制单日期上。

（2）凭证编号：如果在"选项"对话框中选择"系统编号"，则由系统按时间顺序自动编号。否则，请手工编号。

（3）制单日期：系统自动取当前业务日期为记账凭证填制的日期，可修改。

（4）附单据数：在"附单据数"处输入原始单据张数，输完后按 Enter 键。

（5）凭证自定义项：该项是自定义的凭证补充信息。输入方法：用户根据需要输入，单击"填制凭证"窗口右上角的文本框输入即可。

（6）摘要：摘要要求简洁明了，单击"参照"按钮或按 F2 键输入常用摘要，但常用摘要的选入不会清除原来输入的内容。

（7）会计科目：必须输入末级会计科目。它可以输入科目编码、中文科目名称、英文科目名称或助记码。输入科目时可在"科目名称"栏中单击"参照"按钮或按 F2 键参照录入。

（8）辅助信息：如果科目设置了辅助核算属性，则在这里还要输入辅助信息，如部门、个人、项目、客户、供应商、数量、自定义项等。在这里输入的辅助信息将在凭证下的"备注"中显示。

（9）金额：录入该笔分录的借方或贷方本位币发生额，金额不能为零，但可以是红字，红字金额以负数形式输入。如果方向不符，可按空格键调整金额方向。

二、审核凭证

审核凭证是审核员按照财会制度对制单员填制的记账凭证进行检查核对，主要审核记账凭证是否与原始凭证相符，会计分录是否正确等，审核中发现错误或有异议的凭证，应标错后交给填制人员修改后再审核签章。如果认为凭证正确，就发出签字的指令，计算机自动将具有审核权限的操作员姓名签到凭证上。凭证只有经过审核,才能记账。审核凭证主要包括出纳签字、审核凭证、主管签字等方面的工作。

> **注意事项**
> (1) 涉及出纳凭证,需出纳签字。
> (2) 凭证一经签字,就不能被修改、删除。只有取消签字后,才可以修改或删除,取消签字只能由出纳人员、审核人员自己进行。
> (3) 在确定凭证无误时,可以使用成批出纳签字、成批审核凭证功能,以便加快签字速度,但需慎用。
> (4) 审核人和制单人不能为同一人。
> (5) 主管签字、出纳签字是否是必经的流程,需要在总账控制参数中进行设置。

三、作废及删除凭证

日常操作过程中,若遇到非法凭证需要作废时,可以使用"作废/恢复"功能,将这些凭证作废。

> **注意事项**
> (1) 作废凭证仍保留凭证内容及编号,只显示作废字样。
> (2) 作废凭证不能修改,不能审核。
> (3) 只能对未记账的凭证做凭证整理。
> (4) 已记账凭证做整理,应先取消记账,取消审核,再做凭证整理。

四、修改凭证

在电算化账务处理系统中,对错误凭证的修改要严格按照会计制度的要求来进行。对不同状态下的错误凭证,要采用不同的方式来修改。

(1) 对已输入但未审核的错误凭证,通过凭证的编辑功能进行直接修改或删除,但凭证编号不能修改。

(2) 对已审核但未记账的错误凭证先取消审核,然后再通过凭证的编辑功能进行修改。

(3) 对已经记账的凭证之错误,可选择有痕迹的修改方法或无痕迹的修改方法。具体采用哪种修改方法要根据企业会计制度规定。无痕迹修改是电算化环境下所特有的,而有痕迹的修改实质上是沿用手工的错误修改方法。

① 无痕迹的修改:先取消记账,恢复到记账前状态,再取消审核,再通过凭证的编辑功能进行修改。

② 有痕迹的修改:包括红字冲销法和补充登记法。红字冲销法是指填制一张或自动生成一张与原错误凭证科目相同,金额为红字的凭证,并将红字冲销凭证记账,将原错误凭证冲销,再填制一张正确凭证。补充登记法是指当凭证错误是科目无误,金额少记的情况时,可直接填制一张凭证,科目与原凭证科目相同,金额为少记金额。

五、凭证查询

在制单过程中,可以通过查询功能对凭证进行查看,以便随时了解经济业务发生的情况,并确保填制凭证的正确性。进行凭证查询时首先要保证操作员具有查询凭证权限。系统会自动根据凭证类型进行分类,并且将凭证分类为已记账凭证和未记账凭证,这些都方便对凭证进行查询。

实验四　总账系统日常账务处理

【实验准备】

已经完成了实验三的操作。可以引入 E 盘或 D 盘"会计信息系统"文件夹中的"实验三"的账套备份数据。将系统日期修改为"2015 年 12 月 31 日",由 001 号操作员注册进入总账系统。

【实验内容】

(1) 由 001 韩冬设置常用摘要。
(2) 由 002 夏雪填制凭证。
(3) 由 003 申秋执行出纳签字。
(4) 由 001 韩冬执行审核凭证。
(5) 由 002 修改第 1 号付款凭证的金额为 800 元。
(6) 由 002 删除第 4 号收款凭证并整理断号。
(7) 由 002 设置并生成常用凭证。
(8) 由 001 韩冬执行记账、取消记账。
(9) 冲销凭证。

【实验资料】

注意人员角色变化:制单人为 002 夏雪,审核人及记账人为 001 韩冬,出纳为 003 申秋。

1. 设置常用摘要(见表 4-7)

表 4-7　常用摘要

摘要编码	摘要内容	摘要编码	摘要内容
1	购买办公用品	5	结转已售产品实际成本
2	购买材料	6	预借差旅费
3	计提折旧费	7	报销差旅费
4	销售产品		

2. 该公司 2015 年 12 月发生的经济业务
(1) 经济业务 1:原始凭证如表 4-8 和表 4-9 所示。
(2) 经济业务 2:原始凭证如表 4-10 和表 4-11 所示。

表 4-8　北京市商品流通企业统一发票

发 票 联

购货单位：北京鑫源有限责任公司　　　　2015 年 12 月 2 日

商品名称	规格	等级	单位	数量	单价	金　额							
						十	万	千	百	十	元	角	分
订书机	X105	一级	个	2	130				2	6	0	0	0
打印纸	A4	一级	包	2	20					4	0	0	0
合　计			人民币（大写）叁佰元整					¥	3	0	0	0	0
结算方式	现金	开户银行			备注								

销货单位签章：北京新华印务（不签章无效）

表 4-9　报销单

2015 年 12 月 2 日

报销金额		（小写）¥300		（大写）叁佰元整
开支内容		供应科购买办公用品		
附单据张数		1 张		
部门盖章		经办人		实物保管人
		刘佳		刘佳
说明		同意　马璐		

审核：韩冬　　　　　　　　　　　　　　　　　　　　出纳：申秋

表 4-10　中国工商银行进账单（回单）

2015 年 12 月 3 日

出票人	全称	北京华景公司	收款人	全称	北京鑫源有限责任公司									
	账号	340066458921		账号	36006824763									
	开户银行	中国工商银行石景山支行		开户银行	中国工商银行海淀支行									
金额	人民币（大写）柒拾万零贰仟元整				亿	千	百	十	万	千	百	十	元	角	分
						¥	7	0	2	0	0	0	0	0
票据种类	转账支票	票据张数	1 张		开户银行签章									
票号	ZJ001													

表 4-11　北京市增值税专用发票

2015 年 12 月 3 日

购货单位	名称	北京华景公司			纳税人登记号		547185237854892							
	地址电话	北京市石景山区 68454178			开户银行及账号		中国工商银行石景山支行 340066458921							
商品或劳务名称	计量单位	数量	单价	金　额								税率（%）	税　额	
				百	十	万	千	百	十	元	角	分		
甲产品	吨	2 000	300			6	0	0	0	0	0	0	17	1 0 2 0 0 0 0 0
合　计				¥702 000.00 元										
价税合计（大写）		人民币柒拾万零贰仟元整												
销货单位	名称	北京鑫源有限责任公司			纳税人登记号		547183447851339							
	地址电话	北京市海淀区花园路甲 1 号 010-68064123			开户银行及账号		中国工商银行海淀支行 36006824763							

（3）经济业务 3：原始凭证如表 4-12 和表 4-13 所示。

表 4-12 投资入股协议书

投资入股协议书

甲方：美华实业公司　　　　　　　身份证号：×××　住址：×××　联系电话：×××
乙方：北京鑫源有限责任公司　　　身份证号：×××　住址：×××　联系电话：×××

　　甲乙双方为共同开拓事业，根据《中华人民共和国合同法》等相关法律规定,本着平等互利、诚实信用的原则,……
　　……
　　第二条　投资各方的出资方式、出资额和占股比例
　　……
　　甲方以货币资金作为出资,出资额 10 000 美元,汇率 6.135,折合人民币 61 350 元人民币,占总投资的_____%。
　　第八条　本协议自投资各方共同签字之日起生效。一式两份,每方各执一份,具有同等法律效力。

甲方签名：美华实业公司
乙方签名：北京鑫源有限责任公司
签字日期：2015 年 12 月 2 日

表 4-13 中国银行进账单（回单）

2015 年 12 月 8 日

出票人	全称	美华实业公司											收款人	全称	北京鑫源有限责任公司										
	账号	33006945782												账号	36006824763										
	开户银行	中国银行什刹海支行												开户银行	中国银行海淀支行										
金额	美元	亿	千	百	十	万	千	百	十	元	角	分	汇率		亿	千	百	十	万	千	百	十	元	角	分
					1	0	0	0	0	0	0	0	1：6.135					¥	6	1	3	5	0	0	0
	人民币(大写)陆万壹仟叁佰伍拾元整																								
票据种类	转账支票	票据张数	1 张																						
票据号码	ZZW001											开户银行签章													
复核：		记账：																							

（4）经济业务 4：原始凭证如表 4-14～表 4-16 所示。

表 4-14 北京市增值税专用发票

2015 年 12 月 8 日

购货单位	名称	北京鑫源有限责任公司								纳税人登记号			547183447851339										
	地址电话	北京市海淀区花园路甲1号 010-68064123								开户银行及账号			中国工商银行海淀支行 36006824763										
商品或劳务名称	计量单位	数量	单价	金额									税率(%)	税额									
				百	十	万	千	百	十	元	角	分		百	十	万	千	百	十	元	角	分
生产用材料	吨	10	1 000		¥	1	0	0	0	0	0	0	17			¥	1	7	0	0	0	0
合　计				¥11 700.00 元																		
价税合计(大写)		人民币壹万壹仟柒佰元整																					
销货单位	名称	联创公司								纳税人登记号			54718846521453										
	地址电话	北京海淀区 010-52147953								开户银行及账号			中国工商银行海淀支行 36005468125										

第二联：发票联

表 4-15　转账支票

工商银行转账支票存根

支票号码：ZZR001

科目

对方科目

签发日期 2015 年 12 月 8 日

收款人：联创公司	
金额：11 700.00 元	
用途：购材料	
备注：	

单位主管：

复核：

工商银行转账支票　　支票号：ZZR001

签发日期：2015 年 12 月 8 日　　开户银行名称：工行海淀支行

收款人：联创公司　　签发人账号：36005468125

人民币（大写）	千	百	十	万	千	百	十	元	角	分
壹万壹仟柒佰元整			¥	1	1	7	0	0	0	0

本支票付款期十天

用途：购材料　　科目（付）

上列款项请从我账户内支付　　对方科目（收）

转账日期　2015 年 12 月 8 日

复核：　　记账：

身份证号　　签发人盖章：鑫源公司

表 4-16　材料入库验收单

类别：　　验收单编号：453

发票编号：　　2015 年 12 月 8 日　　来源：外购

品名	规格	单位	数量		实际价格				计划价	
			来料数	实际数	单价	总价	运杂费	合计	单价	总价
材料		吨	10	10	1 000	10 000		10 000		
合计		吨	10	10	1 000	10 000		10 000		

第三联：会计记账联

供销主管：　　验收保管：　　采购：刘佳　　制单：刘佳

（5）经济业务 5：原始凭证如表 4-17 和表 4-18 所示。

表 4-17　北京市其他经营发票

发　票　联

客户名称：北京鑫源有限责任公司　　2015 年 12 月 8 日

商品名称	规格	等级	单位	数量	单价	金额							
						十	万	千	百	十	元	角	分
广告费									5	0	0	0	0
合　计	人民币（大写）伍佰元整							¥	5	0	0	0	0
开票单位	新新广告公司		开户银行及账号		工行海淀支行 5214789354	备注							

第二联：发货票

表 4-18 转账支票

<table>
<tr><td>

工商银行转账支票
支票号码：3356
科目
对方科目
签发日期 2015 年 12 月 8 日
收款人：新新广告公司
金额：500 元
用途：支付广告费
备注：
单位主管：
复核：

</td><td>

工商银行转账支票　　支票号：3356
签发日期：2015 年 12 月 8 日　　开户银行名称：工行海淀支行
收款人：新新广告公司　　签发人账号：6824763
人民币(大写)伍佰元整　千 百 十 万 千 百 十 元 角 分　¥ 5 0 0 0 0
本支票付款期十天
用途：支付广告费　　科目(付)
上列款项请从我账户内支付　　对方科目(收)
转账日期 2015 年 12 月 8 日
复核：　　记账：
身份证号　　签发人盖章：工行海淀支行

</td></tr>
</table>

(6) 经济业务 6：原始凭证如表 4-19 所示。

表 4-19 中国工商银行进账单(回单)

2015 年 12 月 12 日

出票人	全称	北京远洋公司	收款人	全称	北京鑫源有限责任公司
	账号	3400664551288		账号	36006824763
	开户银行	中国工商银行石景山支行		开户银行	中国工商银行海淀支行
金额	人民币(大写)叁万元整			亿 千 百 十 万 千 百 十 元 角 分	3 0 0 0 0 0 0
票据种类	转账支票	票据张数	1 张	开户银行签章	
票据号码	ZZR018				
复核：		记账：			

(7) 经济业务 7：原始凭证如表 4-20 和表 4-21 所示。

(假定该业务招待费均与华泰公司有关，所涉及的原始凭证共 7 张，此处省略。)

表 4-20 报销单

2015 年 12 月 15 日

报销金额	(小写)¥ 8 500	(大写)捌仟伍佰元整
开支内容	总经理办公室报销业务招待费	
附单据张数	85 张	
部门盖章	经办人	实物保管人
	李杰	
说明	同意　马璐	

审核：韩冬　　　　出纳：申秋

表4-21　现金支票

工商银行现金支票	工商银行现金支票		支票号：XJR002

工商银行现金支票

支票号码：XJR002
科目
对方科目
签发日期 2015 年 12 月 15 日

收款人：华泰公司
金额：8 500 元
用途：业务招待费
备注：

单位主管：
复核：

工商银行现金支票

签发日期：2015 年 12 月 15 日　　支票号：XJR002
收款人：华泰公司　　开户银行名称：工行海淀支行
　　　　　　　　　　签发人账号：6824763

人民币(大写)捌仟伍佰元整

	千	百	十	万	千	百	十	元	角	分
				¥	8	5	0	0	0	0

本支票付款期十天

用途：业务招待费
上列款项请从我账户内支付

身份证号

科目(付)
对方科目(收)
转账日期　2015 年 12 月 15 日
复核：　　　记账：
签发人盖章：工行海淀支行

（8）经济业务 8：原始凭证如表 4-22 和表 4-23 所示。

表4-22　材料入库验收单

类别：　　　　　　　　　　　　　　　　　　　　　　　　　　验收单编号：454
发票编号：　　　　　　　　2015 年 12 月 17 日　　　　　　来源：外购

品　名	规格	单位	数　量		实际价格				计划价		第三联：会计记账联
			来料数	实际数	单价	总价	运杂费	合计	单价	总价	
生产用材料		吨	3	3	1 000	3 000		3 000			
合　计		吨	3	3	1 000	3 000		3 000			

供销主管：××　　　　验收保管：××　　　　采购：刘佳　　　　制单：刘佳

表4-23　北京市增值税专用发票
2015 年 12 月 17 日

购货单位	名称	北京鑫源有限责任公司					纳税人登记号		547183447851339									第二联：发票联
	地址电话	北京市海淀区花园路甲1号 010-68064123					开户银行及账号		中国工商银行海淀支行 36006824763									
商品或劳务名称	计量单位	数量	单价	金　额							税率(%)	税　额							
				百	十	万	千	百	十	元	角	分		百	十	万	千	百	十	元	角	分
材料	吨	3	1 000			¥	3	0	0	0	0	0	17			¥	5	1	0	0	0	
合　计				¥3 510.00 元																		
价税合计(大写)		人民币叁仟伍佰壹拾元整																				
销货单位	名称	联创公司					纳税人登记号		54718846521453									
	地址电话	北京海淀区 010-52147953					开户银行及账号		中国工商银行海淀支行 36005468125									

（9）经济业务9：原始凭证如表4-24和表4-25所示。

表4-24　差旅费报销单

单位：供应科　　　　　　　　　　　2015年12月18日

时　间	地点	车船费	卧铺费	夜行车补助	市内交通费	住宿费	会议费	出差补助		合计
								天数	金额	
12.13—12.18	北京		196		204	800	1 800		200	3 200
合　计			196		204	800	1 800		200	3 200

出差事由：订货会	报销金额人民币（大写）：叁仟贰佰元整	报销金额：3 200元
备注：	经费授权人：韩冬　负责人：马璐　出差人：刘佳	预借金额：3 400元
		结余或超支：200元

表4-25　收据

2015年12月18日

　　收　到　刘佳

　　人民币　贰佰元整　　　　　　　　　　现金收讫

　　系　付　差旅费余款

单位盖章：北京鑫源有限责任公司　　　会计：夏雪　　　出纳：申秋　　　经手人：刘佳

（10）经济业务10：原始凭证如表4-26所示。

表4-26　发料单

2015年12月20日

材料种类：生产用材料　　　　　　　　　　　　　　　　　　　数量单位：吨

领用部门及用途	数　量	单位成本	金　额	备　注
车间用于生产甲产品	5	1 000	5 000	
合　计	5	1 000	5 000	

（11）经济业务11：原始凭证如表4-27所示。

表4-27　北京市商品流通企业统一发票

发票联

客户名称：北京鑫源有限责任公司　　2015年12月26日

商品名称	规格	等级	单位	数量	单价	金　额									
						百	十	万	千	百	十	元	角	分
包装箱			件	1	600					6	0	0	0	0
金额合计（大写）	人民币陆佰元整								¥	6	0	0	0	0
结算方式	现金	开户银行				备注								

销货单位：兰州新风公司

（12）经济业务12：原始凭证如表4-28所示。

表 4-28 收据

2015 年 12 月 31 日

收　到　刘佳	
人民币　壹仟元整	现金收讫
系　付　职工内部借款	

第三联：记账联

单位盖章：北京鑫源有限责任公司　　　　会计：夏雪　　　出纳：申秋　　　经手人：刘佳

3. 设置常用凭证

摘要：从工行提取现金。

凭证类别：付款凭证。

科目编码：1001 和 100201。

4. 出纳签字

针对上述记账凭证，由出纳申秋执行出纳签字。

5. 审核凭证

针对上述记账凭证，由账套主管韩冬进行凭证审核。

6. 记账凭证的修改、作废与删除

（1）修改第 1 号付款凭证的金额为 800。

（2）删除第 4 号收款凭证。

7. 记账

（1）针对上述已经审核的凭证，由账套主管韩冬执行记账功能。

（2）查询已记账凭证。

8. 冲销凭证

由会计夏雪冲销已记账的第 5 号付款凭证，出纳申秋签字，主管韩冬审核并记账。

9. 调用常用凭证

2015 年 12 月 31 日从工行提取现金 1 200 元（现金支票号 XJR003）。

由 002 夏雪调用常用凭证，出纳申秋签字，主管韩冬审核并记账。

10. 取消记账

取消记账即恢复记账前状态，取消记账后，必须重新记账。

11. 账套备份

略。

【实验指导】

实验指导 1：设置常用摘要

（1）设置常用摘要后可以在填制凭证时调用。

（2）在企业应用平台"设置"选项卡中，执行"基础档案|其他|常用摘要"命令，打开"常

用摘要"对话框。

（3）在"常用摘要"窗口中，单击"增加"按钮。

（4）录入摘要编码"1"，摘要内容"购买办公用品"。依此方法继续录入其他的常用摘要，如图 4-7 所示。

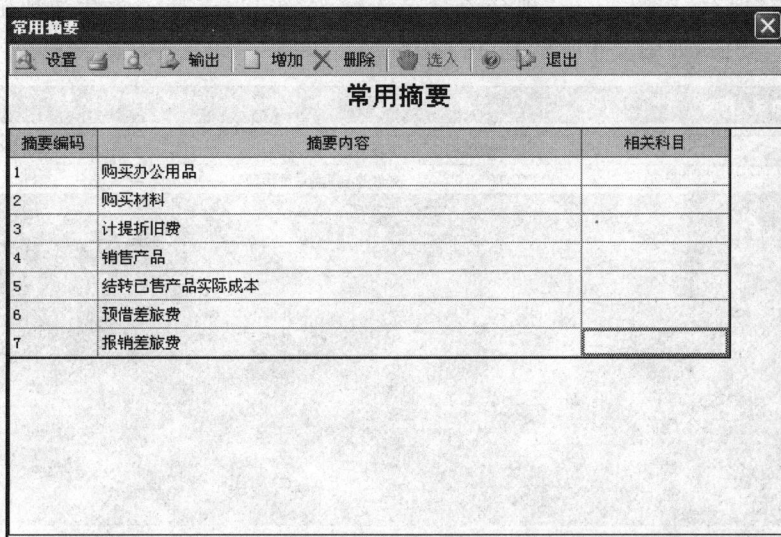

摘要编码	摘要内容	相关科目
1	购买办公用品	
2	购买材料	
3	计提折旧费	
4	销售产品	
5	结转已售产品实际成本	
6	预借差旅费	
7	报销差旅费	

图 4-7　设置常用摘要

（5）单击"退出"按钮。

提示

常用摘要中的"相关科目"是指使用该摘要时通常使用的相关科目。如果设置相关科目，则在调用该常用摘要时系统会将相关科目一并列出，可以修改。

实验指导 2：2015 年 12 月发生的经济业务

第一步：填制第 1 笔经济业务的记账凭证。

（1）在企业应用平台中单击"重注册"，更换操作员为"002 号"。

（2）在"业务工作"选项卡中，执行"财务会计|总账|凭证|填制凭证"命令，打开"填制凭证"窗口。

（3）在"填制凭证"窗口中，单击"增加"按钮或者按 F5 键。

（4）单击凭证类别的参照按钮，选择"付款凭证"。

（5）修改凭证日期为"2015 年 12 月 2 日"，附单据 2 张。

（6）在摘要栏录入"1"（即调用第 1 号常用摘要，选入），或单击摘要栏参照按钮，选择第 1 号常用摘要，或者直接录入摘要。

（7）按 Enter 键，或单击"科目名称"栏，单击科目名称栏的参照按钮（或按 F2 键），选择"损益"类科目"660203 管理费用"，或者直接在科目名称栏输入"660203"。出现"辅助项"对话框，单击"部门"栏参照按钮，选择"供应科"或直接输入供应科的编码"401"。

（8）按 Enter 键或单击"借方金额"栏，录入借方金额"300"。

（9）按 Enter 键（复制上一行的摘要），再按 Enter 键，或单击"科目名称"栏（第二行），单击科目名称栏的参照按钮（或按 F2 键），选择"资产"类科目"1001 库存现金"，或者，直接在科目名称栏输入"1001"。

（10）按 Enter 键或单击"贷方金额"栏，录入贷方金额"300"，或直接按＝键。

（11）单击"保存"按钮，出现"现金流量录入修改"窗口，选择经营活动现金的流出及编码，单击"确定"按钮，如图 4-8 所示。

图 4-8　现金流量录入

（12）单击"保存"按钮，凭证成功保存，如图 4-9 所示。

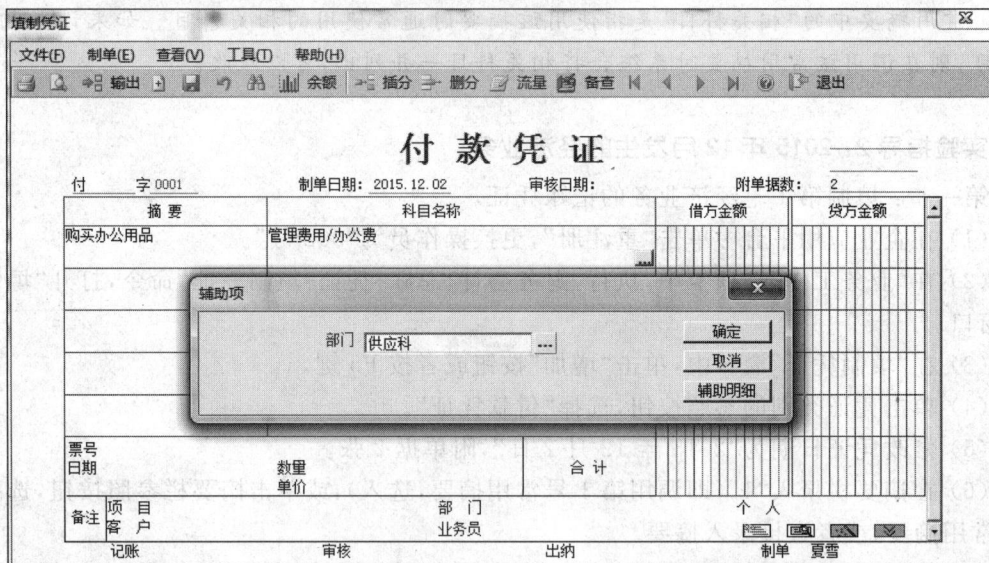

图 4-9　带部门辅助核算的凭证

第二步：填制第 2 笔经济业务的记账凭证。

（1）在"填制凭证"窗口中，单击"增加"按钮或者按 F5 键。

（2）单击凭证类别的参照按钮，选择"收款凭证"。

（3）修改凭证日期为"2015 年 12 月 3 日"。

（4）在摘要栏录入"4"（即调用第 4 号常用摘要，选入），或单击摘要栏参照按钮，选择第 4 号常用摘要，或者直接录入摘要。

（5）按 Enter 键，或单击"科目名称"栏，单击科目名称栏的参照按钮，选择科目，或者直接录入科目。

（6）按 Enter 键，出现"辅助项"对话框，输入结算方式"102"，票号"ZJ001"，发生日期"2015-12-03"，单击"确定"按钮。

（7）录入借方金额 702 000，如图 4-10 所示。

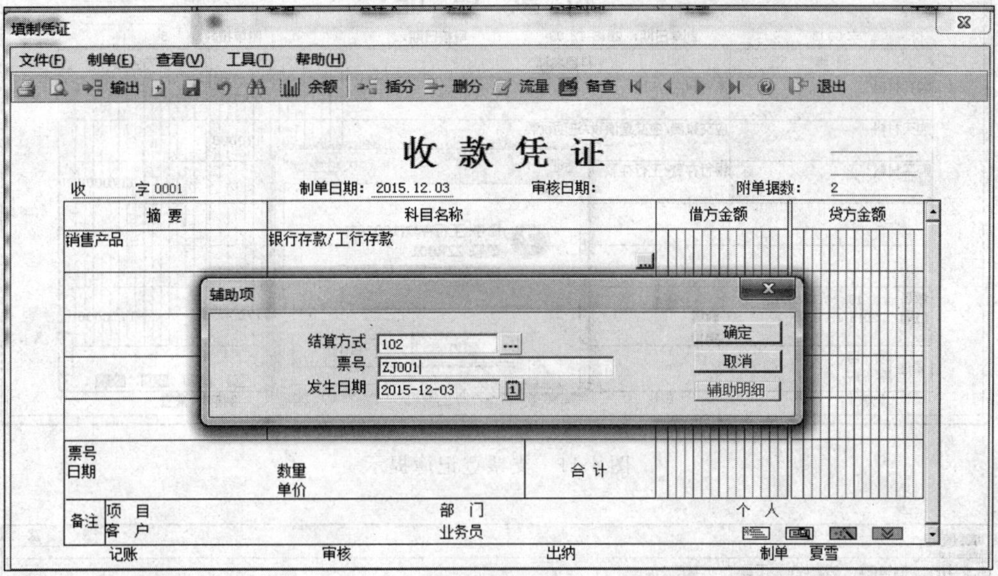

图 4-10　带银行账辅助核算科目的凭证

（8）凭证输入完成后，出现"现金流量录入"窗口，选择经营活动现金的流入及编码"01"，单击"保存"按钮。

提 示

- 如果凭证的金额录错了方向，可以直接按空格键改变余额方向。
- 凭证日期应满足总账选项中的设置，如果默认系统的选项，则不允许凭证日期递序。
- 在填制凭证时如果使用含有辅助核算内容的会计科目，则应选择相应的辅助核算内容，否则将不能查询到辅助核算的相关资料。
- ＝键意为取借贷方差额到当前光标位置。每张凭证上只能使用一次。
- 如果在设置凭证类别时已经设置了不同种类凭证的限制类型及限制科目，则在填制凭证时，如果凭证类别选择错误，在进入新的状态时系统则会提示凭证不能满足的条件，凭证不能保存。

提示

支票登记簿

填制凭证时如果涉及开出支票，则系统自动弹出"此支票尚未登记，是否登记?"，如图4-11所示。选择"是"，打开支票登记簿，填写支票信息，如图4-12所示。

关于支票登记簿的知识在本章第三节中详细讲解。

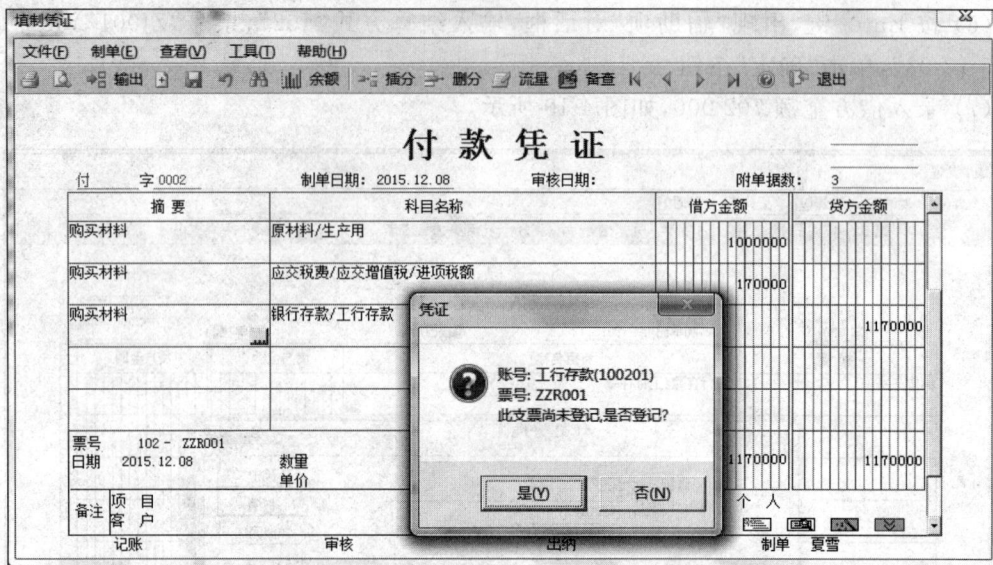

图4-11 支票登记簿提示

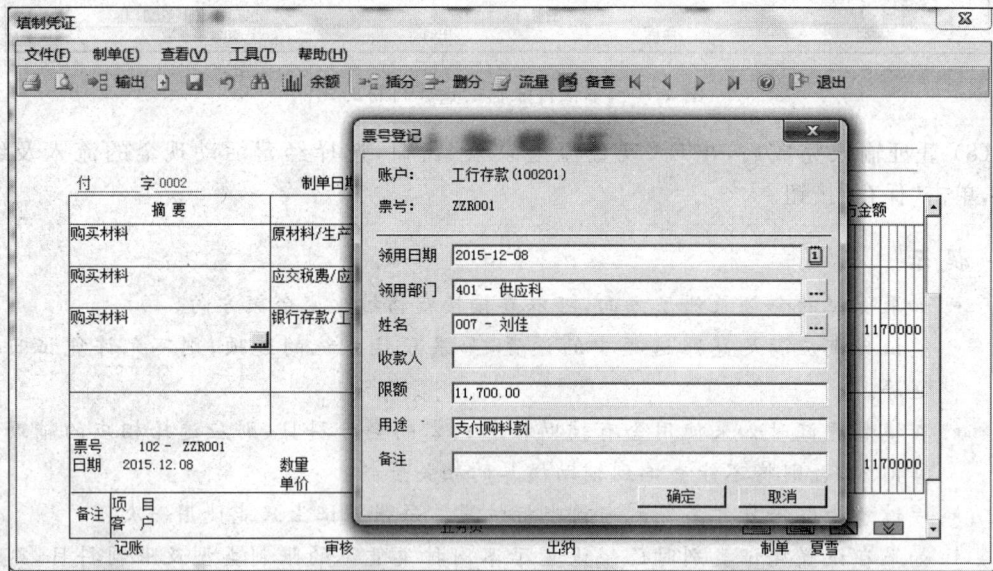

图4-12 填写支票登记簿

第三步：依据上述方法，分别录入当月所发生的全部经济业务。

实验指导 3：设置常用凭证

（1）执行"凭证|常用凭证"命令，打开"常用凭证"窗口。

（2）在"常用凭证"窗口中，单击"增加"按钮。

（3）录入编码"1"，录入说明"从工行提现金"，单击"凭证类别"栏下三角按钮，选择"付款凭证"。

（4）单击"详细"按钮，打开"常用凭证—付款凭证"窗口。

（5）单击"增加"按钮，录入科目编码"1001"，再单击"增加"按钮，在第 2 行"科目编码"栏录入"100201"，如图 4-13 所示。

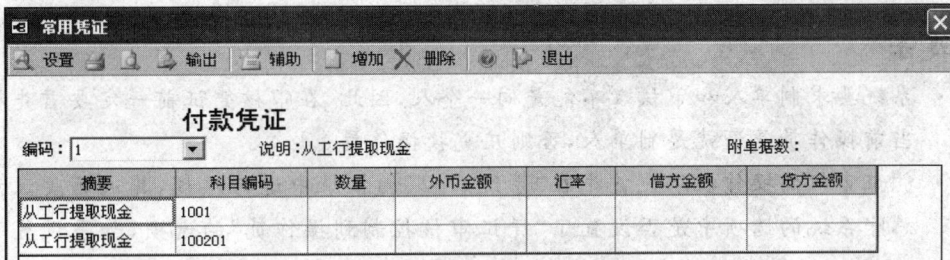

图 4-13　常用凭证

（6）单击"退出"按钮退出。

实验指导 4：出纳签字

（1）在企业应用平台中，执行"重注册"命令，更换操作员为"003 号"。

（2）在"业务工作"选项卡中，执行"财务会计|总账|出纳签字"命令，打开"出纳签字"对话框。

（3）在"出纳签字"对话框中，单击"确认"按钮，打开"出纳签字"情况窗口。

（4）在"出纳签字"情况窗口中，单击"确定"按钮，打开待签字的第 1 号"收款凭证"。

（5）单击"签字"按钮，单击"下张"按钮，再单击"签字"按钮，直到将已经填制的所有的收付凭证进行出纳签字。

（6）单击"退出"按钮退出。

提示

- 出纳签字的操作既可以在"凭证审核"后进行，也可以在"凭证审核"前进行。
- 要进行出纳签字的操作应满足以下 3 个条件：首先，进行出纳签字的操作员应已在系统管理中被赋予了出纳的权限。其次，在总账系统的"选项"中已经设置了"出纳凭证必须经由出纳签字"；最后，已经在会计科目中进行了"指定科目"的操作。
- 如果发现已经进行了出纳签字的凭证有错误，应在取消出纳签字后再在填制凭证功能中进行修改。

实验指导5：审核凭证

（1）在企业应用平台中，执行"重注册"命令，更换操作员为"001号"。

（2）在"业务工作"选项卡中，执行"财务会计|总账|凭证|审核凭证"命令。打开"凭证审核"对话框。

（3）在"凭证审核"对话框中，单击"确认"按钮，打开"凭证审核"情况窗口。

（4）在"凭证审核"情况窗口中单击"确定"按钮，打开待审核的第1号"收款凭证"。

（5）单击"审核"按钮（审核了第1号收款凭证，并且翻页到了第2张待审核的凭证），再单击"审核"按钮，直到将已经填制的凭证全部审核签字或者进行成批审核。

（6）单击"退出"按钮退出。

提 示

- 系统要求制单人和审核人不能是同一个人，因此，在审核凭证前一定要首先检查当前操作员是否就是制单人，否则应更换操作员。

- 凭证审核的操作权限应首先在"系统管理"的权限中进行赋权，其次还要注意在总账系统的选项中是否设置了"凭证审核控制到操作员"的选项，如果设置了该选项，则应继续设置审核的明细权限，即"数据权限"中的"用户"权限。

- 只有在"数据权限"中设置了某用户有权审核其他某一用户所填制凭证的权限，该用户才真正拥有了审核凭证的权限。

- 在凭证审核的功能中除了可以分别对单张凭证进行审核外，还可以执行"成批审核"的功能。

- 在审核凭证的功能中还可以对有错误的凭证进行"标错"处理，还可以"取消"审核。

- 已审核的凭证不能直接修改，只能取消审核后在"填制凭证"的功能中进行修改。

实验指导6：记账凭证的修改、作废与删除

第一步：修改第1号付款凭证（即取消"出纳签字"、"凭证审核"，执行"凭证修改"功能）。

（1）由操作员"003"执行"凭证|出纳签字"命令，打开"出纳签字"对话框。

（2）单击"凭证类别"栏下三角按钮，选择"付款凭证"，再在"凭证号"栏输入"1"。

（3）单击"确认"按钮，打开"出纳签字"情况窗口。

（4）在"出纳签字"情况窗口中单击"确定"按钮，打开第1号付款凭证窗口。

（5）在第1号付款凭证窗口中单击"取消"按钮，取消出纳签字，单击"退出"按钮。

（6）重新注册更换操作员为"001"。

（7）由操作员"001"执行"凭证|凭证审核"命令，打开"审核凭证"情况窗口。

（8）单击"凭证类别"栏下三角按钮，选择"付款凭证"，再在"凭证号"栏输入"1"，单击"确认"按钮，打开第1号付款凭证窗口。

（9）在1号付款凭证窗口中单击"取消审核"按钮，取消审核签字，单击"退出"按钮。

（10）重新注册更换操作员为"002"。

(11) 由操作员"002"执行"凭证|填制凭证"命令,打开"填制凭证"对话框。

(12) 在"填制凭证"对话框中,单击"下张"按钮,找到第 1 张付款凭证。

(13) 在第 1 张付款凭证中将借贷方金额分别修改为"800",单击"保存"按钮。

提示

修改凭证时,如果该凭证涉及现金流量,则应同时修改现金流量信息。

---

(14) 再更换操作员,由"001"对第 1 号付款凭证进行审核,由"003"对第 1 号付款凭证进行出纳签字。

提示

- 对错误凭证进行修改,可分为"无痕迹"修改和"有痕迹"修改。"无痕迹"修改即不留下任何曾经修改的线索和痕迹;"有痕迹"修改则是采用红字冲销法生成红字冲销凭证。

下列两种状态下的错误凭证可实现无痕迹修改。

➤ 对已经输入但未审核的机内记账凭证进行直接修改。

➤ 已通过审核但还未记账的凭证不能直接修改,可以先取消审核再修改。

- 在当前金额的相反方向,按空格键可修改金额方向。
- 单击"插分"按钮,可在当前分录前增加一条分录。
- 若已选择不允许修改或作废他人填制的凭证权限控制,则不能修改或作废他人填制的凭证。
- 外部系统(如薪资系统、固定资产系统等)传递来的凭证不能在总账系统中修改,只能在生成该凭证的系统中进行修改或删除。

第二步:删除第 4 号收款凭证(即取消"出纳签字"、"凭证审核",执行"凭证删除"功能)。

(1) 由操作员"001"执行"凭证|凭证审核"命令,打开"审核凭证"对话框。

(2) 在"凭证审核"对话框中,单击凭证类别栏下三角按钮,选择"收款凭证",在凭证号栏录入"4",单击"确认"按钮,打开"凭证审核"情况对话框。

(3) 在"凭证审核"情况对话框中,单击"确定"按钮,打开第 4 号收款凭证窗口。

(4) 在第 4 号收款凭证窗口中,单击"取消"按钮,取消审核签字,单击"退出"按钮。

(5) 重新注册更换操作员为"003"。

(6) 执行"凭证|出纳签字"命令,打开"出纳签字"对话框。

(7) 在"出纳签字"对话框中单击"凭证类别"栏下三角按钮,选择"收款凭证",再在"凭证号"栏输入"4"。

(8) 单击"确认"按钮,打开"出纳签字"情况窗口。

(9) 在"出纳签字"情况窗口中单击"确定"按钮,打开第 4 号收款凭证窗口。

(10) 在第 4 号收款凭证窗口中单击"取消"按钮,取消出纳签字,单击"退出"按钮。

(11) 重新注册更换操作员为"002"。

(12) 由操作员"002"执行"凭证|填制凭证"命令,打开"填制凭证"对话框。

（13）打开第 4 张收款凭证窗口，执行"制单"菜单中的"作废|恢复"命令，给该张凭证打上"作废"标志，如图 4-14 所示。

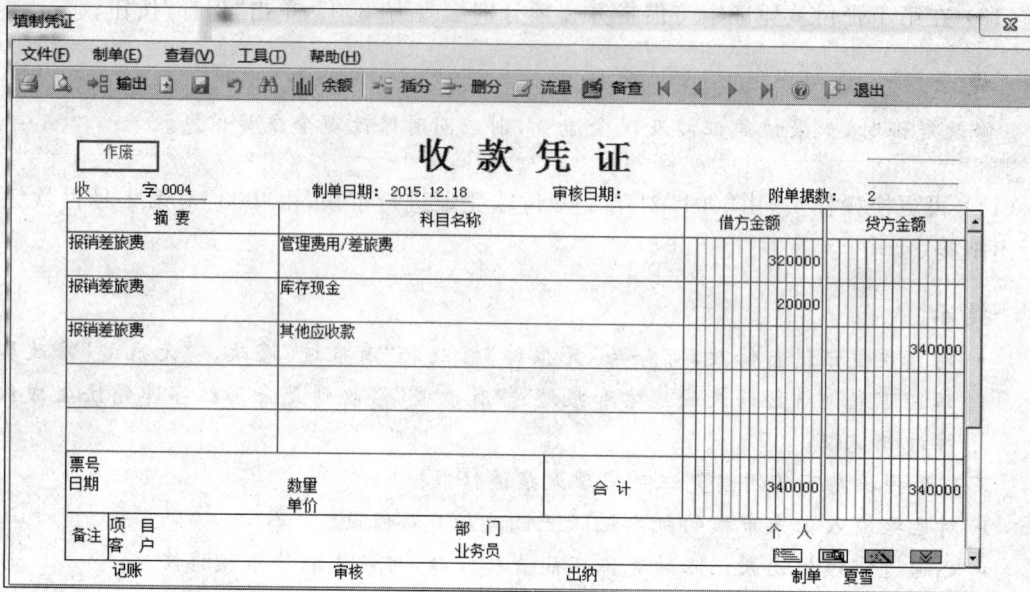

图 4-14　凭证作废

（14）执行"制单|整理凭证"命令，选择凭证期间"2015.12"后单击"确定"按钮，出现"作废凭证表"对话框。

（15）双击"作废凭证表"对话框中的"删除"栏。

（16）单击"确定"按钮，出现"是否还需整理凭证断号"提示，如图 4-15 所示。

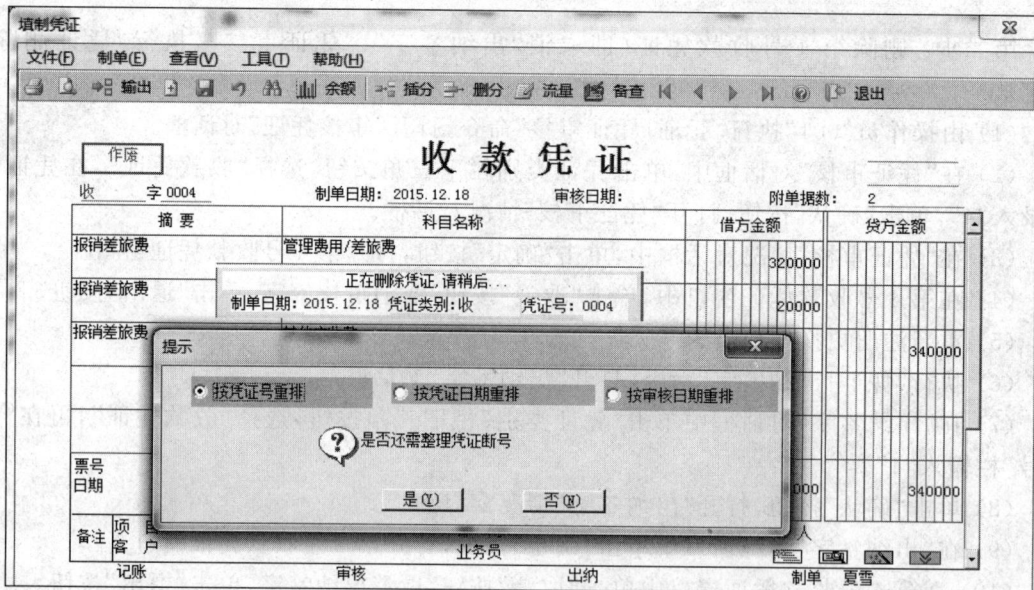

图 4-15　凭证断号整理

(17) 单击"是"按钮。

```
提 示

• 作废凭证仍保留凭证内容及编号,只显示"作废"字样。
• 作废凭证不能修改,不能审核。
• 在记账时,已作废的凭证将参与记账,否则,月末无法结账,但系统不对作废凭证
  进行数据处理,即相当于一张空凭证。
• 账簿查询时找不到作废凭证的数据。
• 若当前凭证已作废,可单击"制单"菜单中的"作废/恢复"选项,取消作废标志,并
  将当前凭证恢复为有效凭证。
```

实验指导 7:记账

(1) 由操作员"001"执行"凭证|记账"命令,打开"记账——选择本次记账范围"对话框。

(2) 在"记账选择本次记账范围"对话框中,选择"2015.12 月份凭证",记账范围为"全选"。

(3) 单击"记账"按钮,打开"期初试算平衡表"窗口。

(4) 单击"确认"按钮,系统自动进行记账,记账完成后系统弹出"记账完毕!"信息提示框,如图 4-16 所示。

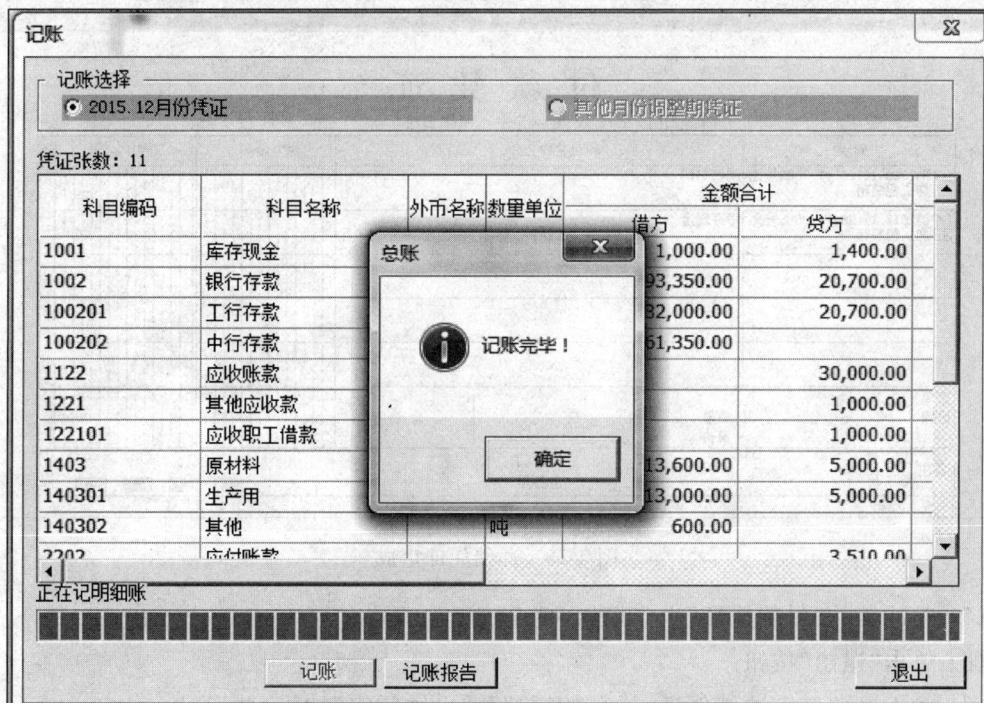

图 4-16 记账完毕

(5) 单击"确定"按钮。

提示

- 期末不允许记账的原因：期初余额试算不平衡、有未审核的凭证、上月未结账。
- 如果不输入记账范围，系统默认为所有凭证。
- 记账后不能整理断号。
- 已记账的凭证不能在"填制凭证"功能中查询。

实验指导8：冲销凭证

（1）操作员"002"执行"凭证|填制凭证"命令，打开"填制凭证"窗口。

（2）执行"制单|冲销凭证"命令，打开"冲销凭证"对话框。

（3）单击"凭证类别"栏下三角按钮，选择"付 付款凭证"，在"凭证号"栏录入"5"，如图4-17所示。

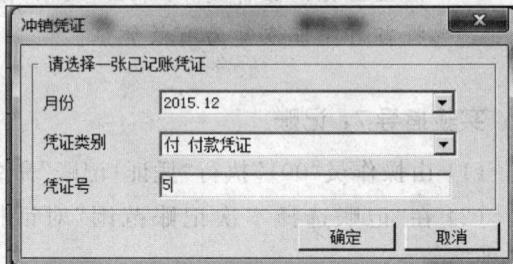

（4）单击"确定"按钮，出现冲销红字凭证，如图4-18所示。

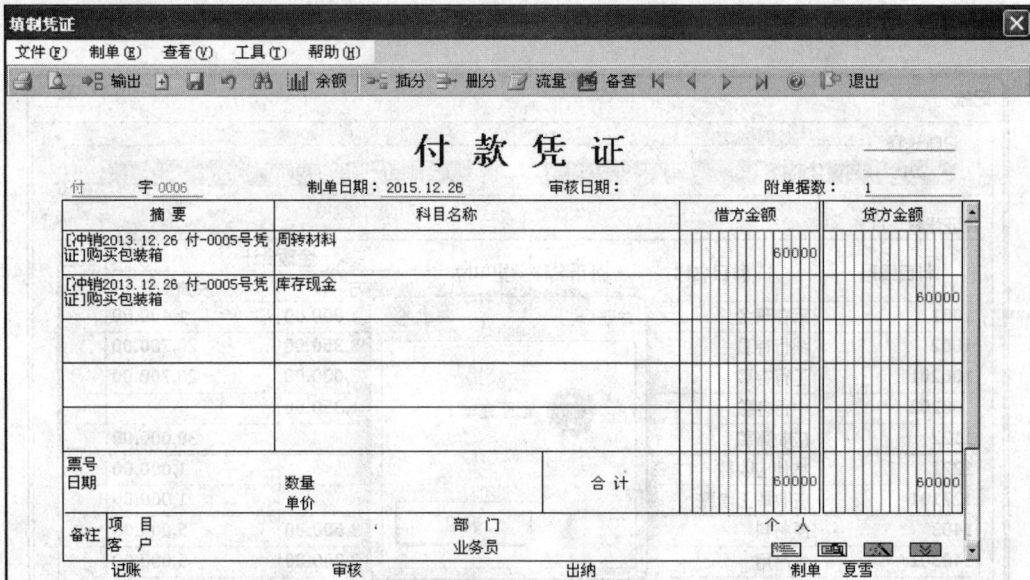

图4-17 选择冲销凭证

图4-18 冲销凭证生成

（5）对冲销的"付款凭证"也应填制"现金流量"。

（6）单击"退出"按钮。

（7）对生成的红字冲销凭证，执行"审核"和"出纳签字"功能，并记账。

- 冲销凭证是针对已记账凭证由系统自动生成的一张红字冲销凭证。
- 冲销凭证相当于填制了一张凭证,仍需审核、出纳签字后记账。

实验指导9:调用常用凭证

(1)在企业应用平台中执行"重注册"命令,更换操作员为"002"号。

(2)在"业务工作"选项卡中执行"财务会计|总账|凭证"命令。

(3)选择"填制凭证|制单"下拉菜单,选择"调用常用凭证或按F4"选项,如图4-19所示。

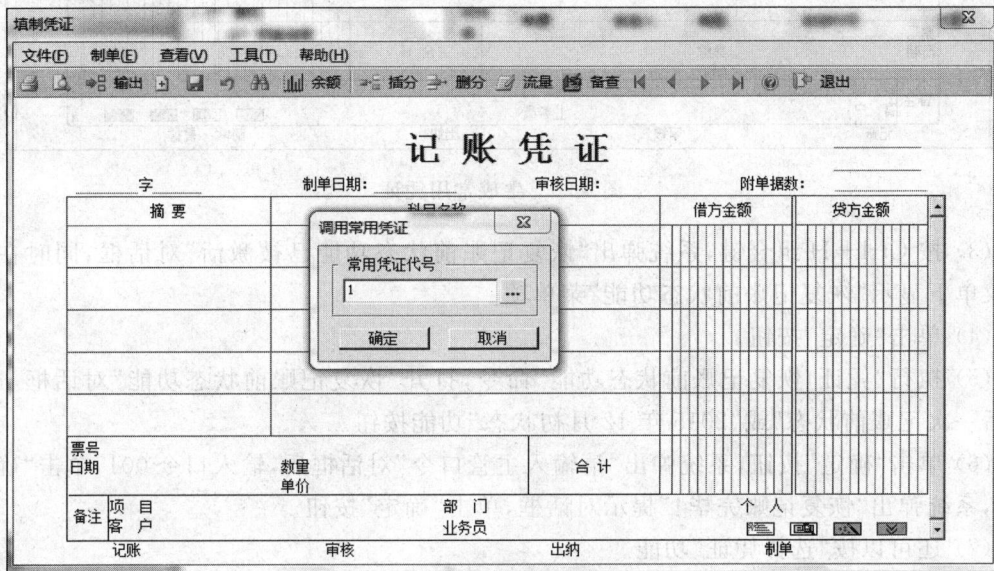

图4-19 调用常用凭证

(4)在常用凭证代码中输入"1",单击"确定"按钮。

(5)在弹出的付款凭证中输入"1200",单击"保存"按钮,如图4-20所示。

(6)由操作员"003"执行"凭证|出纳签字"命令,进行"出纳签字"。

(7)由操作员"001"执行"凭证|凭证审核"命令,进行"凭证审核"。

(8)由操作员"001"或"002"执行"凭证|记账"命令,进行"记账"。

提 示

从银行提取现金或将现金存入银行的业务属于现金内部的增减,所以不产生现金流量的变动,不必登记现金流量信息。

实验指导10:取消记账(取消记账后必须重新记账)

(1)执行"财务会计|总账|期末|对账"命令,进入"对账"窗口。

(2)要选择取消记账的月份"2015.12"。

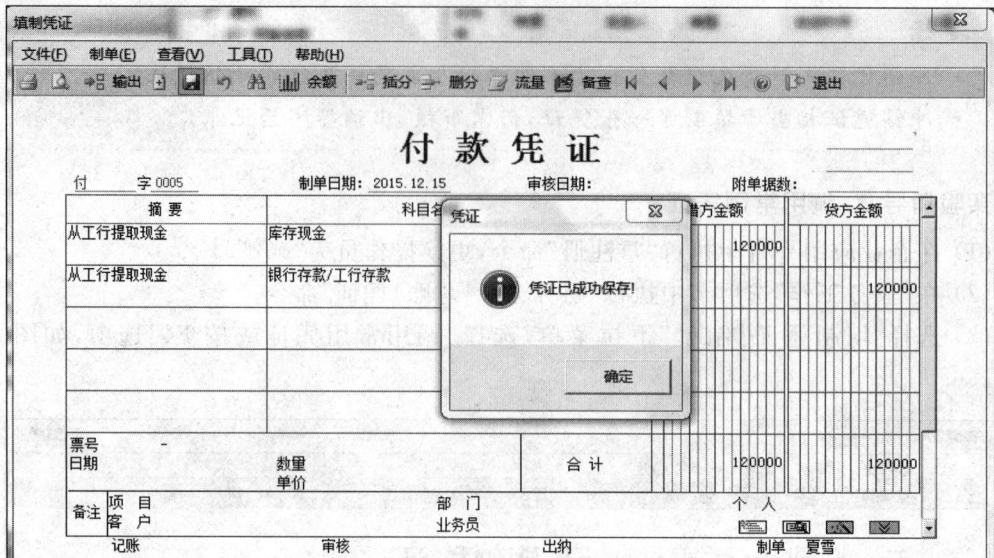

图 4-20   生成常用凭证

（3）按 Ctrl＋H 组合键，系统弹出"恢复记账前状态功能已被激活"对话框，同时在"凭证"菜单下显示"恢复记账前状态功能"菜单项。

（4）单击"确定"按钮。

（5）执行"凭证|恢复记账前状态功能"命令，打开"恢复记账前状态功能"对话框，选择"最后一次记账前状态"或"2015 年 12 月初状态"功能按钮。

（6）单击"确定"按钮，系统弹出"请输入主管口令"对话框后，输入口令 001，单击"确定"按钮，系统弹出"恢复记账完毕！"提示对话框，单击"确定"按钮。

（7）还可以按"选择凭证"功能。

实验指导 11：账套备份

（1）在 E 盘或 D 盘"会计信息系统"文件夹中新建"实验四"文件夹。

（2）将账套输出至"实验四"文件夹中。

第三节   总账系统出纳管理

出纳管理是总账系统为单位出纳人员提供的一套管理工具，它包括打印输出现金日记账、银行存款日记账，进行银行对账及管理支票登记簿，并可对长期未达账提供审计报告。

一、日记账与资金日报表

由于使用总账系统后，现金日记账与银行存款日记账由计算机根据审核无误的记账凭证自动登录，所以出纳模块日记账的作用仅仅是用于打印输出。

资金日报表是反映库存现金、银行存款某日发生额及余额情况的报表，在企业财务管理中占据重要位置。手工处理方式下，资金日报表由出纳员逐日填写，反映当天营业终了时库存现金、银行存款的收支情况及余额。电算化方式下,系统自动提供资金日报表功能,可用于查询、输出、打印资金日报表,自动提供某日借方、贷方金额合计和余额以及发生的业务量信息。

二、支票登记簿

在手工处理方式下,出纳人员通常设有支票领用登记表,用它来登记支票领用情况。会计信息系统下,"出纳管理"专门为出纳人员提供"支票登记簿"功能,以供其详细登记支票领用人、领用日期、支票用途、是否报销等情况。

使用支票登记簿应注意以下几点。

(1) 只有在会计科目中设置了"银行账"辅助核算的科目才能使用支票登记簿。

(2) 只有在结算方式设置中选择"票据管理",才能选择登记银行科目。

(3) 领用支票时,出纳员须使用"支票登记簿"功能,据实登记领用日期、领用部门、领用人、支票号、备注等。

(4) 支票结算后,经办人持原始单据报销,会计人员据此填制记账凭证,在录入该凭证时,系统要求录入该支票的结算方式和支票号,填制完成该凭证后,系统自动在支票登记簿中将该支票写上报销日期,该支票即为已报销。对于已报销的支票,系统用不同颜色区分。

(5) 支票登记簿中的报销日期栏,一般是由系统自动填写的,但是对于有些已报销单由于人为原因而造成系统未能自动填写报销日期的支票,可以进行手工填写。

(6) 已报销的支票不能进行修改。可以取消报销标志,再进行修改。

三、银行对账

为了及时发现记账差错,正确掌握银行存款的实际余额,单位必须将银行存款日记账与开户银行出具的银行对账单进行定期核对,并编制银行存款余额调节表和未达账报告,这就是银行对账。银行对账主要包括银行对账期初数据、银行对账单、银行对账、查询银行存款余额调节表和核销已达账等。

1. 银行对账期初录入

为了保证银行对账的正确性,第一次使用银行对账功能进行对账之前,必须先将启用日期之前的企业银行存款日记账余额、银行对账单余额及双方未达账项录入系统中。

通常,许多用户在使用总账子系统时,并不使用银行对账模块,也就是说在使用银行对账功能之前已经有账务数据产生,因此,用户应在此处录入最近一次对账时企业方与银行方的调整前余额,以及启用日期之前的单位日记账和银行对账单的未达项,等所有未达账录入正确后启用对账功能。

一般情况下,只需在开始使用银行存款对账功能之前执行"银行对账期初录入"功能一次,以后也可以再次进行初始化。

2. 银行对账单

银行对账单的功能主要用于平时录入开户银行提供的对账单。

系统提供两种采集对账单数据方式,一种是直接通过录入窗口由用户根据银行送来的纸面对账单录入；另一种是利用外部的对账单数据文件直接读入本系统。

3. 银行对账

为了能够准确掌握银行存款的实际余额，了解实际可动用的货币资金数额，防止记账发生差错，企业必须定期将银行存款日记账与银行出具的对账单进行核对，并编制银行存款余额调节表。

本系统提供了两种对账模式，即自动对账和手工对账两种。自动对账由计算机根据对账条件将银行存款日记账与银行对账单进行自动核对、勾销。对账条件通常是"结算方式＋票号＋方向＋金额"或"方向＋金额"。对于已核对无误的银行业务，系统将自动在银行存款日记账和银行对账单双方写上两清标志，并视为已达账项，否则视为未达账项。手工对账是对自动对账的补充。由于一些特殊原因，某些已达账项被视为未达账项，为保证对账的正确性，可通过手工对账进行调整勾销。

4. 查询银行存款余额调节表

在对银行对账进行两清勾对后，便可调用此功能查询、打印"银行存款余额调节表"，以判断对账是否正确。

5. 核销已达账

在银行对账正确后，如果想将已达账项删除并只保留未达账项时，可使用核销已达账功能，核销后系统只显示未达账项，但不影响银行存款日记账的查询和打印。如果银行对账不平衡，请不要使用本功能，否则将造成以后对账错误。

实验五　总账系统出纳管理

【实验准备】

已经完成实验四的操作。可以引入 E 盘或 D 盘"会计信息系统"文件夹中"实验四"的账套备份数据。将系统日期修改为"2015 年 12 月 31 日"，由操作员"003"注册进入总账系统。

【实验内容】

（1）支票登记簿。

（2）查询日记账。

（3）查询资金日报表。

（4）银行对账（银行期初录入、银行对账单、银行对账、余额调节表查询）。

（5）核销银行账、反核销银行账。

（6）账套备份。

【实验资料】

1. 支票登记簿

2015 年 12 月 22 日，以转账支票（NO. ZZR004）500 元支付销售部办公费。

2. 查询库存现金日记账、银行存款日记账

由出纳申秋查询库存现金日记账、银行存款日记账,尤其注意工行存款日记账的余额,可以用于后续银行对账。

3. 查询资金日报表

查询 12 月 8 日的资金日报表。学习者可以根据需要查询当月任何日的资金日报表。

4. 银行对账

(1)银行对账期初数据

2015 年 12 月 1 日企业银行存款(工行存款)日记账余额为 200 000 元,银行对账单期初余额为 198 000 元,有企业已收而银行未收的未达账(2015 年 11 月 20 日)2 000 元。

(2)2015 年 12 月 31 日中国工商银行对账单(见表 4-29)

表 4-29　中国工商银行对账单

日　期	结算方式	票　号	借方金额	贷方金额	余　额
2015-12-03	转账支票	ZJ001	702 000		900 000
2015-12-08	电汇	3 356		800	899 200
2015-12-08	转账支票	ZZR001		11 700	887 500
2015-12-15	现金支票	XJR002		8 500	879 000
2015-12-22	电汇	5 689	1 000		880 000

(3)银行对账

由出纳申秋对工行存款执行银行对账,查找未达账项。

(4)查询余额调节表

查询余额调节表判断调整后余额是否相等,若不相等,查找原因。

(5)核销银行账

执行核销与反核销。

5. 账套备份

略。

【实验指导】

实验指导 1:支票登记簿

(1)执行"出纳|支票登记簿"命令,打开"银行科目选择"对话框。

(2)单击"确定"按钮,打开"支票登记簿"窗口。

(3)单击"增加"按钮,输入或选择领用日期"2015.12.22",领用部门"销售科",支票号"ZZR004",预计金额"500"及用途"支付办公费",如图 4-21 所示。

(4)单击"保存"按钮,单击"退出"按钮。

实验指导 2:查询库存现金日记账、银行存款日记账

1. 查询库存现金日记账

(1)由"003"执行"出纳|现金日记账"命令,打开"现金日记账查询条件"对话框。

(2)单击"确认"按钮,打开"现金日记账"窗口。

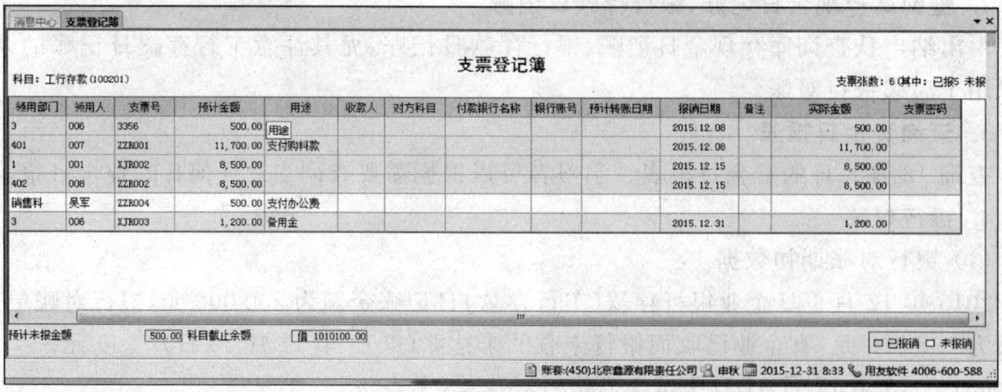

领用部门	领用人	支票号	预计金额	用途	收款人	对方科目	付款银行名称	银行账号	预计转账日期	报销日期	备注	实际金额	支票密码
3	006	3356	500.00	用途						2015.12.08		500.00	
401	007	ZZR001	11,700.00	支付购料款						2015.12.08		11,700.00	
1	001	XJR002	8,500.00							2015.12.15		8,500.00	
402	008	ZZR002	8,500.00							2015.12.15		8,500.00	
销售科	吴军	ZZR004	500.00	支付办公费									
3	006	XJR003	1,200.00	备用金						2015.12.31		1,200.00	

图 4-21　登记支票

(3) 单击"退出"按钮退出。

2. 查询银行存款日记账

略。

> **提示**
>
> - 只有在"会计科目"功能中使用"指定科目"功能指定"现金科目"及"银行科目"，才能查询"现金日记账"及"银行存款日记账"。
> - 既可以按日查询，也可以按月查询现金及银行存款日记账。
> - 查询日记账时还可以查询包含未记账凭证的日记账。
>   在已打开的日记账窗口中还可以通过单击"过滤"按钮，通过输入过滤条件快速查询日记账的具体内容。
> - 在已打开的日记账窗口中还可以通过单击"凭证"按钮，查询该条记录所对应的记账凭证。

实验指导 3：查询资金日报表

(1) 执行"出纳|资金日报"命令，打开"资金日报表查询条件"对话框。

(2) 选择日期"2015.12.08"。

(3) 单击"确认"按钮，打开"资金日报表"窗口。

(4) 单击"退出"按钮退出。

实验指导 4：银行对账

第一步：录入银行对账期初数据。

(1) 执行"出纳|银行对账|银行对账期初"命令，打开"银行科目选择"窗口。

(2) 单击"确定"按钮，打开"银行对账期初"窗口。

(3) 在单位日记账的调整前余额栏录入"200 000"，在银行对账单的调整前余额栏录入"198 000"。

(4) 单击"日记账期初未达项"按钮，打开"企业方期初"窗口。

(5) 单击"增加"按钮，录入或选择凭证日期"2015.11.20"，在借方金额栏录入"2 000"，如图 4-22 所示。

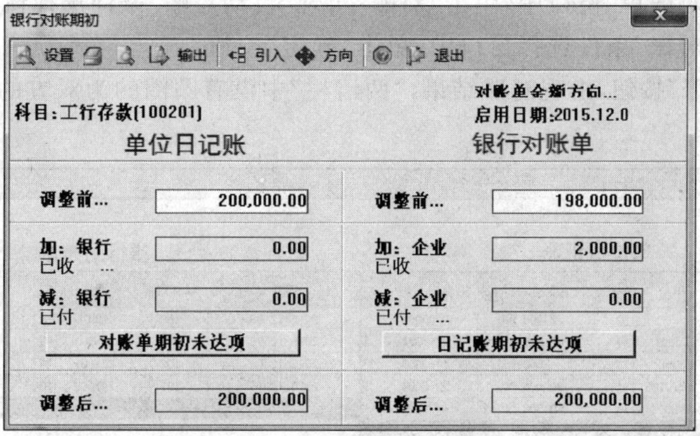

图 4-22　期初对账单余额

（6）单击"保存"按钮，单击"退出"按钮，返回"银行对账期初"窗口。

（7）单击"退出"按钮。

第二步：录入银行对账单。

（1）执行"出纳|银行对账|银行对账单"命令，打开"银行科目选择"窗口。

（2）单击"确定"按钮，打开"银行对账单"窗口，在"银行对账单"窗口中，单击"增加"按钮。

（3）录入或选择日期"2015.12.03"，选择结算方式"转账支票"，录入票号"ZJ001"，录入借方金额"702 000"，按 Enter 键，再录入或选择日期"2015.12.08"，选择结算方式"电汇"，录入票号"3356"，录入贷方金额"800"。用同样的方法录入其他对账单的内容，如图 4-23 所示。

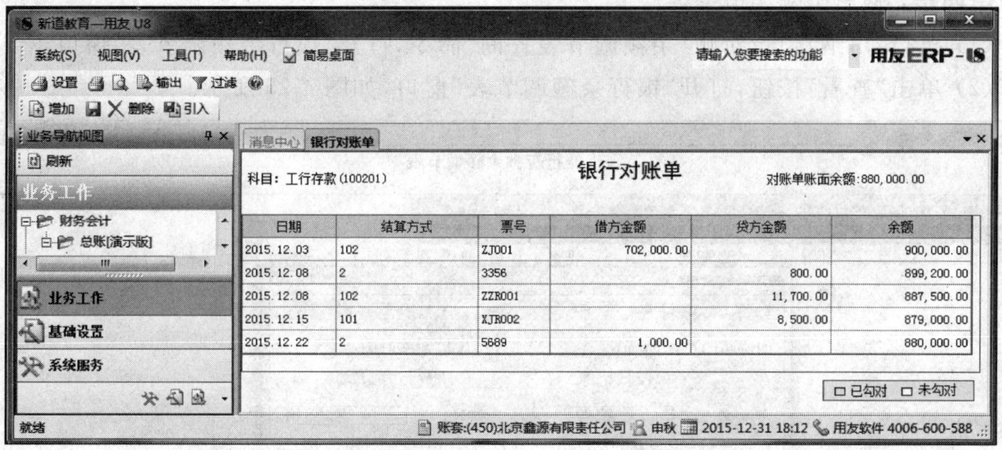

图 4-23　银行对账单

（4）单击"保存"按钮，单击"退出"按钮。

第三步：银行对账。

（1）执行"出纳|银行对账|银行对账"命令，打开"银行科目选择"窗口。

（2）单击"确定"按钮，打开"银行对账"窗口。

（3）在"银行对账单"窗口中，单击"对账"出现"自动对账"条件选择窗口。

（4）在"自动对账"条件选择窗口中，单击"确定"按钮。

（5）单击"对账"按钮，出现对账结果，"两清栏"中没有圆圈的为双方的未达账，如图 4-24 所示。

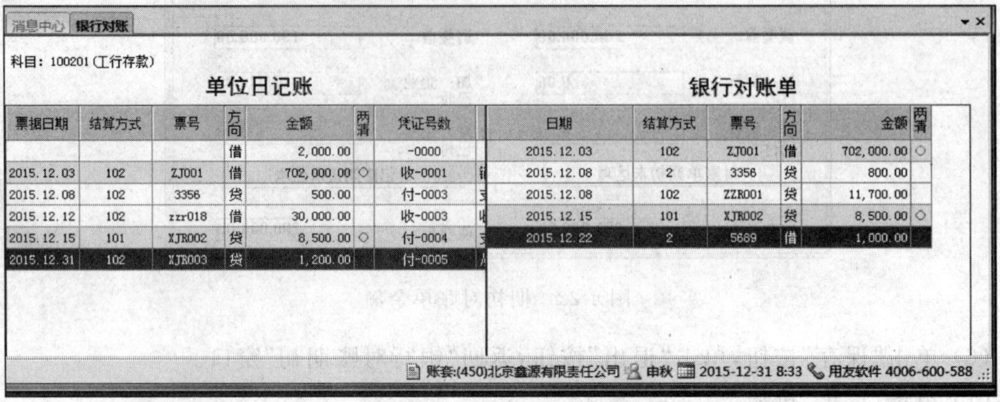

图 4-24　银行对账结果显示

（6）单击"退出"按钮退出。

提示

- 企业如果在多家银行开户，对账单应与其对应账号所对应的银行存款下的末级科目一致。
- 录入银行对账单时，其余额由系统根据银行对账期初自动计算生成。

第四步：输出余额调节表。

（1）执行"出纳|银行对账|余额调节表查询"命令，打开"银行余额调节表"窗口。

（2）单击"查看"按钮，打开"银行余额调节表"窗口，如图 4-25 所示。

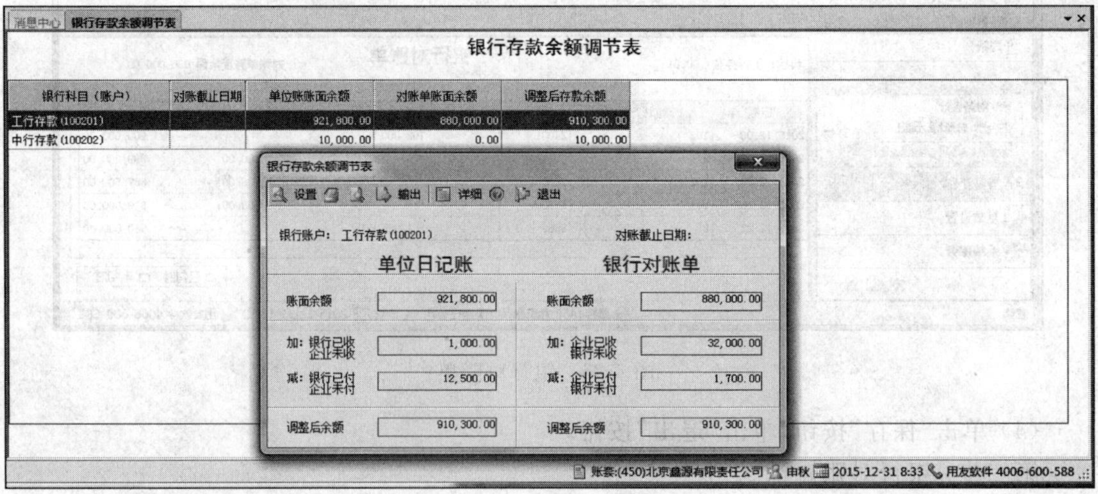

图 4-25　银行存款余额调节表

(3) 单击“详细”按钮，打开“余额调节表(详细)”窗口，如图 4-26 所示。

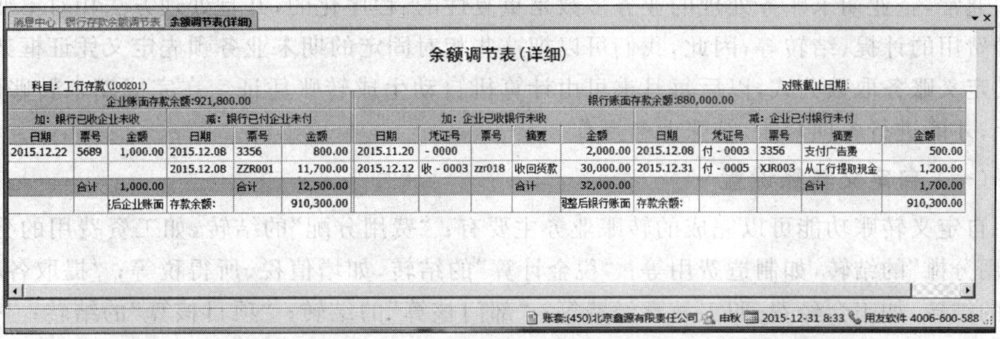

余额调节表(详细)

科目：工行存款(100201) 对账截止日期：

企业账面存款余额:921,800.00						银行账面存款余额:880,000.00									
加：银行已收企业未收			减：银行已付企业未付			加：企业已收银行未收					减：企业已付银行未付				
日期	票号	金额	日期	票号	金额	日期	凭证号	票号	摘要	金额	日期	凭证号	票号	摘要	金额
2015.12.22	5689	1,000.00	2015.12.08	3356	800.00	2015.11.20	- 0000			2,000.00	2015.12.08	付 - 0003	3356	支付广告费	500.00
			2015.12.08	ZZR001	11,700.00	2015.12.12	收 - 0003	zzr018	收回货款	30,000.00	2015.12.31	付 - 0005	XJR003	从工行提取现金	1,200.00
	合计	1,000.00		合计	12,500.00				合计	32,000.00				合计	1,700.00
		后企业账面	存款余额:		910,300.00					调整后银行账面	存款余额:				910,300.00

图 4-26　余额调节表(详细)

(4) 单击“退出”按钮。

第五步：核销银行账。

(1) 执行“出纳|银行对账|核销银行账”命令。

(2) 选中核销的科目“工行存款”，单击“确定”按钮。

(3) 显示“总账”提示框，“您是否确实要进行银行账核销?”单击“是”按钮，显示“银行账核销完毕”窗口。

(4) 单击“确定”按钮后退出。

第六步：银行账的反核销。

(1) 执行“出纳|银行对账|核销银行账”命令。

(2) 显示“核销银行账”窗口，选择要取消的“工行存款”。

(3) 按 Alt+U 组合键，系统弹出“您确实要进行反核销?”对话框。

(4) 单击“确定”按钮，系统提示您是否反核销此银行科目，单击“是”按钮。

(5) 返回“银行对账”菜单，查看单位日记账和银行对账单。

提示

- 对账平衡后，可将这些已达账项删除，即进行核销。
- 核销已达账将删除已两清的单位日记账和银行对账单，在进行核销之前必须做好数据的备份工作，防止因误清理而带来的工作不便。

实验指导 5：账套备份

(1) 在 E 盘或 D 盘“会计信息系统”文件夹中新建“实验五”文件夹。

(2) 将账套输出至“实验五”文件夹中。

第四节　总账系统期末处理

一、定义自动转账凭证

期末账务处理主要包括转账定义、对账、结账等工作，其中转账生成是期末账务处理的关键。

通常,企业期末账务处理的业务多数是重复性的、程序化的,并且处理方法相对不变,如各种费用的计提、结转等,因此,我们可以把这些相对固定的期末业务预先定义凭证框架,并为其定义账务取数公式,以后每月末可由计算机自动生成转账凭证。在完成期末转账的基础上,才能进行各项对账、结账业务操作。

(一)自定义转账设置

自定义转账功能可以完成的转账业务主要有:"费用分配"的结转,如工资费用的分配;"费用分摊"的结转,如制造费用等;"税金计算"的结转,如增值税、所得税等;"提取各项费用"的结转,如工会经费、职工教育经费等;"部门核算"的结转;"项目核算"的结转;"个人核算"的结转;"客户核算"的结转;"供应商核算"的结转等。

如果客户和供应商使用应收、应付系统管理,那么,在总账系统中,不能按客户、应商辅助项进行结转,只能按科目总数进行结转。

(二)对应结转设置

对应结转可用于费用结转、费用分摊、应交税费结转。年度利润结转等转账业务,不仅可以进行两个科目一对一结转,还可以提供科目的一对多结转功能。对应结转的科目可为上级科目,但其下级科目的科目结构必须一致(相同明细科目),如有辅助核算,则两个科目的辅助账类也必须一一对应。例如:将"所得税费用"账户余额转入"本年利润"账户。

提 示

- 对应结转功能只结转期末余额,如想结转发生额,请到自定义结转中设置。
- 转账编号不是凭证号,转账凭证的凭证号在每月转账时自动产生。

(三)销售成本结转设置

销售成本结转设置是将月末库存商品销售数量乘以库存商品的平均单价计算各类库存商品的销售成本,并进行结转。在设置销售成本结转时,要求库存商品科目、主营业务收入科目、主营业务成本科目下的明细科目必须设置为数量核算,而且这三个科目的下级必须一一对应,且都不能带辅助账类核算。如果想对辅助类的科目进行成本的自动结转,可在"自定义转账"中加以定义。

(四)汇兑损益结转设置

汇兑损益设置用于期末自动计算外币账户的汇总损益,并在转账生成中自动生成汇总损益转账凭证,汇兑损益只处理以下外币账户:外汇存款户,外币现金,外币结算的各项债权、债务,不包括所有者权益类账户、成本类账户和损益类账户。汇兑损益入账科目不能是辅助账科目或有数量外币。

为了保证汇兑损益计算正确,填制某月的汇兑损益凭证时必须先将本月的所有未记账凭证先记账。

(五)期间损益结转设置

期间损益结转设置用于在一个会计期间终了将损益类科目的余额结转到本年利润科目中,从而及时反映企业利润的盈亏情况。

二、生成转账凭证

在转账定义完成后,每月月末只需执行本功能即可快速生成转账凭证,在此生成的转账凭证将自动追加到未记账凭证中去。

由于转账是按照已记账凭证的数据进行计算的,所以,在进行月末结转工作之前,请先将此前的所有未记账凭证记账,否则,生成的转账凭证数据可能有误。如果使用了应收、应付系统,那么,在"总账系统"中不能按客户、供应商进行结转。

无论是在手工方式下,还是在会计信息系统中,在每一个会计期末都要对本会计期间的会计业务进行期末对账与结账,并要求在结账前进行试算平衡。

三、对账和试算平衡

对账是对账簿数据进行核对,检查记账是否正确以及账簿是否平衡,包括总账和明细账、总账和辅助账数据之间的账账核对。

手工条件下,会计数据要从记账凭证及汇总凭证转抄到总账、明细账、日记账等账册中,在转抄中很难避免抄错从而造成账册不符,账账不符、账实不符等错误,所以必须进行账目核对,即对账——账证核对、账账核对、账实核对,才能保证账证核对、账账核对、账实核对,因此对账是手工条件下不可缺少的工作环节。

财务软件环境下,一般来说,只要记账凭证录入正确,计算机自动记账后各种账簿都应是正确、平衡的,计算机账务系统不存在手工意义上的"对账"问题。

但是由于非法操作或计算机病毒或其他原因有时可能会造成某些数据被破坏,因而引起账账不符,为了保证账证相符、账账相符,同时也兼顾手工工作习惯和要求,用户应经常使用本功能进行对账,至少一个月一次,一般可在月末结账前进行。

计算机账务系统试算平衡功能就是将系统中所有科目的数据按会计平衡公式进行平衡校验,输出科目余额表以及是否平衡信息。

四、结账

(一)结账的功能

按照"日清月结"的规定,结账应具备以下基本功能。

(1)自动结转本月余额到下月初:成批数据处理过程。

(2)结束当月日常账务处理工作:关闭当月日常凭证处理功能,以禁止凭证的输入、修改、删除和记账等操作。

(二)结账的条件

(1)凭证必须全部记账:只要本月有一张凭证未记账,系统就不能结账。这正是结账后系统产生的报表、打印的账册才是完整的原因所在。

(2)科目必须试算平衡:所有会计科目的本月余额和发生额按照有关会计等式必须试算平衡。

(3)账簿必须核对相符:对于相互关联的账簿每月对账正确后才能结账。

（4）若与其他子系统联合使用,其他子系统必须已结账,总账系统才能结账,若没有,则本月不能结账。

> **提示**
>
> - 上月未结账,则本月不能记账,但可以填制、复核凭证。
> - 如本月还有未记账凭证,则本月不能结账。
> - 已结账月份不能再填制凭证。
> - 结账只能由有结账权的人进行。
> - 若总账与明细账对账不符,则不能结账。
> - 反结账操作只能由账套主管执行。
> - 取消结账的功能组合键为 Ctrl＋Shift＋F6。

（三）结账的要求

（1）专人负责结账："结账"功能限定专人使用。

（2）每月必须结账:月末必须结账,而且只能结账一次。

（3）必须逐月结账:连续结账。

（4）保护结账前的数据:防止非法中断后丢失数据。

（四）结账的过程

（1）确定结账月份:选择需要结账的月份。

（2）结账前检验:一旦不符合条件和要求,终止结账工作。

（3）自动硬盘备份:自动硬盘备份,以便恢复使用。

（4）自动结账:系统自动结转科目余额和封闭有关功能。

（5）做结账标志:本月从"活动"期间变成"结账"期间。

（五）年结的作用

每年最后一个月的结账实际上就是进行年结。年结除了具有上述月结的功能外,还应具备以下三个功能。

（1）产生下年度的空账簿:年末结账后,系统会自动生成下一年度的机内账簿,不必用户再重新建账,这一功能类似于手工年度更换账本。

（2）结转年末余额到下年初:系统自动将本年度各账簿的年末余额结转到下年作为年初余额。有些会计软件还需要在"年结"的基础上进一步运行"年初结转"功能才能自动结转余额。

（3）开放"年初余额调整"功能:将初始化关闭的"初始余额装入"模块变更为"年初余额调整"模块,并在以后每年初打开,以便用户检查年初余额。

实验六　总账系统期末处理

【实验准备】

已经完成实验五的操作。可以引入 E 盘或 D 盘"会计信息系统"文件夹中"实验五"的账套备份数据。将系统日期修改为"2015 年 12 月 31 日",由操作员"002"注册进入总账系统。

【实验内容】

(1) 转账定义。

(2) 转账生成。

(3) 对账。

(4) 结账。

【实验资料】

1. 期末转账业务

(1) 转账定义

① 计提本月短期借款利息,月利率 0.2%。(采用自定义转账结转方式,序号 0001)

借:财务费用　　　　　　　　　(短期借款账户期末余额×月利率)

　　贷:应付利息　　　　　　　　　　　(取对方科目计算结果)

② 计算期末汇兑损益,期末外币汇率为 6.235。(采用汇兑损益结转方式)

③ 月末,结转已售产品的销售成本。(采用销售成本结转方式)

④ 计提本月城市维护建设税(7%)和教育费附加(3%)。(采用自定义转账结转方式,序号 0002)

借:营业税金及附加　　　　　　(取对方科目计算结果)

　　贷:应交税费——应交城市维护建设税　(三大流转税净发生额×税率)

　　　　　　　　——应交教育费附加　　　(三大流转税净发生额×税率)

⑤ 结转损益类账户。(采用期间损益结转方式)

⑥ 计提所得税费用,所得税税率 25%。(采用自定义转账结转方式,序号 0003)

借:所得税费用　　　　　　　(本年利润账户本月净发生额×税率)

　　贷:应交税费——应交所得税　　　(取对方科目计算结果)

⑦ 结转所得税费用。(采用对应结转方式,序号 0004;或期间损益结转方式)

⑧ 结转本年利润。(采用自定义转账结转方式,序号 0005)

借:本年利润　　　　　　　　　(本年利润账户年末余额)

　　贷:利润分配——未分配利润　　　　　　(取对方科目计算结果)

⑨ 计提法定盈余公积(10%)和任意盈余公积(5%)。(采用自定义转账结转方式,序号 0006)

借:利润分配——提取法定盈余公积　(取贷方第一个科目的计算结果)

　　　　　　——提取任意盈余公积　(取贷方第二个科目的计算结果)

　　贷:盈余公积——法定盈余公积　(未分配利润账户贷方发生额×10%)

　　　　　　　　——任意盈余公积　(未分配利润账户贷方发生额×5%)

⑩ 结转利润分配各明细账。(采用自定义转账结转方式,0007)

借:利润分配——未分配利润　　　　　　　(取对方科目计算结果)

贷：利润分配——提取法定盈余公积　　　　　（取本账户借方发生额）
　　　　　　　——提取任意盈余公积　　　　　（取本账户借方发生额）

（2）转账生成

由会计夏雪根据上述转账定义的方式分别生成转账凭证，由主管韩冬审核凭证并记账。

注意：①～④业务可以一次性生成，并审核、记账；⑤～⑩业务应按先后顺序分别执行生成、审核、记账。

2．期末对账、试算

执行期末对账功能，完成总账与明细账、总账与辅助账、辅助账与明细账的核对。

执行期末试算功能，检查账户试算是否平衡。

3．期末结账与取消结账

略。

4．账套备份

略。

【实验指导】

实验指导1：期末转账业务

第一步：转账定义。

（1）设置自定义转账（计提本月短期借款利息）

① 以操作员"002"注册进入总账系统，执行"期末|转账定义|自定义结转"命令，进入"自定义转账设置"对话框。

② 单击"增加"按钮，打开"转账目录"设置对话框。

③ 输入转账序号"0001"，转账说明"计提短期借款利息"，选择凭证类别"转账凭证"。单击"确定"按钮，继续定义转账凭证分录信息。

④ 单击"增行"按钮，选择科目编码"6603"，方向"借"；双击金额公式栏，单击"参照"按钮，打开"公式导向"对话框。

⑤ 选择"期末余额"函数，单击"下一步"按钮，继续公式定义。

⑥ 选择科目"2001"，其他采取系统默认，单击"完成"按钮，金额公式带回自定义转账设置界面。将光标移至末尾，输入"＊0.002"，按 Enter 键确认。

⑦ 单击"增行"按钮，确定分录方向的贷方信息。选择科目编码"2231"，方向"贷"，输入公式"JG（）"，如图4-27所示。

（2）设置汇兑损益结转（计算期末汇兑损益）

① 执行"期末|转账定义|汇兑损益"命令，进入"汇兑损益结转设置"对话框。

② 选择凭证类别"收款凭证"，输入汇兑损益收入科目编码"6603"。

③ 自动显示"外币科目编码"为"100202"，"外币科目名称"为"中行存款"，"币种"为"美元"，"是否计算汇兑损益"双击单元格将出现"Y"，如图4-28所示。

④ 选择后单击"确定"按钮返回。

（3）设置销售成本结转（结转已售产品的销售成本）

① 执行"期末|转账定义|销售成本结转"命令，进入"销售成本结转设置"对话框。

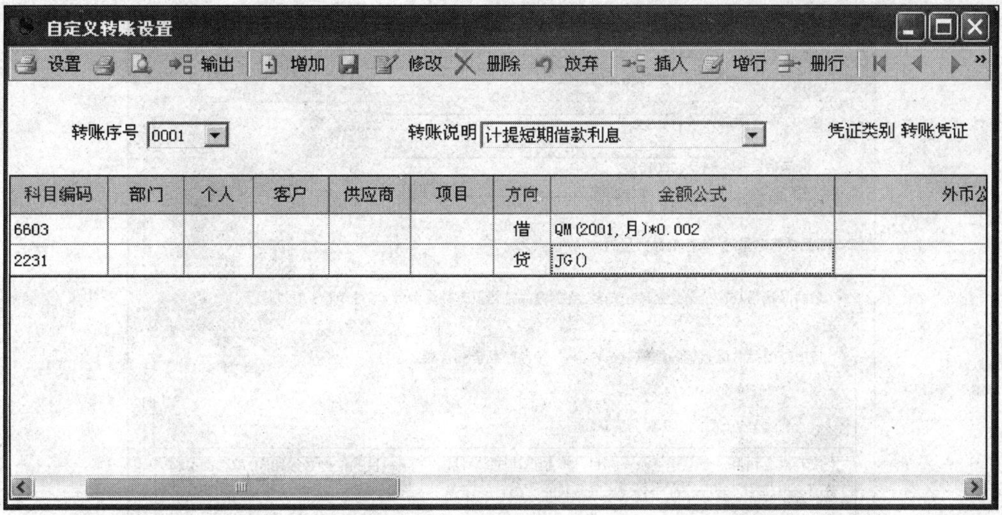

图 4-27　自定义短期借款利息

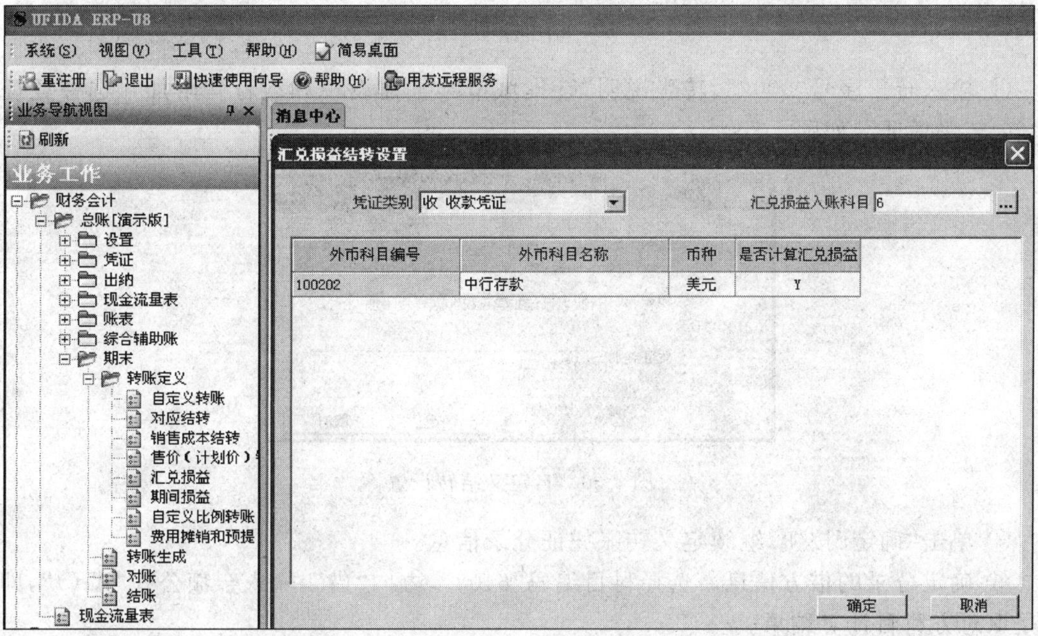

图 4-28　汇兑损益设置

②　选择凭证类别"转账凭证",在库存商品科目输入编码"140501"(甲产品)、商品销售收入科目输入编码"600101"(甲产品)、商品销售成本科目输入"640101"(甲产品)。

③　单击"确定"按钮,如图 4-29 所示。

④　同理输入乙产品的销售成本。

(4) 设置自定义转账(计提本月城市维护建设税和教育费附加)

①　操作员"002"执行"期末|转账定义|自定义结转"命令,进入"自动转账设置"窗口。

②　单击"增加"按钮,打开"转账目录"设置对话框。

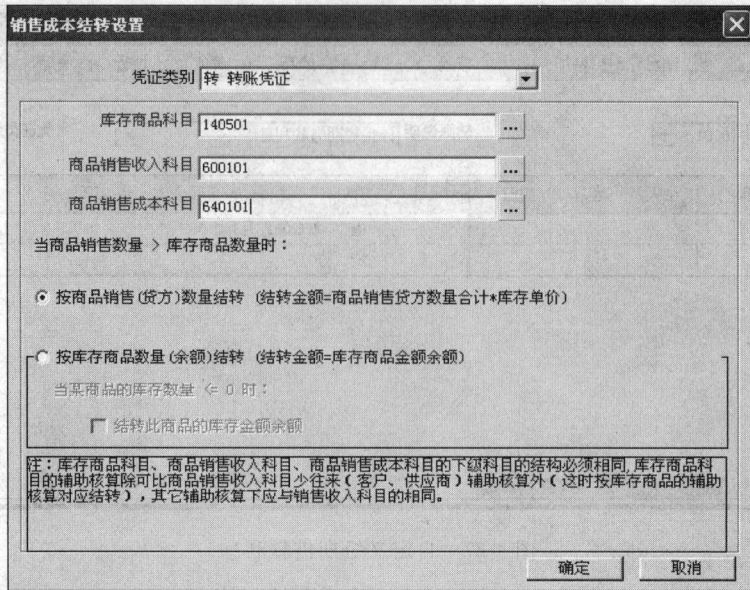

图 4-29　销售成本结转设置

③ 输入转账序号"0002",转账说明"计提城市维护建设税和教育费附加",选择凭证类别"转 转账凭证",如图 4-30 所示。

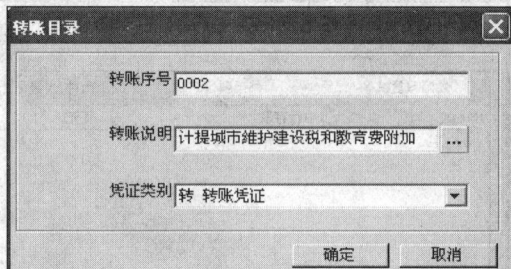

图 4-30　自定义结转设置

④ 单击"确定"按钮,继续定义转账凭证分录信息。

⑤ 确定分录的借方信息。选择科目编码"6403",方向"借",输入金额公式"JG()",即含义是取对方科目计算结果。

⑥ 单击"增行"按钮。

⑦ 确定分录的贷方信息。选择科目编码"222104",方向"贷",输入金额公式"(JE(222101,月)＋ JE(222102,月)＋ JE (222103,月))＊0.07"。

⑧ 同理输入应交教育费附加,金额公式为"(JE(222101,月)＋ JE (222102,月)＋ JE (222103,月))＊0.03",如图 4-31 所示。

⑨ 单击"保存"按钮,定义完成。

⑩ 依据上述操作方法,依次完成其他自动转账的定义。

(5) 设置期间损益结转(结转损益类账户)

① 执行"期末|转账定义|期间损益"命令,打开"期间损益结转设置"窗口。

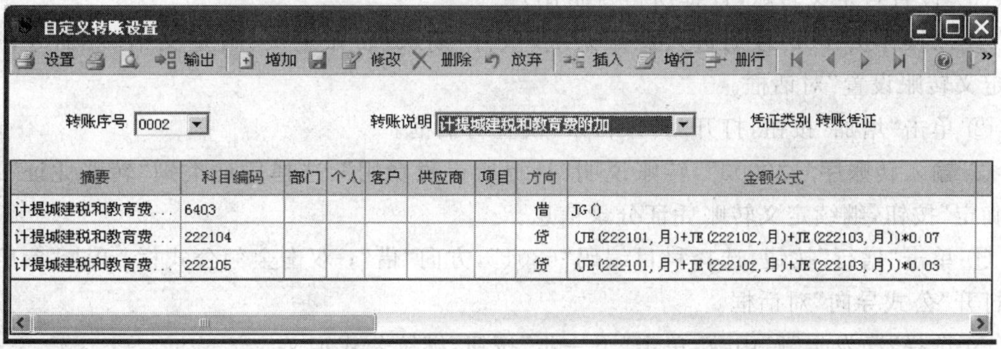

图 4-31 自定义结转设置

② 单击"凭证类别"栏下三角按钮,选择"转 转账凭证",在"本年利润科目"栏录入"4103"或单击"参照"按钮选择"4103 本年利润",如图 4-32 所示。

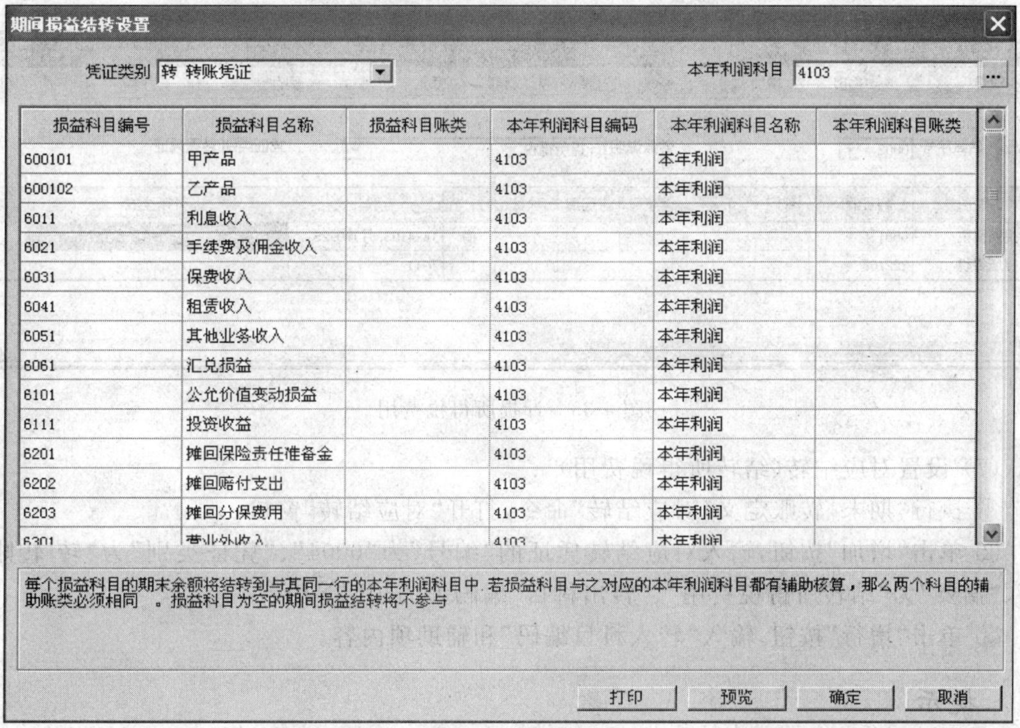

图 4-32 期间损益结转设置

③ 单击"确定"按钮,设置完成。

提 示

- 如果损益科目与本年利润科目都有辅助核算,则辅助账类必须相同。
- 本年利润科目必须为末级科目,且为本年利润入账科目的下级科目。

（6）设置自定义转账（计提所得税费用）

① 以操作员"002"注册进入总账系统，执行"期末|转账定义|自定义结转"命令，进入"自定义转账设置"对话框。

② 单击"增加"按钮，打开"转账目录"设置对话框。

③ 输入转账序号"0003"，转账说明"计提所得税费用"，选择凭证类别"转账凭证"。单击"确定"按钮，继续定义转账凭证分录信息。

④ 单击"增行"按钮，选择科目编码"6801"，方向"借"；双击金额公式栏，单击"参照"按钮，打开"公式导向"对话框。

⑤ 选择"净发生额"函数，单击"下一步"按钮，继续公式定义。

⑥ 选择科目"4103"，其他采取系统默认，单击"完成"按钮，金额公式带回自定义转账设置界面。将光标移至末尾，输入"＊0.25"，按 Enter 键确认。

⑦ 单击"增行"按钮，确定分录方向的贷方信息。选择科目编码"222106"，方向"贷"，输入公式"JG()"，如图 4-33 所示。

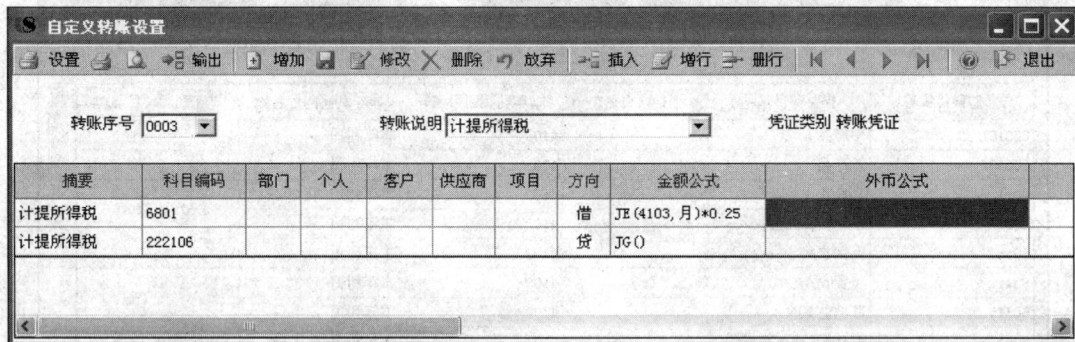

图 4-33　计提所得税费用

（7）设置对应结转（结转所得税费用）

① 执行"期末|转账定义|对应结转"命令，打开"对应结转"窗口。

② 单击"增加"按钮，输入对应结转凭证的"编号"为"0004"、"凭证类别"为"转 转账凭证"、"摘要"为"结转所得税费用"、"转出科目"编码为"6801"等内容。

③ 单击"增行"按钮，输入"转入科目编码"和辅助项内容。

提示

- 如果科目有辅助项，还需输入辅助项内容，只能结转期末余额。
- 对应科目不仅可以进行两个科目一对一的结转，还可以进行科目一对多的结转。
- 转入转出的科目也可以是上级科目，但其下级科目的结构必须一致（相同明细科目）。
- 如有辅助核算，则两个科目的辅助账类也必须一一对应。

---

④ 输入"结转系数"，即转入科目取数＝转出科目取数×结转系数。若不输入系数默认为1，如图 4-34 所示。

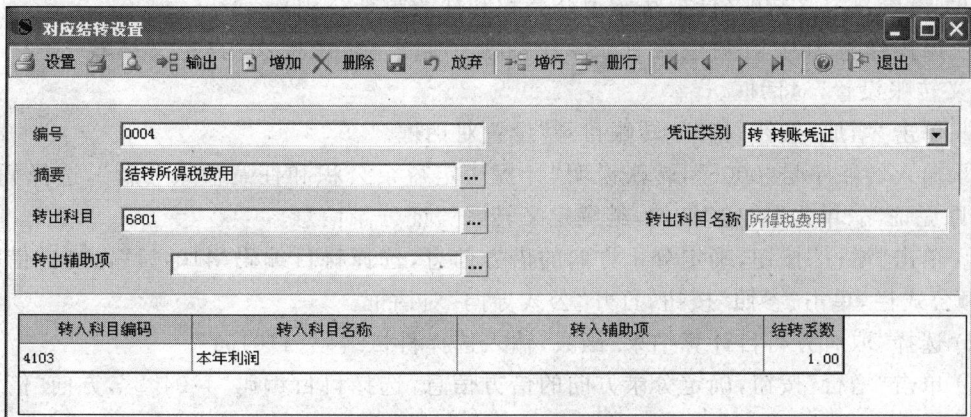

图 4-34 结转所得税费用

⑤ 单击"保存"按钮可新增下一条定义。单击"退出"按钮返回。

提 示

单击"删除"按钮可删除光标所在行转入科目的信息；单击"删除"按钮即可删除当前对应结转的凭证。

(8) 设置自定义转账(结转本年利润)

① 以操作员"002"注册进入总账系统,执行"期末|转账定义|自定义结转"命令,进入"自定义转账设置"对话框。

② 单击"增加"按钮,打开"转账目录"设置对话框。

③ 输入转账序号"0005",转账说明"结转本年利润",选择凭证类别"转账凭证"。单击"确定"按钮,继续定义转账凭证分录信息。

④ 单击"增行"按钮,选择科目编码"4103",方向"借";双击金额公式栏,单击"参照"按钮,打开"公式导向"对话框。

⑤ 选择"期末余额"函数,单击"下一步"按钮,继续公式定义。

⑥ 选择科目"4103",其他采取系统默认,单击"完成"按钮,金额公式带回自定义转账设置界面,按 Enter 键确认。

⑦ 单击"增行"按钮,确定分录方向的贷方信息。选择科目编码"410403",方向"贷",输入公式"JG()",如图 4-35 所示。

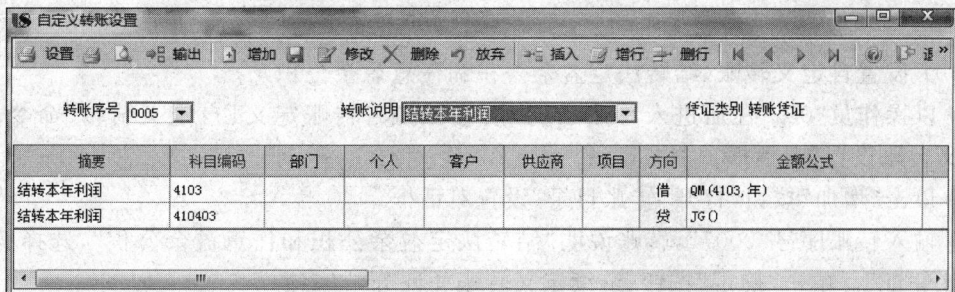

图 4-35 结转本年利润

（9）设置自定义转账（计提法定盈余公积和任意盈余公积）

① 以操作员"002"注册进入总账系统，执行"期末|转账定义|自定义结转"命令，进入"自定义转账设置"对话框。

② 单击"增加"按钮，打开"转账目录"设置对话框。

③ 输入转账序号"0006"，转账说明"计提法定盈余公积和任意盈余公积"，选择凭证类别"转账凭证"。单击"确定"按钮，继续定义转账凭证分录信息。

④ 单击"增行"按钮，确定分录方向的借方信息，选择科目编码"410401"，方向"借"；双击金额公式栏，单击"参照"按钮，打开"公式导向"对话框。

⑤ 选择"取对方科目计算结果"函数，输入选择科目编码"410101"。

⑥ 单击"增行"按钮，确定分录方向的借方信息，选择科目编码"410402"，方向"借"；双击金额公式栏，单击"参照"按钮，打开"公式导向"对话框。

⑦ 选择"取对方科目计算结果"函数，输入选择科目编码"410102"。

⑧ 单击"增行"按钮，确定分录方向的贷方信息。选择科目"410101"，其他采取系统默认，金额公式带回自定义转账设置界面，选择"贷方发生额"函数，单击"下一步"按钮，继续公式定义，选择科目"410403"，金额公式带回自定义转账设置界面。将光标移至末尾，输入"＊0.10"，按 Enter 键确认。

⑨ 单击"增行"按钮，确定分录方向的贷方信息。选择科目"410102"，其他采取系统默认，单击"完成"按钮，金额公式带回自定义转账设置界面，选择"贷方发生额"函数，单击"下一步"按钮，继续公式定义，选择科目"410403"，金额公式带回自定义转账设置界面。将光标移至末尾，输入"＊0.05"，按 Enter 键确认。其他采取系统默认，单击"保存"按钮，如图 4-36 所示。

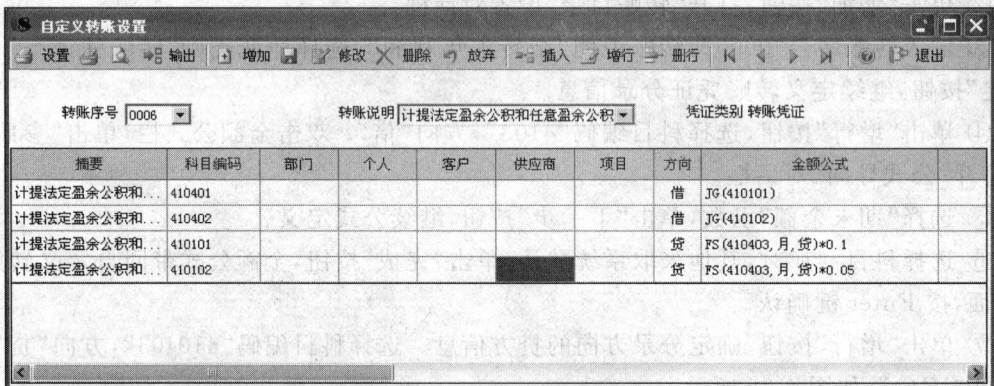

图 4-36 计提法定盈余公积和任意盈余公积

（10）设置自定义转账（结转法定盈余公积和任意盈余公积）

① 以操作员"002"注册进入总账系统，执行"期末|转账定义|自定义结转"命令，进入"自定义转账设置"对话框。

② 单击"增加"按钮，打开"转账目录"设置对话框。

③ 输入转账序号"0007"，转账说明"结转法定盈余公积和任意盈余公积"，选择凭证类别"转账凭证"。单击"确定"按钮，继续定义转账凭证分录信息。

④ 单击"增行"按钮,选择科目编码"410403",方向"借";双击金额公式栏,单击"参照"按钮,打开"公式导向"对话框。

⑤ 选择"取对方科目计算结果"函数,按 Enter 键确认,继续公式定义。

⑥ 单击"增行"按钮,确定分录方向的贷方信息,选择科目"410401",方向"贷",其他采取系统默认,金额公式带回自定义转账设置界面,选择"借方发生额"函数,单击"下一步"按钮,继续公式定义,选择科目"410401"。

⑦ 单击"增行"按钮,确定分录方向的贷方信息。选择科目编码"410402",方向"贷",其他采取系统默认,金额公式带回自定义转账设置界面,选择"借方发生额"函数,单击"下一步"按钮,继续公式定义,选择科目"410402",单击"保存"按钮,如图 4-37 所示。

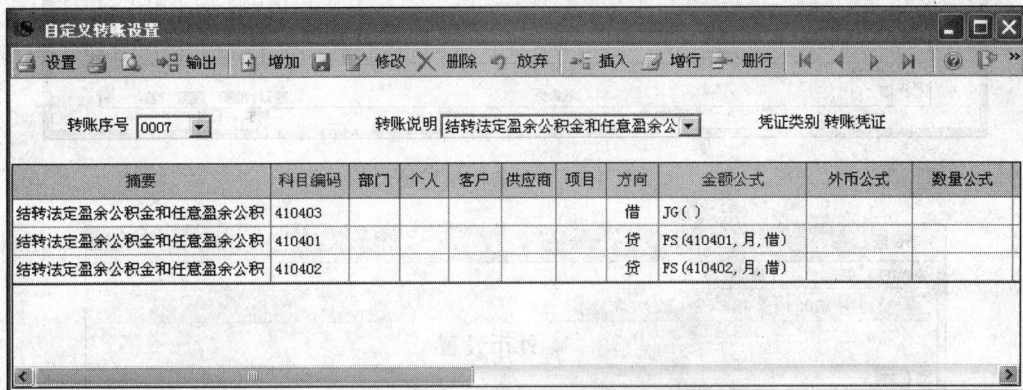

图 4-37 结转法定盈余公积和任意盈余公积

第二步:转账生成。

> **提示**
> 转账生成的前提是当期发生的全部业务已经完成审核、出纳签字和记账工作。

(1) 生成计提短期借款利息的凭证(自定义转账)

① 执行"期末|转账生成"命令,进入"转账生成"窗口。

② 单击"自定义转账"单选按钮,单击"0001"按钮。

③ 单击"确定"按钮,生成转账凭证,如图 4-38 所示。

④ 单击"保存"按钮,系统自动将当前凭证追加到未记账凭证中。

⑤ 以操作员"001"的身份将生成的自动转账凭证审核、记账。

(2) 生成汇兑损益结转的凭证(汇兑损益结转)

① 在"设置|外币设置"功能中,先输入外币的期末调整汇率"6.23500",如图 4-39 所示。

② 执行"期末|转账生成"命令,进入"转账生成"窗口。

③ 单击"汇兑损益结转"按钮,单选外币币种"美元",单击"全选"按钮,是否结转显示"Y"。

④ 单击"确定"按钮,显示"汇兑损益试算表"。

⑤ 单击"确定"按钮,弹出现金流量表,选择汇率变动而流入的现金。

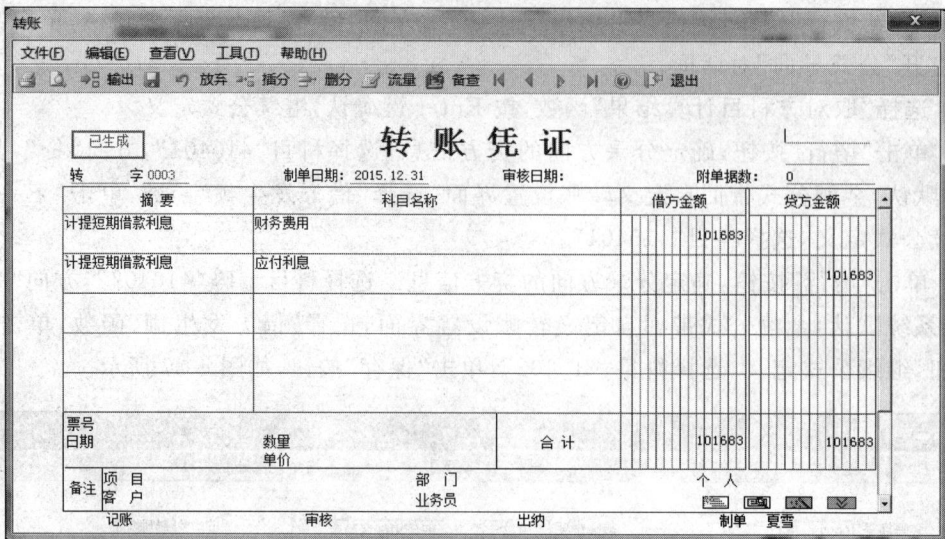

图 4-38　生成转账凭证

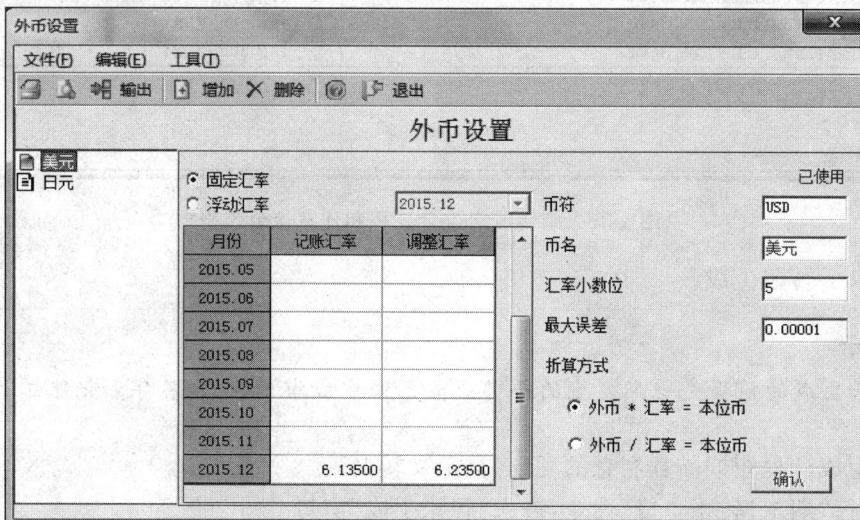

图 4-39　输入期末外币汇率

⑥ 单击"确定"按钮生成转账凭证,如图 4-40 所示。

⑦ 单击"保存"按钮,系统自动将当前凭证追加到未记账凭证中。

⑧ 以操作员"003"的身份执行出纳签字,以"001"的身份将生成的自动转账凭证审核、记账。

(3) 生成销售成本结转的凭证(销售成本结转)

① 执行"期末|转账生成"命令,进入"转账生成"窗口。

② 单击"转账生成"单选按钮,单击"销售成本结转"按钮,显示甲产品"开始月份"和"结束月份"。

③ 单击"确定"按钮,显示"结转一览表"。

④ 单击"确定"按钮,生成 12 月份销售甲产品成本的凭证,如图 4-41 所示。

⑤ 单击"保存"按钮,系统自动将当前凭证追加到未记账凭证中。

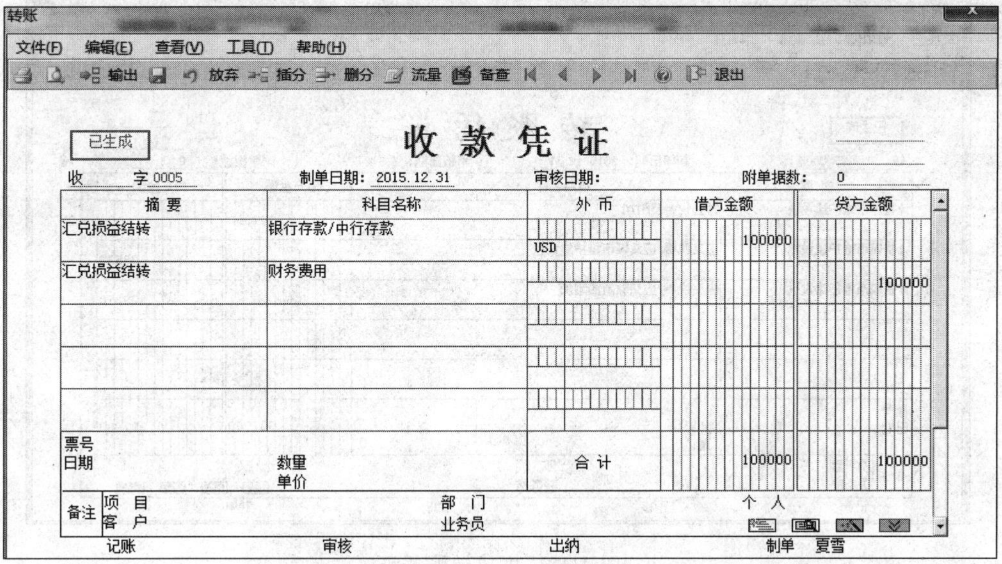

图 4-40　自动结转汇兑损益凭证

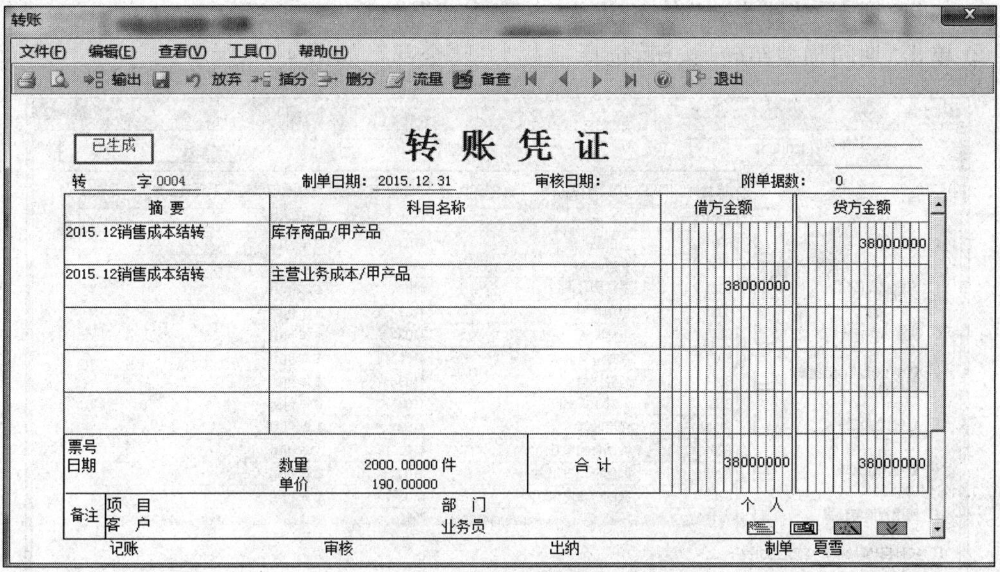

图 4-41　自动生成 12 月份销售甲产品成本凭证

⑥ 以操作员"001"的身份将生成的自动转账凭证审核、记账。

(4) 生成计提城市维护建设税的凭证(自定义转账)

① 执行"期末|转账生成"命令,进入"转账生成"窗口。

② 单击"转账生成"单选按钮,单击"0002"按钮。

③ 单击"确定"按钮,生成转账凭证,如图 4-42 所示。

④ 单击"保存"按钮,系统自动将当前凭证追加到未记账凭证中。

⑤ 以操作员"001"的身份将生成的自动转账凭证审核、记账。

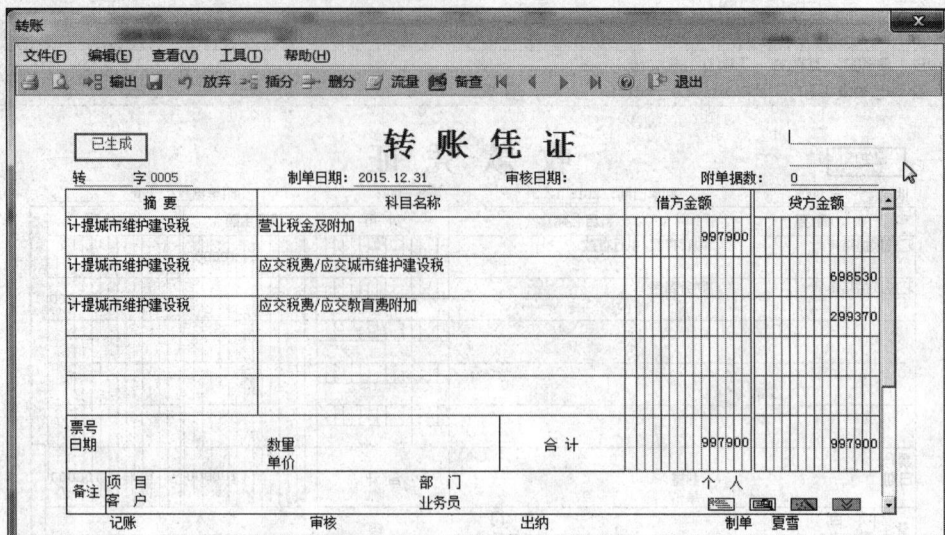

图 4-42 生成转账凭证

（5）生成期间损益结转的凭证（期间损益结转）

① 执行"期末|转账生成"命令，进入"转账生成"窗口。

② 单击"期间损益结转"按钮，选择损益类型"全部"，如图 4-43 所示。

图 4-43 期间损益凭证转账生成

③ 单击"全选"按钮，单击"确定"按钮，生成转账凭证，如图 4-44 所示。

④ 单击"保存"按钮，系统自动将当前凭证追加到未记账凭证中。

⑤ 以操作员"001"的身份将生成的自动转账凭证审核、记账。

（6）生成计提所得税的凭证（自定义转账）

① 执行"期末|转账生成"命令，进入"转账生成"窗口。

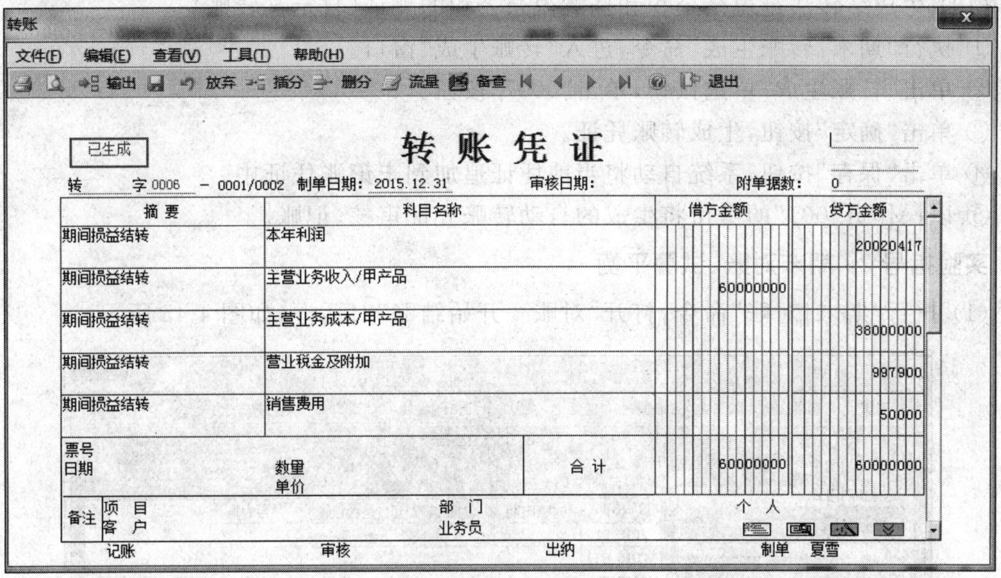

图 4-44　生成转账凭证

② 单击"转账生成"单选按钮,单击"0003"按钮。

③ 单击"确定"按钮,生成转账凭证。

④ 单击"保存"按钮,系统自动将当前凭证追加到未记账凭证中。

⑤ 以操作员"001"的身份将生成的自动转账凭证审核、记账。

(7) 生成结转所得税费用的凭证(对应结转)

① 执行"期末|转账生成"命令,进入"转账生成"窗口。

② 单击界面左侧的"对应结转",选择编号"0004"、"是否结转"栏。

③ 单击"确定"按钮,生成转账凭证。

④ 单击"保存"按钮,系统自动将当前凭证追加到未记账凭证中。

⑤ 以操作员"001"的身份将生成的自动转账凭证审核、记账。

(8) 生成结转本年利润的凭证(自定义转账)

① 执行"期末|转账生成"命令,进入"转账生成"窗口。

② 单击"转账生成"单选按钮,单击"0005"按钮。

③ 单击"确定"按钮,生成转账凭证。

④ 单击"保存"按钮,系统自动将当前凭证追加到未记账凭证中。

⑤ 以操作员"001"的身份将生成的自动转账凭证审核、记账。

(9) 生成计提法定盈余公积和任意盈余公积的凭证(自定义转账)

① 执行"期末|转账生成"命令,进入"转账生成"窗口。

② 单击"转账生成"单选按钮,单击"0006"按钮。

③ 单击"确定"按钮,生成转账凭证。

④ 单击"保存"按钮,系统自动将当前凭证追加到未记账凭证中。

⑤ 以操作员"001"的身份将生成的自动转账凭证审核、记账。

(10) 生成结转法定盈余公积和任意盈余公积的凭证(自定义转账)

① 执行"期末|转账生成"命令,进入"转账生成"窗口。

② 单击"转账生成"单选按钮,单击"0007"按钮。

③ 单击"确定"按钮,生成转账凭证。

④ 单击"保存"按钮,系统自动将当前凭证追加到未记账凭证中。

⑤ 以操作员"001"的身份将生成的自动转账凭证审核、记账。

实验指导2:期末对账、试算平衡

(1) 执行"期末|对账"命令,打开"对账—开始结账"对话框,如图4-45所示。

图4-45　期末对账

(2) 单击"下一步"按钮,打开"对账—核对账簿"对话框,然后试算,如图4-46所示。

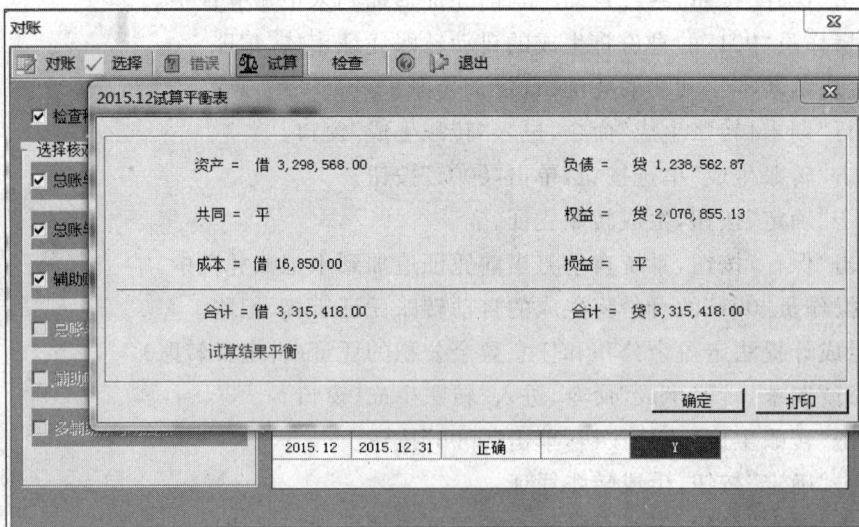

图4-46　12月份试算平衡表

114

提示

- 转账生成之前,提示转账月份为当前会计月份。
- 进行转账生成之前,请将相关经济业务的记账凭证登记入账。否则,必须在录入查询条件时选择"包含未记账凭证"才能查询到完整的数据资料。
- 若凭证类别、制单日期和附单据数与实际情况有出入,可直接在当前凭证上进行修改,然后再保存。
- 转账凭证每月只生成一次。
- 必须按业务发生的先后次序生成凭证,否则,计算金额时就会发生差错。
- 生成的转账凭证仍需先审核才能记账。

实验指导3:期末结账与取消结账

1. 对 2015 年 12 月份进行结账

(1) 在总账系统中,重新执行"期末|结账"命令,在"结账—开始结账"对话框中,单击"下一步"按钮,进入"结账—核对账簿"对话框。

(2) 单击"对账"按钮,再单击"下一步"按钮,进入"结账 12 月度报告"对话框,单击"下一步"按钮,出现"结账—完成结账"对话框,如图 4-47 所示。

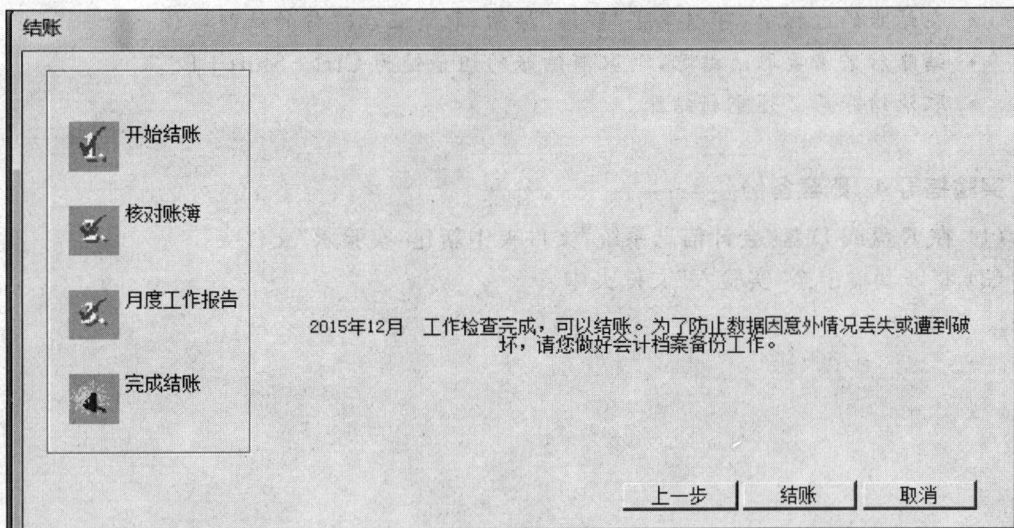

结账

- 开始结账
- 核对账簿
- 月度工作报告
- 完成结账

2015年12月 工作检查完成,可以结账。为了防止数据因意外情况丢失或遭到破坏,请您做好会计档案备份工作。

上一步 结账 取消

图 4-47 结账

(3) 单击"结账"按钮,完成结账操作。

2. 取消结账(取消结账后必须重新结账)

(1) 执行"期末|结账"命令,进入"结账"窗口。

(2) 选择要取消结账的月份"2015.12"。

(3) 按 Ctrl+Shift+F6 组合键激活"取消结账"功能,如图 4-48 所示。

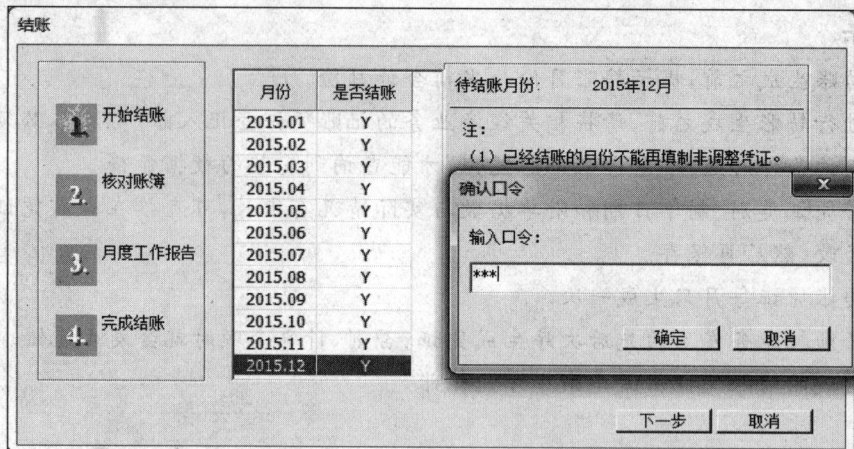

图 4-48   执行取消结账功能

提 示

- 结账只能由有结账权限的人进行。
- 结账必须按月连续进行,上月未结账,本月也不能结账,但可以填制、审核凭证。
- 如果与其他联合使用,其他子系统未全部结账,本系统不能结账。
- 在结账的过程中,可以单击"取消"按钮,取消正在进行的结账操作。
- 结账后若需要取消结账,则取消结账的组合键为 Ctrl+Shift+F6。
- 取消结账后必须重新结账。

实验指导 4:账套备份

(1) 在 E 盘或 D 盘"会计信息系统"文件夹中新建"实验六"文件夹。

(2) 将账套输出至"实验六"文件夹中。

第五章

UFO 报表管理

通过本章的学习,要求学生应了解报表管理系统编制会计报表的数据流程和操作方法;理解报表管理系统涉及的相关概念和基本功能模块的内容及其结构;掌握报表管理系统初始设置报表格式和公式的方法及要求;熟练运用报表管理系统进行常用会计报表的制作、编辑和数据处理。

第一节　UFO 报表管理系统概述

用友 U8 软件中 UFO 报表管理系统是进行报表处理的工具,它与用友账务管理软件等各个系统都有着完善的接口,具有方便的自定义报表功能、数据处理功能,企业可以根据自身需要进行报表设计和处理。同时,系统内置有多个行业的多张常用会计报表,便于企业调用和使用。该系统可以各系统同时使用,也可以独立运行,用于处理日常办公事务。

一、报表及报表文件

(1) 报表:即表页,由行和列组成的二维表。在其中确定一个数据所在位置的要素是:〈行〉和〈列〉。

(2) 报表文件:报表是以文件的形式保存在磁介质中。每个报表文件的名字结构是由〈名称〉、〈.〉和〈扩展名〉三部分组成。在报表管理系统中,打开、关闭、保存等命令都是根据报表名字进行处理的。不同的报表管理系统有不同的扩展名,如"资产负债表.XLS"、"利润表.REP"等。

每个报表文件可以包含若干张报表。为了便于管理和操作,一般把经济意义相近的报表放在同一个报表文件中,如各月编制的利润表就可归放在"利润表.REP"报表文件中。这样,在某一报表文件中要寻找某一数据,就要再增加一个要素即表页。在报表文件中,要确定一个数据所在位置的要素是:〈表页名或表页号〉、〈行〉和〈列〉。由此可见,报表文件就是一个三维表。

二、格式状态和数据状态

UFO 报表系统将报表制作分为两大部分来处理,即报表格式设计工作与报表数据处理工作。系统中通过在格式状态和数据状态下实现。格式状态和数据状态之间可以互相切换。

格式状态是用来设计报表的。在报表格式设计状态下进行有关格式设计的操作,如表尺寸、行高列宽、单元属性、单元风格、组合单元、关键字及定义报表的单元公式(计算公式)、审核公式及舍位平衡公式。在格式状态下,看到的是报表的格式,报表的数据全部隐藏,不能进行数据的录入、计算等操作。在格式状态下所做的操作对所有的表页都发生作用。

数据状态是用来生成报表的。在报表的数据状态下管理报表的数据,如输入数据、增加或删除表页,审核,舍位平衡,制作图形,汇总、合并报表等。在数据状态下不能修改报表格式,看到的是报表的全部内容,包括格式和数据。

三、报表单元

(1)单元:也叫表元,是组成报表的最小单位,是由表行和表列确定的方格。例如:H8表示第 8 行和第 H 列对应的单元。它是用来填制数字、文字、公式等各种数据。

(2)单元区域:也叫表元块,是由相邻两个或更多的单元组成的区域。例如 B3:D6 表示自 B3 到 D6 共 12 个单元组成的单元区域。

(3)单元类型:报表单元划分为数值单元、字符单元、表样单元 3 种。数值单元用于存放报表的数据,在数据状态下输入。数值单元的内容可直接输入或由单元中存放的公式运算生成。建立一个新表时,所有单元的类型默认为数值型。字符单元是报表的文字数据,也在报表的数据状态下输入,字符单元的内容可直接输入,也由单元中存放的公式运算生成。表样单元是报表的格式,是定义一个没有数据的空表所需的所有文字、符号或数字。一旦单元被定义为表样单元,那么在其中输入的内容对所有表页都有效。

(4)组合单元:是由相邻两个或更多的同一类型单元组成的区域,它是一种特殊的单元区域。可将组合单元作为一个单元对待,可有效地进行报表数据的处理。

(5)单元格式:是指报表数据的显示格式,如左对齐、右对齐、居中等。

(6)单元公式:是指报表单元中的各种公式,如取数公式、汇总公式、审核公式和舍位平衡公式等。

四、固定区和可变区

1. 固定区

固定区是指组成一个区域的行数和列数是固定的。一旦设定好以后,在固定区域内其单元总数是不变的。

2. 可变区

可变区是指组成一个区域行数和列数是不固定的,可变区的最大行数或最大列数是在格式设计中设定的。一个报表中只能设计一个可变区,或是行可变区或是列可变区。行可变区是可变区中的行数是可变的,列可变区是指可变区中的列数是可变的。设置可变区后,屏幕只显示可变区的第一行或第一列,其他可变行列隐藏在表体内。在以后的数据操作中,可变行列数随着需要进行增减。

有可变区的报表称为可变表,没有可变区的报表称为固定表。

五、关键字

关键字是一种特殊的单元,可以唯一标志一个表页,用于在大量表页中快速选择表页。通常情况下,一个表文件可以放若干年的多张表,要对一张表页的数据进行定位,要设置一些定位标志,在 UFO 系统中称为关键字。

UFO 系统共提供了 6 种关键字,分别为:单位名称、单位编号、年、季、月、日,除此之外,UFO 系统还可以自定义关键字。当定义名称为"周"和"旬"时有特殊意义,可以用于业务函数中代表取数日期。

关键字的定义在格式状态下设置,关键字的值在数据状态下录入。每个报表可以定义多个关键字。

第二节 UFO 报表管理系统的基本功能

一、UFO 报表管理系统结构图

UFO 报表管理系统主要是从其他系统中提取编制报表所需的数据。总账、薪资、固定资产、应收款、应付款、财务分析、采购、销售、库存、存货等系统均可以向报表系统传递数据,以编制和生成会计报表。UFO 报表管理系统业务处理结构如图 5-1 所示。

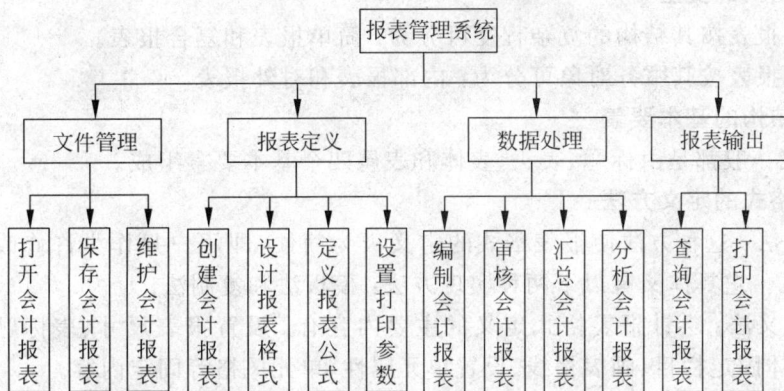

图 5-1 UFO 报表管理系统业务处理结构

二、UFO 报表管理系统的操作流程

(一)UFO 报表管理系统操作流程具体内容

UFO 报表管理系统操作流程的具体内容如图 5-2 所示。

新表登记 → 定义报表 → 编制报表 → 审核报表 → 输出报表

图 5-2 UFO 报表管理系统操作流程

1. 新表登记

在报表管理系统内创建报表文件即新表注册登记,用于存放相关的报表数据。它提供

了读取、保存、备份、恢复和删除等管理报表文件的功能。

2. 定义报表

对已登记报表的格式和公式进行定义、修改及保存。其中格式定义包括表头表尾制作、报表项目定义和打印方式定义；公式定义包括取数公式定义和审核公式定义等。它提供了各类报表的新建和编辑功能，以满足用户对报表的不同需求。

3. 编制报表

期末根据事先定义好的取数公式计算产生会计报表的数据，系统提供了根据初始设置的报表格式和公式从源数据中取得数据，并按规定程序自动编制、审核、舍位平衡、汇总和分析会计报表等处理功能，以实现编报、审核等信息化处理。会计报表既可逐张编制，也可成批编制。定义好的表样可重复使用。

4. 输出报表

用于显示或打印系统产生的各种会计报表。它提供了查询和打印系统内各种报表的功能，以供用户使用。

（二）报表格式定义

新表登记仅仅是在报表管理系统中注册了新表。为了编制、使用和管理会计报表，用户还必须在创建的报表文件中设计报表的基本格式即表样，它是录入和处理报表数据的依据和基础。在报表管理系统中，每一报表只能有一张表样，但可反复被使用。

1. 报表格式的类型

（1）会计报表按其结构的复杂程度可分为：简单报表和复合报表。

（2）会计报表按其服务对象可分为：内部报表和对外报表。

2. 报表结构的基本要素

报表格式一般都是由标题、表头、表体和表尾四个基本要素组成。

3. 报表格式的定义方法

（1）样表法：这种方法使报表格式的定义极为简便，即用户只作少许修改就可制作所需的报表格式。它具体又有以下两种实现方法：模板法和复制法。

（2）自定义法：会计报表格式定义的主要内容有：设置报表尺寸、表标题、表日期、表头、表尾和表体固定栏目、画表格线、设置单元属性、单元风格等固定内容。

实验七　UFO报表管理

【实验准备】

已经完成了实验五的操作。可以引入E盘或D盘"会计信息系统"文件夹中的"实验六"的账套备份数据。将系统日期修改为"2015年12月31日"，由操作员"001"注册进入总账系统。

【实验内容】

（1）利用报表模板生成利润表。

（2）利用报表模板生成资产负债表。

（3）利用报表模板生成的现金流量表。

（4）自定义货币资金明细表。

（5）自定义管理费用明细表。

【实验资料】

1．利用报表模板编制会计报表

编制本企业 2015 年 12 月"利润表"、"资产负债表"和"现金流量表"。

要求：

（1）检查利润表模板中报表内容是否完整；检查是否设有关键字；检查报表单元公式是否正确；进行账表核对，保证利润表的正确性。

（2）检查资产负债表模板中报表内容是否完整；检查是否设有关键字；检查报表单元公式是否正确；进行账表核对，保证资产负债表的正确性。

（3）检查现金流量表模版中报表内容是否完整；检查是否设有关键字；检查报表单元公式是否正确，设置报表项目的单元公式；进行账表核对，保证现金流量表的正确性。

2．利用自定义方式编制会计报表

编制本企业 2015 年 12 月"货币资金表"和"管理费用明细表"。样表如表 5-1 和表 5-2 所示。

要求：

（1）设置表尺寸、行高列宽、表属性。

（2）设置报表栏目。

（3）设置关键字（将编报日期设为关键字）。

（4）设置报表单元公式。

（5）生成报表。

（6）进行账表核对，保证报表数据的正确性。

表 5-1　货币资金表

年　月　日

项　　目	行　次	期 初 余 额	期 末 余 额
库存现金	1		
银行存款	2		
其他货币资金	3		
合　计			

制表人：

表 5-2　管理费用明细表

年　月

项　　目	行　次	本期发生额
工资	1	
招待费	2	
办公费	3	
差旅费	4	

续表

项　目	行　次	本期发生额
福利费	5	
折旧费	6	
其他	7	
合　计		

制表人：

【实验指导】

实验指导1：利用报表模板编制会计报表

第一步：调用利润表模板。

（1）在报表系统中，执行"文件|新建"命令，打开报表"格式"状态窗口，执行"格式|报表模板"命令，打开"报表模板"对话框。

（2）选择您所在的行业"2007年新会计制度科目"，财务报表"利润表"。

（3）单击"确认"按钮，弹出"模板格式将覆盖本表格式！是否继续？"提示框。

（4）单击"确定"按钮，即可打开"利润表"模板。

（5）单击"数据|格式"按钮，将"利润表"处于格式状态，如图5-3所示。

图5-3　模板定义利润表

(6) 根据本单位的实际情况,调整报表格式,修改报表公式。

(7) 单击财务费用的公式单元 C10,打开“数据”下拉菜单“编辑公式”选中“公式单元”,输入“—”号,打开函数向导用友财务函数,选择对方科目发生额(DFS),单击“下一步”按钮,在科目选框中选择“6603”,对方科目选择“100202”,月,贷,,,,,,,)。单击“确定”按钮。

(8) 保存调整后报表模板,生成利润表,如图 5-4 所示。

利润表

会企02表

编制单位: 2015 年 12 月 单位:元

项　　目	行数	本期金额	上期金额
一、营业收入	1	600,000.00	
减:营业成本	2	380,000.00	
营业税金及附加	3	9,979.00	
销售费用	4		
管理费用	5	9,800.00	
演示数据 财务费用	6	16.83	
资产减值损失	7		
加:公允价值变动收益(损失以“-”号填列)	8		
投资收益(损失以“-”号填列)	9		
其中:对联营企业和合营企业的投资收益	10		
二、营业利润(亏损以“-”号填列)	11	200204.17	
加:营业外收入	12		
减:营业外支出	13		
其中:非流动资产处置损失	14		
三、利润总额(亏损总额以“-”号填列)	15	200204.17	
减:所得税费用	16	50,051.04	
四、净利润(净亏损以“-”号填列)	17	150153.13	
五、每股收益:	18		

数据

计算完毕! 账套:[450]北京鑫源有限责任 操作员:韩冬(账套主管)

图 5-4　模板生成利润表

(9) 将报表格式在我的文档中保存为“利润表”。

提示

核对“利润表”

- 将利润表中“本月数”与“本年利润”账户本月的发生额进行核对。
- 将利润表中“本年累计数”与本月各损益类账户的发生额及其期初余额表中的“累计借方(贷方)发生额”进行核对。

第二步:调用资产负债表模板。

(1) 在报表系统中,执行“文件|新建”命令,打开报表“格式”状态窗口,执行“格式|报表模板”命令,打开“报表模板”对话框。

(2) 选择您所在的行业“2007 年新会计制度科目”,财务报表“资产负债表”。

(3) 单击“确认”按钮，弹出“模板格式将覆盖本表格式！是否继续?”提示框。

(4) 单击“确定”按钮，即可打开“资产负债表”模板。

(5) 单击“数据|格式”按钮，将“资产负债表”处于格式状态，如图 5-5 所示。

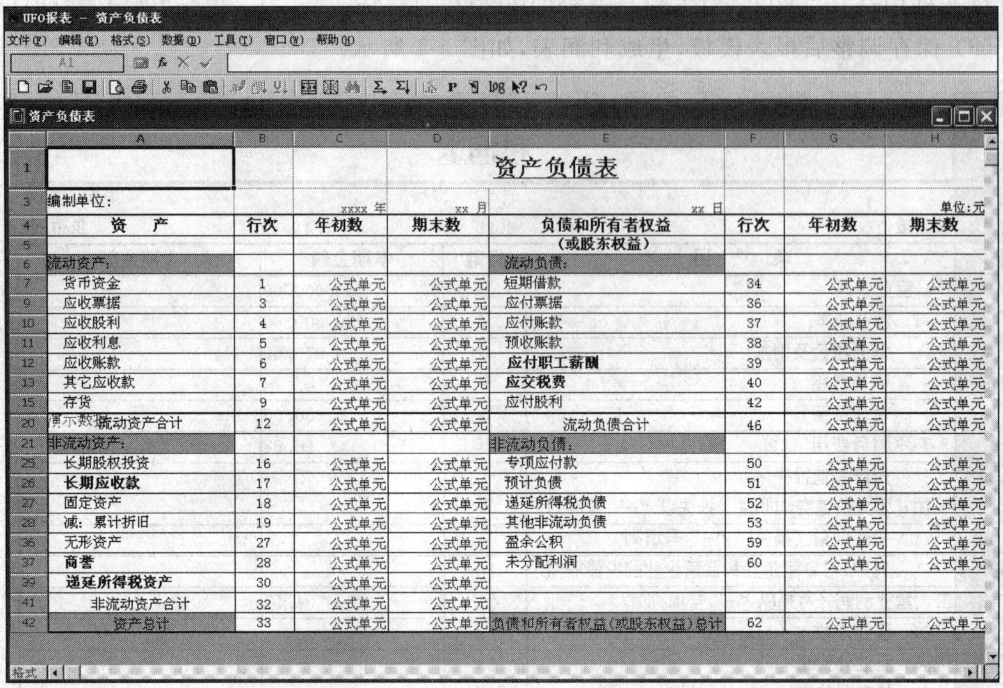

	资产	行次	年初数	期末数	负债和所有者权益（或股东权益）	行次	年初数	期末数
1					资产负债表			
3	编制单位：		xxxx 年	xx 月	xx 日			单位：元
6	流动资产：				流动负债：			
7	货币资金	1	公式单元	公式单元	短期借款	34	公式单元	公式单元
9	应收票据	3	公式单元	公式单元	应付票据	36	公式单元	公式单元
10	应收股利	4	公式单元	公式单元	应付账款	37	公式单元	公式单元
11	应收利息	5	公式单元	公式单元	预收账款	38	公式单元	公式单元
12	应收账款	6	公式单元	公式单元	应付职工薪酬	39	公式单元	公式单元
13	其它应收款	7	公式单元	公式单元	应交税费	40	公式单元	公式单元
15	存货	9	公式单元	公式单元	应付股利	42	公式单元	公式单元
20	演示数据 流动资产合计	12	公式单元	公式单元	流动负债合计	46	公式单元	公式单元
21	非流动资产：				非流动负债：			
25	长期股权投资	16	公式单元	公式单元	专项应付款	50	公式单元	公式单元
26	长期应收款	17	公式单元	公式单元	预计负债	51	公式单元	公式单元
27	固定资产	18	公式单元	公式单元	递延所得税负债	52	公式单元	公式单元
28	减：累计折旧	19	公式单元	公式单元	其他非流动负债	53	公式单元	公式单元
36	无形资产	27	公式单元	公式单元	盈余公积	59	公式单元	公式单元
37	商誉	28	公式单元	公式单元	未分配利润	60	公式单元	公式单元
39	递延所得税资产	30	公式单元	公式单元				
41	非流动资产合计	32	公式单元	公式单元				
42	资产总计	33	公式单元	公式单元	负债和所有者权益（或股东权益）总计	62	公式单元	公式单元

图 5-5 格式状态下的资产负债表

(6) 根据本单位的实际情况，调整报表格式，修改报表公式。

(7) 单击年初数存货公式单元，打开“数据”下拉菜单“编辑公式”，选中“公式单元”，输入“+”号，打开函数向导用友财务函数，选择期初(QC)，单击“下一步”按钮，参照，在科目选框中选择“5001”，单击“确定”按钮，同理调整输入存货的期末数。

> **提示**
>
> 因 U8 软件版本不同，对资产负债表项目公式的调整有所不同，报表项目及其编制依据均应根据《企业会计准则》的规定执行。

(8) 保存调整后的报表模板，如图 5-6 所示。

(9) 将报表格式在我的文档中保存为“资产负债表”。

> **提示**
>
> **核对“资产负债表”**
>
> - 将资产负债表中的“年初数”与期初余额表中的“年初余额”进行核对。
> - 将资产负债表中的“期末数”与本月“发生额及余额表”中的“期末余额”进行核对。

资产负债表

编制单位：　　　　2015 年　　　　12 月　　　　31 日　　　　会企01表　单位:元

资　产	行次	期末余额	年初余额	负债和所有者权益（或股东权益）	行次	期末余额	年初余额
流动资产：				流动负债：			
货币资金	1	1,077,950.00	231,960.00	短期借款	32	508,416.00	308,416.00
应收账款	4	150,000.00	140,000.00	应付账款	35	279,060.00	365,550.00
应收利息	6			应付职工薪酬	37	12,300.00	571,700.00
应收股利	7			应交税费	38	134,620.04	-4,200.00
其他应收款	8	6,300.00	7,000.00	应付利息	39	1,016.83	
存货	9	943,250.00	1,822,160.00	应付股利	40		
一年内到期的非流动资产	10			其他应付款	41	3,150.00	1,050.00
流动资产合计	12	2,177,500.00	2,201,120.00	其他流动负债	43		
非流动资产：				流动负债合计	44	938,562.87	1,242,516.00
可供出售金融资产	13			非流动负债：			
长期股权投资	演示数据 16			长期应付款	47	300,000.00	300,000.00
固定资产	18	1,050,168.00	1,064,168.00	预计负债	49		
固定资产清理	21			非流动负债合计	52	300000.00	300000.00
生产性生物资产	22			负债合计	53	1238562.87	1542516.00
油气资产	23			所有者权益（或股东权益）：			
无形资产	24	87,750.00	146,250.00	实收资本（或股本）	54	1,720,602.00	1,782,922.00
长期待摊费用	27			盈余公积	57	66,622.97	26,100.00
递延所得税资产	28			未分配利润	58	289,630.16	60,000.00
其他非流动资产	29			所有者权益（或股东权益）合计	59	2,076,855.13	1,869,022.00
非流动资产合计	30	1137918.00	1210418.00				
资产总计	31	3315418.00	3411538.00	债和所有者权益(或股东权益)总	60	3,315,418.00	3,411,538.00

图 5-6　资产负债表

第三步：调用现金流量表模板。

(1) 在报表系统中，执行“文件|新建”命令，打开报表“格式”状态窗口，执行“格式|报表模板”命令，打开“报表模板”对话框。

(2) 选择您所在的行业“2007 年新会计制度科目”，财务报表“现金流量表”。

(3) 单击“确认”按钮，弹出“模板格式将覆盖本表格式！是否继续?”提示框。

(4) 单击“确定”按钮，即可打开“现金流量表”模板。

(5) 单击“数据|格式”按钮，将“现金流量表”处于格式状态。

(6) 根据本单位的实际情况，调整报表格式，修改报表公式。

(7) 保存调整后的报表模板，如图 5-7 所示。

(8) 单击“数据|格式”按钮，将“现金流量表”处于数据状态，如图 5-8 所示。

(9) 将报表格式在我的文档中保存为“现金流量表”。

提示

核对“现金流量表”

将现金流量表中各项目的“金额”与总账系统中的现金流量明细表或统计表进行核对；将现金流量表中“现金及现金等价物净增加额”与资产负债表中“货币资金”项目进行核对。

实验指导 2：利用自定义方式编制会计报表

第一步：自定义“货币资金表”。

(1) 设置表尺寸

① 在 UFO 报表系统中，执行“文件|新建”命令，打开报表“格式”状态窗口。

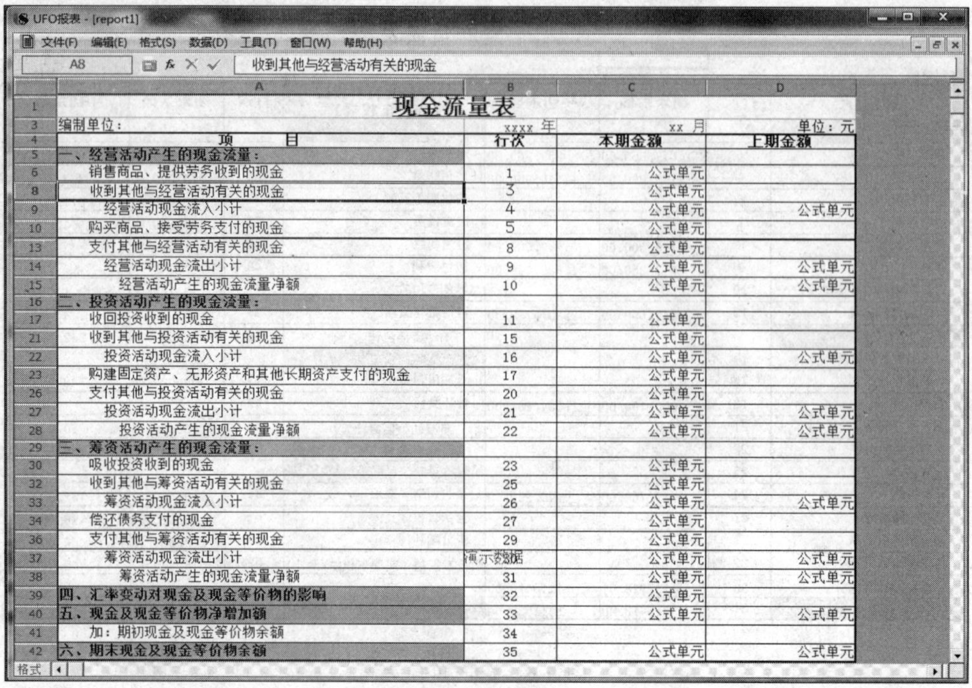

	A	B	C	D
1		现金流量表		
3	编制单位：	xxxx 年	xx 月	单位：元
4	项　　目	行次	本期金额	上期金额
5	一、经营活动产生的现金流量：			
6	销售商品、提供劳务收到的现金	1	公式单元	
8	收到其他与经营活动有关的现金	3	公式单元	
9	经营活动现金流入小计	4	公式单元	公式单元
10	购买商品、接受劳务支付的现金	5	公式单元	
13	支付其他与经营活动有关的现金	8	公式单元	
14	经营活动现金流出小计	9	公式单元	公式单元
15	经营活动产生的现金流量净额	10	公式单元	公式单元
16	二、投资活动产生的现金流量：			
17	收回投资收到的现金	11	公式单元	
21	收到其他与投资活动有关的现金	15	公式单元	
22	投资活动现金流入小计	16	公式单元	公式单元
23	购建固定资产、无形资产和其他长期资产支付的现金	17	公式单元	
26	支付其他与投资活动有关的现金	20	公式单元	
27	投资活动现金流出小计	21	公式单元	公式单元
28	投资活动产生的现金流量净额	22	公式单元	公式单元
29	三、筹资活动产生的现金流量：			
30	吸收投资收到的现金	23	公式单元	
32	收到其他与筹资活动有关的现金	25	公式单元	
33	筹资活动现金流入小计	26	公式单元	公式单元
34	偿还债务支付的现金	27	公式单元	
36	支付其他与筹资活动有关的现金	29	公式单元	
37	筹资活动现金流出小计	演示数据	公式单元	公式单元
38	筹资活动产生的现金流量净额	31	公式单元	公式单元
39	四、汇率变动对现金及现金等价物的影响	32	公式单元	
40	五、现金及现金等价物净增加额	33	公式单元	公式单元
41	加：期初现金及现金等价物余额	34		
42	六、期末现金及现金等价物余额	35	公式单元	公式单元

图 5-7　格式状态下的现金流量表

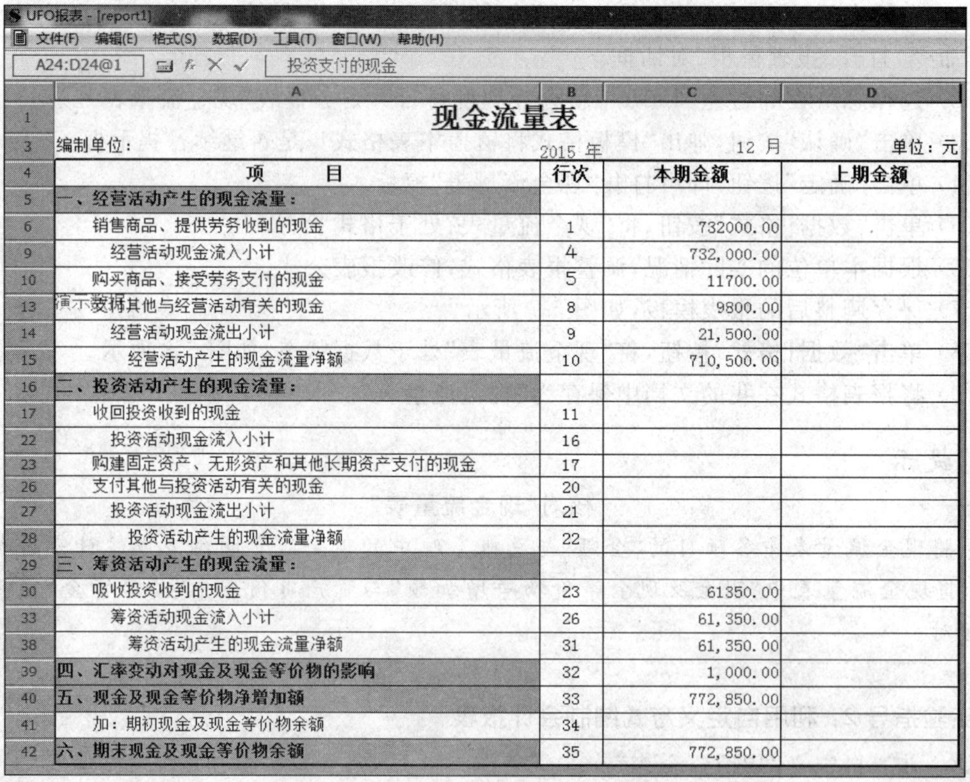

	A	B	C	D
1		现金流量表		
3	编制单位：	2015 年	12 月	单位：元
4	项　　目	行次	本期金额	上期金额
5	一、经营活动产生的现金流量：			
6	销售商品、提供劳务收到的现金	1	732000.00	
9	经营活动现金流入小计	4	732,000.00	
10	购买商品、接受劳务支付的现金	5	11700.00	
13	演示数据其他与经营活动有关的现金	8	9800.00	
14	经营活动现金流出小计	9	21,500.00	
15	经营活动产生的现金流量净额	10	710,500.00	
16	二、投资活动产生的现金流量：			
17	收回投资收到的现金	11		
22	投资活动现金流入小计	16		
23	购建固定资产、无形资产和其他长期资产支付的现金	17		
26	支付其他与投资活动有关的现金	20		
27	投资活动现金流出小计	21		
28	投资活动产生的现金流量净额	22		
29	三、筹资活动产生的现金流量：			
30	吸收投资收到的现金	23	61350.00	
33	筹资活动现金流入小计	26	61,350.00	
38	筹资活动产生的现金流量净额	31	61,350.00	
39	四、汇率变动对现金及现金等价物的影响	32	1,000.00	
40	五、现金及现金等价物净增加额	33	772,850.00	
41	加：期初现金及现金等价物余额	34		
42	六、期末现金及现金等价物余额	35	772,850.00	

图 5-8　数据状态下的现金流量表

② 单击"格式|表尺寸"按钮,打开"表尺寸"对话框。

③ 在"表尺寸"对话框录入行数"8",列数"4"。

④ 单击"确认"按钮,出现 8 行 4 列的表格,如图 5-9 所示。

(2) 定义行高和列宽

① 单击选中 A1 单元,再单击"格式|行高"按钮,打开"行高"对话框。

② 在"行高"对话框中,录入 A1 单元所在行的行高为"12"。

③ 单击"确认"按钮。

④ 单击选中 A3 单元后拖动鼠标到 D11 单元,再单击"格式|行高"按钮,打开"行高"对话框。

⑤ 在"行高"对话框中,录入 A3:D11 区域的行高为"6"。

图 5-9　表尺寸

⑥ 单击"确认"按钮。

⑦ 单击选中 A1 单元,再单击"格式|列宽"按钮,打开"列宽"对话框。

⑧ 在"列宽"对话框中,录入 A1 单元所在列的列宽为"50"。

⑨ 单击选中 B1 单元,再单击"格式|列宽"按钮,打开"列宽"对话框。

⑩ 在"列宽"对话框中,录入 B1 单元所在列的列宽为"15"。

⑪ 单击选中 C1 单元后拖动鼠标到 D8 单元,再单击"格式|列宽"按钮,打开"列宽"对话框。

⑫ 在"列宽"对话框中录入 C1:D8 区域的列宽为"32",如图 5-10 所示。

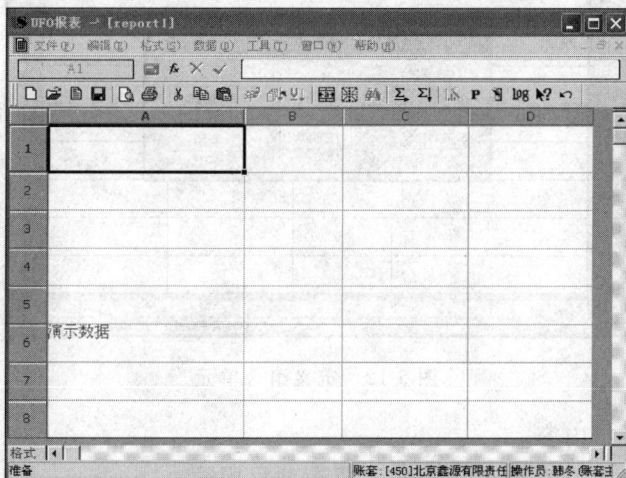

图 5-10　定义行高和列宽

(3) 画表格线

① 单击选中 A3 单元后拖动鼠标到 D8 单元,再单击"格式|区域画线"按钮,打开"区域画线"对话框,如图 5-11 所示。

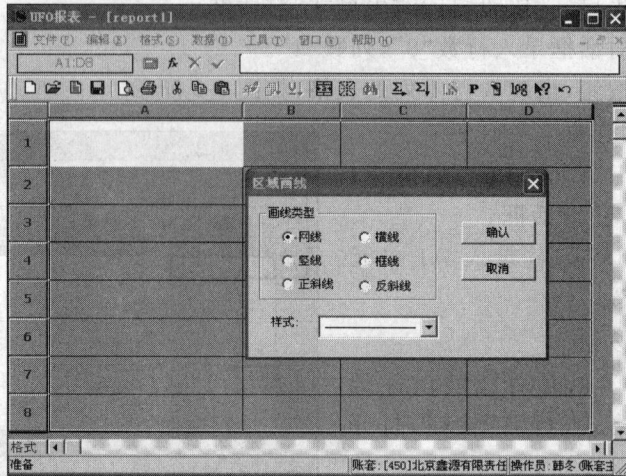

图 5-11　画表格线

② 单击"确认"按钮。

（4）定义组合单元

① 单击选中 A1 单元后拖动鼠标到 D1 单元，单击"格式|组合单元"按钮，打开"组合单元"对话框。

② 单击"按行组合"或"整体组合"按钮，将第 1 行组合为一个单元，如图 5-12 所示。

图 5-12　定义组合单元

（5）输入报表项目内容

根据所给资料直接在对应单元中输入所有项目内容。

（6）设置单元属性

① 单击选中 A1 单元，再单击"格式|单元属性"按钮，打开"单元格属性"窗口。

② 单击"字体图案"页签，打开"字体图案"页签。

③ 单击字体栏下三角按钮，选择"楷体"，单击字号栏下三角按钮，选择"24"。

④ 单击"对齐"页签，打开"对齐"页签。

⑤ 单击水平方向"居中"及垂直方向"居中"前的单选按钮。

⑥ 单击"确定"按钮。

⑦ 单击选中 A3 单元后拖动鼠标到 D3 单元,再单击"格式|单元属性"按钮,打开"单元格属性"窗口。

⑧ 单击"字体图案"页签,打开"字体图案"页签。

⑨ 单击字体栏下三角按钮,选择"黑体"命令,单击字号栏下三角按钮,选择"14"。

⑩ 单击"对齐"页签,打开"对齐"页签。

⑪ 单击水平方向"居中"前的单选按钮。依此方法再设置 A4:D8 区域的字体为宋体,字号为"12",如图 5-13 所示。

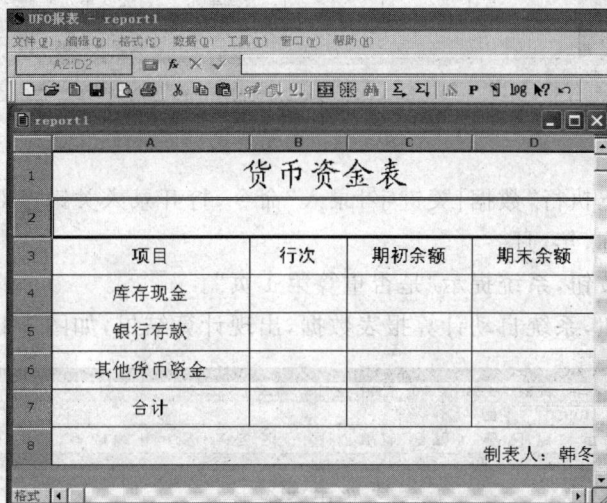

图 5-13　设置单元属性

⑫ 单击"确定"按钮。

（7）定义关键字

① 单击 A2 单元,执行"数据|关键字|设置"命令,打开"设置关键字"窗口。

② 单击"确定"按钮。生成关键字"单位名称"的内容。

③ 单击 C2 单元,执行"数据|关键字|设置"命令,打开"设置关键字"窗口。

④ 单击"年"单选按钮,再单击"确定"按钮。生成关键字"年"的内容。

⑤ 单击 D2 单元,执行"设置|关键字|数据"命令,打开"设置关键字"窗口。

⑥ 单击"月"单选按钮,再单击"确定"按钮。生成关键字"月"的内容。

（8）录入单元公式

① 单击 C4 单元,执行"数据|编辑公式|单元公式"命令,打开"定义公式"对话框。

② 在"定义公式"对话框中,录入 C4 单元公式"QC("1001",月,,,,,,,,,)",C5 单元公式"QC("1002",月,,,,,,,,,)",C6 单元公式"QC("1012",月,,,,,,,,,)",C7 单元公式则选中 C4:C6 区域,单击上下求和按钮,如图 5-14 所示。

③ 单击"确认"按钮,依此方法继续录入其他单元的计算公式。

（9）录入关键字并计算报表数据

① 在 UFO 报表系统中,单击"数据"按钮,进入数据状态。

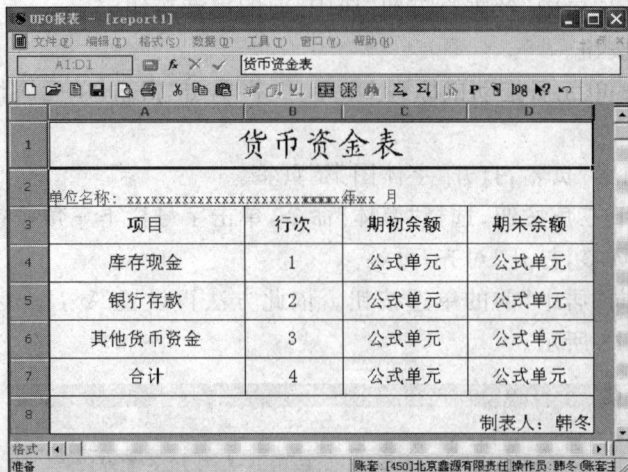

图 5-14　单元公式

② 在数据状态下执行"数据|关键字|录入"命令,打开录入关键字对话框。

③ 录入单位名称,年,月。

④ 单击"确认"按钮,系统提示"是否重算第 1 页"。

⑤ 单击"是"按钮,系统自动计算报表数据,出现计算结果,如图 5-15 所示。

图 5-15　生成报表数据

(10) 保存货币资金表

① 在 E 盘(或 D 盘)"会计信息系统"文件夹中新建"实验七"文件。

② 将"货币资金表"保存至"实验七"文件夹中。

第二步:自定义"管理费用明细表"。

(1) 设置表尺寸

① 在 UFO 报表系统中,执行"文件|新建"命令,打开报表"格式"状态窗口。

② 执行"格式|表尺寸"命令,打开"表尺寸"对话框。

③ 在"表尺寸"对话框,录入行数"12",列数"3"。

④ 单击"确认"按钮,出现 12 行 3 列的表格,如图 5-16 所示。

(2) 定义行高和列宽

① 单击选中 A1 单元,再执行"格式|行高"命令,打开"行高"对话框。

② 在"行高"对话框中录入 A1 单元所在行的行高为"12"。

③ 单击"确认"按钮。

④ 单击选中 A3 单元后拖动鼠标到 C12 单元,再执行"格式|行高"命令,打开"行高"对话框。

⑤ 在"行高"对话框中录入 A3:C12 区域的行高为"6"。

⑥ 单击"确认"按钮。

⑦ 单击选中 A1 单元,再执行"格式|列宽"命令,打开"列宽"对话框。

⑧ 在"列宽"对话框中录入 A1 单元所在列的列宽为"50"。

图 5-16   表尺寸

⑨ 单击选中 B1 单元,再执行"格式|列宽"命令,打开"列宽"对话框。

⑩ 在"列宽"对话框中,录入 B1 单元所在列的列宽为"15"。

⑪ 单击选中 C1 单元,再执行"格式|列宽"命令,打开"列宽"对话框。

⑫ 在"列宽"对话框中,录入 C1:D12 区域的列宽为"32",如图 5-17 所示。

(3)画表格线

① 单击选中 A3 单元后拖动鼠标到 C11 单元,再执行"格式|区域画线"命令,打开"区域画线"对话框,如图 5-18 所示。

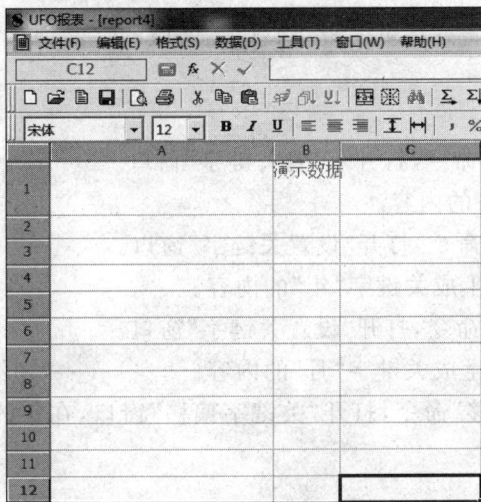

图 5-17   定义行高和列宽

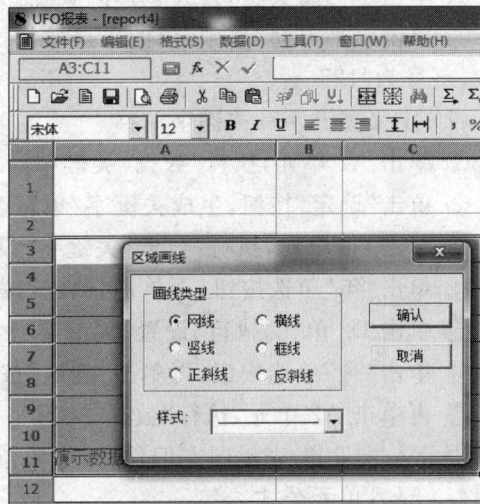

图 5-18   画表格线

② 单击"确认"按钮。

(4)定义组合单元

① 单击选中 A1 单元后拖动鼠标到 C1 单元,执行"格式|组合单元"命令,打开"组合单元"对话框。

② 单击"按行组合"或"整体组合"按钮,将第 1 行组合为一个单元,如图 5-19 所示。

（5）输入报表项目内容

根据所给资料直接在对应单元中输入所有项目内容："项目"、"行次"、"期初余额"、"期末余额"等项目。

（6）设置单元属性

① 单击选中 A1 单元，再执行"格式|单元属性"命令，打开"单元格属性"窗口。

② 单击"字体图案"页签，打开"字体图案"页签。

③ 单击字体栏下三角按钮，选择"宋体"，单击字号栏下三角按钮，选择"28"。

④ 单击"对齐"页签，打开"对齐"页签。

⑤ 单击水平方向"居中"及垂直方向"居中"前的单选按钮。

图 5-19　管理费用明细表定义组合单元

⑥ 单击"确定"按钮。

⑦ 单击选中 A3 单元后拖动鼠标到 C3 单元，再执行"格式|单元属性"命令，打开"单元格属性"窗口。

⑧ 单击"字体图案"页签，打开"字体图案"页签。

⑨ 单击字体栏下三角按钮，选择"黑体"，单击字号栏下三角按钮，选择"14"。

⑩ 单击"对齐"页签，打开"对齐"页签。

⑪ 单击水平方向"居中"前的单选按钮。依此方法再设置 A4:C12 区域的字体为宋体，居中，字号为"12"。

（7）定义关键字和关键字偏移

① 单击 A2 单元，执行"数据|关键字|设置"命令，打开"设置关键字"窗口。

② 单击"确定"按钮，生成关键字"单位名称"的内容。

③ 单击 C2 单元，执行"数据|关键字|设置"命令，打开"设置关键字"窗口。

④ 单击"年"单选按钮，再单击"确定"按钮，生成关键字"年"的内容。

⑤ 单击 D2 单元，执行"设置|关键字|数据"命令，打开"设置关键字"窗口。

⑥ 单击"月"单选按钮，再单击"确定"按钮，生成关键字"月"的内容。

⑦ 再单击 A2 单元，执行"数据|关键字|偏移"命令，打开"关键字偏移"窗口，在年的编辑栏中录入"－90"，表示向左偏移 90 个单位。

（8）录入单元公式

① 单击 C3 单元，执行"数据|编辑公式|单元公式"命令，打开"定义公式"对话框。

② 在"定义公式"对话框中，录入 C3 单元公式"FS("660201",月,"借",,,"",,)"。

③ 单击"确认"按钮，依此方法继续录入其他单元的计算公式。

④ 单击 C11 单元，执行"数据|编辑公式|单元公式"命令，打开"定义公式"对话框。在"定义公式"对话框中输入"C4＋C5＋C6＋C7＋C8＋C9＋ C10＋ C11"，或选中"C4:C11"区域，单击"求和公式"。

⑤ 单击"确定"按钮。

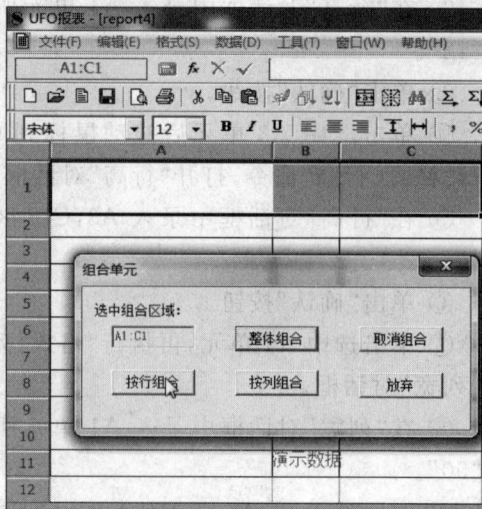

（9）录入关键字并计算报表数据

① 在 UFO 报表系统中,单击"数据"按钮,进入数据状态。

② 在数据状态下执行"数据|关键字|输入"命令,打开录入关键字对话框。

③ 录入单位名称,年,月。

④ 单击"确认"按钮,系统提示"是否重算第 1 页"。

⑤ 单击"是"按钮,系统自动计算报表数据,出现计算结果,如图 5-20 所示。

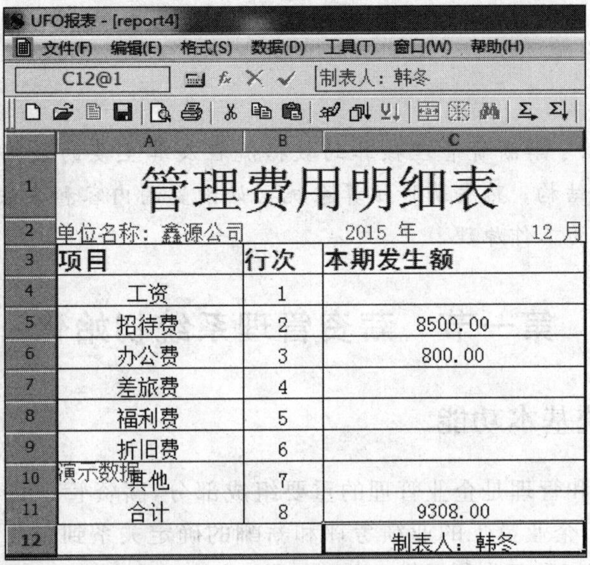

图 5-20　生成管理费用明细表报表数据

（10）保存管理费用明细表

将"管理费用明细表"保存至 E 盘（或 D 盘）"会计信息系统"文件夹中的"实验七"文件夹中。

第六章

薪资管理系统

🔷 **学习目标**

通过本章的学习,了解薪资管理核算的数据流程及其主要的数据库文件;理解该系统的主要功能及其模块结构;熟悉薪资核算系统初始设置的内容和方法;掌握薪资管理专项业务数据处理和核算的工作原理。

第一节　薪资管理系统初始化

一、薪资管理系统基本功能

人力资源的核算和管理是企业管理的重要组成部分,薪资管理是各企事业单位最常用的功能之一,其中对于企业员工的业绩考评和薪酬的确定关系到企业每一位职工的切身利益,对于调动每一位职工的工作积极性、正确处理企业与职工之间的经济关系具有重要意义。

(一)薪资管理系统基本功能结构

用友 U8 管理软件中,薪资管理系统作为人力资源管理的一个子系统,其基本功能如图 6-1 所示。

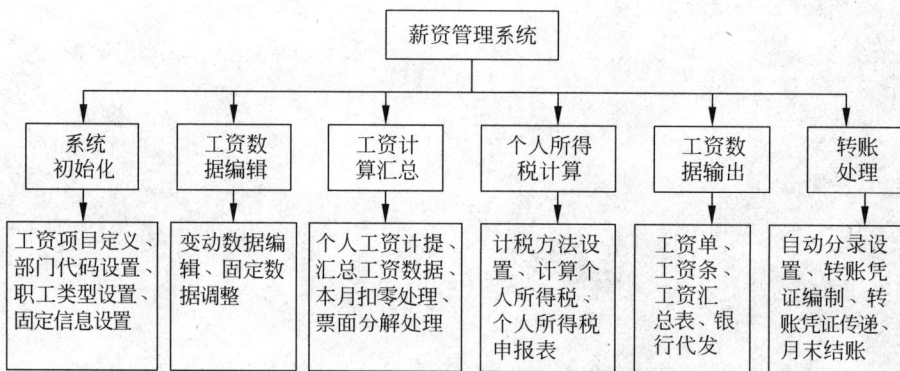

```
                        薪资管理系统
    ┌──────┬──────┬──────┬──────┬──────┬──────┐
  系统      工资数    工资计    个人所得    工资数    转账
  初始化    据编辑    算汇总    税计算      据输出    处理
    │        │        │        │          │        │
 工资项目定义、变动数据编  个人工资计提、计税方法设  工资单、  自动分录设
 部门代码设置、辑、固定数  汇总工资数据、置、计算个  工资条、  置、转账凭
 职工类型设置、据调整    本月扣零处理、人所得税、  工资汇    证编制、转
 固定信息设置          票面分解处理  个人所得税   总表、银   账凭证传递、
                                  申报表      行代发     月末结账
```

图 6-1　薪资管理系统基本功能结构

(二)基本功能说明

1. 系统初始化

系统初始化是整个工资核算的核心。其设置的好坏直接影响工资核算其他模块的正常使用,因此操作者应给予充分的重视。

2. 工资数据编辑

工资数据编辑是指对人员的调入、调出及工资数据的变化而引起的工资数据增、减、修改的操作。

3. 工资计算汇总

工资计算汇总是指对工资数据计算项目的计算、按部门级别进行工资汇总、费用的计提。

4. 个人所得税计算

我国规定单位职工的个人所得税由企业代扣代缴,因此,工资核算系统应具备计算并代扣个人所得税的功能。

5. 工资数据输出

工资数据输出主要包括工资结算表、工资结算汇总表、工资分配汇总表、转账凭证等的输出。

6. 转账处理

转账处理包括定义工资自动转账分录、机制工资转账凭证、结转当月凭证到账务处理系统和月末结账等。

二、薪资管理系统的特点

薪资数据的核算和管理是所有单位财会部门最基本的业务之一。薪资核算的实效性最强,在职工人数较多的企业,传统手工会计下薪资业务的处理是一项繁重的工作。会计信息系统下薪资管理系统大大提高了薪资处理的效率。薪资管理系统具有以下特点。

1. 数据量大,重复性强

薪资管理系统要管理每名职工的薪资档案,大多数企业薪资项目较多,人员数量大,因此薪资管理原始数据量大。其中,有关职工姓名、编码、标准薪资等数据每月固定不变,需要在系统内长期跨年保存。还有一些项目每月都有所不同,需要重新计算,例如奖金、扣款之类的薪资项目。这些变动的和固定的项目都需要在初始设置时定义好。

另外,薪资管理是会计人员每月必做的项目,而薪资的计算过程在每月都很类似,公式基本相同,每月基本进行重复的薪资统计工作。另外,每月每名职工的计算过程也很类似,同样产生了重复性的工作。

2. 业务处理的时限性、准确性要求高

薪资的发放有确定的时间限制,薪资问题与职工的个人利益密切相关。必须按照企业规定的薪资发放日期完成薪资业务的处理并保证数据处理的正确。

3. 核算方法简单

薪资业务的核算方法比较简单。每月进行薪资业务处理时只要将变动数据输入即可,固定数据会自动保留。

三、薪资业务处理流程

薪资业务处理的主要步骤如下。

(1)对来源于企业各部门的考勤、加班和产量工时记录进行审核并计算病事假扣款、个人所得税和应发薪资等,综合行政部门的代扣款计算职工实发薪资等。

（2）根据以上原始数据和计算结果编制薪资表。

（3）对薪资表数据按照职工所属部门和薪资性质进行汇总编制薪资汇总表及薪资费用分配表、个人所得税申报表、职工福利费计提表等。

（4）根据各汇总报表编制记账凭证并进行记账处理。

薪资管理系统业务流程如图6-2所示。

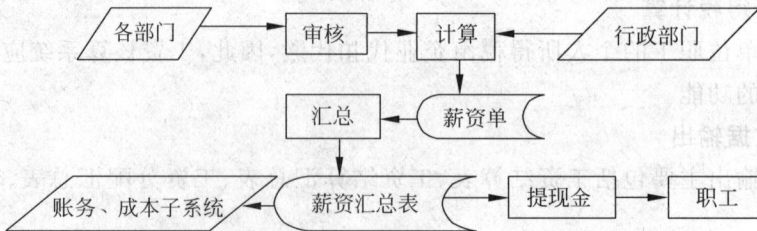

图6-2　薪资管理系统业务流程图

四、薪资管理系统的数据流程

薪资管理系统的内部数据流程可以分成以下几个工作过程。

1. 系统初始设置

薪资系统首次投入运行时,需将企业现有职工的全部原始资料输入计算机,以形成系统的基础数据库。为了减少数据输入的工作量、规范部门名称、薪资性质等内容并为薪资数据分类汇总提供依据,在初始设置中应进行部门、职工工作性质以及学历、职称、职务等编码,并形成相应的数据词典文件,以备系统提示、检索、汇总使用。除此之外,还需要设置应发薪资、实发薪资等需要计算的薪资项目的计算公式和薪资自动转账模板。

2. 编制薪资结算单

根据系统内存储的数据薪资固定数据和输入的当期变动数据,以及根据人事部门的通知输入可能发生的职工调动和提职、晋级发生的薪资变动数据编制薪资结算单。

3. 汇总薪资结算单数据

按指定条件汇总薪资结算单数据以生成薪资汇总表及薪资费用分配表、个人所得税申报表、职工福利费用计提表、票面分解一览表等。

4. 编制薪资记账凭证并向总账子系统传递凭证

薪资管理系统的数据流程如图6-3所示。

五、薪资系统的数据文件

薪资子系统的数据文件主要有以下几项。

1. 职工薪资数据文件

职工薪资数据文件用来存放职工薪资的基础数据。考虑到薪资数据从处理频率来说可以分成固定数据和变动数据,固定数据即固定不变或者极少变动的数据,如姓名、职工编码、标准薪资等,变动数据即每月都要变动的数据,如考勤、工时产量等。为了处理的方便,两类数据有时设置两个数据库分开存储和处理。薪资数据库按存储的薪资数据项目设置字段。

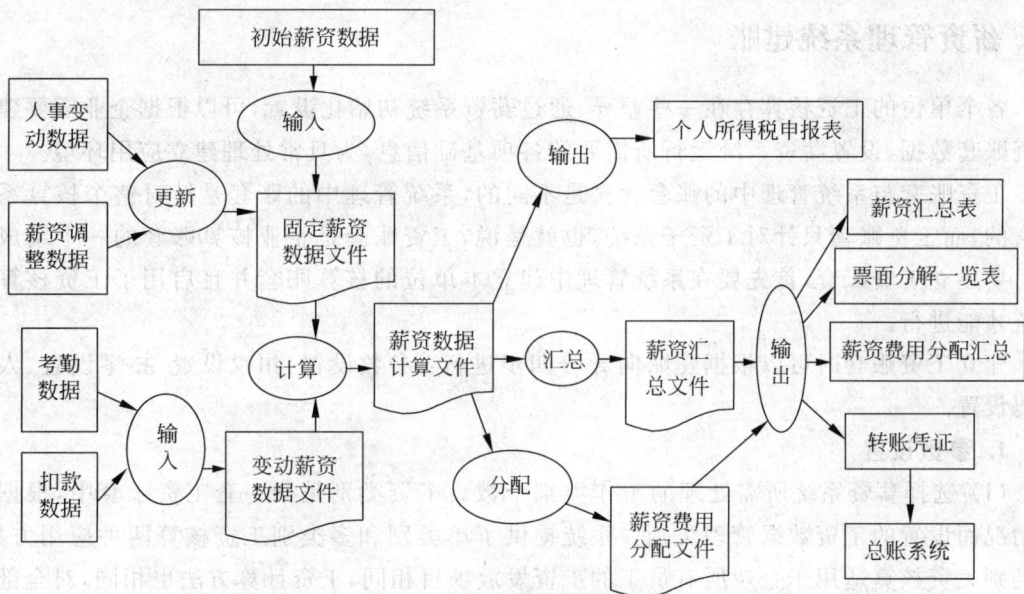

图 6-3 薪资管理系统数据流程图

由于各单位的薪资项目差别很大,为了使系统具有通用性,该数据库一般由用户在进行薪资项目设置时设置其结构并根据设置的结构描述文件生成职工数据文件。

职工薪资数据描述文件的结构如表 6-1 所示。

表 6-1 职工薪资数据描述文件结构

字 段 名	字段类型	字段宽度	说 明
FIELD NAME	Character	10	存放设置的薪资项目,在生成的薪资数据文件中将作为字段名
FIELD TYPE	Character	1	确定生成的薪资数据文件每一字段的数据类型
FIELD LEN	Numberic	3	确定生成的薪资数据文件每一字段长度
FIELD DEC	Numberic	3	确定生成的薪资数据文件每一字段的小数长度

用户设置的每一薪资项目作为该结构描述文件的一个记录存放。系统将根据该结构描述文件自动生成薪资数据文件。

2. 存放计算结果的文件

(1) 薪资计算文件:用来存放应发薪资、实发薪资、个人所得税等个人薪资项目的计算结果,用以生成薪资单和个人所得税申报表。这个文件有时和薪资数据文件合在一起设置。

(2) 汇总数据文件:存放薪资汇总数据,以便输出薪资汇总表和票面分解一览表。

(3) 薪资费用分配文件:薪资费用分配文件用来存放按费用归集科目、分部门汇总的薪资数据以便生成薪资费用分配表、职工福利费计提表和转账平衡。

(4) 应付福利费文件:用于处理职工福利费的转账凭证。

3. 基础代码文件

基础代码文件的作用与其他子系统并无区别。在薪资系统中主要有部门码、职工工作性质代码以及反映职工构成类型特点的学历、职务、职称等代码的文件。

六、薪资管理系统建账

各个单位的工资核算存在一些差异,通过薪资系统初始化设置,可以根据企业需要建立工资账套数据,设置薪资系统运行所需要的各项基础信息,为日常处理建立应用环境。

工资账套与系统管理中的账套含义是不同的,系统管理中的账套是针对整个核算系统而言的,而工资账套只针对工资子系统,也就是说,工资账套是企业核算账套的一个组成部分。要建立工资账套,首先要在系统管理中建立本单位的核算账套并且启用了工资核算子系统才能进行。

建立工资账套时可以根据建账向导分四步进行:参数设置、扣税设置、扣零设置、人员编码设置。

1. 参数设置

(1)选择薪资系统所需处理的工作类别个数。工资类别是指一套工资账套中,根据不同情况而设置的工资数据管理类别。系统提供了单类别和多类别工资核算两种应用方案。单类别工资核算适用于企业所有员工的工资发放项目相同,工资计算方法也相同,对全部的员工进行统一的工资核算。当企业存在下列情况之一时,则需要选用多类别工资核算方案。

① 企业存在不同类别人员,不同类别的人员工资发放项目不同,计算公式也不同,单需要进行统一的工资核算管理。如企业存在在职人员、退休人员,这两类人员工资项目不同,计算方法也不同,则可选用多类别对两类人员分别核算。

② 企业每月进行多次工资发放,月末需要进行统一核算。如企业采用周薪制,或奖金和工资分次发放,则可将每周工资方法设置为一个工资类别。

③ 企业在不同地区设有分支结构,而工资核算由总部统一管理。

④ 工资发放时使用多种货币,如:既有人民币,又有美元等,可将每种币种设置为一种工资类别。

(2)选择是否核算计件工资。当选择"是否核算计件工资"复选框时,工资项目自动增加"计件工资"项目,并且,要在初始设置中设置"计件工资标准设置和计件工资方案设置"。

2. 扣税设置

扣税设置是选择在工资计算中是否进行扣税处理。如要从工资中代扣个人所得税,则选择进行扣税处理。那么,系统自动在工资项目中增加"代扣税"项目。

3. 扣零设置

扣零是在以现金发放工资时,每次发放工资时将零头扣下,积累取整,于下次发放时补上,系统在计算工资时将依据扣零类型进行扣零。系统提供了三种扣零方式。

(1)扣零至元:即工资发放时不发10元以下的元、角、分。

(2)扣零至角:即工资发放时不发1元以下的角、分。

(3)扣零至分:即工资发放时不发1角以下的零分。

用户一旦选择了"扣零处理",系统自动在工资项目中增加"本月扣零"和"上月扣零"两个项目。

4. 人员编码设置

设置单位人员编码长度。

七、工资类别管理

薪资系统是区分类别进行管理的。不同的工资类别执行不同的工资政策。所以,不同的工资类别不存在数据传递关系。工资类别的管理包括建立工资类别、打开工资类别、删除工资类别、关闭工资类别和汇总工资类别。

薪资类别是指一套薪资账中,根据不同情况而设置的薪资数据管理类别。如某企业存在正式职工和临时职工,并且两类职工薪资项目构成不相同,可分别设置"正式职工"和"临时职工"两个薪资类别。

1. 建立工资类别

在建立薪资账套后,即可建立薪资类别,输入工资类别的名称,选择该类别所包含的部门。在建立工资类别之前,必须设置好部门。设置的部门应包含所有工资类别涉及的部门,所有人员都要有所属的部门。

同一个部门,可以被多个薪资类别选中,即同一工资类别中可以有不同部门的人员。已被使用的部门不能取消选择。在选择末级部门时,应选择其上级部门。只有选中末级部门,才能进行人员的数据录入。

工资类别设定后,则需要确定工资类别的启用日期,确定后无法再修改启用日期。

2. 删除工资类别

在薪资管理子系统中可以删除薪资类别,只有主管才有权删除工资类别,且工资类别被删除后数据不可再恢复。

八、薪资管理系统基础设置

建立工资账套以后,要对整个系统运行所需的一些基础信息进行设置,主要内容有:部门设置、人员类别设置、人员附加信息设置、工资项目设置、银行名称设置。其中:部门设置、工资项目和公式设置应该针对具体工资类别进行;其他信息可以在关闭工资类别的情况下进行设置,也可以在打开的某个工资类别内设置,无论如何设置,其内容对薪资系统都是有效。

工资项目设置工资数据最终由各个工资项目进行体现。工资项目设置即定义工资项目的名称、类型、宽度、小数、增减项。系统中有一些固定项目,是工资账中必不可少的,包括"应发合计"、"扣款合计"、"实发合计"等,这些项目系统自动增加,不能删除和重新命名。其他工资项目可根据实际情况定义或参照增加,如基本工资、奖励工资、请假天数等。在存在多个工资类别的情况下,需要在基础设置里增加所有工资类别都需要用到的工资项目,然后再在具体的工资类别中再选择录入具体工资项目。

第二节 薪资管理系统业务处理

一、日常业务处理

工资管理系统管理企业所有人员的工资数据,对人员增减、工资变动进行处理;自动计算个人所得税、向代发工资的银行传输工资数据;自动计算、汇总工资数据;自动完成工资分摊和相关费用计提;提供多层次、多角度的工资数据查询等。工资核算是财务核算的一部分,工资管理系统和总账系统间主要是凭证传递的关系,工资管理系统将工资费用根据用途计提分配生成转账凭证,传递给总账系统。

(一)工资数据管理

第一次使用工资管理子系统必须将所有人员的工资数据录入计算机,平时如每月发生工资数据的变动也要进行调整。

1. 筛选和定位

如果对部分人员的工资数据进行修改,最好采用数据过滤的方法,先将所要修改的人员过滤出来,然后进行工资数据修改。修改完毕后,进行重新计算和汇总,这样可大大提高计算速度。

2. 替换

将符合条件人员的某个薪资项目的数据,统一替换成某个数据。如管理人员的奖金上调100元。

3. 过滤器

如果只做工资项目中的某一个或者几个项目修改,可将要修改的项目过滤出来,便于修改。例如,只对事假天数、病假天数两个工资项目数据进行修改,可以只过滤出事假天数、病假天数两个工资项目。

在进行工资数据管理时要注意以下几点。

(1)若进行数据替换的工资项目已设置了计算公式,则在重新计算时以计算公式为准。

(2)如未输入替换条件而进行替换,则系统默认为替换条件为本工资类别的全部人员。

(3)如果选择了在工资中代扣个人所得税,则在数据录入过程中,系统自动进行扣税计算。

(4)在修改了某些数据,重新设置了计算公式,进行了数据替换或在个人所得税中执行了自动扣税等操作,最好对个人工资数据重新计算,以保证数据正确。通常实发合计、应发合计、扣款合计在修改完数据后不能自动计算合计项,如要检查合计项是否正确,可先重算工资。

(二)工资分钱清单

工资分钱清单是按单位计算的工资发放分钱票面额清单,会计人员根据此表从银行取款并发给各部门。系统提供了票面额设置的功能,用户可根据单位需要自由设置,系统根据实发工资项目分别自动计算出按部门、按人员、按企业各种面额的张数。

工资分钱清单分为部门分钱清单、人员分钱清单、工资发放取款单。部门分钱清单可以查看最上一级到明细级部门分钱的各种票额张数;人员分钱清单可按部门查看人员分钱的各种票面额的张数;工资发放取款单可以查看该工资类别的分钱总数,可按此面额取款,便于工资现金发放。

(三)个人所得税的计算与申报

个人所得税是根据《中华人民共和国个人所得税法》对个人所得税征收的一种税。系统提供个人所得税自动计算功能,用户只需要自定义所得税的税率,系统自动计算个人所得税。

系统提供所得税申报表的标准栏目、所得项目、对应工资项目。"标准栏目"包括姓名、所得项目、所得期间、收入额合计、减费用额、应纳税所得额、税率、速算扣除数、扣缴所得税额。个人所得税申报表中"收入额合计"项对应的工资项目默认为"实发合计"。可以进行调整。如果个人所得税的税率发生变动，可以进行修改。修改确认后系统自动重新计算。

（四）银行代发

目前社会上许多单位发放工资时采用银行代发形式。银行代发业务处理，指每月末单位向银行提供给定文件格式的磁盘。这样做既减轻了财务部门发放工资的工作，又有效地避免了财务去银行提取大量现金所承担的风险，同时还提高了对员工个人工资的保密程度。

1. 设置银行代发的文件格式

银行代发文件格式设置是根据银行的要求，设置提供银行数据中所包含的项目，以及项目的数据类型、长度和取值范围等。

2. 设置银行代发磁盘输出格式

银行代发磁盘输出格式设置时根据银行的要求，设置向银行提供的数据，确定文件存放的形式和文件中的数据项目。文件输出格式有三种：txt 文件、dat 文件和 dbf 文件。

3. 磁盘输出

按用户已设置好的格式和设定的文件名，将数据输出到指定的磁盘。

（五）工资分摊

将银行代发工资的磁盘报送银行后，一个月单的工资发放基本上做完了。但工资是费用中最主要的部分，还需要对工资费用进行工资总额的计算、分配及各种经费的计提，并编制转账凭证，供登账处理之用。

首次使用工资分摊功能，应先进行工资总额和计提基数的设置。

1. 工资总额和计提基数的设置

工资总额是在一定时期内支付给职工的工资总数。企业在月内发生的全部工资，不论是否在当月领取，都应当按照工资的用途进行分摊和计提。由于不同的企业进行分摊和计提对工资总额的计算方法不同，允许用户对工资总额进行设置。例如，某企业的应付工资总额等于工资项目"应发合计"，应付福利费、工会经费、职工教育经费、大病统筹基金以此为计提基数。

工资管理子系统内置了工资总额、应付福利费、工会经费、职工教育经费计提项目，若有其他项目，可以增加。系统提供的这四个基本的计提项目不可以删除，已分摊计提的项目不可删除。其他月份分进行工资分摊前，若需要对工资总额和计提基数进行过调整，也在此进行。

2. 自动分摊、计提

第一次使用工资分摊功能，对工资总额以及计提基数设置后，以后其他各月到月末时可直接进行工资分摊。系统显示已定义的工资总额及计提项目，分别指定费用分配及计提后借贷方的入账科目。

（1）工资费用分摊。每月月末分配工资费用时，根据工资分配汇总表贷记"应付职工薪酬"科目，借记有关科目。相应的借贷方科目确定后，可以制单，系统自动生成一张凭证，确认无误后,保存凭证,该张凭证自动转入总账系统的未记账凭证,总账系统对该张凭证进行后续的审核记账等工作。此张凭证可以在薪资管理系统内查询到,也可以在总账系统中查询,但是要对该张凭证进行修改或删除,必须在薪资管理系统内进行。若薪资系统未与总账系统连接,则"制单"功能无效。

(2)费用计提。各种费用的计提比例,系统按照国家有关规定默认初始设置计提比例。如福利费为14%,工会经费为2%,教育经费为1.5%。可以进行修改。

3. 凭证查询

薪资管理子系统传输到总账子系统的凭证,只能在薪资管理子系统中进行修改、删除和冲销等。

二、期末处理

薪资系统中的月末处理相当于总账中的月末结账。

1. 月末处理

月末处理是将当月数据经过处理后结转至下月。每月薪资数据处理完毕后均可进行月末结转。由于在薪资项目中,有的项目是变动的,即每月的数据均不相同,在每月薪资处理时,均需将其数据清为0,而后输入当月的数据,此类项目即为清零项目。

月末结转只有在会计年度的1月至11月进行,且只有在当月薪资数据处理完毕后才可进行。若为处理多个薪资类别,则应打开薪资类别,分别进行月末结转。若本月薪资数据未汇总,系统将不允许进行月末结转。进行期末处理后,当月数据将不允许变动。月末处理功能只有主管人员才能进行。

2. 年末结转

年末结转是将薪资数据经过处理后结转至下年。进行年末结转后,新年度账将自动建立。只有处理完所有薪资类别的薪资数据,对多薪资类别,应关闭所有薪资类别,然后在系统管理中选择"年度账"菜单,进行上年数据结转。其他操作与月末处理类似。

年末结转只有在12月薪资数据处理完毕后才能进行。若当月薪资数据未汇总,系统将不允许进行年末结转。进行年末结转后,本年各月数据将不允许变动。若用户跨月进行年末结转,系统将给予提示。年末处理功能只有主管人员才能进行。

三、系统工具

1. 数据接口管理

使用数据结构管理工具可有效地将相关数据从外部系统中导入薪资管理子系统中,例如,在水电、房租系统、考勤系统,人事系统以及其他与薪资管理有关系统中,将水电费扣缴、房租扣缴、考勤时数等数据导入到薪资管理子系统的对应薪资项目。

2. 人员信息复制

人员信息复制功能用于管理两个或多个薪资类别中人员结构相同的薪资数据。当新建薪资类别中的人员与已建薪资类别人员信息相同时,则可通过此工具,将已建薪资类别中的人员信息复制到新建薪资类别中。该功能只有在多薪资类别且人员编号长度一致的情况下才能进行。重复人员编号不能复制。

3. 薪资类别汇总

在多个薪资类别中,以部门编号、人员编号、人员姓名为标准,将此三项内容相同人员的薪资数据做合计。例如,统计所有薪资类别本月发放薪资的合计数,或某些薪资类别中的人员薪资都由一个银行代发,希望生成一套完整的薪资数据传到银行,则可使用此项功能。汇总后的薪资类别将作为一个新的薪资类别,系统自动默认该类别名称为"(998)汇总薪资类别",在执行薪资类别汇总后,自动产生。但其中人员档案不能修改,也不能进行月末结算和年末结算。除此之外,使用方法与其他薪资类别相同。

汇总薪资类别中的币种、人员编号长度必须一致,否则不能汇总。所选薪资类别中必须有汇总月份的薪资数据。如果是第一次进行薪资类别的汇总,需要在汇总薪资类别中设置薪资项目计算公式。若每次汇总的薪资项目一致,则公式不需要重新设置。

实验八　薪资管理系统

【实验准备】

引入 E 盘(或 D 盘)中"会计信息系统"文件夹中"实验三"的备份数据,将系统日期改为"2015 年 12 月 31 日"。启用薪资管理系统,启用日期为 2015 年 12 月 1 日。

【实验内容】

(1) 设置工资权限。

(2) 建立薪资账套参数。

(3) 设置工资类别。

(4) 设置人员附加信息。

(5) 设置工资项目。

(6) 设置银行档案及银行代号。

(7) 设置在职人员档案及工资项目。

(8) 设置退休人员档案及工资项目。

(9) 设置代扣个人所得税。

(10) 在职人员薪资业务处理。

(11) 退休人员薪资业务处理。

(12) 删除退休人员工资类别中生成的关于"应付福利费"的记账凭证。

(13) 月末处理。

(14) 查看 12 月份工资核算的记账凭证、工资发放条、部门工资汇总表、项目构成分析等。

【实验资料】

1. 设置工资权限

分别设置会计夏雪为在职人员工资类别主管、退休人员工资类别主管。由夏雪执行薪资业务处理。

2. 建立薪资账套参数

工资类别为多个；工资核算本位币为人民币；不核算计件工资；从工资中自动代扣个人所得税；进行扣零设置且扣零到元。

3. 设置工资类别

工资类别为"在职人员"和"退休人员"，并且在职人员分布在各个部门，而退休人员只属于人事部门。均默认启用日期为2015年12月1日。

4. 设置人员附加信息

增加人员附加信息："性别"和"学历"。

5. 设置工资项目（见表6-2）

> **提示**
>
> 薪资管理系统中如果将工资类别设为"多个"，则首先应在工资类别外部设置工资项目，此处设置的工资项目是各个工资类别将会使用的项目，然后再进入各工资类别，以上述工资项目为基础分别为本工资类别进行设置。

表6-2 工资项目

工资项目名称	类型	长度	小数	增减项
基本工资	数字	8	2	增项
职务工资	数字	8	2	增项
福利补贴	数字	8	2	增项
交通补贴	数字	8	2	增项
奖金	数字	8	2	增项
缺勤扣款	数字	8	2	减项
缺勤天数	数字	8	2	其他
住房公积金	数字	8	2	减项
计税基数	数字	8	2	其他

6. 银行档案及银行代发设置

（1）银行名称为"中国工商银行"，账号长度为11位。

（2）银行代发一览表（见表6-3）。

表6-3 银行代发一览表

栏目名称	数据类型	总长度	小数长度	数据内容
单位代号	字符型	5		10001
工资序号	字符型	5		序号
姓名	字符型	12		人员姓名
账号	字符型	11		账号
金额	数字型	10	2	实发工资
录入日期	字符型	8		20151231

7. 设置在职人员档案及工资项目

> **提示**
> - 在职人员档案及工资项目设置需打开"在职人员"工资类别。
> - 使用"增加"或"批增"功能,导入在职人员档案。

（1）设置在职人员档案（见表 6-4）

表 6-4　在职人员档案

职员编码	职员姓名	人员类别	所属部门	银行代发账号	学历	性别
001	马璐	企业管理人员	总经理办公室	11022033001	大学	男
002	李杰	企业管理人员	总经理办公室	11022033002	大学	男
003	赵菲	企业管理人员	人事部	11022033003	大学	女
004	韩冬	企业管理人员	财务部	11022033004	大学	男
005	夏雪	企业管理人员	财务部	11022033005	大学	男
006	申秋	企业管理人员	财务部	11022033006	大学	男
007	刘佳	经营人员	供应科	11022033007	大学	男
008	吴军	经营人员	销售科	11022033008	大学	男
009	孙媛	车间管理人员	生产车间	11022033009	大学	女
010	肖宏	甲产品生产人员	生产车间	11022033010	大专	男
011	季伟	乙产品生产人员	生产车间	11022033011	中专	男

（2）设置在职人员工资项目（见表 6-5）

表 6-5　在职人员工资项目

工资项目名称	类　型	长　度	小　数	增减项
基本工资	数字	8	2	增项
职务工资	数字	8	2	增项
福利补贴	数字	8	2	增项
交通补贴	数字	8	2	增项
奖金	数字	8	2	增项
缺勤扣款	数字	8	2	减项
缺勤天数	数字	8	2	其他
住房公积金	数字	8	2	减项
计税基数	数字	8	2	其他

（3）设置在职人员工资计算公式

① 缺勤扣款＝基本工资/22×缺勤天数

② 经营人员的交通补贴为 200 元,其他人员的交通补贴为 60 元

③ 住房公积金＝（基本工资＋职务工资＋福利补贴＋交通补贴＋奖金）×0.08

④ 计税基数＝基本工资＋职务工资＋福利补贴＋交通补贴＋奖金－住房公积金

　　或者＝应发合计－住房公积金

8. 设置退休人员档案及工资项目

> **提示**
>
> 退休人员档案及工资项目设置需打开"退休人员"工资类别。其人员档案如表6-6所示，工资项目设置如表6-7所示。

（1）设置退休人员档案（见表6-6）

表6-6　退休人员档案

职员编码	职员姓名	人员类别	所属部门	银行代发账号	性别	学历
012	黎明	退休人员	人事部	11022033012	男	大专
013	郭成	退休人员	人事部	11022033013	男	大专

（2）设置退休人员工资项目（见表6-7）

表6-7　退休人员工资项目

工资项目名称	类　型	长　度	小　数	增减项
基本工资	数字	8	2	增项
福利补贴	数字	8	2	增项
奖金	数字	8	2	增项
计税基数	数字	8	2	其他

9. 设置代扣个人所得税

在职人员个人所得税的计算以"计税基数"为依据，扣除基数为3 500元。

> **提示**
>
> 假定退休人员工资均为退休工资，不涉及扣缴个人所得税。

10. 在职人员薪资业务处理

（1）录入2015年12月在职人员工资数据（见表6-8）

表6-8　在职人员工资数据

编号	人员姓名	所属部门	人员类别	基本工资	职务工资	福利补贴	奖金	缺勤天数
001	马璐	总经理办公室	企业管理人员	3 000	2 000	200	800	
002	李杰	总经理办公室	企业管理人员	3 000	1 800	200	800	
003	赵菲	人事部	企业管理人员	2 300	1 500	200	800	
004	韩冬	财务部	企业管理人员	2 300	1 500	200	800	
005	夏雪	财务部	企业管理人员	1 800	1 000	200	800	3
006	申秋	财务部	企业管理人员	1 800	1 000	200	800	
007	刘佳	供应科	采购人员	1 500	900	200	1 000	
008	吴军	销售科	销售人员	1 500	900	200	1 200	
009	孙媛	生产车间	车间管理人员	1 200	800	200	1 100	

编号	人员姓名	所属部门	人员类别	基本工资	职务工资	福利补贴	奖金	缺勤天数
010	肖宏	生产车间	甲产品生产人员	2 300	1 500	200	800	
011	季伟	生产车间	乙产品生产人员	2 300	1 500	200	800	
合　计				23 000	14 400	2 200	9 700	3

（2）在职人员工资分摊设置

① 工资分摊的类型："应付工资"、"应付福利费"和"工会经费"。

② 工资分摊比例："应付工资"为100％、"应付福利费"为14％、"工会经费"为2％。

③ 工资分摊构成设置：如表6-9所示。

表6-9　在职人员工资分摊

计提类型名称	部门名称	人员类别	借方科目	贷方科目
应付工资	总经理办公室	企业管理人员	管理费用——工资	应付职工薪资——应付工资
	人事部	企业管理人员	管理费用——工资	应付职工薪资——应付工资
	财务部	企业管理人员	管理费用——工资	应付职工薪资——应付工资
	供应科	经营人员	管理费用——工资	应付职工薪资——应付工资
	销售科	经营人员	销售费用	应付职工薪资——应付工资
	生产车间	车间管理人员	制造费用	应付职工薪资——应付工资
		生产人员	生产成本——直接人工（甲产品）	应付职工薪资——应付工资
			生产成本——直接人工（乙产品）	应付职工薪资——应付工资
应付福利费	总经理办公室	企业管理人员	管理费用——福利费	应付职工薪资——应付福利费
	人事部	企业管理人员	管理费用——福利费	应付职工薪资——应付福利费
	财务部	企业管理人员	管理费用——福利费	应付职工薪资——应付福利费
	供应科	经营人员	管理费用——福利费	应付职工薪资——应付福利费
	销售科	经营人员	销售费用	应付职工薪资——应付福利费
	生产车间	车间管理人员	制造费用	应付职工薪资——应付福利费
		生产人员	生产成本——直接人工（甲产品）	应付职工薪资——应付福利费
			生产成本——直接人工（乙产品）	应付职工薪资——应付福利费
工会经费	总经理办公室	企业管理人员	管理费用——其他	应付职工薪资——工会经费
	人事部	企业管理人员	管理费用——其他	应付职工薪资——工会经费
	财务部	企业管理人员	管理费用——其他	应付职工薪资——工会经费
	供应科	经营人员	管理费用——其他	应付职工薪资——工会经费
	销售科	经营人员	销售费用	应付职工薪资——工会经费
	生产车间	车间管理人员	制造费用	应付职工薪资——工会经费
		生产人员	生产成本——直接人工（甲产品）	应付职工薪资——工会经费
			生产成本——直接人工（乙产品）	应付职工薪资——工会经费

（3）生成在职人员工资业务处理凭证

① 由操作员"002"在薪资管理系统中生成上述业务的记账凭证。

② 由操作员"001"在总账系统中对凭证进行审核、记账。

11. 退休人员薪资业务处理

（1）2015 年 12 月退休人员工资数据（见表 6-10）

表 6-10　退休人员工资数据

编号	人员姓名	所属部门	人员类别	基本工资	福利补贴	奖　金
001	黎明	人事部	退休人员	2 000	200	800
002	郭成	人事部	退休人员	2 600	200	800
合　计				4 600	400	1 600

（2）退休人员工资分摊设置

① 工资分摊的类型："应付工资"。

② 工资分摊比例："应付工资"为 100%。

③ 工资分摊构成设置：如表 6-11 所示。

表 6-11　退休人员工资分摊

计提类型名称	部门名称	人员类别	借方科目	贷方科目
应付工资	人事部	退休人员	管理费用—工资	其他应付款

（3）生成退休人员工资业务处理凭证

① 由操作员"002"在薪资管理系统中生成上述业务的记账凭证。

② 由操作员"001"在总账系统中对凭证进行审核、记账。

12. 月末处理

对各工资类别进行月末结转处理。

13. 查看记账凭证

查看 12 月份工资核算的记账凭证。

14. 工资发放条

查看工资发放条。

15. 工资汇总表

查看部门工资汇总表。

16. 工资项目构成分析

按部门进行工资项目构成分析。

17. 账套备份

略。

【实验指导】

实验指导 1：设置工资权限

（1）设置会计夏雪为"在职人员"工资类别主管。以账套主管的身份登录企业应用平台，打开"系统服务 | 权限 | 数据权限分配"，在"用户及角色"中选中夏雪，单击"授权"按钮，打开授权窗口。在"业务对象"中选择"工资权限"，将所有部门设为"可用"，在"在职人员 | 工资类别主管"前方复选框中选中、保存，设置完成，如图 6-4 所示。

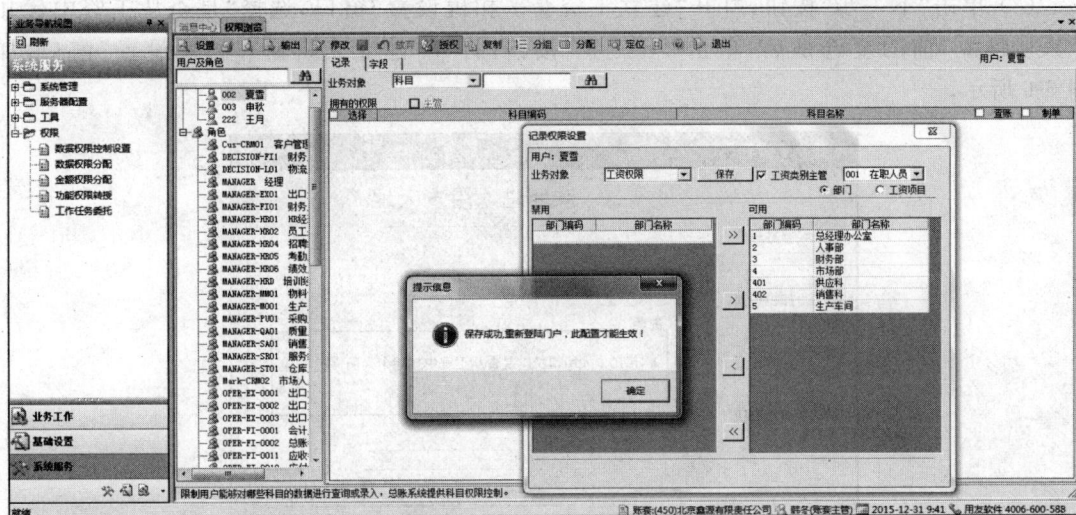

图 6-4　设置在职人员工资类别主管

（2）设置会计夏雪为"退休人员"工资类别主管。同理,选择"退休人员",将所有部门设为"可用",在"退休人员|工资类别主管"前方复选框中选中、保存,设置完成。

> **提示**
>
> 薪资管理系统中如果将工资类别设为"多个",则需要为各工资类别设置相应的工资类别主管,以便各工资类别分别处理。
>
> 账套主管不能参加数据权限分配。

实验指导2：建立工资账套参数

（1）在"企业应用平台"中执行"业务工作|人力资源|薪资管理"命令,出现"建立工资套—参数设置"窗口。

（2）在"建立工资套—参数设置"窗口中,单击"多个"前的单选按钮,如图 6-5 所示。

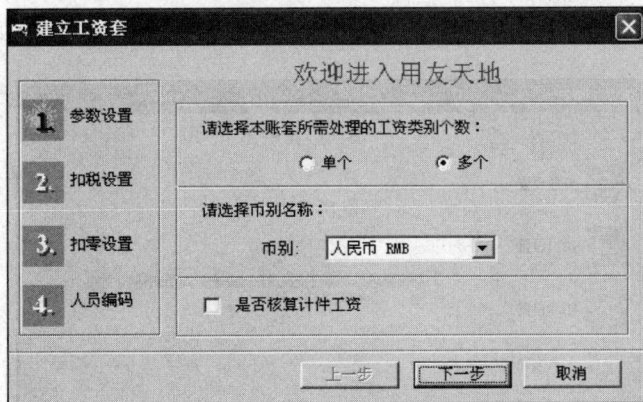

图 6-5　建立工资套—参数设置

（3）单击"下一步"按钮，打开"建立工资套—扣税设置"窗口，选择"是否从工资中代扣个人所得税"前的复选框后，单击"下一步"按钮，打开"建立工资套—扣税设置"窗口，如图 6-6 所示。

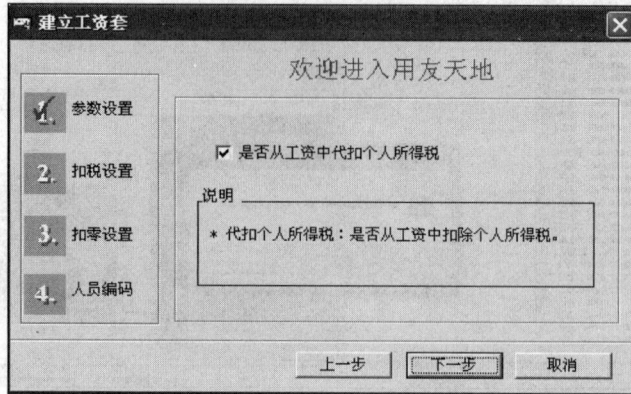

图 6-6　建立工资套—扣税设置

（4）单击"扣零"复选框，再单击"扣零至元"的单选按钮，如图 6-7 所示。

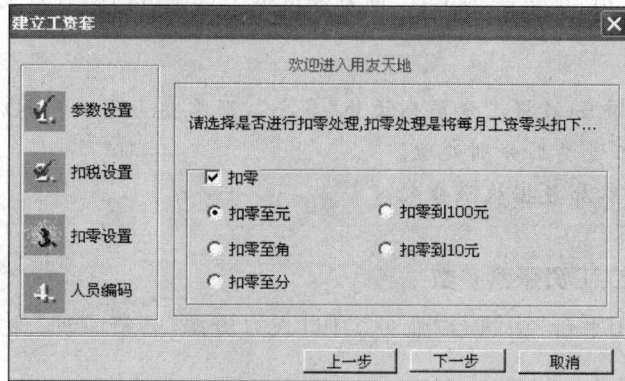

图 6-7　建立工资套—扣零设置

（5）单击"下一步"按钮，打开"建立工资套—人员编码"窗口，如图 6-8 所示。

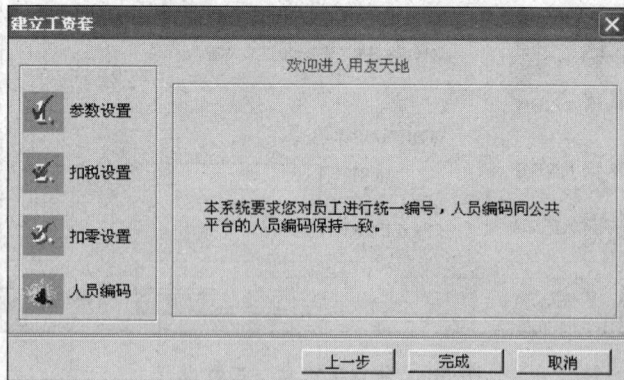

图 6-8　建立工资套—人员编码

(6)单击"完成"按钮。

实验指导3：设置工资类别

(1)双击"工资类别|新建工资类别"窗口。

(2)在"新建工资类别"窗口中输入工资类别名称"在职人员"。

(3)单击"下一步"按钮，打开"新建工资类别—请选择部门"对话框。

(4)分别单击选中各个部门，如图6-9所示。

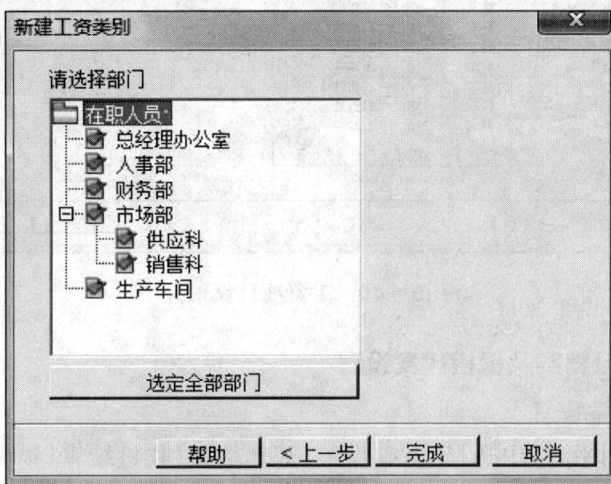

图6-9 新建工资类别—请选择部门

(5)单击"完成"按钮，系统提示"是否以2015-12-01为当前工资类别的启用日期？"。

(6)单击"是"按钮。

(7)执行"工资类别|关闭工资类别"命令，出现"建立工资类别"。

(8)同理，依据上述操作建立"退休人员"工资类别。

实验指导4：设置人员附加信息

(1)执行"工资类别|关闭工资类别"命令。

(2)执行"设置|人员附加信息设置"命令，打开"人员附加信息设置"设置对话框。

(3)单击"增加"按钮，单击"参照"栏下三角按钮，选择"性别"后单击"增加"按钮；再单击"参照"栏下三角按钮，选择"学历"后单击"增加"按钮。

(4)单击"确定"按钮。

实验指导5：设置工资项目

(1)执行"人员类别|关闭人员类别|工资项目设置"命令，打开"工资项目设置"对话框。

(2)单击"增加"按钮，在工资项目名称栏录入"基本工资"，单击"基本工资"所在行类型栏下三角按钮，系统自动弹出"数字"，选择小数位为"2"，选择增减项为"增项"。依此方法继续增加其他的工资项目，如图6-10所示。

(3)单击"确认"按钮，出现提示"工资项目已经改变，请确认各工资类别的公式是否正确，否则计算结果可能不正确"。

(4)单击"确定"按钮。

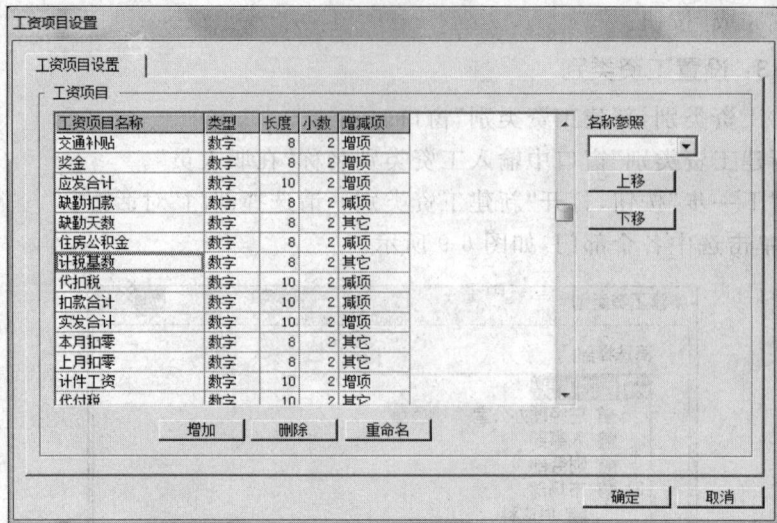

图 6-10　工资项目设置

实验指导 6：银行档案及银行代发设置

第一步：银行档案设置。

（1）在"企业应用平台"中选择"基础设置|基础档案|收付结算|银行档案"选项。

（2）选中"中国工商银行"，单击"修改"按钮，设置个人账号长度为 11 位，自动带出账号长度为 8 位。

（3）单击"保存"按钮退出。

第二步：银行代发设置。

（1）在"企业应用平台"中选择"业务工作|人力资源|薪资管理|业务处理|银行代发"选项。

（2）双击"银行代发"窗口，系统弹出"请选择部门范围"，选中所有部门，单击"确定"按钮，出现"银行格式文件设置"提示框，在银行模板下拉菜单中选择"中国工商银行"选项，进行银行代发设置，如图 6-11 所示。

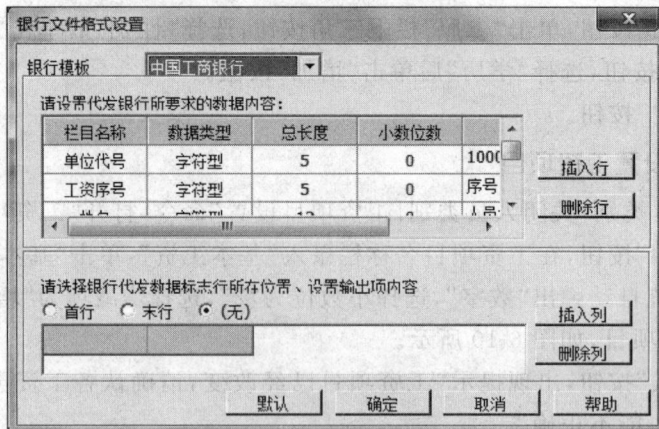

图 6-11　银行文件格式设置

(3) 单击“确定”按钮，形成银行代发一览表，如图 6-12 所示。

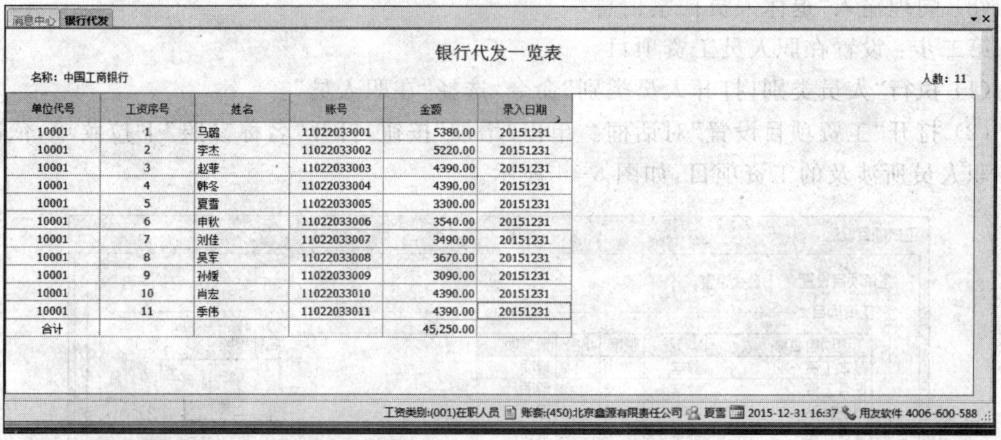

消息中心 银行代发

银行代发一览表

名称：中国工商银行　　人数：11

单位代号	工资序号	姓名	账号	金额	录入日期
10001	1	马璐	11022033001	5380.00	20151231
10001	2	李杰	11022033002	5220.00	20151231
10001	3	赵菲	11022033003	4390.00	20151231
10001	4	韩冬	11022033004	4390.00	20151231
10001	5	夏雪	11022033005	3300.00	20151231
10001	6	申秋	11022033006	3540.00	20151231
10001	7	刘佳	11022033007	3490.00	20151231
10001	8	吴军	11022033008	3670.00	20151231
10001	9	孙媛	11022033009	3090.00	20151231
10001	10	肖宏	11022033010	4390.00	20151231
10001	11	季伟	11022033011	4390.00	20151231
合计				45,250.00	

工资类别:(001)在职人员　账套:(450)北京鑫源有限责任公司　夏雪　2015-12-31 16:37　用友软件 4006-600-588

图 6-12　银行代发一览表

实验指导 7：设置在职人员档案及工资项目

第一步：设置在职人员档案。

(1) 在“薪资管理系统”中执行“设置|人员档案”命令，进入“人员档案”窗口。

(2) 单击工具栏中的“批增”按钮，打开“人员批量增加”对话框。

(3) 在左侧的“人员类别”列表框中，单击“企业管理人员”、“经营人员”、“车间管理人员”和“生产人员”前面的选择栏，出现“是”，所选人员类别下的人员档案出现在右侧列表框中，单击“确定”按钮返回。

(4) 打开“人员档案”窗口，单击“001 马璐”，单击工具栏中的“修改”按钮，系统弹出“人员档案明细”，单击银行名称栏下三角按钮，选择“中国工商银行”，在银行账号栏录入“11022033001”。

(5) 单击“附加信息”页签，在性别栏录入“男”，在学历栏录入“大学”。

(6) 单击“确认”按钮。继续修改其他人员档案的“银行账号”、“性别”、“学历”，如图 6-13 所示。

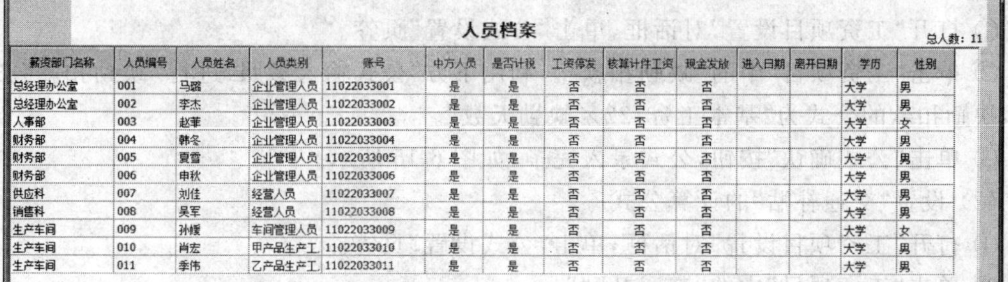

消息中心 人员档案

人员档案

总人数：11

薪资部门名称	人员编号	人员姓名	人员类别	账号	中方人员	是否计税	工资停发	核算计件工资	现金发放	进入日期	离开日期	学历	性别
总经理办公室	001	马璐	企业管理人员	11022033001	是	是	否	否	否			大学	男
总经理办公室	002	李杰	企业管理人员	11022033002	是	是	否	否	否			大学	男
人事部	003	赵菲	企业管理人员	11022033003	是	是	否	否	否			大学	女
财务部	004	韩冬	企业管理人员	11022033004	是	是	否	否	否			大学	男
财务部	005	夏雪	企业管理人员	11022033005	是	是	否	否	否			大学	男
财务部	006	申秋	企业管理人员	11022033006	是	是	否	否	否			大学	男
供应科	007	刘佳	经营人员	11022033007	是	是	否	否	否			大学	男
销售科	008	吴军	经营人员	11022033008	是	是	否	否	否			大学	男
生产车间	009	孙媛	车间管理人员	11022033009	是	是	否	否	否			大学	女
生产车间	010	肖宏	甲产品生产工	11022033010	是	是	否	否	否			大学	男
生产车间	011	季伟	乙产品生产工	11022033011	是	是	否	否	否			大学	男

工资类别:(001)在职人员　账套:(450)北京鑫源有限责任公司　夏雪　2015-12-31 16:37　用友软件 4006-600-588

图 6-13　在职人员档案信息

（7）单击"退出"按钮，退出"人员档案"对话框。

（8）同理输入"退休人员档案信息"。

第二步：设置在职人员工资项目。

（1）执行"人员类别|打开人员类别"命令，选择"在职人员"。

（2）打开"工资项目设置"对话框。单击"增加"按钮，打开"名称参照"下拉菜单，依次填加在职人员所涉及的工资项目，如图6-14所示。

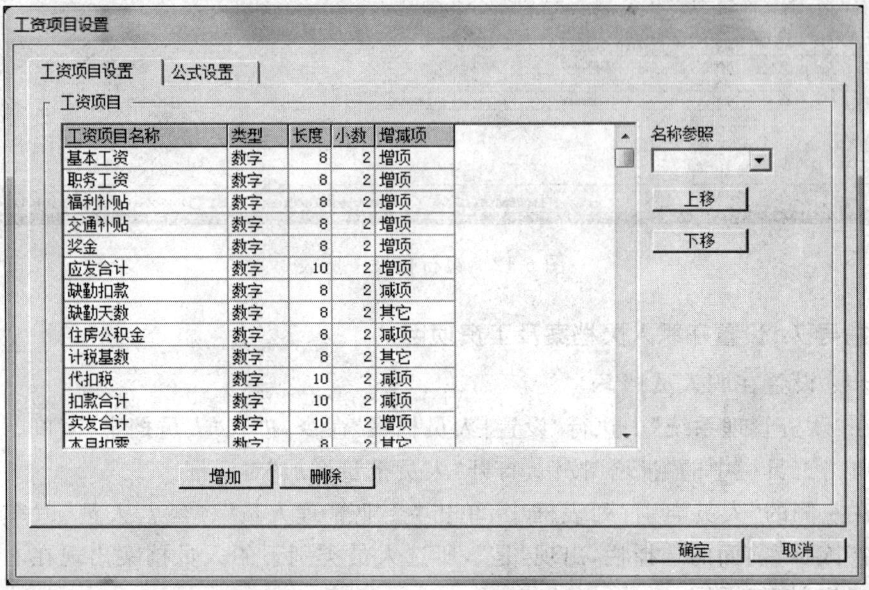

图6-14 在职人员工资项目

（3）单击"确定"按钮，退出设置窗口。

第三步：设置在职人员工资计算公式。

提示

设置工资计算公式的前提是人员档案已经存在、工资项目已经设置完成。

（1）设置"缺勤扣款"的计算公式

① 打开"工资项目设置"对话框，单击"公式设置"页签。

② 单击"工资项目"中的"缺勤扣款"。利用下方"公式输入参照"进行"缺勤扣款公式定义"，缺勤扣款的公式为"基本工资/22×缺勤天数"。

③ 单击"公式确认"按钮，公式录入完毕，如图6-15所示。

（2）设置"交通补贴"的计算公式

① 打开"工资项目设置"对话框，单击"公式设置"页签。

② 单击"工资项目"中的"交通补贴"。

③ 单击"函数公式向导输入"按钮，打开"函数向导—步骤1"对话框。

④ 单击选中"函数名"中的"iff"。

⑤ 单击"下一步"按钮，打开"函数向导—步骤2"对话框。

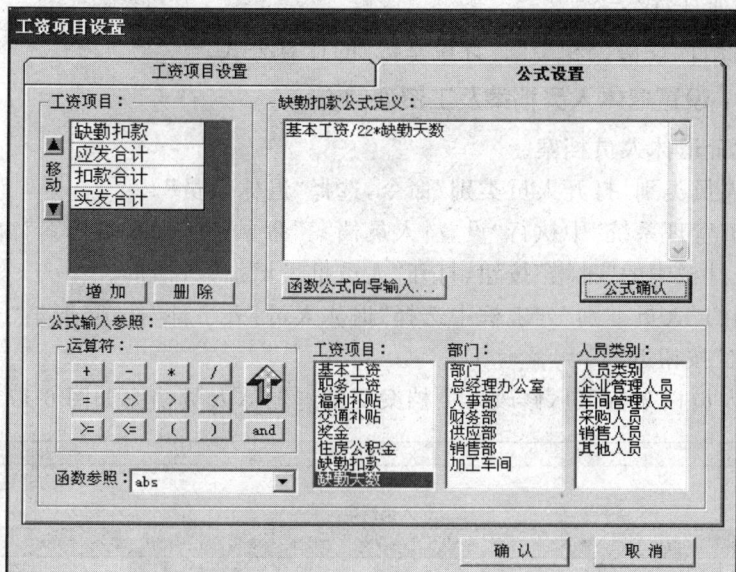

图 6-15　"缺勤扣款"的公式定义

⑥ 单击"逻辑表达式"栏的参照按钮，打开"参照"对话框。

⑦ 单击"参照列表"中第一行的下三角按钮，选择"人员类别"，再单击选中"经营人员"。

⑧ 单击"确认"按钮，返回"函数向导—步骤 2"对话框。

⑨ 在"算术表达式 1"中录入"200"，在"算术表达式 2"中录入"60"。

⑩ 单击"完成"按钮，返回"工资项目设置—公式设置"对话框。

⑪ 单击"公式确认"按钮，公式录入完毕，如图 6-16 所示。

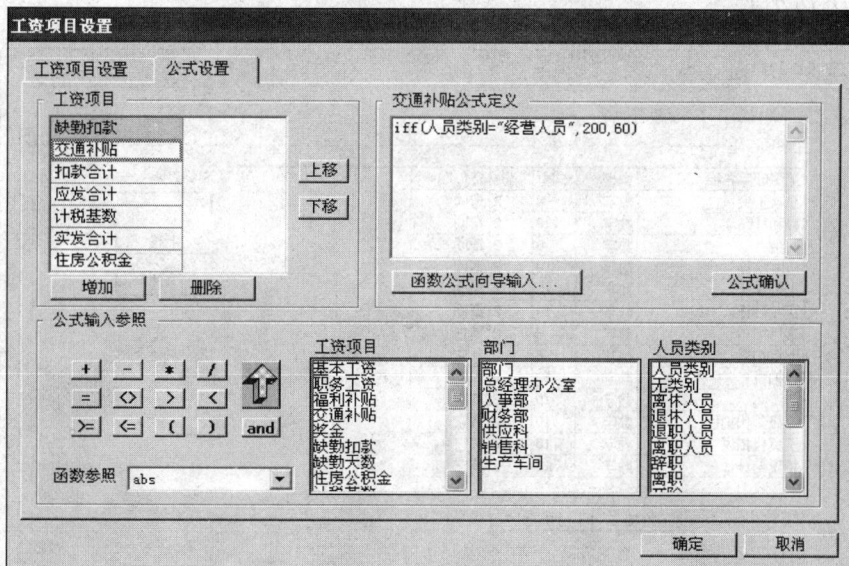

图 6-16　"交通补贴"的公式定义

（3）设置其他计算公式

同理，分别设置"住房公积金"、"计税基数"的计算公式。

实验指导8：设置退休人员档案及工资项目

第一步：设置退休人员档案。

（1）执行"人员类别|打开人员类别"命令，选择"退休人员"。

（2）在"薪资管理系统"中执行"设置|人员档案"命令，进入"人员档案"窗口。

（3）单击工具栏中的"批增"按钮，打开"人员批量增加"对话框。

（4）在左侧的"人员类别"列表框中选择"退休人员|人事部"选项，取消"赵菲"的"是"选择项，单击"确定"按钮返回。

（5）打开"人员档案"窗口，修改人员档案明细。退休人员档案如图6-17所示。

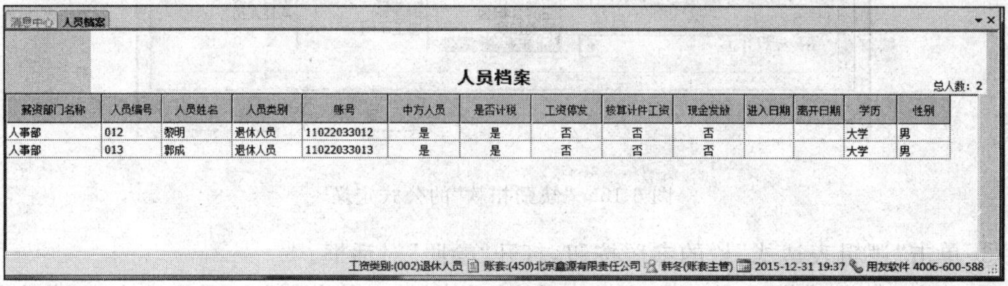

薪资部门名称	人员编号	人员姓名	人员类别	账号	中方人员	是否计税	工资停发	核算计件工资	现金发放	进入日期	离开日期	学历	性别
人事部	012	黎明	退休人员	11022033012	是	是	否	否	否			大学	男
人事部	013	郭成	退休人员	11022033013	是	是	否	否	否			大学	男

图6-17 退休人员档案信息

第二步：设置退休人员工资项目。

（1）打开"工资项目设置"对话框，单击"工资项目设置"页签。

（2）单击"增加"按钮，打开"名称参照"下拉菜单，依次添加在职人员所涉及的工资项目，如图6-18所示。

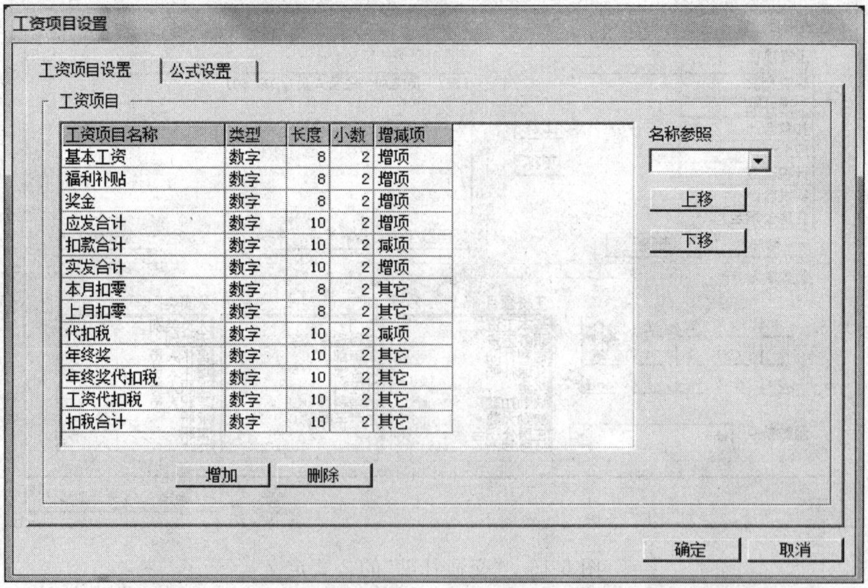

工资项目名称	类型	长度	小数	增减项
基本工资	数字	8	2	增项
福利补贴	数字	8	2	增项
奖金	数字	8	2	增项
应发合计	数字	10	2	增项
扣款合计	数字	10	2	减项
实发合计	数字	10	2	增项
本月扣零	数字	8	2	其它
上月扣零	数字	8	2	其它
代扣税	数字	10	2	减项
年终奖	数字	10	2	其它
年终奖代扣税	数字	10	2	其它
工资代扣税	数字	10	2	其它
扣税合计	数字	10	2	其它

图6-18 退休人员工资项目设置

实验指导9：设置代扣个人所得税

（1）在"薪资管理"系统中执行"工资类别|打开工资类别"命令，选择"在职人员"工资类别。

（2）打开"设置|选项"，单击"扣税设置"选项卡，单击"编辑"按钮，选中"从工资中代扣个人所得税"，其下拉菜单中选"计税基数"，单击"税率设置"按钮，将基数改为"3 500"，如图6-19所示。

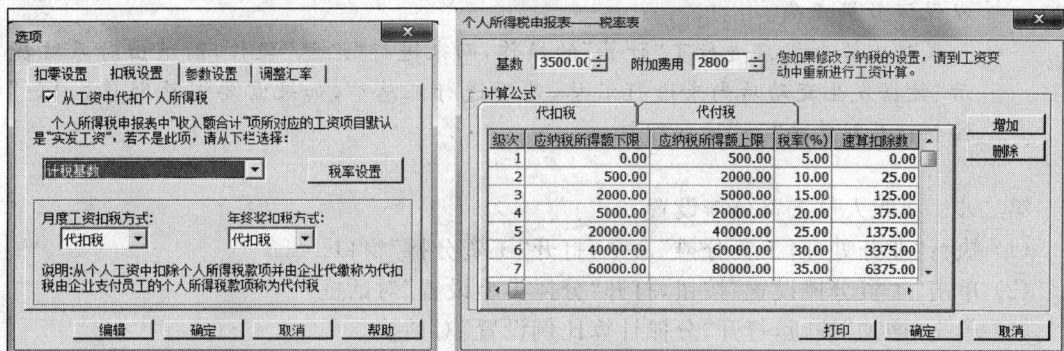

图6-19　在职人员个人所得税扣税设置

实验指导10：在职人员薪资业务处理

第一步：录入并计算2015年12月在职人员的工资数据。

（1）执行"业务处理|工资变动"命令，打开"工资变动"窗口。

（2）在"工资变动"窗口中分别录入工资项目内容。

（3）单击"计算"、"汇总"按钮，计算全部工资项目内容，如图6-20所示。

图6-20　在职人员工资变动

（4）单击"退出"按钮退出。

提示

- 第一次使用薪资系统必须将所有人员的基本工资数据录入系统。工资数据可以在录入人员档案时直接录入,需要计算的内容再在此功能中进行计算。也可以在工资变动功能中录入。当工资数据发生变动时应在此录入。
- 如果工资数据变化较大可以使用替换功能进行替换。
- 在修改了某些数据、重新设置了计算公式、进行了数据替换或在个人所得税中执行了自动扣税等操作,必须调用"计算"和"汇总"功能对个人工资数据重新计算,以保证数据正确。
- 如果对工资数据只进行了"计算"的操作,而未进行"汇总"操作,则退出时系统提示"数据发生变动后尚未进行汇总,是否进行汇总?",如果需要汇总则单击"是"按钮;否则单击"否"按钮即可。

第二步:在职人员工资分摊设置。

(1)执行"业务处理|工资分摊"命令,打开"工资分摊"窗口。

(2)单击"工资分摊设置"按钮,打开"分摊类型设置"对话框。

(3)单击"增加"按钮,打开"分摊计算比例设置"对话框。

(4)在计提类型名称栏录入"应付工资",计提比例为100%。

(5)单击"下一步"按钮,打开"分摊构成设置"对话框。

(6)在"分摊构成设置"对话框中分别选择分摊构成的各个项目内容,如图6-21所示。

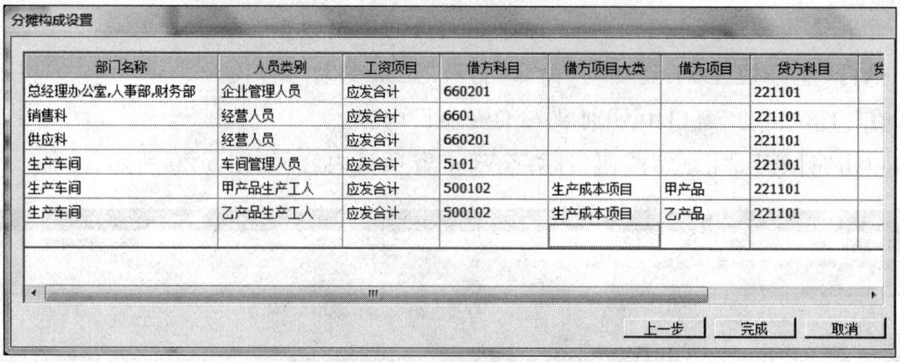

部门名称	人员类别	工资项目	借方科目	借方项目大类	借方项目	贷方科目	货
总经理办公室,人事部,财务部	企业管理人员	应发合计	660201			221101	
销售科	经营人员	应发合计	6601			221101	
供应科	经营人员	应发合计	660201			221101	
生产车间	车间管理人员	应发合计	5101			221101	
生产车间	甲产品生产工人	应发合计	500102	生产成本项目	甲产品	221101	
生产车间	乙产品生产工人	应发合计	500102	生产成本项目	乙产品	221101	

图6-21 在职人员"应付工资"分摊设置

(7)单击"完成"按钮,返回到"分摊类型设置"对话框。

(8)依此方法继续设置"应付福利费"、"工会经费"的分摊设置。

(9)分摊设置完成,如图6-22所示。单击"取消"按钮,暂时不进行分摊操作。

提示

- 所有与工资相关的费用及基金均需建立相应的分摊类型名称及分类比例。
- 不同部门、相同人员类别可以设置不同的分摊科目。
- 不同部门、相同人员类别在设置时可以一次选择多个部门。

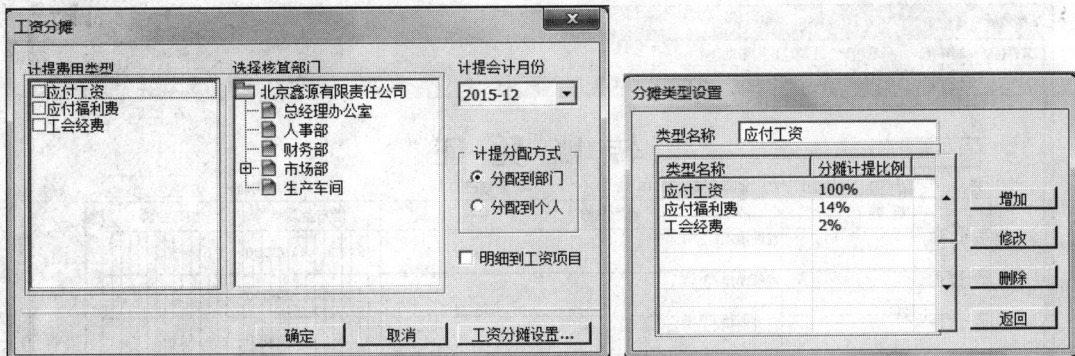

图 6-22 工资分摊设置一览表

第三步：生成在职人员工资业务处理凭证。

（1）以操作员"002"身份进入"薪资管理"，执行"业务处理|工资分摊"命令，打开"工资分摊"窗口。

（2）分别单击"应付工资"、"应付福利费"和"工会经费"前的复选框，并单击选中所有部门，选择"明细到工资项目"、"按项目核算"，单击"确定"按钮。

（3）打开"应付工资一览表"，单击"合并科目相同、辅助项相同的分录"前的复选框，如图 6-23 所示。

图 6-23 应付工资一览表

（4）单击"制单"按钮，生成应付工资分摊的转账凭证。选择凭证类别为"转账凭证"，单击"保存"按钮，如图 6-24 和图 6-25 所示。

提示

此处应付工资凭证的编号采用"分数编号法"，即转字 12-1/2 和转字 12-2/2。

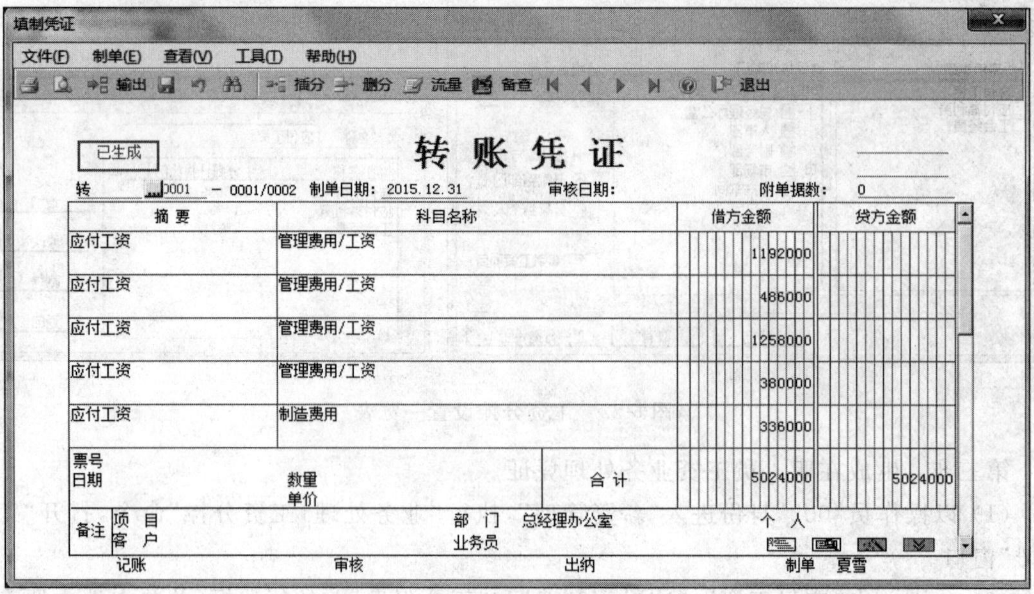

图 6-24 应付工资凭证(一)

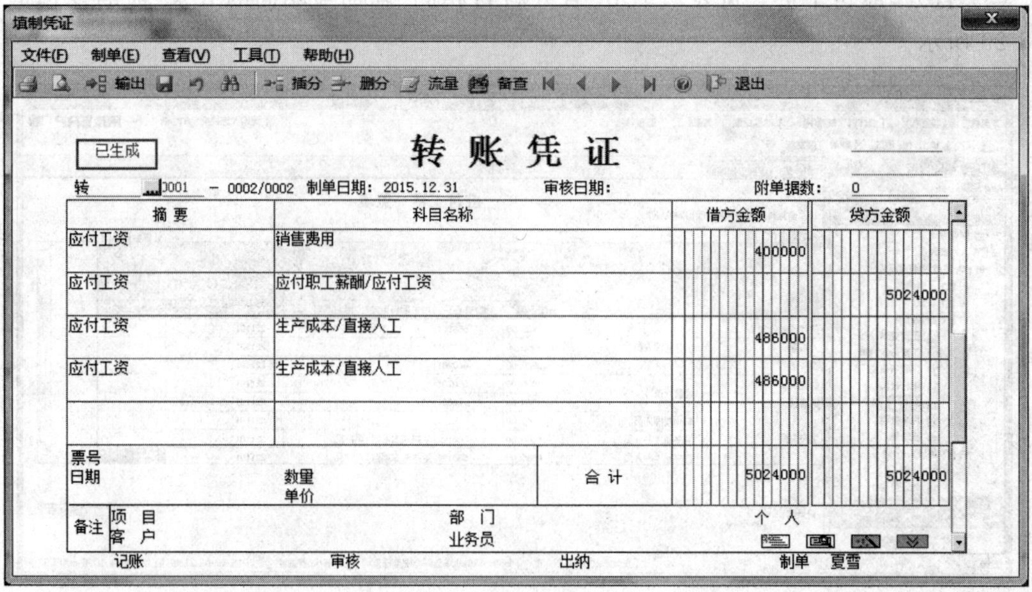

图 6-25 应付工资凭证(二)

(5) 单击"退出"按钮,返回"应付工资一览表"。

(6) 单击"类型"栏下三角按钮,选择"应付福利费",勾选"合并科目相同、辅助项相同的分录"前的复选框。单击"制单"按钮,生成应付福利费的转账凭证,如图 6-26 和图 6-27 所示。

(7) 依此方法继续生成工会经费的凭证,如图 6-28 和图 6-29 所示。

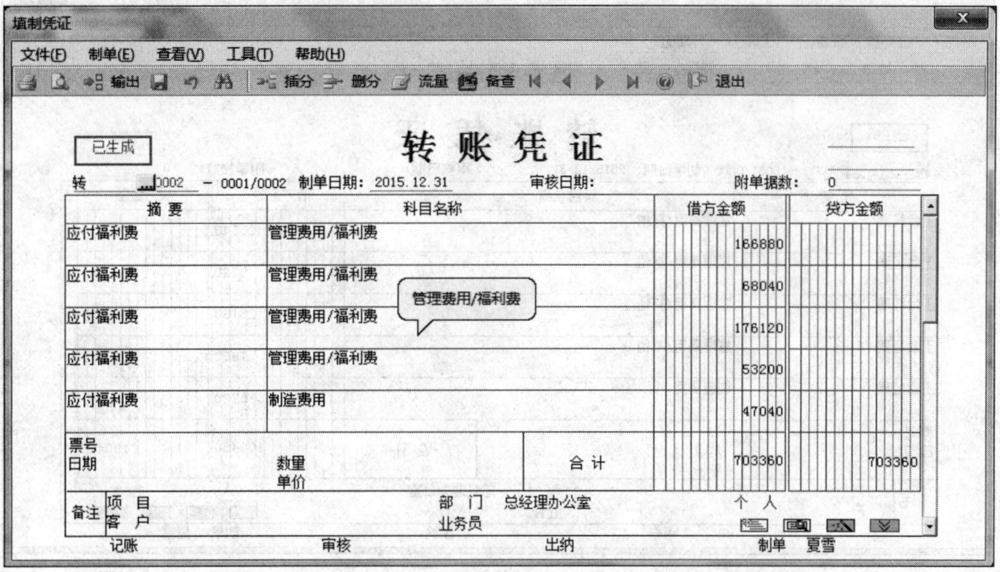

图 6-26 应付福利费凭证(一)

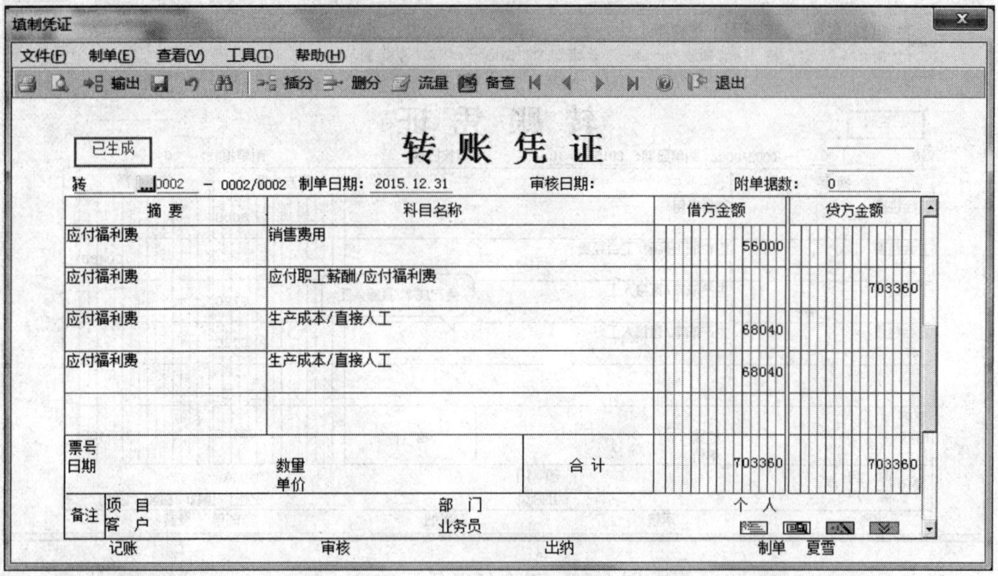

图 6-27 应付福利费凭证(二)

提示

- 工资分摊应按分摊类型依次进行。
- 在进行工资分摊时,如果不选择"合并科目相同、辅助项相同的分录",则在生成凭证时将每一条分录都对应一个贷方科目;如果单击"批制"按钮,可以一次将所有本次参与分摊的"分摊类型"所对应的凭证全部生成。

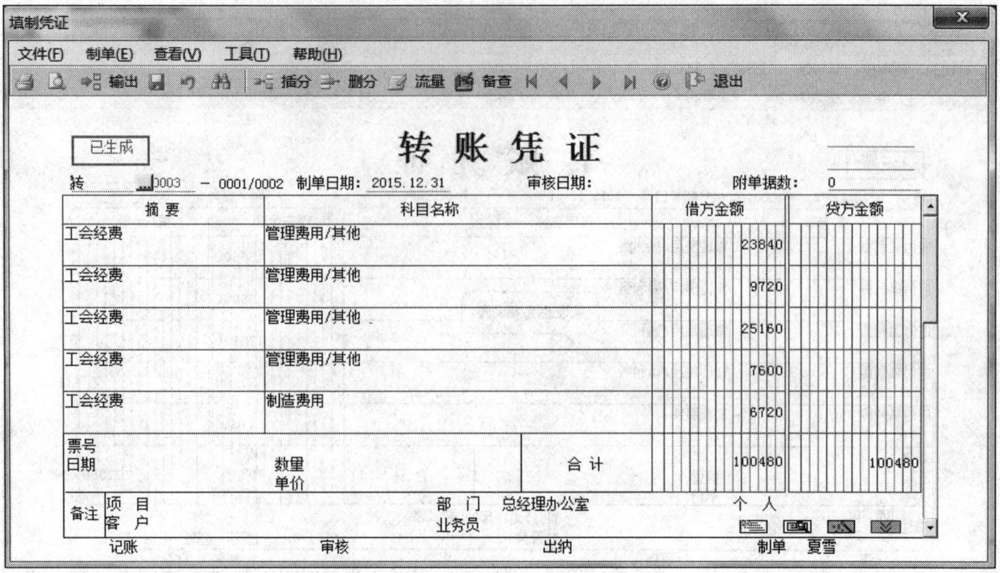

图 6-28 工会经费凭证(一)

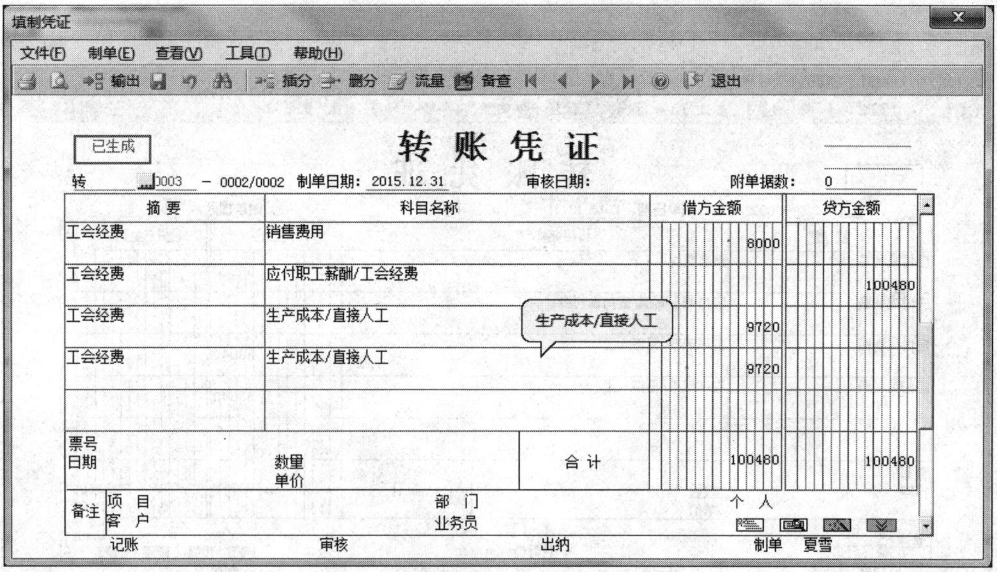

图 6-29 工会经费凭证(二)

实验指导 11：退休人员薪资业务处理

第一步：录入并计算 2015 年 12 月退休人员工资数据。

（1）打开"退休人员工资类别"，执行"业务处理|工资变动"命令，打开"工资变动"窗口。

（2）在"工资变动"窗口中分别录入工资项目内容。

（3）单击"计算"、"汇总"按钮，计算全部工资项目内容。退休人员工资变动如图 6-30 所示。

第二步：退休人员工资分摊设置。

（1）执行"业务处理|工资分摊"命令，打开"工资分摊"窗口。

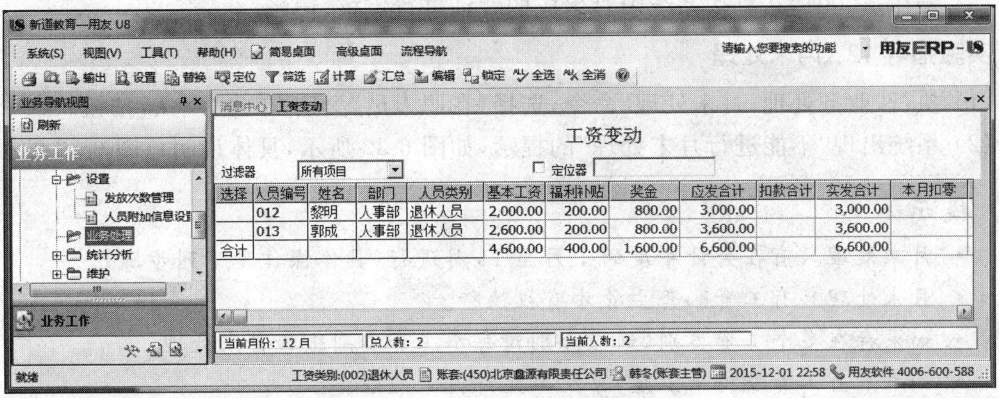

图 6-30　退休人员工资变动

（2）单击"工资分摊设置"按钮，打开"分摊类型设置"对话框。

（3）单击"增加"按钮，打开"分摊计算比例设置"对话框。

（4）在计提类型名称栏录入"应付工资"。

（5）单击"下一步"按钮，打开"分摊构成设置"对话框，分别选择分摊构成的各个项目内容。

（6）单击"完成"按钮，返回到"分摊类型设置"对话框。

第三步：生成退休人员工资业务处理凭证。

（1）以操作员"002"身份进入"薪资管理"，执行"业务处理|工资分摊"命令，打开"工资分摊"窗口。

（2）单击"应付工资"前的复选框，并单击选中部门，选中"明细到工资项目"、"按项目核算"。

（3）单击"确定"按钮，打开"应付工资一览表"。

（4）单击"制单"按钮，生成应付工资分摊的转账凭证。选择凭证类别为"转账凭证"，单击"保存"按钮，如图 6-31 所示。

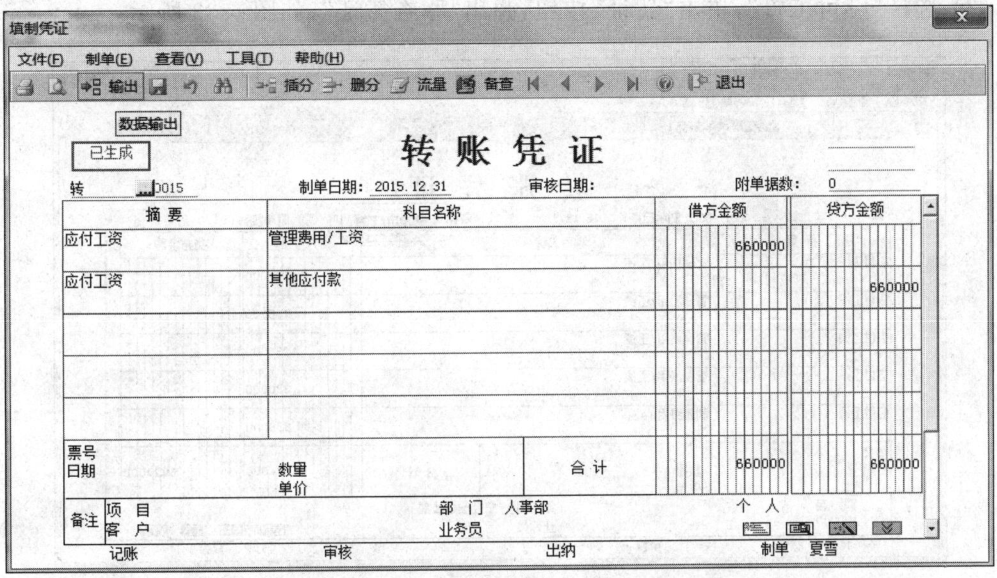

图 6-31　退休人员应付工资凭证

（5）操作员"001"在总账系统中对生成的凭证进行审核、记账。

实验指导 12：月末处理

（1）执行"业务处理|月末处理"命令，选择"在职人员"类别，单击"确认"按钮。

（2）系统出现"不能进行月末处理"的提示，如图 6-32 所示，具体说明见图 6-32 的提示。

提 示

- 月末处理只有在会计年度的 1 月至 11 月进行（具体操作见下列步骤）。
- 月末处理只有工资账套主管才有权执行。
- 如果存在多个工资类别，则应分别对每个工资类别进行月末处理。
- 如果本月工资数据未汇总，系统不允许月末处理。
- 月末处理后当月数据不允许变动。
- 反结账时需登录已结账月的下月，关闭工资类别执行反结账。

若月末处理的时间是会计年度的 1 月至 11 月，则月末处理按工资类别不同分别执行，步骤如下。

（1）执行"业务处理|月末处理"命令，打开"月末处理"对话框。

（2）单击"确认"按钮，系统提示"月末处理之后，本月工资将不允许变动！继续月末处理吗？"。

（3）单击"是"按钮。系统提示"是否选择清零项？"。

（4）单击"否"按钮。系统提示"月末处理完毕"。

（5）单击"确定"按钮。

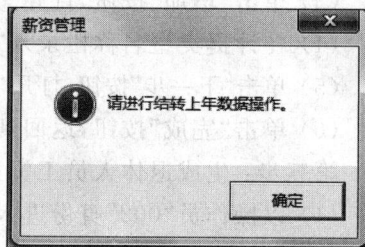

图 6-32　不能进行月末处理的提示

实验指导 13：查看 12 月份工资核算的记账凭证（按工资类别分别查询）

（1）打开"薪资管理|统计分析|凭证查询"对话框。

（2）选择"应付工资"，单击"凭证"按钮，弹出"联查凭证"，如图 6-33 所示。

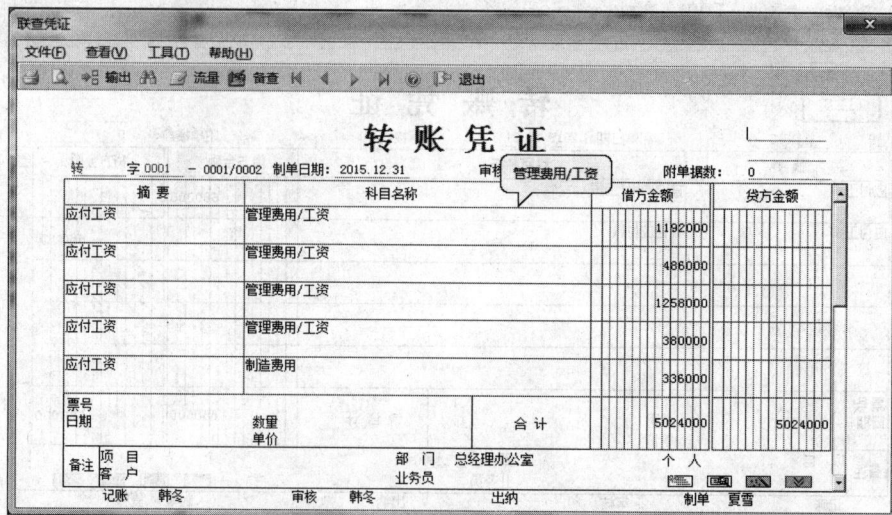

图 6-33　联查凭证

（3）同理，查看其他记账凭证。

实验指导 14：查看工资发放条（按工资类别分别查询）

（1）执行"统计分析|账表|工资表"命令，打开"工资表"对话框。

（2）在"工资表"对话框中单击选中"工资发放条"。

（3）单击"查看"按钮，打开"工资发放条"对话框。

（4）单击选中各个部门，并单击"选定下级部门"前的复选框。

（5）单击"确认"按钮，打开"工资发放条"窗口，如图 6-34 所示。

工资发放条
2015 年 12 月

部门 全部　　会计月份 十二月　　人数：1：

人员编号	姓名	基本工资	职务工资	福利补贴	交通补贴	奖金	应发合计	缺勤扣款	缺勤天数	住房公积金	代扣税	计税基数	扣款合计	实发合计	本月扣零
001	马鹏	3,000.00	2,000.00	200.00	60.00	800.00	6,060.00			484.80	186.28	5,575.20	671.08	5,380.00	8.92
002	李杰	3,000.00	1,800.00	200.00	60.00	800.00	5,860.00			468.80	164.12	5,391.20	632.92	5,220.00	7.08
003	赵菲	2,300.00	1,500.00	200.00	60.00	800.00	4,860.00			388.80	72.12	4,471.20	460.92	4,390.00	9.08
004	韩冬	2,300.00	1,500.00	200.00	60.00	800.00	4,860.00			388.80	72.12	4,471.20	460.92	4,390.00	9.08
005	夏雷	1,800.00	1,000.00	200.00	60.00	800.00	3,860.00	245.45	3.00	308.80	2.56	3,551.20	556.81	3,300.00	3.19
006	申秋	1,800.00	1,000.00	200.00	60.00	800.00	3,860.00			308.80	2.56	3,551.20	311.36	3,540.00	8.64
007	刘佳	1,500.00	900.00	200.00	200.00	1,000.00	3,800.00			304.00		3,496.00	304.00	3,490.00	6.00
008	吴军	1,500.00	900.00	200.00	200.00	1,200.00	4,000.00			320.00	9.00	3,680.00	329.00	3,670.00	1.00
009	孙顺	1,200.00	800.00	200.00	60.00	1,100.00	3,360.00			268.80		3,091.20	268.80	3,090.00	1.20
010	肖宏	2,300.00	1,500.00	200.00	60.00	800.00	4,860.00			388.80	72.12	4,471.20	460.92	4,390.00	9.08
011	季伟	2,300.00	1,500.00	200.00	60.00	800.00	4,860.00			388.80	72.12	4,471.20	460.92	4,390.00	9.08
合计		23,000.00	14,400.00	2,200.00	940.00	9,700.00	50,240.00	245.45	3.00	4,019.20	653.00	46,220.80	4,917.65	45,250.00	72.35

制表：　　　审核：

图 6-34　工资发放条

（6）单击"退出"按钮退出。

（7）同理，查看其他部门工资发放条。

实验指导 15：查看部门工资汇总表（按工资类别分别查询）

（1）执行"统计分析|账表|工资表"命令，打开"工资表"对话框。

（2）单击选中"部门工资汇总表"。

（3）单击"查看"按钮，打开"工资部门汇总表—选择部门范围"对话框。

（4）单击选中各个部门，并单击"选定下级部门"前的复选框。

（5）单击"确定"按钮，打开"部门工资汇总表—选择部门范围"对话框。

（6）单击"确认"按钮，打开"部门工资汇总表"窗口，如图 6-35 所示。

部门工资汇总表
2015 年 12 月

会计月份 十二月

部门	人数	基本工资	职务工资	福利补贴	交通补贴	奖金	应发合计	缺勤扣款	缺勤天数	住房公积金	代扣税	计税基数	扣款合计	实发合计	本月扣零
总经理办公室	2	6,000.00	3,800.00	400.00	120.00	1,600.00	11,920.00			953.60	350.40	10,966.40	1,304.00	10,600.00	16.00
人事部	1	2,300.00	1,500.00	200.00	60.00	800.00	4,860.00			388.80	72.12	4,471.20	460.92	4,390.00	9.08
财务部	3	5,900.00	3,500.00	600.00	180.00	2,400.00	12,580.00	245.45	3.00	1,006.40	77.24	11,573.60	1,329.09	11,230.00	20.91
市场部	2	3,000.00	1,800.00	400.00	400.00	2,200.00	7,800.00			624.00	9.00	7,176.00	633.00	7,160.00	7.00
供应科	1	1,500.00	900.00	200.00	200.00	1,000.00	3,800.00			304.00		3,496.00	304.00	3,490.00	6.00
销售科	1	1,500.00	900.00	200.00	200.00	1,200.00	4,000.00			320.00	9.00	3,680.00	329.00	3,670.00	1.00
生产车间	3	5,800.00	3,800.00	600.00	180.00	2,700.00	13,080.00			1,046.40	144.24	12,033.60	1,190.64	11,870.00	19.36
合计	11	23,000.00	14,400.00	2,200.00	940.00	9,700.00	50,240.00	245.45	3.00	4,019.20	653.00	46,220.80	4,917.65	45,250.00	72.35

制表　　　审核　　　复核：

图 6-35　部门工资汇总表

（7）单击"退出"按钮退出。

（8）同理，查看其他部门的工资部门汇总表。

实验指导16：按部门进行工资项目构成分析（按工资类别分别查询）

（1）执行"统计分析|工资分析表"命令，打开"工资分析表"对话框。

（2）单击"确认"按钮，打开"选择分析部门"对话框。

（3）在"选择分析部门"对话框中，单击选中各个部门。

（4）单击"确认"按钮，打开"分析表选项"对话框。

（5）在"分析表选项"对话框中，单击"》"按钮，选中所有的工资项目内容。

（6）单击"确认"按钮，打开"工资项目分析表（按部门）"窗口。

（7）单击部门栏下三角按钮，选择"财务部"，如图6-36所示。

工资项目分析（按部门）
2015年度12月

部门：财务部　　　　　　　　　　　　　　　　　　　　　　　　　　　　人数：

项目	1月	2月	3月	4月	5月	6月	7月	8月	9月	10月	11月	12月	月均	年度合计
基本工资												5,900.00	5,900.00	5,900.00
职务工资												3,500.00	3,500.00	3,500.00
福利补贴												600.00	600.00	600.00
交通补贴												180.00	180.00	180.00
奖金												2,400.00	2,400.00	2,400.00
应发合计												12,580.00	12,580.00	12,580.00
缺勤扣款												245.45	245.45	245.45
缺勤天数												3.00	3.00	3.00
住房公积金												1,006.40	1,006.40	1,006.40
代扣税												77.24	77.24	77.24
计税基数												11,573.60	11,573.60	11,573.60
扣款合计												1,329.09	1,329.09	1,329.09
实发合计												11,230.00	11,230.00	11,230.00
本月扣零												20.91	20.91	20.91
上月扣零														
代付税														
年终奖														
年终奖代扣														

图6-36　工资项目构成分析表

（8）单击"退出"按钮退出。

（9）同理，查看其他工资项目分析表。

实验指导17：账套备份

（1）在E盘（或D盘）"会计信息系统"文件夹中新建"实验八"文件。

（2）将账套保存至"实验八"文件夹中。

固定资产系统

通过固定资产系统的学习,应了解固定资产核算的数据流程及其主要的数据库文件;理解该子系统的主要功能及其模块结构;熟悉固定资产核算系统初始设置的内容和方法;掌握固定资产专项业务数据处理和核算的工作原理。

第一节　固定资产系统初始化

一、固定资产系统概述

固定资产使用年限长,单位价值高,在企业总资产中所占的比重很大,正确地核算和严格地管理固定资产对企业的生产经营具有重大的意义。固定资产系统主要用于企事业单位进行固定资产日常业务的核算和管理,生成固定资产卡片,按月反映固定资产的增减变动,为总账系统提供相关的凭证,保证固定资产的安全完整并充分发挥其效能,协助企业进行部分成本核算,同时还为设备管理部门提供固定资产的各项指标管理工作。

固定资产管理系统主要功能如下。

1. 系统初始设置

系统初始设置主要包括系统初始化、部门设置、类别设置、使用状况定义、增减方式定义、折旧方法定义、卡片项目定义、卡片样式定义等。

2. 日常业务处理

日常业务处理主要涉及固定资产增减、变动清理、报废和资产评估等。自动更新固定资产卡片,登记固定资产明细账,按月汇总出分部门、分类别、分增减变动种类的汇总数据,并可生成增减变动汇总表和增减变动明细表。自动计算固定资产折旧、固定资产净值、生成计提折旧分配表等,并逐级汇总得到相应的固定资产报表等。

3. 月末处理

按照在系统初始化中设置的自动转账的方式,利用汇总运算所得到的分类汇总数据,自动编制转账凭证,并转到总账系统的临时记账凭证文件中。

二、固定资产系统业务处理流程

(1)系统投入使用时,将手工方式下的固定资产卡片全部录入计算机中,形成固定资产卡片文件。

（2）月内发生固定资产增减变动后,将相应的增减变动原始凭证输入计算机,存入固定资产增减变动文件。一方面,更新固定资产卡片文件和备份文件;另一方面,通过分类汇总,形成转账数据文件,通过转账处理,传递到总账系统(和成本核算系统)。

（3）计提折旧时,由固定资产卡片文件计算得到固定资产折旧文件,根据固定资产折旧文件计提各项折旧,通过转账处理,传递到总账系统(和成本核算系统)。

（4）根据固定资产增减变动文件、固定资产卡片文件、固定资产折旧文件输出各种统计分析表。

固定资产系统业务处理流程如图 7-1 所示。

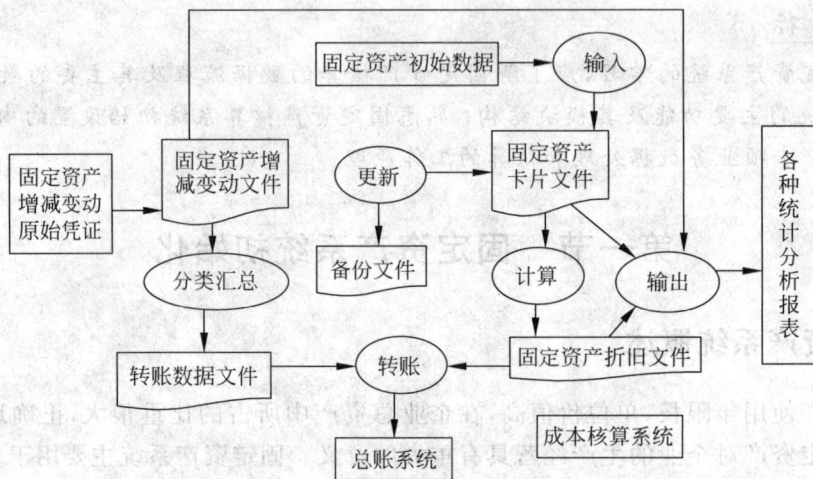

图 7-1　固定资产系统业务处理流程图

三、固定资产系统数据文件

在固定资产系统中数据文件通常分为以下几种。

1. 存放输入的原始数据的文件

输入的原始数据如固定资产卡片文件、固定资产增加、减少、变动文件,以及存放已清理固定资产历史资料的备查文件。这些数据文件的结构基本相同,一般来说固定资产的每一个项目应该对应设置一个字段。

固定资产卡片文件主要应包括以下字段:固定资产代码、资产名称、型号规格、建造单位、资产来源、验收日期、使用部门、使用类别、资产原值、使用年限、已使用年限、工作量、预计净残值、折旧方法、已提折旧、附件名称、附件金额、存放地点、保管人等。

考虑到系统运行速度和提高数据处理的安全性、稳定性,在实际设计中往往将固定资产卡片中基本固定不变的数据和变动数据进行分割,组织在不同的数据文件中,另外在固定资产卡片文件中一般都留有一些供用户自定义的字段,以方便用户使用及提高系统的通用性。对固定资产增加、减少及内部变动文件则还应有反映相应变化的字段。如资产去向、清理费用、变价收入、调入部门、当前责任人等。

2. 存放计算处理结果的文件

计算处理结果的文件如折旧计算、转账数据文件等。这些文件的基本作用是直接按固定资产卡片中记录的固定资产原值、使用年限及折旧方法计算当期应计提的折旧额,然后根据核算的需要,按部门等分别汇总以生成编制记账凭证所需要的折旧表。

3. 存放用户设置的代码等数据词典性文件

这些文件主要有部门代码、固定资产类别代码、固定资产使用情况代码、固定资产增减变动类型代码等。

4. 存放有关修理费等数据的其他有关数据的文件

这些文件主要用来存放各种计划、控制数据、在有关业务处理过程中提示用户数据超限需要特殊授权,从而加强对诸如修理费等支出的管理。

四、固定资产系统业务参数

固定资产管理系统业务参数包括在账套初始化中设置的参数和其他一些在账套运行中使用的参数或判断。选项中包括以下五个页签。

1. 基本信息

本页签中所有内容在系统初始化设置后不能修改。

2. 折旧信息

(1) 主要折旧方法:便于在资产类别新增设置时系统自动带出主要折旧方法以提高录入速度,但可以修改。系统提供了六种方法,即平均年限法(一)、平均年限法(二)、工作量法、年数总和法、双倍余额递减法(一)、双倍余额递减法(二);另外,也可以选择"不提折旧"。

(2) 折旧汇总分配周期:企业在实际计提折旧时,不一定每个月计提一次,可能因行业和自身情况的不同,每季度、半年或一年计提一次,折旧费用的归集也按照这样的周期进行,因此,企业可以根据所处的行业和自身实际情况确定计提折旧和将折旧归集入成本和费用的周期。

系统具体的处理办法是,每个月均计提折旧,但折旧的汇总分配按这里设定的周期进行,把该周期内各月计提的折旧汇总分配。一旦选定折旧汇总分配周期,系统自动提示您第一次分配折旧,也是本系统自动生成折旧分配表制作记账凭证的期间。

(3) 当(月初已计提月份＝可使用月份-1)时将剩余折旧全部提足(工作量法除外):选择此项,当资产还差一个月就提足使用年限时,当月会将未计提折旧的应计折旧额一次性提足。否则即使已计提月份已经超过使用年限,也将按折旧公式逐月计提。

3. 与财务系统接口

系统默认要求固定资产系统与财务系统进行对账。"与财务系统进行对账"只有存在对应总账系统的情况下才可操作。选中则表示本系统要与账务系统对账,核对固定资产原值和累计折旧科目的余额,看数值是否相等。如果对账不平,肯定在两个系统出现偏差,应引起注意,予以调整。如果不想与总账系统对账,则不选择。并且,如果希望严格控制固定资产系统与财务系统之间的平衡,做到两个系统录入的数据没有时间差异,则对于"在对账不平情况下允许固定资产月末结账"选项不做选择。

4. 编码方式

(1) 资产类别编码方式:企业根据管理和核算的需要给资产所做的分类,可参照国家标准分类(国家规定4级6位方式,即2112),也可以根据企业自身需要分类。系统类别编码最多可设置8级、20位。

（2）固定资产编码方式：如果选择"手工输入"，则卡片输入时通过手工输入的方式录入资产编号。如果选择"自动编码"，根据系统初始化设置的编码方式，不能修改编码方式，但可修改序号长度。

5. 其他

（1）已发生资产减少卡片可删除时限：根据会计制度规定，已清理资产的资料应保留5年，所以系统默认为5年，即5年后才能将相关资产的卡片和变动单从系统的数据库中彻底删除。企业可以根据需要修改这个时限。

（2）卡片断号填补设置：企业管理资产卡片时要求卡片编号连续，因为有些原因删除掉卡片后会出现断号，需要连续编号时，可在此进行设置。

（3）不允许转回减值准备：2007年企业会计准则规定，资产减值损失一经确认，在以后会计期间不得转回。选择此项，则该账套不允许转回减值准备。

五、固定资产系统核算规则设置

1. 设置固定资产类别

固定资产的种类繁多，规格不一，要强化固定资产管理，及时准确做好固定资产核算，必须科学地设置固定资产类别，为核算和管理提供依据。企业可根据自身的特点和管理要求对资产进行分类。

2. 定义固定资产卡片项目

固定资产卡片项目是指固定资产卡片上用来记录资产资料的栏目，如原值、资产名称、使用年限、折旧方法等，是卡片最基本的项目。

3. 卡片样式定义

卡片样式是指卡片的整个外观，包括其格式（是否有表格线，对齐形式、字体大小、字形等）、所包含的项目和项目的位置。不同的企业或不同的资产类别，由于管理的内容和侧重点不同，固定资产卡片项目可能不同，所以系统提供卡片样式定义功能，增加灵活性。

4. 部门设置

部门设置是指定义固定资产的使用单位编码和名称。在账务系统基础设置中已对部门档案作了具体设置，此处不再赘述。

5. 部门对应折旧科目设置

部门对应折旧科目是指折旧费用的入账科目。固定资产计提折旧后必须把折旧归入成本或费用，根据不同企业的具体情况，有按部门归集的，也有按类别归集的。部门对应折旧科目的设置就是给每个部门选择一个折旧科目，这样在输入卡片时，该科目自动添入卡片中，不必一个一个输入。

6. 增减方式设置

增减方式设置主要是在固定资产有增减业务时使用。系统内置了6种增加方式和7种减少方式。增加方式主要有直接购买、投资者投入、捐赠、盘盈、在建工程转入、融资租入。减少方式主要有出售、盘亏、投资转出、捐赠转出、报废、毁损、融资租出。用友软件V8系统固定资产的增减方式可以设置两级，也可以根据需要自行增加。

7. 原始卡片录入

录入固定资产原始卡片，即将建账日期以前的数据录入固定资产系统中，卡片是固定资产管理系统处理的起点,卡片操作是本系统操作的主要内容。卡片操作主要包括卡片录入(分为原始卡片录入和新卡片录入)、卡片修改、卡片删除、资产减少、卡片打印、卡片管理几个部分。

第二节 固定资产系统业务处理

一、日常业务处理

1. 固定资产增加与减少

(1) 固定资产增加

通常的固定资产增加业务通过增加固定资产卡片来实现,与原始卡片录入相对应。资产通过"原始卡片录入"还是通过"资产增加"录入,取决于资产的开始使用日期。只有当开始使用月份等于录入的月份时,才能通过"资产增加"录入。

当月新增的固定资产当月不计提折旧,折旧额为零或空。原值录入必须是卡片录入月月初的价值,否则将会出现错误。

(2) 固定资产减少

资产在使用过程中,由于各种原因,如:毁损、出售、盘亏等退出企业,此时要进行资产减少处理。资产减少功能只能在当月已经正确计提完毕折旧后才能执行。

2. 固定资产变动处理

固定资产在使用过程中,可能会调整卡片上的一些项目,这些变动称之为"固定资产变动",这些变动包括:原值变动、部门转移、使用状况变动、使用年限变动、折旧方法调整、净残值(率)调整、工作总量调整、累计折旧调整、资产类别调整、变动单管理等,这些业务要求保留原始凭证,填制"变动单",并根据业务类型生成相应记账。其他项目的修改,如名称、编号、自定义项目等的变动可直接在卡片上修改。

(1) 原值变动。固定资产在使用过程中,其原值增减有五种情况:根据国家规定对固定资产重新估价、增加补充设备或改良设备、将固定资产的一部分拆除、根据实际价值调整原来的暂估价值、发现原记录固定资产价值有误的。分为原值增加和原值减少两种情况。

(2) 部门转移。固定资产在使用过程中,当因内部调配而发生的部门变动,通过部门转移功能实现。这类业务不生成凭证,但部门转移后将影响部门的折旧计算。

(3) 固定资产使用状况的调整。固定资产的使用状况分为在用、未使用、不需用、停用、封存五种。固定资产在使用过程中可能会因为某种原因,使固定资产使用状况发生变化,通过"变动单——使用状况调整"来实现。这种变化影响到折旧的计算。

(4) 固定资产使用年限的调整。资产在使用过程中,使用年限可能会由于资产的重估、大修等原因调整资产的使用年限。进行使用年限调整的资产在调整的当月就按调整后的使用年限计提折旧。

(5) 资产折旧方法的调整。一般来说资产折旧方法一年之内很少改变,但如有特殊情况需调整改变的可以通过变动单下的"折旧方法调整"功能完成。

(6) 变动单管理。变动单管理可对系统的变动单进行综合管理,包括查询、修改、制单、删除等。变动单的删除必须从该资产制作的编号最大的开始依次删除。

3. 计提折旧

计提折旧是固定资产每期都要发生的业务。相应的,自动计提折旧是固定资产系统的主要功能之一。系统每期计提折旧一次,根据录入系统的资料自动计算每项资产的折旧额,并将当期的折旧额自动累加到累计折旧项目中,除了自动生成折旧清单外,同时还生成折旧分配表,系统依据折旧分配表制作记账凭证,将本期的折旧费用自动登账。

计提折旧应注意以下几点。

(1) 在一个期间内可以多次计提折旧,每次计提折旧后,只是将计提的折旧累加到月初的累计折旧上,不会重复累计。

(2) 若上次计提折旧已制单并传递到了总账,则必须删除该凭证才能重新计提折旧。

(3) 计提折旧后又对账套进行了影响折旧计算分配的操作,必须重新计提折旧,否则系统不允许记账。

(4) 若自定义的折旧方法月折旧率或月折旧额出现负数,系统自动中止计提。

(5) 资产的使用部门和资产折旧要汇总的部门可能不同,为了加强资产管理,使用部门必须是明细部门,而折旧分配部门不一定分配到明细部门,不同的单位处理可能不同,因此要在计提折旧后,分配折旧费时做出选择。

二、期末处理

1. 制单与对账

在每月月末,系统根据本月计算的折旧额和事先定义的自动分录来机制凭证,并自动传递到账务处理系统。在账务处理系统中,这些凭证经过汇总和审核后即可记账。

在固定资产初始选项中选择了与总账系统对账,才可进行与总账的对账功能。为了保证固定资产系统的资产价值与总账系统中固定资产科目的数值相等,可随时使用对账功能对两个系统进行审查。系统在执行月末结账时自动对账一次。

2. 月末结账

当本月固定资产的变动资料全都输入系统、卡片更新和折旧计算正确后,才能月末结账。固定资产系统不允许跨月输入凭证(或变动资料),只有本月结账后方可进入下月进行业务处理。

实验九　固定资产系统

【实验准备】

可以引入 E 盘(或 D 盘)中"会计信息系统"文件夹中"实验三"的备份数据,将系统日期修改为"2015 年 12 月 31 日"。在系统管理中启用固定资产系统,启用日期为 2015 年 12 月 1 日。由 001 韩冬完成固定资产初始化设置,由 002 夏雪进行固定资产业务处理。

【实验内容】

(1) 建立固定资产账套。

(2) 设置账套固定资产系统的参数。

(3) 设置部门对应折旧科目。

(4) 固定资产类别。

(5) 固定资产增减方式。

(6) 固定资产原始卡片。

(7) 修改固定资产卡片。

(8) 固定资产日常业务处理。

(9) 月末结账。

(10) 查询账表。

【实验资料】

1. 固定资产系统初始化

固定资产账套的启用月份为"2015 年 12 月"。

固定资产采用"平均年限法(一)"计提折旧；折旧汇总分配周期为一个月。

当"月初已计提月份＝可使用月份－1"时将剩余折旧全部提足。

固定资产编码方式为"2-1-1-2"。

固定资产编码方式采用自动编码方法，编码方式为"类别编码＋序号"；序号长度为"5"。
固定资产系统与总账进行对账。

固定资产对账科目为"1601 固定资产"；累计折旧对账科目为"1602 累计折旧"。

对账不平衡的情况下不允许固定资产月末结账。

2. 设置默认入账科目

设置与财务系统的接口。

固定资产默认入账科目：1601。

累计折旧默认入账科目：1602。

3. 设置部门对应折旧科目(见表 7-1)

表 7-1　部门对应折旧科目

部门名称	贷方科目
总经理办公室	管理费用——折旧费
人事部	管理费用——折旧费
财务部	管理费用——折旧费
供应科	销售费用
销售科	销售费用
生产车间	制造费用

4. 设置固定资产类别(见表 7-2)

表 7-2　固定资产类别

类别编码	类别名称	使用年限	净残值率	计提属性	折旧方法	卡片样式
01	房屋及建筑物			正常计提	平均年限法(一)	通用样式
011	办公楼	30	2%	正常计提	平均年限法(一)	通用样式

续表

类别编码	类别名称	使用年限	净残值率	计提属性	折 旧 方 法	卡片样式
012	厂房	30	2%	正常计提	平均年限法(一)	通用样式
02	机器设备					
021	生产线	10	3%	正常计提	平均年限法(一)	通用样式
022	办公设备	5	3%	正常计提	平均年限法(一)	通用样式

5. 设置固定资产增减方式(见表 7-3)

表 7-3 固定资产增减方式

增 加 方 式	对应入账科目	减 少 方 式	对应入账科目
直接购入	银行存款——工行存款	出售	固定资产清理
投资者投入	实收资本	投资转出	长期股权投资
接受捐赠	营业外收入	盘亏	待处理财产损溢——待处理固定资产损溢
在建工程转入	在建工程	捐赠转出	固定资产清理
融资租入	长期应付款	报废	固定资产清理
		毁损	固定资产清理

6. 录入固定资产原始卡片(见表 7-4)

表 7-4 固定资产原始卡片

卡片编号	00001	00002	00003	00004	00005
固定资产编号	01100001	01200001	02100001	02100002	02200001
固定资产名称	1号楼	2号楼	A生产线	B生产线	计算机
类别编号	011	012	021	021	022
类别名称	办公楼	厂房	生产线	生产线	办公设备
部门名称	人事部	生产车间	生产车间	生产车间	财务部
增加方式	在建工程转入	在建工程转入	在建工程转入	在建工程转入	直接购入
使用状况	在用	在用	在用	在用	在用
使用年限	30 年	30 年	10 年	10 年	5 年
折旧方法	平均年限法(一)	平均年限法(一)	平均年限法(一)	平均年限法(一)	平均年限法(一)
开始使用日期	2012-01-08	2013-03-10	2012-01-20	2012-05-08	2014-06-01
币种	人民币	人民币	人民币	人民币	人民币
原值	400 000	450 000	150 000	180 000	20 000
净残值率	2%	2%	3%	3%	3%
净残值	8 000	9 000	4 500	5 400	600
累计折旧	37 800	25 515	39 375	45 198	1 944
月折旧率	0.002 7	0.002 7	0.008 1	0.008 1	0.016 2
月折旧额	1 080	1 215	1 215	1 458	324
净值	362 200	424 485	110 625	134 802	18 056
对应折旧科目	管理费用——折旧费	制造费用	制造费用	制造费用	管理费用——折旧费

提 示

固定资产原始卡片录入完毕,执行与总账对账功能,核对固定资产、累计折旧账户是否对账一致。

7. 固定资产日常业务处理

(1) 12 月 10 日,将卡片编号为"00003"(A 生产线)的使用状况由"在用"修改为"大修理停用"。

(2) 12 月 15 日,直接购入并交付销售科使用一台计算机,预计使用年限为 5 年,原值为 12 000 元,净残值率为 3%,采用"年数总和法"计提折旧。(工行转账支票,票号:ZZR007)

(3) 12 月 26 日,因工作需要,用银行存款为 A 生产线购置新配件 10 000 元。(工行转账支票,票号:ZZR008)

(4) 12 月 31 日,计提本月固定资产折旧。

(5) 12 月 31 日,因非常损失 B 生产线发生毁损。

要求:

(1) 根据上述业务处理生成记账凭证,由主管韩冬在总账系统中审核、记账。

(2) 执行"与财务对账"功能。

8. 月末结账

执行月末结账功能。

9. 查询账表

查询"固定资产原值一览表"和"固定资产价值结构分析表"。

10. 账套备份

略。

【实验指导】

实验指导 1:固定资产系统初始化

(1) 在"企业应用平台"中执行"业务工作|财务会计"中的"固定资产"命令,系统提示"这是第一次打开此账套,还未进行过初始化,是否进行初始化?",如图 7-2 所示。

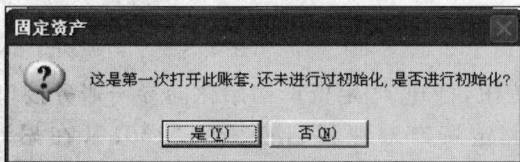

图 7-2　固定资产系统初始化

(2) 单击"是"按钮,打开"固定资产初始化向导—约定及说明"窗口。约定及说明提示,选中"我同意"复选框。

(3) 单击"下一步"按钮,打开"固定资产初始化向导—启用月份"窗口。

(4) 单击"下一步"按钮,打开"固定资产初始化向导—折旧信息"窗口。主要折旧方法选择"平均年限法(一)";折旧汇总分配周期为 1 个月,如图 7-3 所示。

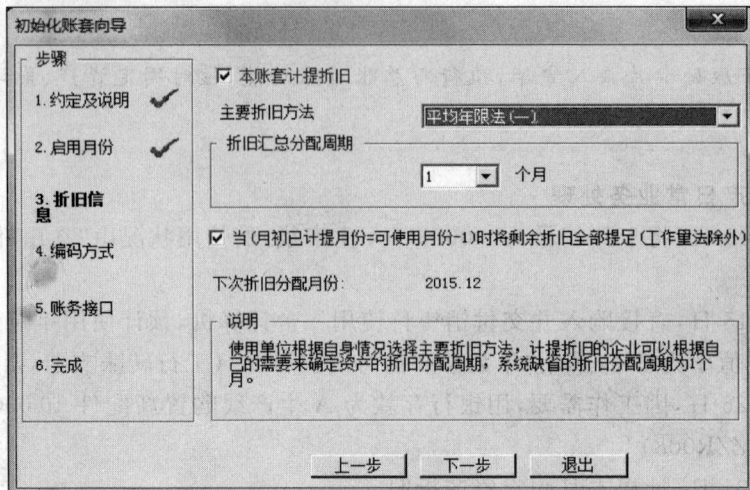

图 7-3　固定资产初始化向导—折旧信息

（5）单击"下一步"按钮，打开"固定资产初始化向导—编码方式"窗口，选择"自动编码"方式，编码方式为"类别编号＋序号"；序号长度为"5"，如图 7-4 所示。

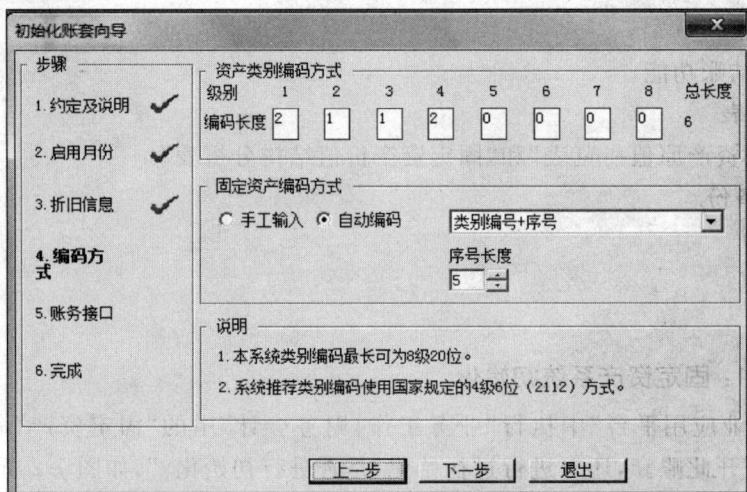

图 7-4　固定资产初始化向导—编码方式

（6）单击"下一步"按钮，打开"固定资产初始化向导—账务接口"窗口，选择固定资产系统与总账进行对账，在固定资产对账科目栏录入"1601"，在累计折旧对账科目栏录入"1602"。去掉对账不平衡的情况下允许固定资产月末结账前的复选框对钩，如图 7-5 所示。

（7）单击"下一步"按钮，打开"固定资产初始化向导—完成"窗口，如图 7-6 所示。

（8）单击"完成"按钮，系统提示"已经完成了新账套的所有设置工作，是否确定所设置的信息完全正确并保存对新账套的所有设置？"。

（9）单击"是"按钮，系统提示"已成功初始化本固定资产账套！"，如图 7-7 所示。

（10）单击"确定"按钮。

图 7-5　固定资产初始化向导—财务接口

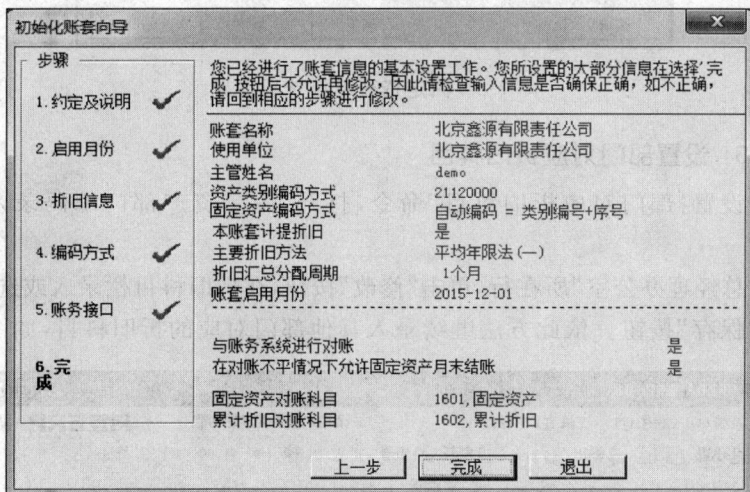

图 7-6　固定资产初始化向导—完成

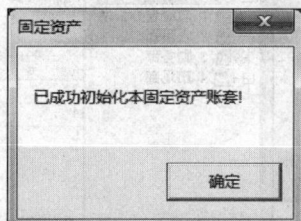

图 7-7　已成功初始化

实验指导 2：设置默认入账科目

（1）在"企业应用平台"中执行"业务工作|财务会计"中的"固定资产"命令。

（2）选择"设置|选项"，单击"与账务系统接口"按钮。

（3）单击"编辑"按钮，在"［固定资产］默认入账科目"选中"1601"，在"［累计折旧］默认入账科目"选中"1602"，单击"确定"按钮，如图 7-8 所示。

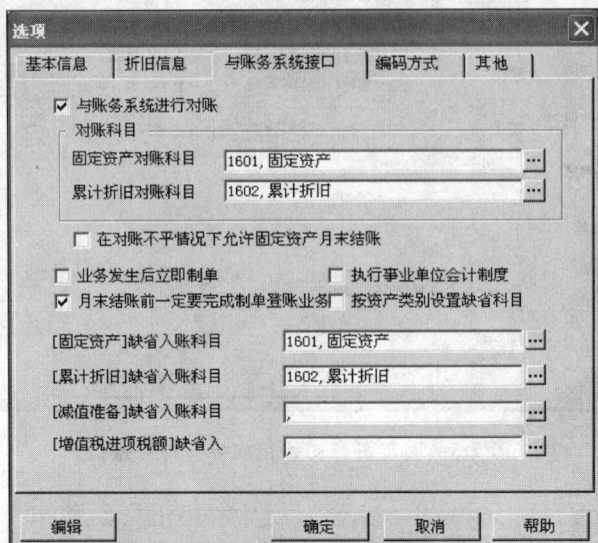

图 7-8　固定资产系统选项设置

实验指导3：设置部门对应折旧科目

（1）执行"设置｜部门对应折旧科目"命令，打开"固定资产部门编码录入—列表视图"窗口。

（2）单击"总经理办公室"所在行，单击"修改"按钮，在折旧科目栏录入或选择"660206"。

（3）单击"保存"按钮。依此方法继续录入其他部门对应的折旧科目，如图 7-9 所示。

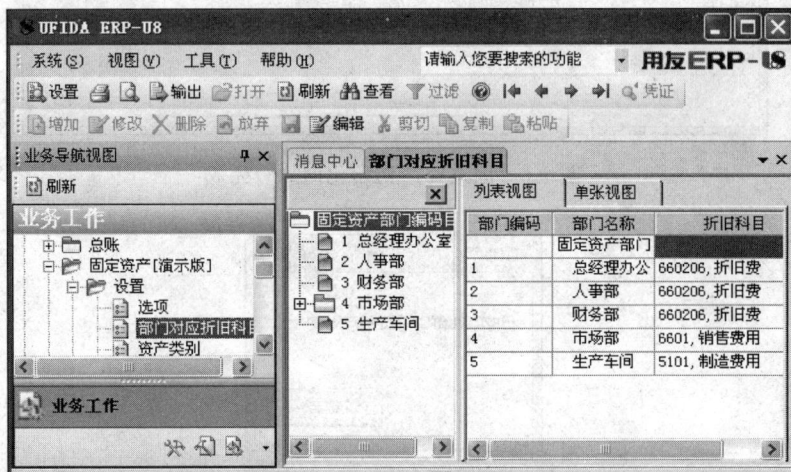

图 7-9　部门对应折旧科目

实验指导4：设置固定资产类别

（1）执行"设置｜资产类别"命令，打开"类别编码—列表视图"窗口。

（2）单击"增加"按钮，打开"类别编码—单张视图"窗口。

（3）在"类别名称"栏录入"房屋及建筑物"，在"使用年限"栏录入"30"，在"净残值率"栏录入"2"，如图7-10所示。

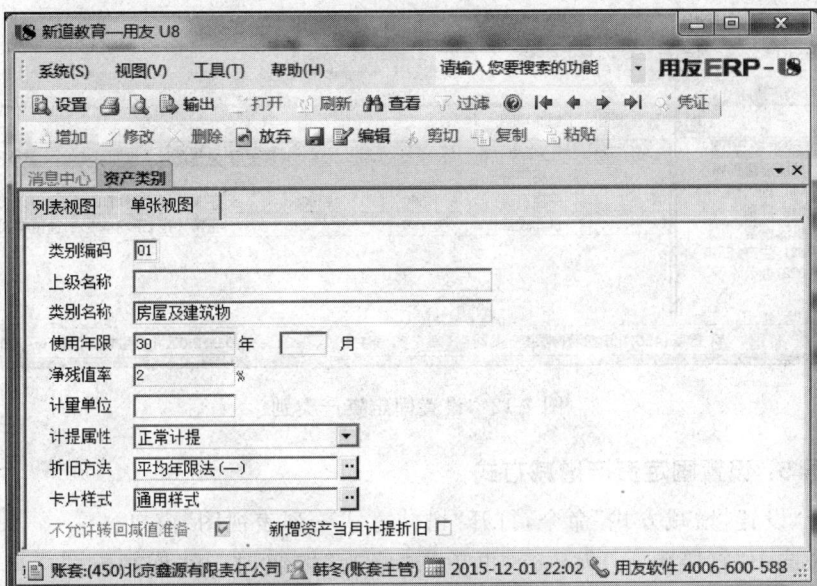

图7-10　固定资产类别

（4）单击"保存"按钮。继续录入02号资产的类别名称"机器设备"，单击"保存"按钮。

（5）单击"取消"按钮，系统提示"是否取消本次操作"，单击"是"按钮，返回"类别编码—列表视图"窗口。

（6）单击选中"固定资产分类编码表"中的"01"、"房屋及建筑物"，再单击"增加"按钮，在类别名称栏录入"办公楼"，如图7-11所示。

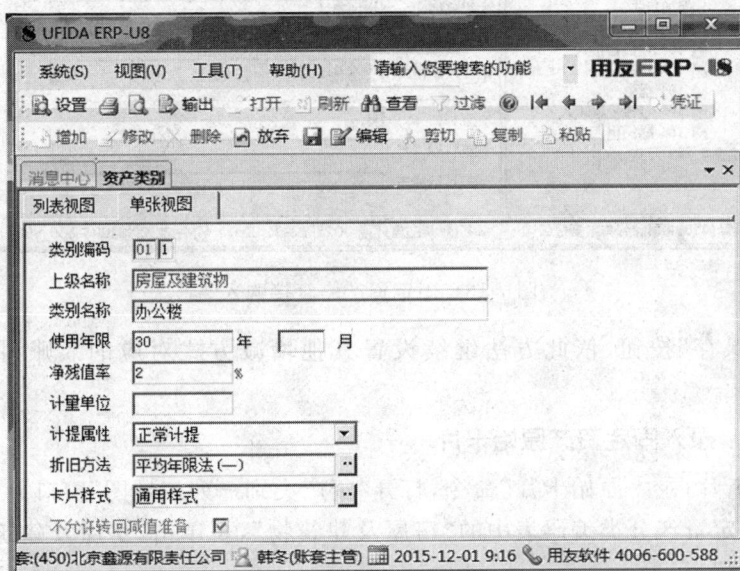

图7-11　固定资产分类编码

（7）单击"保存"按钮，依此方法继续录入其他固定资产分类，如图 7-12 所示。

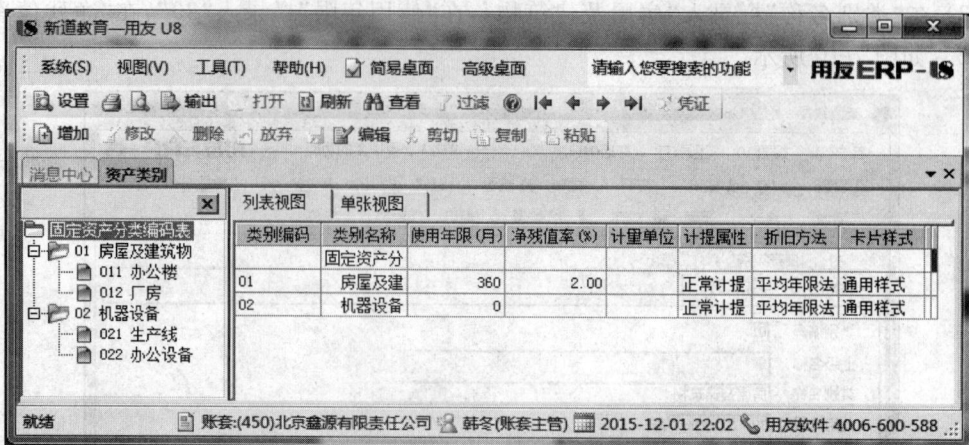

图 7-12　设置固定资产类别

实验指导 5：设置固定资产增减方式

（1）执行"设置|增减方式"命令，打开"增减方式—列表视图"窗口。

（2）单击选中"直接购入"所在行，再单击"修改"按钮，打开"增减方式—单张视图"窗口。在对应入账科目栏录入"100201"，如图 7-13 所示。

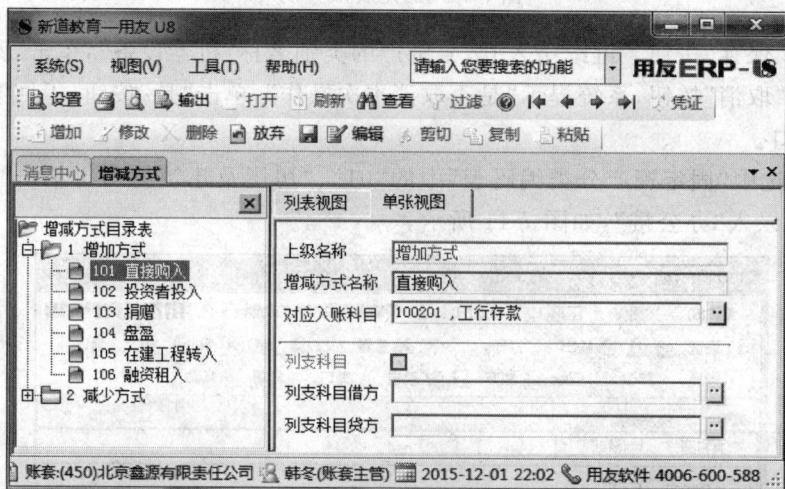

图 7-13　固定资产—直接购入

（3）单击"保存"按钮，依此方法继续设置其他增减方式对应的入账科目，如图 7-14 所示。

实验指导 6：录入固定资产原始卡片

（1）执行"卡片|录入原始卡片"命令，打开"资产类别—列表视图"窗口。

（2）双击固定资产分类编码表中的"房屋及建筑物"，再单击"房屋及建筑物"下级类别中的"011 办公楼"。

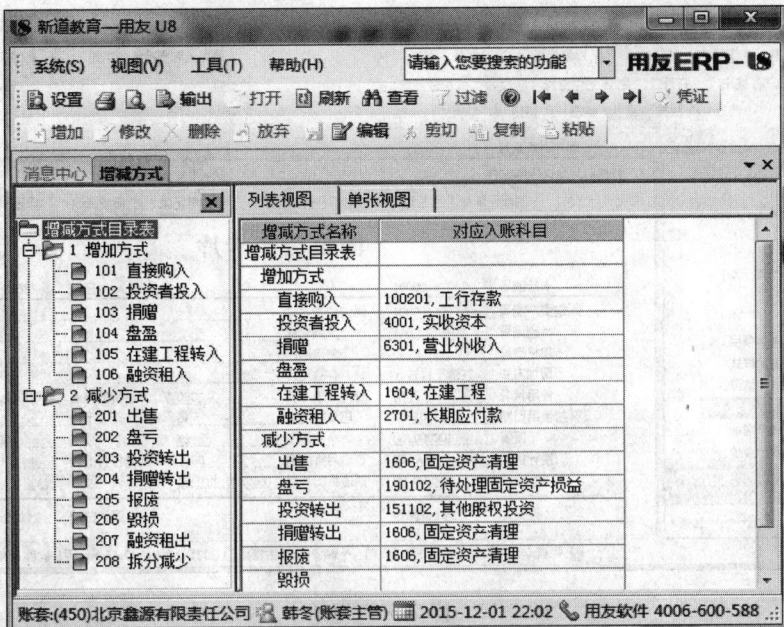

图 7-14　设置固定资产增减方式

（3）单击"确认"按钮，打开"固定资产卡片［录入原始卡片］：00001 号卡片"对话框。

（4）在"固定资产编号"栏录入"01100001"，在"固定资产名称"栏录入"1 号楼"，单击"部门名称"栏，再单击"部门名称"按钮，打开"固定资产—本资产部门使用方式"对话框。

（5）单击"确定"按钮，打开"部门参照"窗口，选择"人事部"，使用年限 360。

（6）单击"确定"按钮。

（7）单击"增加方式"栏，再单击"增加方式"按钮，打开"增减方式参照"窗口。单击选中"在建工程转入"。

（8）单击"确认"按钮，单击"使用状况"栏，再单击"使用状况"按钮，打开"使用状况参照"窗口。

（9）单击"确认"按钮。

（10）在开始使用日期栏录入"2012-01-08"，在原值栏录入"400000"，在累计折旧栏录入"37800"，如图 7-15 所示。

（11）单击"退出"按钮，系统提示"是否保存数据？"。

（12）单击"是"按钮，系统提示"数据成功保存"。

（13）单击"确认"按钮，依此方法继续录入其他固定资产卡片，如图 7-16 所示。

实验指导 7：固定资产日常业务处理

第一步：修改固定资产使用状况。

（1）执行"卡片|卡片管理"命令，打开"卡片管理"窗口。

（2）单击选中"00003"所在行，再单击"修改"按钮，打开"固定资产卡片［编辑卡片：00003 号卡片］"窗口。

（3）单击"使用状况"栏，再单击"使用状况"按钮，打开"使用状况参照"对话框。

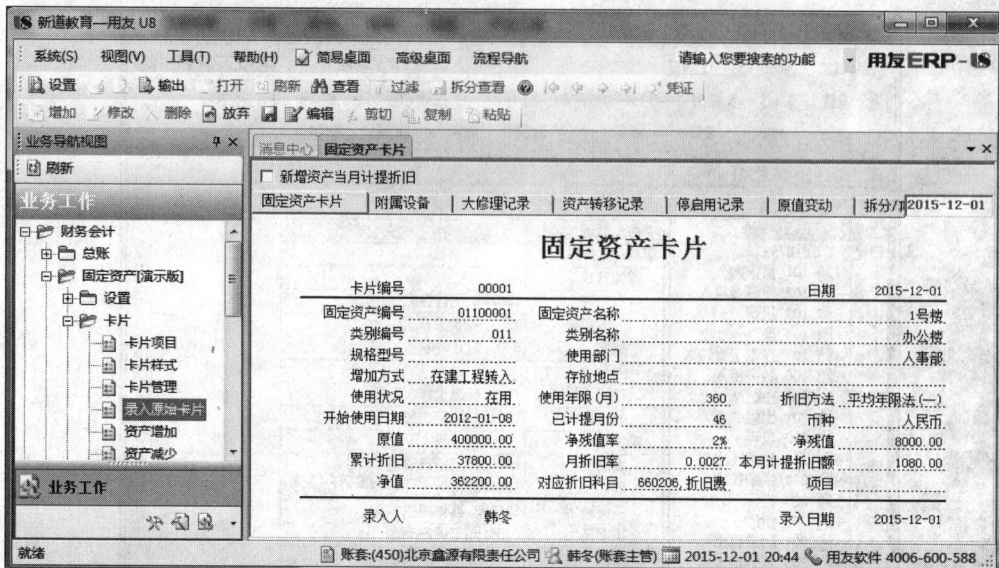

图 7-15　固定资产原始卡片

图 7-16　固定资产卡片管理

（4）单击选中"1004 大修理停用"，如图 7-17 所示。

（5）单击"确认"按钮。

（6）单击"退出"按钮，系统提示"是否保存数据？"。

（7）单击"是"按钮，退回卡片管理窗口。

（8）单击"退出"按钮，系统提示"数据成功保存"。

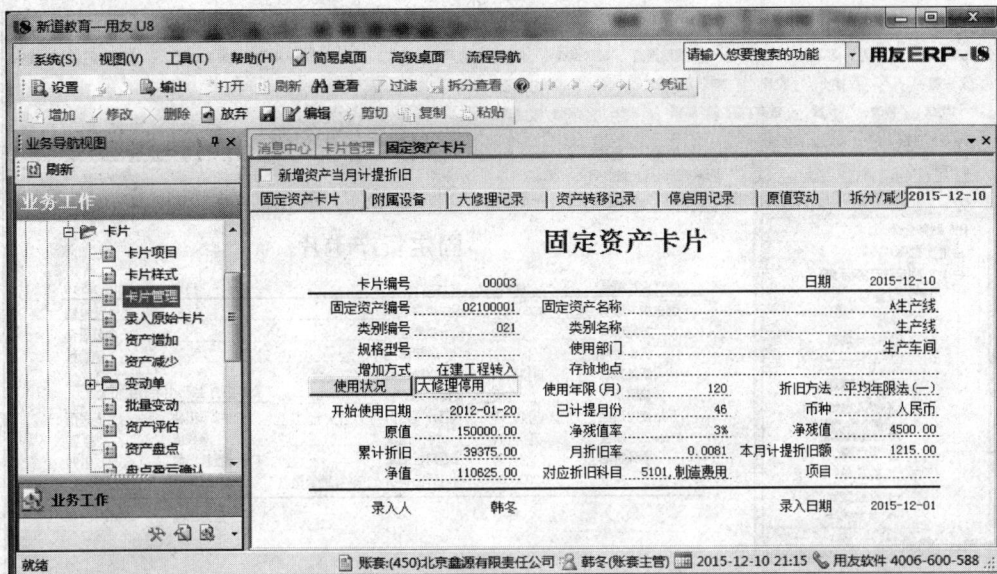

图 7-17　修改固定资产卡片

（9）单击"确定"按钮。

第二步：购置固定资产。

（1）以账套主管身份登录企业应用平台，选择登录日期"2015-12-15"，执行"卡片|资产增加"命令，打开"资产类别参照"窗口。

（2）双击"02 机器设备"，再单击选中"02 机器设备"的下级类别"022 办公设备"。

（3）单击"确认"按钮，打开"固定资产卡片［新增资产：00006 号卡片］"窗口。

（4）在"固定资产卡片编号"栏录入"02200002"，在固定资产名称栏录入"电脑"，单击部门名称栏，再单击"部门名称"按钮，出现"本资产部门使用方式"对话框。

（5）单击"确定"按钮，打开"部门对照"对话框，双击"市场部"，再单击市场部的下级部门"销售科"。

（6）单击"确认"按钮，单击"增加方式"栏，再单击"增减方式参照"对话框。

（7）单击"确认"按钮。

（8）单击"使用状况"栏，再单击"使用状况"按钮，打开"使用状况参照"窗口。

（9）单击"确认"按钮。

（10）修改开始使用日期为"2015-12-15"。

（11）单击"折旧方法"栏，再单击"折旧方法"按钮，打开"折旧方法参照"对话框。

（12）单击选中"5—年数总和法"。

（13）单击"确认"按钮。

（14）在"原值"栏录入"12 000"，如图 7-18 所示。

（15）单击"退出"按钮，系统提示"是否保存数据？"。

（16）单击"是"按钮，系统提示"数据成功保存"。

（17）单击"确定"按钮，再单击"退出"按钮退出。

（18）执行"处理|批量处理"命令，打开"批量制单—制单选择"窗口。

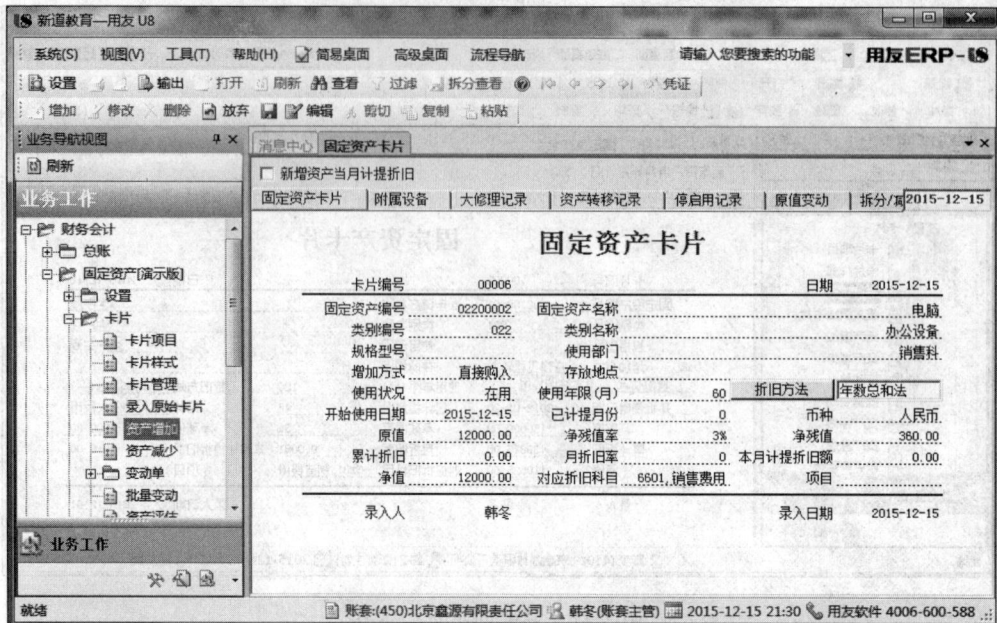

图 7-18　增加固定资产

（19）双击业务 1 新增资产的"选择"栏，选中要制单的业务。

（20）单击"制单设置"页签，如图 7-19 所示。

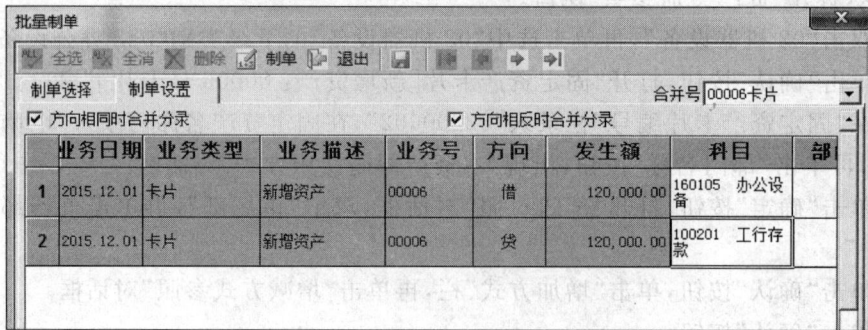

图 7-19　制单设置

提示

若选项中未设置默认科目，则此处应设置科目，在第一行科目栏录入"160105"，在第二行科目栏目处录入"100201"。

（21）单击"制单"按钮，生成一张记账凭证。

（22）修改凭证类别为"付款凭证"，同时填现金流量"购建固定资产、无形资产和其他长期资产所支付的现金"，如图 7-20 所示。

（23）单击"保存"按钮。

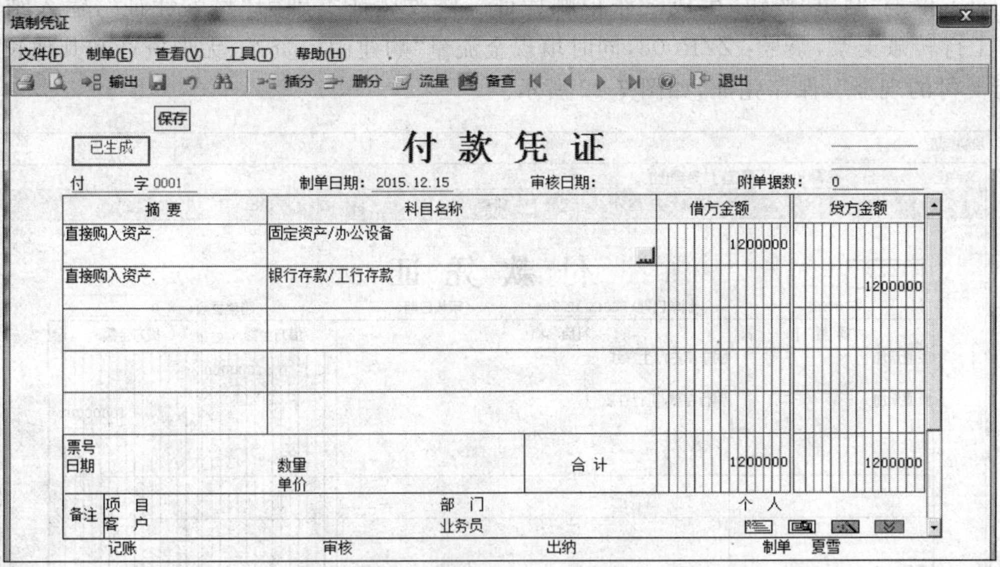

图 7-20　系统生成机制付款凭证

第三步：购置固定资产配件。

（1）以账套主管身份登录企业应用平台，选择登录日期"2015-12-26"。

（2）执行"设置|卡片|固定资产变动单|原值增加"命令。选择卡片编号"00003"，输入增加金额"10 000"。

（3）在变动原因中输入"工作需要"。

（4）单击"确定"按钮，再单击"退出"按钮退出，如图 7-21 所示。

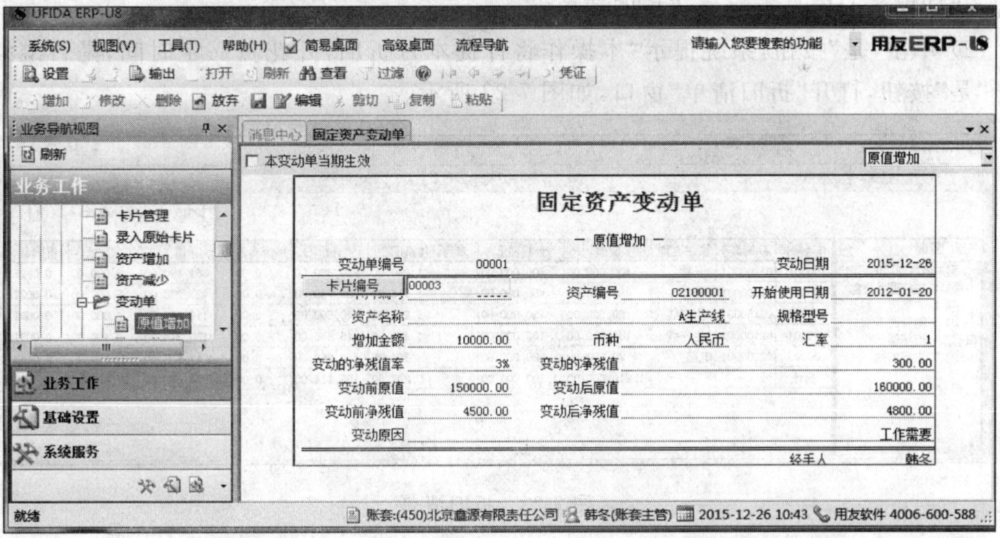

图 7-21　固定资产原值变动

（5）执行"处理|批量处理"命令，打开"批量制单—制单选择"窗口，选择变动单的选择项，再单击"制单设置"页签。

(6) 单击“制单”按钮，生成一张记账凭证。修改凭证类别为“付款凭证”，输入结算方式：工行转账支票，票号：ZZR008，同时填现金流量“购建固定资产、无形资产和其他长期资产所支付的现金”，保存凭证，如图 7-22 所示。

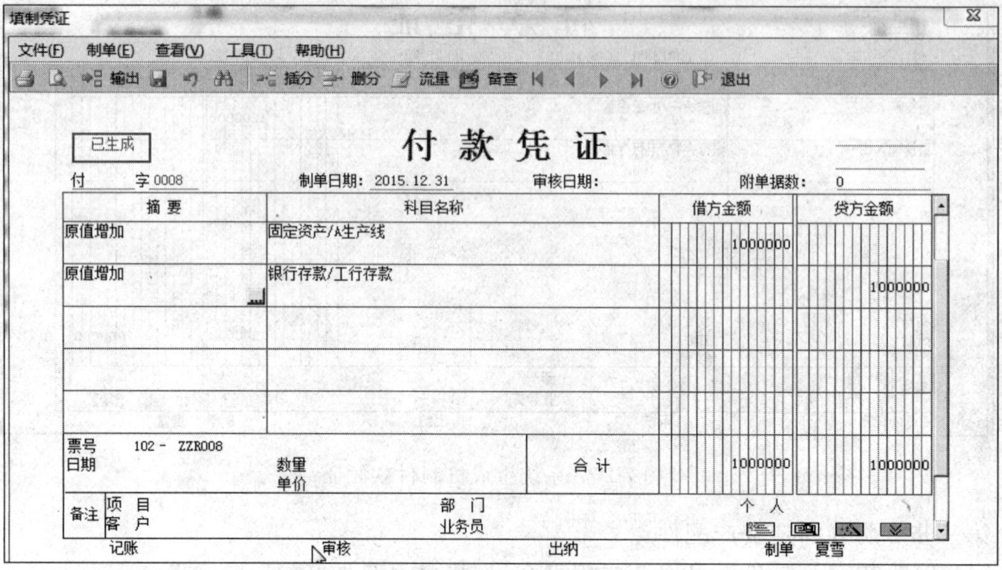

图 7-22　自动生成付款凭证

(7) 单击“退出”按钮退出。

第四步：计提固定资产折旧。

(1) 以操作员“002 夏雪”身份登录企业应用平台，执行“处理|计提本月折旧”命令。系统提示“计提折旧后是否要看清折旧清单？”。

(2) 单击“是”按钮，系统提示“本操作将计提本月折旧，并花费一定时间，是否继续？”。单击“是”按钮，打开“折旧清单”窗口，如图 7-23 所示。

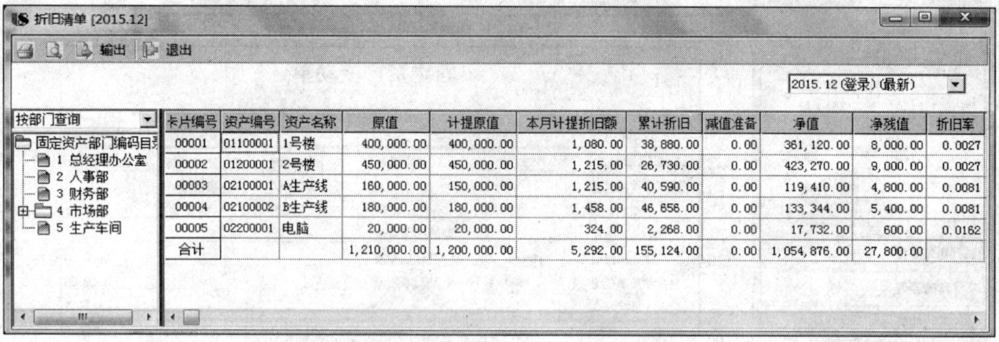

卡片编号	资产编号	资产名称	原值	计提原值	本月计提折旧额	累计折旧	减值准备	净值	净残值	折旧率
00001	01100001	1号楼	400,000.00	400,000.00	1,080.00	38,880.00	0.00	361,120.00	8,000.00	0.0027
00002	01200001	2号楼	450,000.00	450,000.00	1,215.00	26,730.00	0.00	423,270.00	9,000.00	0.0027
00003	02100001	A生产线	160,000.00	150,000.00	1,215.00	40,590.00	0.00	119,410.00	4,800.00	0.0081
00004	02100002	B生产线	180,000.00	180,000.00	1,458.00	46,656.00	0.00	133,344.00	5,400.00	0.0081
00005	02200001	电脑	20,000.00	20,000.00	324.00	2,268.00	0.00	17,732.00	600.00	0.0162
合计			1,210,000.00	1,200,000.00	5,292.00	155,124.00	0.00	1,054,876.00	27,800.00	

图 7-23　折旧清单

(3) 单击“退出”按钮，打开“折旧分配表”窗口，如图 7-24 所示。

(4) 单击“凭证”按钮，生成一张记账凭证。

(5) 在第四行分录栏录入“1602”，修改凭证类别为“转账凭证”。

(6) 单击“保存”按钮，显示“已生成”，如图 7-25 所示。

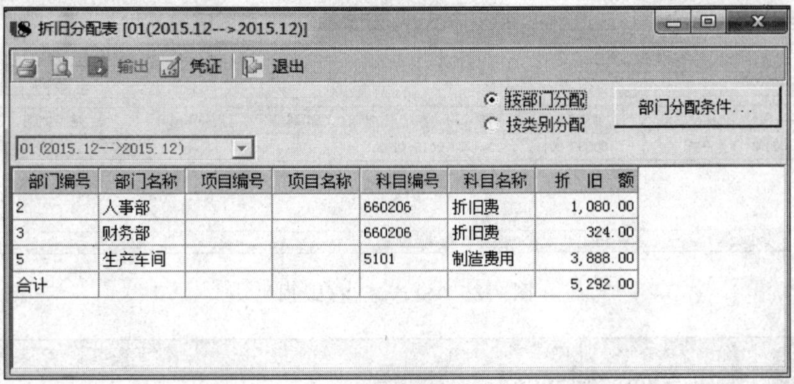

部门编号	部门名称	项目编号	项目名称	科目编号	科目名称	折 旧 额
2	人事部			660206	折旧费	1,080.00
3	财务部			660206	折旧费	324.00
5	生产车间			5101	制造费用	3,888.00
合计						5,292.00

图 7-24　折旧分配表

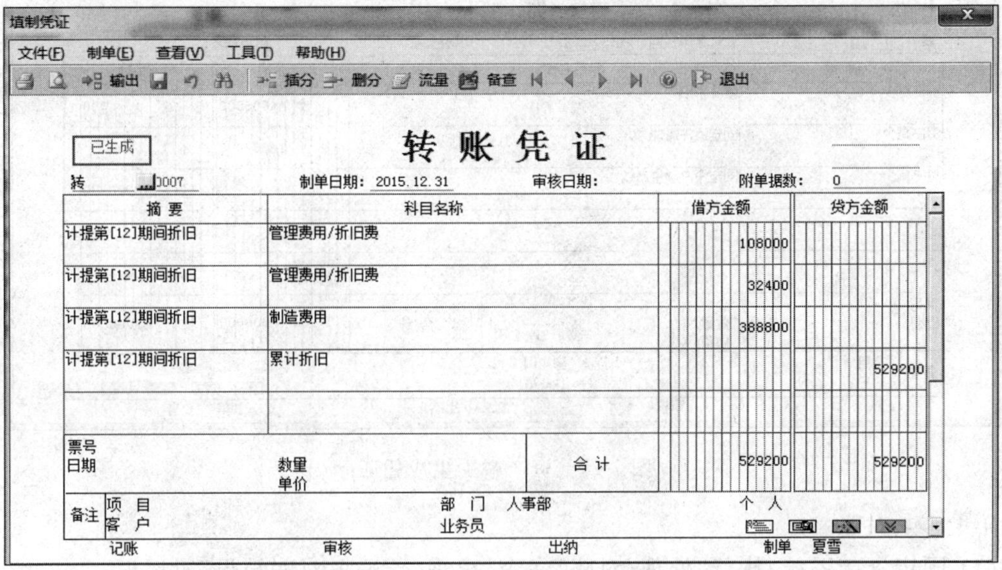

图 7-25　生成折旧凭证

(7) 单击“退出”按钮退出。

第五步：固定资产毁损。

(1) 执行“设置|卡片|资产减少”命令，进入“减少窗口”。

(2) 选择卡片编号“00004”，单击“增加”按钮。

(3) 选择减少方式“毁损”，单击“确定”按钮，如图 7-26 所示。

(4) 执行“处理|批量处理”命令，打开“批量制单—制单选择”窗口，选择变动单的选择项，再单击“制单设置”页签。

(5) 单击“制单”按钮，生成一张记账凭证。修改凭证类别为“转账凭证”，保存凭证，如图 7-27 所示。

第六步：对固定资产系统生成的记账凭证进行处理。

(1) 更换操作员“003”到总账系统对生成的付款凭证进行出纳签字。

(2) 更换操作员“001”到总账系统对生成的记账凭证进行审核、记账。

图 7-26　资产减少（毁损）

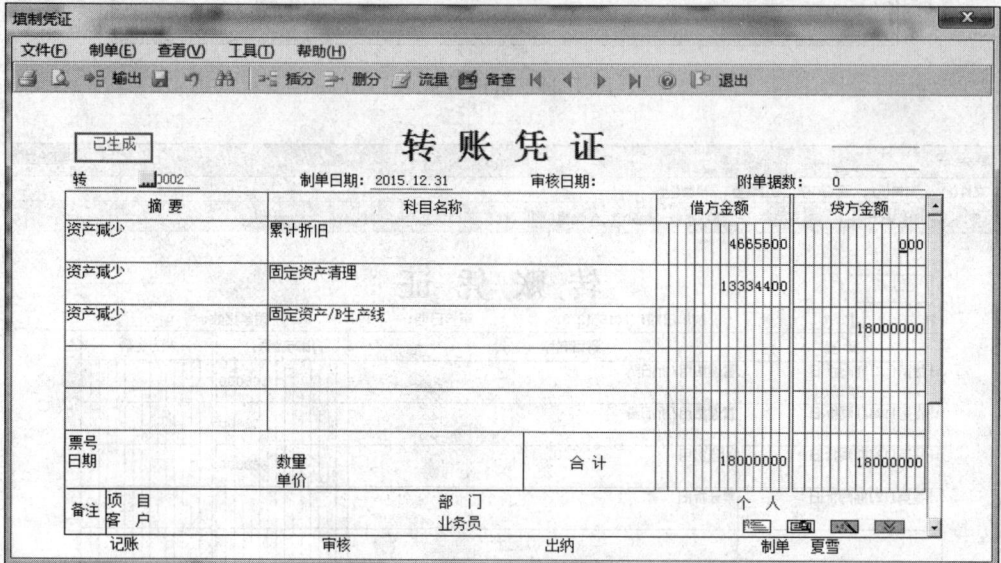

图 7-27　资产减少生成凭证

第七步：对账

（1）固定资产系统，执行"处理|对账"命令，出现"与账务对账结果"对话框。

（2）单击"确定"按钮，如图 7-28 所示。

实验指导 8：月末结账

（1）执行"处理|月末结账"命令，如图 7-29 所示。

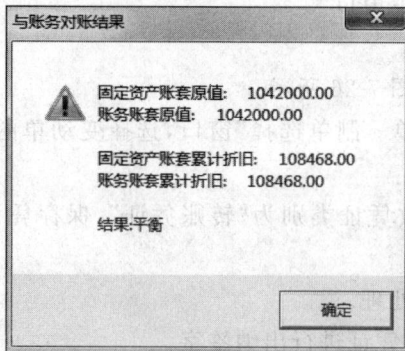

图 7-28　"与账务对账结果"对话框

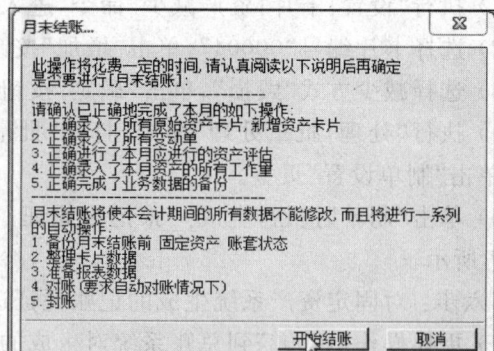

图 7-29　固定资产月末结账

188

（2）满足结账条件后，单击"开始结账"按钮，系统自动进行结账，单击"确定"按钮退出。

> **提示**
>
> - 有两种情况不允许结账：一是初始化选择了"月末结账前一定要完成制单登账业务"，而账套还存在未制单的业务，则不允许结账；二是初始化没有选中"对账不平衡允许结账"选项，而对账如果不平衡时不允许结账。
> - 单击"处理/恢复月末结账前状态"功能，即可恢复到结账前状态。这时本账套内对结账后所做的所有工作都无痕迹删除，单击"确定"按钮退出。
> - 必须先关闭"总账"系统才能反结账；如果账套已经年结，或者成本子系统提取了该期的数据，就不能反结账。

实验指导 9：查询账表

第一步：查询固定资产原值一览表。

（1）执行"账表｜我的账表"命令，打开"固定资产—［报表］"窗口。

（2）单击"账簿"中的"统计表"。

（3）双击"［（固定资产原值）一览表］"，打开"条件—［（固定资产原值）一览表］"窗口。

（4）单击"确定"按钮，打开"（固定资产原值）一览表"窗口，如图 7-30 所示。

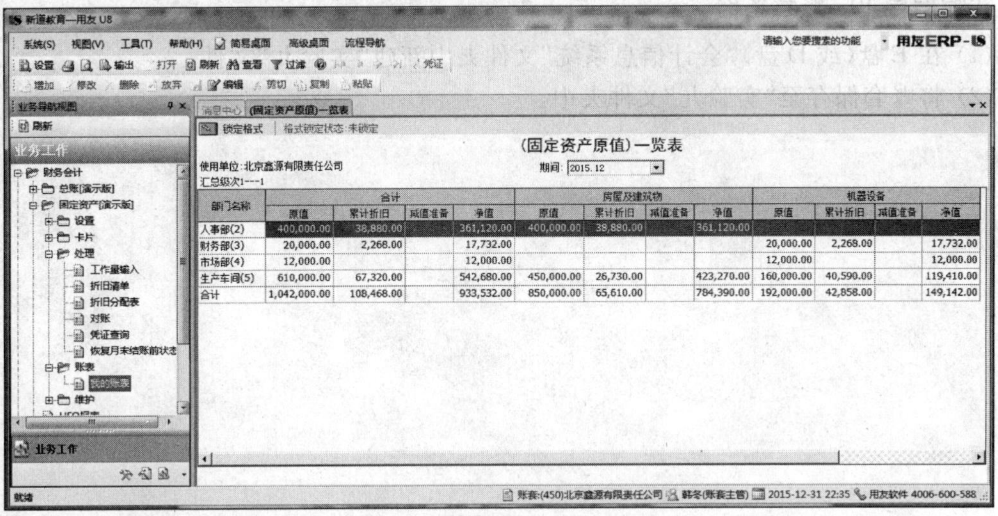

图 7-30　（固定资产原值）一览表

（5）单击"退出"按钮退出。

第二步：查询"价值结构分析表"。

（1）执行"账表｜我的账表"命令，打开"固定资产（报表）"窗口。

（2）单击"分析表"。

（3）双击"价值结构分析表"，出现"条件—［价值结构分析表］"对话框。

（4）单击"确定"按钮，打开"价值结构分析表"窗口，如图 7-31 所示。

（5）单击"退出"按钮退出。

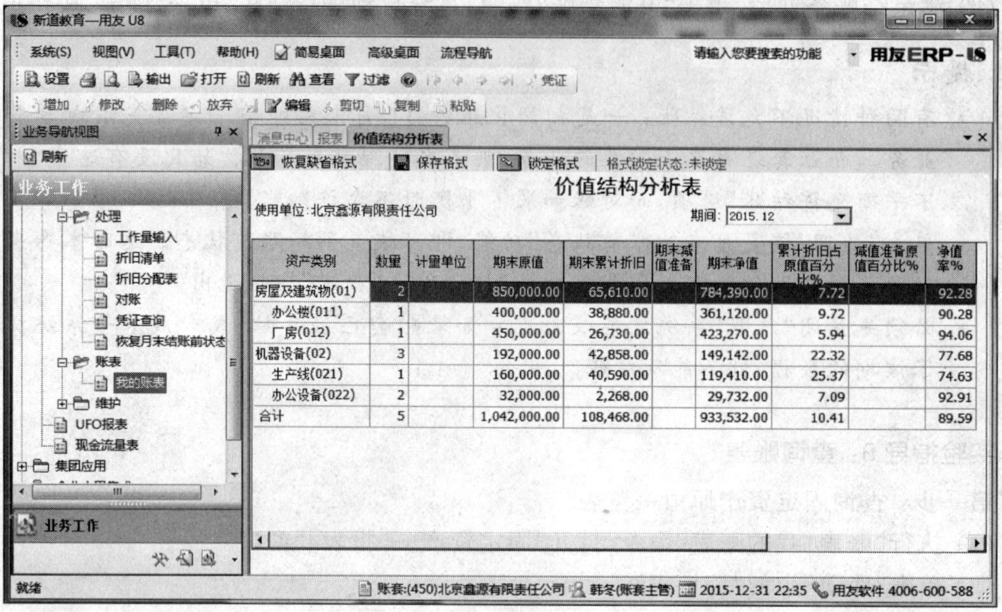

图 7-31　价值结构分析表

实验指导 10：账套备份

（1）在 E 盘（或 D 盘）"会计信息系统"文件夹中新建"实验九"文件。

（2）将账套保存至"实验九"文件夹中。

第八章

应收款管理系统

学习目标

通过本章的学习,要求学生掌握应收款管理系统的功能;理解应收款管理系统和其他系统之间的关系;完成应收款管理系统的初始化、日常处理和期末处理工作。

第一节　应收款管理系统概述

一、应收款管理系统的应用方案

应收款管理主要用于核算和管理客户往来款项,及时、准确地提供客户往来款项余额资料,提供各种分析报表,帮助企业合理进行资金的调配,提高资金的利用效率。

根据对客户往来款项的核算和管理程度的不同,系统提供了详细核算和简单核算两种方案。不同的应用方案,其系统功能、产品接口、操作流程等均不相同。

1. 详细核算

如果企业销售业务和应收款核算与管理内容比较复杂,或者需要追踪每一笔业务的应收款、收款等情况,或者希望对应收款项进行各种分析,或者需要将应收款核算到产品一级,则可以选择详细核算方案。

在这种方式下,客户往来款项由应收款管理系统核算,应收款管理系统主要与总账系统、销售系统、应付款管理系统、UFO 报表系统、库存管理系统、存货核算系统等有接口。所有的客户往来凭证全部由应收款管理系统生成,总账系统不再生成该种凭证。

详细核算方式下,应收款管理系统的功能主要包括以下几个方面。

(1) 根据输入的单据记录应收款项的形成以及收款结算处理。

(2) 处理应收款项的收款及转账情况。

(3) 生成应收款项处理的会计凭证,并向总账系统传递。

(4) 对外币业务及汇兑损益进行处理。

(5) 提供各种查询和分析功能。

如果应收款管理系统与销售管理系统集成使用,系统根据由销售管理系统传递过来的单据记录应收款项的形成,非商品交易形成的应收项目在应收款管理系统中记录;若应收款系统不与销售管理系统集成使用,销售发票和应收单都在应收款管理系统中直接记录。

2. 简单核算

如果在销售业务中应收账款业务并不十分复杂,或者现销业务很多,则可以选择简单核算方案。

在这种方式下,客户往来款项由总账系统核算,应收款管理系统主要与总账系统有接口。应收款管理系统只是连接总账与销售业务系统的一座桥梁,即只是对销售系统生成的发票进行审核并生成凭证传递到总账,而不能对发票进行其他的处理,也不能对往来明细进行实时查询、分析。此时,往来明细只能在总账中进行简单的查询。

简单核算方式下,应收款管理系统的功能主要包括以下两个方面。

(1) 接受销售系统的发票,对其进行审核。

(2) 对销售发票进行制单处理,并可查询凭证。

二、应收款管理系统的主要功能

应收款管理系统主要提供了设置、日常处理、单据查询、账表管理和其他处理等功能。

1. 设置

设置主要包括三方面的内容。

(1) 系统参数设置。企业可以结合管理有权进行参数设置,它是整个系统运行的基础。

(2) 单据类型设置、账龄区间设置和坏账初始设置。该设置是为各种应收款业务的日常核算及统计分析做准备。

(3) 期初余额录入。录入期初余额可以保证企业数据的完整性和连续性。

2. 日常处理

日常处理提供了应收单据、收款单据的录入、处理、核销、转账、汇兑损益、制单等功能。

3. 单据查询

单据查询提供了查阅各类单据的功能,包括各类单据、详细核算信息、报警信息、凭证等内容。

4. 账表管理

账表管理提供了总账表、余额表、明细账等多种账表的查询功能,以及应收账龄分析、收款账龄分析等统计分析功能。

5. 其他处理

其他处理功能包括进行远程数据传递、对核销或转账等处理进行恢复的功能、进行月末结账等处理功能。

应收款管理系统的操作流程如图8-1所示。

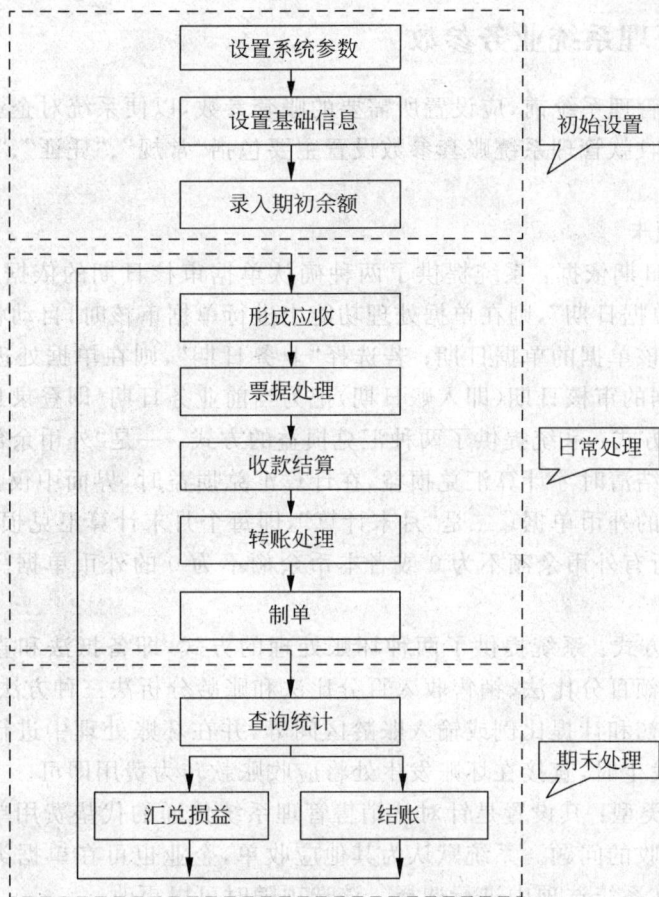

图 8-1 应收款管理系统操作流程图

说明：(1) 初次进入应收款管理系统，要进行账套参数的设置。

(2) 在进入正常处理之前，还应进行一些初始设置，并且录入期初余额。

(3) 日常处理包括单据的录入、单据的结算、票据的管理、凭证的处理以及转账处理等。

(4) 月末处理包括汇兑损益的处理及月末结账的处理。

第二节　应收款管理系统初始化

一、应收款管理系统初始化准备

为便于系统初始化，应准备如下数据和资料。

(1) 和本单位有业务往来的所有客户的详细资料，包括客户名称、地址、联系电话、开户银行、信用制度、最后的交易情况等。应收款管理系统可以根据客户目录中的内容来准备资料。

(2) 用于销售的所有存货的详细资料：包括存货的名称、规格型号、价格、成本等数据。

二、应收账款管理系统业务参数

在使用应收款管理系统前,应设置所需要的账套参数,以便系统对企业所设定的选项进行相应的处理。应收款管理系统账套参数设置主要包括"常规"、"凭证"、"权限与预警"、"核销设置"四项内容。

1."常规"选项卡

(1)单据审核日期依据:系统提供了两种确认单据审核日期的依据,即单据日期和业务日期。若选择"单据日期",则在单据处理功能中进行单据审核时,自动将单据的审核日期(即入账日期)记为该单据的单据日期;若选择"业务日期",则在单据处理功能中进行单据审核时,自动将单据的审核日期(即入账日期)记为当前业务日期(即登录日期)。

(2)汇兑损益方式:系统提供了两种汇兑损益的方式:一是"外币余额结清时计算",即仅当某种外币余额结清时才计算汇兑损益,在计算汇兑损益时,界面中仅显示外币余额为0且本币余额不为0的外币单据;二是"月末计算",即每个月末计算汇兑损益,在计算汇兑损益时,界面中显示所有外币余额不为0或者本币余额不为0的外币单据。账套使用过程中可以修改该参数。

(3)坏账处理方式:系统提供了两种坏账处理的方式,即备抵法和直接转销法。备抵法具体包括应收余额百分比法、销售收入百分比法和账龄分析法三种方法,在初始设置中需要录入坏账准备期初和计提比例或输入账龄区间等,并在坏账处理中进行后续处理。直接转销法下,当坏账发生时,直接在坏账发生处将应收账款转为费用即可。

(4)代垫费用类型:其设置是针对从销售管理系统传递的代垫费用单在应收系统用何种单据类型进行接收的问题。系统默认为其他应收单,企业也可在单据类型设置中自行定义单据类型,然后在系统选项中进行选择。该选项随时可以更改。

(5)应收账款核算模型:系统提供了"简单核算"、"详细核算"两种模型。

(6)自动计算现金折扣:为了鼓励客户在信用期间提前付款而采用现金折扣政策,可以在系统中选择是否自动计算现金折扣。若选择自动计算,则需要在发票或应收单中输入付款条件,在核销处理界面中系统依据付款条件自动计算该发票或应收单可享受折扣,输入本次折扣进行结算,则"原币余额=原币金额-本次结算金额-本次折扣"。若不选择"自动计算现金折扣",则系统不自动计算现金折扣。

(7)登记支票:即自动登记支票登记簿的功能。选择"登记支票",则系统自动将具有票据管理的结算方式的付款单登记支票登记簿;若不选择登记支票登记簿,则企业也可以通过单击付款单上的"登记"按钮,进行手工填制支票登记簿。该选项可以随时修改。

(8)应收票据直接生成收款单:如果选择为"是",则表示应收票据保存时,则同时生成收款单;如果选择为"否",则表示应收票据保存后,不生成收款单,需在票据界面手工单击"生成"按钮才可生成收款单。

2."凭证"选项卡

(1)受控科目制单方式:有两种制单方式,一是"明细到客户",即当将一个客户的多笔业务合并生成一张凭证时,若核算这多笔业务的控制科目相同,系统将自动将其合并成一条分录,从而在总账系统中能够根据客户来查询其详细信息;二是"明细到单据",当将一个客户的多笔业务合并生成一张凭证时,系统会将每一笔业务形成一条分录从而在总账系统中能查看到每个客户的每笔业务的详细情况。

(2)月末结账前是否全部生成凭证:若选择了月末结账前需要全部生成凭证,则在进行月末结账时将检查截至结账月是否有未制单的单据和业务处理(若有则系统将提示不能进行本次月结处理,但可以详细查看这些记录;若没有才可以继续进行本次月结处理)。

若选择了在月末结账前不需要全部生成凭证,则在月结时只是允许查询截至结账月的未制单的单据和业务处理,不进行强制限制。在账套使用过程中可以修改该参数。

(3)预收冲应收是否生成凭证:选择"是",则对于预收冲应收业务,当预收、应收科目不相同时,需要生成一张转账凭证,月末结账时需要对预收冲应收进行分别检查有无制单的记录;若选择"否",则对于预收冲应收业务不管预收、应收科目是否相同均不需要生成凭证,月末结账时不需要检查预收冲应收记录有无制单。该选项可以随时修改。

(4)红票对冲是否生成凭证:若选择"是",则对于红票对冲处理,当对冲单据所对应的受控科目不相同时,需要生成一张转账凭证,月末结账时需要对红票对冲处理分别检查有无需要制单的记录;若选择"否",则对于红票对冲处理,不管对冲单据所对应的受控科目是否相同均不需要生成凭证,月末结账时不需要检查红票对冲处理制单情况。该选项可以随时修改。

3."权限与预警"选项卡

(1)单据报警:按信用方式报警其单据到期日根据客户档案中信用期限而定;按折扣期则根据单据中的付款条件最大折扣日期计算。在账套使用过程中可以修改该参数。

(2)信用额度报警:系统根据设置的预警标准显示满足条件的客户记录,只要客户的信用比率小于等于设置的提前比率时就对该客户进行报警处理;若选择"信用额度=0"的客户也预警,则当该客户的"应收账款>0"时即进行预警。

4."核销设置"选项卡

系统提供了两种应收款的核销方式,一是按单据核销,系统将满足条件的未结算单据全部列出,由企业选择要结算的单据进行核销;二是按产品核销,系统将满足条件的未结算单据按存货列出,由企业选择要结算的存货进行核销。

企业收款时,如果没有指定具体是哪个存货的款项,则可以采用按单据核销。对于单位价值较高的存货,企业可以采用按产品核销,即收款指定到具体存货上。在账套使用过程中,可以随时修改该参数的设置。

三、初始化设置

1.科目设置

(1)基本科目设置

在基本科目设置中所设置的应收科目中的"应收账款"、预收科目中的"预收账款"和银行承兑科目与商业承兑科目中的"应收票据",应在总账系统中设置其辅助核算为"客户往来",并且其受控系统为"应收系统"。否则在这里不能使用。只有在这里设置了基本科目,在生成凭证时才能直接生成凭证中的会计科目,否则凭证中将没有会计科目,相应的会计科目只能手工再录入。

（2）控制科目设置

在核算对客户的赊销款时,若针对不同的客户（客户分类、地区分类）分别设置了不同的应收账款科目和预收账款科目,并且与基本科目设置中的科目不同时,在控制科目设置界面的内容受账套参数选择设置控制（即选择客户设置、客户分类设置、地区分类设置）。应收、预收科目必须是有"客户往来"辅助核算的末级科目。

（3）产品科目设置

如果针对不同的存货（存货分类）分别设置不同的销售科目、应交销项税科目,则可以先在账套参数中选择设置的依据（即选择存货设置和存货分类设置）。当入账科目与"基本科目设置"中的科目不一致时在此处设置。

（4）结算方式科目设置

结算方式科目设置是针对已经设置的结算方式设置相应的结算科目,即在收款或付款时只要告诉系统结算时使用的结算方式就可以由系统自动生成该种结算方式所使用的会计科目。如果在此不设置结算方式科目,则在收款或付款时可以手工输入不同结算方式对应的会计科目。

2. 账龄区间设置

为了对应收账款进行账龄分析,应首先在此设置账龄区间。

3. 报警级别设置

通过对报警级别的设置,将客户按照对其应收款余额与其授信额度的比例分为不同的类型,以便于掌握对各个客户的信用情况。

4. 单据类型设置

应收款管理子系统提供了发票和应收单两大类型的单据。

（1）单据类型中的发票根据启用系统的不同而有所不同,若同时使用销售管理子系统,发票类型默认为专用发票、普通发票、运费发票、废旧物资收购凭证、农副产品收购凭证和其他收据;若只使用应收款管理子系统发票只有专用发票和普通发票两种。发票的单据类型不能删改。

（2）应收单记录销售业务之外的应收款情况。可以按应收款项的不同设置应收单类型,例如,可以将应收单分为应收费用款、应收利息款、应收罚款、其他应收款等。应收单的对应科目由用户自己定义。在此只能增加应收单的类型。

5. 付款条件

付款条件也叫现金折扣,是指企业为了鼓励客户偿还贷款而允诺在一定期限内给予的规定的折扣优待。这种折扣条件通常可表示为 $5/10, 2/20, n/30$,它的意思是客户在10天内偿还货款,可得到 5% 的折扣,只付原价的 95% 的货款;在20天内偿还货款,可得到 2% 的折扣,只要付原价的 98% 的货款;在30天内偿还货款,则须按照全额支付货款;在30天以后偿还货款,则不仅要按全额支付货款,还可能要支付延期付款利息或违约金。

付款条件主要用于采购订单、销售订单、采购结算、销售结算、客户目录、供应商目录。系统最多同时支持4个时间段的折扣,即最多允许设置4个折扣条件。

四、期初数据录入

1. 期初余额录入

在初次使用应收款管理子系统时,应将启用应收款子系统时未处理完的所有客户的应收账款、预收账款、应收票据等数据录入到本系统。当进入第二年度时,系统自动将上年度未处理完的单据转为下一年度的期初余额。期初余额的录入包括销售发票、应收单、预收款、应收票据四种。

2. 应收款系统与总账系统对账

在录入完成应收款的期初余额后,即可进行"期初对账"工作。当保存了期初余额结果,或在每二年使用需要调整期初余额时可以进行修改。当第一个会计期已结账后,期初金额只能查询不能再修改。应收款系统与总账系统对账,必须要在总账与应收系统同时启用后才可以进行。

实验十 应收款管理系统初始化

【实验准备】

可以引入 E 盘中"会计信息系统"文件夹中"实验三"的备份数据,将系统日期修改为"2015 年 12 月 31 日"。启用应收款管理系统,启用时间为"2015 年 12 月 01 日"。

由 001 韩冬完成应收款管理系统的初始化设置。

【实验内容】

(1)科目修改。

(2)参数设置。

(3)科目设置。

(4)坏账准备设置。

(5)账期内账龄区间。

(6)逾期账龄区间。

(7)计量单位组。

(8)存货分类。

(9)存货档案。

(10)开户银行。

(11)期初余额。

【实验资料】

1. 修改会计科目

修改"应收账款"、"应收票据"、"预收账款"科目的受控系统为应收系统。

2. 设置控制参数（见表 8-1）

表 8-1　控制参数设置

控 制 参 数	参 数 设 置
坏账处理方式	应收余额百分比
是否自动计算现金折扣	是

3. 初始设置

（1）科目设置（见表 8-2）

表 8-2　科目设置

科 目 设 置	参 数 设 置
基本科目设置	应收科目(本币)：应收账款 预收科目(本币)：预收账款 销售收入科目：主营业务收入——甲产品 应交增值税科目：应交税费/应交增值税/销项税额
控制科目设置	所有客户的控制科目：应收科目为"应收账款" 预收科目为"预收账款"
结算方式科目设置	现金支票：币种为人民币；科目为"银行存款/工行存款" 转账支票：币种为人民币；科目为"银行存款/工行存款"

（2）设置坏账准备（见表 8-3）

表 8-3　坏账准备

控 制 参 数	参 数 设 置
提取比例	0.5%
坏账准备期初余额	800
坏账准备科目	坏账准备
对方科目	资产减值损失

（3）设置账期内账龄区间（见表 8-4）

（4）设置逾期账龄区间（见表 8-5）

表 8-4　账期内账龄区间

序号	起 止 天 数	总天数
01	0～30	30
02	31～60	60
03	61～90	90
04	91 以上	

表 8-5　逾期账龄区间

序号	起 止 天 数	总天数
01	1～30	30
02	31～60	60
03	61～90	90
04	91 以上	

4. 设置计量单位

（1）设置计量单位组

计量单位组编号：01。

计量单位组名称：无换算关系。

计量单位组类别：无换算率。

（2）设置计量单位（见表8-6）

表8-6　计量单位表

计量单位编码	计量单位名称	计量单位组编码	计量单位组名称	计量单位组类别
01	件	01	无换算	无换算率
02	台	01	无换算	无换算率
03	只	01	无换算	无换算率
04	千米	01	无换算	无换算率
05	吨	01	无换算	无换算率

5．设置存货分类（见表8-7）

表8-7　存货分类

存货类别编码	存货类别名称
1	原材料
2	半成品
3	产成品
4	应税劳务

6．设置存货档案（见表8-8）

表8-8　存货档案

存货编码	存货名称	所属类别	主计量单位	税率（%）	存货属性
001	C原料	1	吨	17.00	外购、生产耗用
002	V原料	1	件	17.00	外购、生产耗用、内销
003	K零件	2	件	17.00	外购、生产耗用、内销
004	甲产品	3	台	17.00	自制、生产耗用、内销
005	乙产品	3	台	17.00	自制、生产耗用、内销
006	运输费	4	千米	17.00	外购、内销、应税劳务

7．设置单据编号

设置销售专用发票、其他应收款、收款单的单据编号允许手工改动，重号时自动重取。

8．设置开户银行

中国工商银行海淀支行；银行账号：682476300012。

9．设置收发类型、销售类型（见表8-9、表8-10）

表8-9　收发类型

收发类别编码	收发类别名称	收发标志
1	入库	收
2	出库	发

表8-10　销售类型

销售类别编码	销售类别名称	出库类别	是否默认值
01	经销	出库	是

10．录入期初余额

会计科目：应收账款1122，余额：借方180 000元，具体构成如表8-11所示。

表8-11 应收账款期初余额明细

单据类型	方向	开票日期	票号	客户名称	销售部门	科目编码	存货名称	数量	含税单价	含税金额
销售专用发票	正	2015.11.20	P029	北京远洋公司	销售科	1122	甲产品	100	750	75 000
销售专用发票	正	2015.11.26	J031	上海锦江公司	销售科	1122	乙产品	100	1 030	103 000
其他应收款单	正	2015.11.28	K002	上海锦江公司	销售科	1122	代垫运费			2 000
合　计										180 000

11．查看期初余额明细表，进行期初对账

略。

12．账套备份

略。

【实验指导】

实验指导1：修改会计科目

（1）在"企业应用平台"中执行"基础设置|基础档案|财务"命令，打开"会计科目"，单击"查找"按钮，弹出"查找科目"窗口，输入1122，单击"查找"按钮。系统自动定位在1122应收账款科目处。

（2）选中1122应收账款科目，执行"修改"命令，再单击"修改"按钮，选择右下方受控科目的下三角按钮，在下拉显示项中选择"应收系统"，单击"确认"按钮，将"1122应收账款"的受控科目修改为"应收系统"，如图8-2所示。

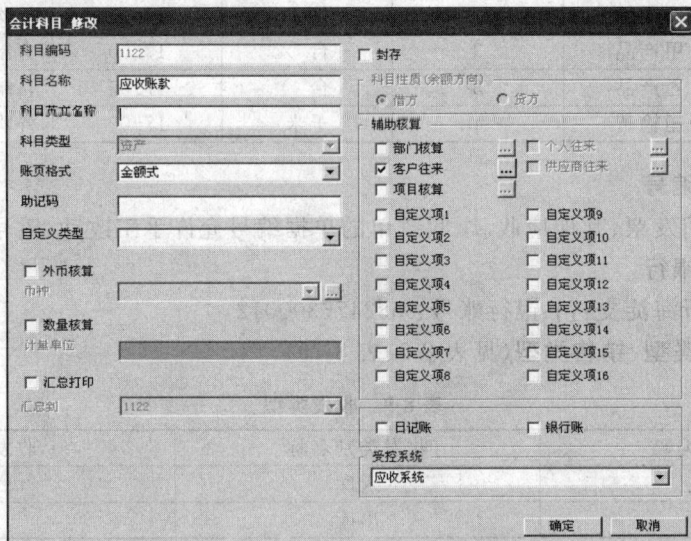

图8-2 应收账款受控系统修改

实验指导2：设置控制参数

（1）在"企业应用平台"中执行"业务工作|财务会计|应收款管理"命令。

（2）选择"设置|选项"命令，打开"账套参数设置"对话框。

（3）单击"编辑"按钮，选择"坏账处理方式"旁边的下三角按钮，在下拉菜单中选择"应收余额百分比法"，选择"自动计算现金折扣"选项，单击"确定"按钮，如图 8-3 所示。

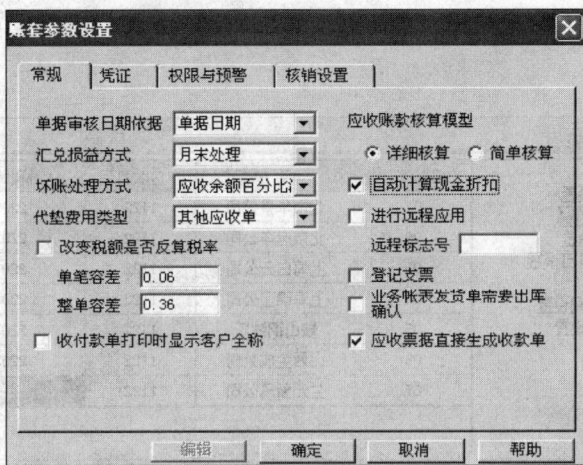

图 8-3　应收款管理参数设置

实验指导 3：初始设置

第一步：科目设置。

（1）在"企业应用平台"中执行"业务工作|财务会计|应收款管理"命令。

（2）执行"设置|初始设置"命令，进入"初始设置"窗口。

（3）打开"基本科目设置"，应收账款的本币栏内输入科目：1122，在预收账款的本币栏内输入：2203，输入销售收入科目：600101，输入税金科目：22210102，如图 8-4 所示。

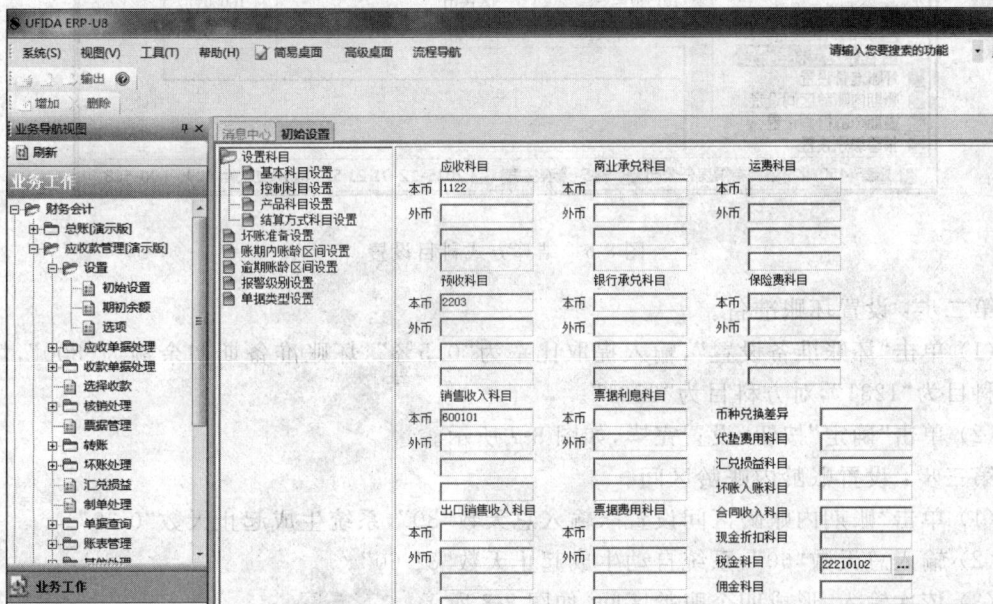

图 8-4　基本科目设置

提 示

此处的应收科目和预收科目必须为应收受控科目。

（4）打开"控制科目设置"窗口，将所有客户的"应收科目"设置为1122，"预收科目"设置为2203，如图8-5所示。

图8-5 控制科目设置

（5）打开"结算方式科目设置"窗口，结算方式选择"现金支票"，币种为"人民币"，科目为"100201"；同理，设置"转账支票"结算方式，币种为"人民币"，科目为"100201"，如图8-6所示。

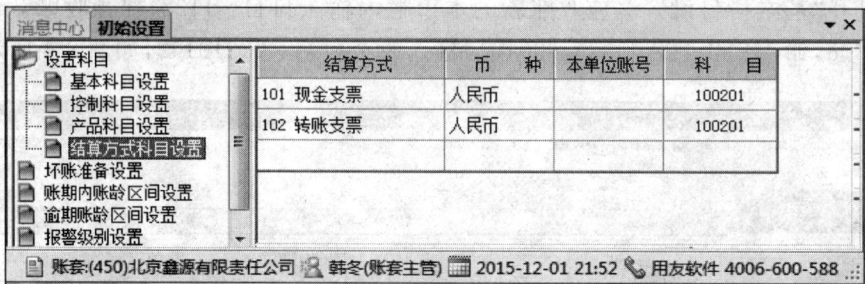

图8-6 结算方式科目设置

第二步：设置坏账准备。

（1）单击"坏账准备设置"，输入提取比率为"0.5％"，坏账准备期初余额为"800"，坏账准备科目为"1231"，对方科目为"6701"。

（2）单击"确定"按钮，设置完毕，如图8-7所示。

第三步：设置账龄内账龄区间。

（1）单击"账期内账龄区间设置"，输入总天数"30"，系统生成起止天数"0-30"。

（2）输入总天数"60"，系统自动生成起止天数"31-60"。

（3）依次输入，形成四个账龄区间，如图8-8所示。

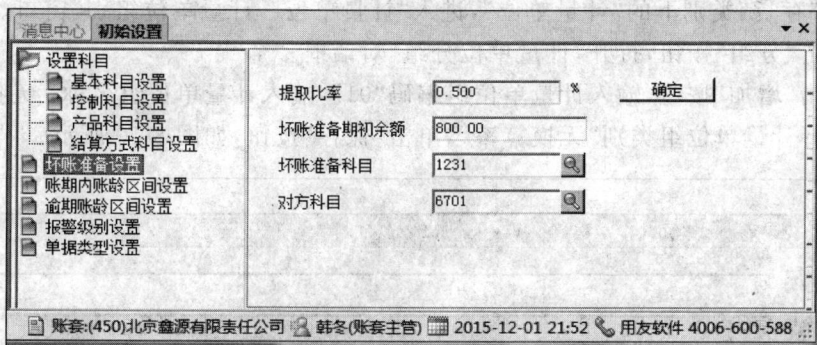

图 8-7 坏账准备设置

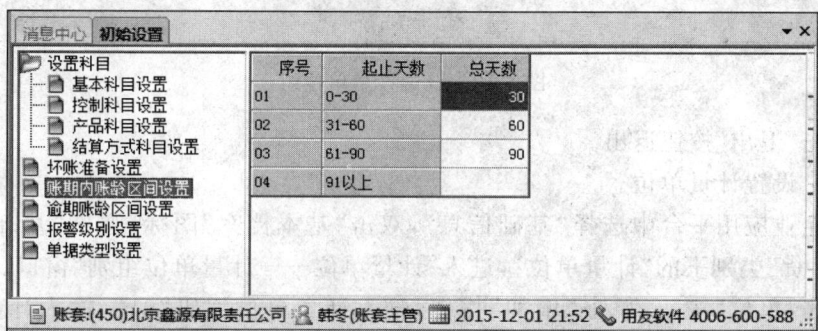

图 8-8 账期内账龄区间设置

第四步：设置逾期账龄区间。

（1）单击"逾期账龄区间设置"，输入总天数为"30"，系统生成起止天数"0-30"。

（2）输入总天数"60"，系统自动生成起止天数"31-60"。

（3）依次输入，形成四个逾期账龄区间，如图 8-9 所示。

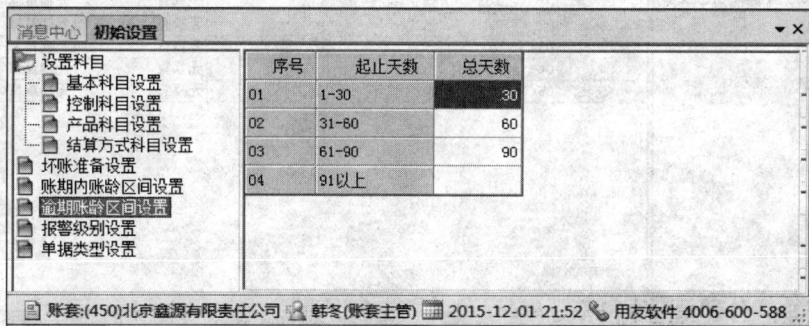

图 8-9 逾期账龄区间设置

实验指导4：设置计量单位

第一步：设置计量单位组。

（1）在企业应用平台中执行"基础信息"命令，双击"基本档案"图标，弹出"基础档案"对话框。双击"存货"类别下的"计量单位",进入"计量单位—计量单位组别"窗口。

（2）单击"分组"按钮，打开"计量单位分组"对话框。

（3）单击"增加"按钮，输入计量单位组编码"01"，输入计量单位组名称：无换算关系。

（4）选择计量单位组类别"无换算率"，单击"保存"按钮，如图 8-10 所示。

图 8-10　设置计量单位组

（5）单击"退出"按钮退出。

第二步：设置计量单位。

（1）在企业应用平台中选择"基础信息"，双击"基本档案"图标，弹出"基础档案"对话框。双击"存货"类别下的"计量单位"，进入"计量单位——计量单位组别"窗口。

（2）单击"单位"按钮，单击"增加"按钮，输入计量单位编码"01"，输入计量单位名称"件"，单击"保存"命令。

（3）同理，分别录入其他计量单位，如图 8-11 所示。

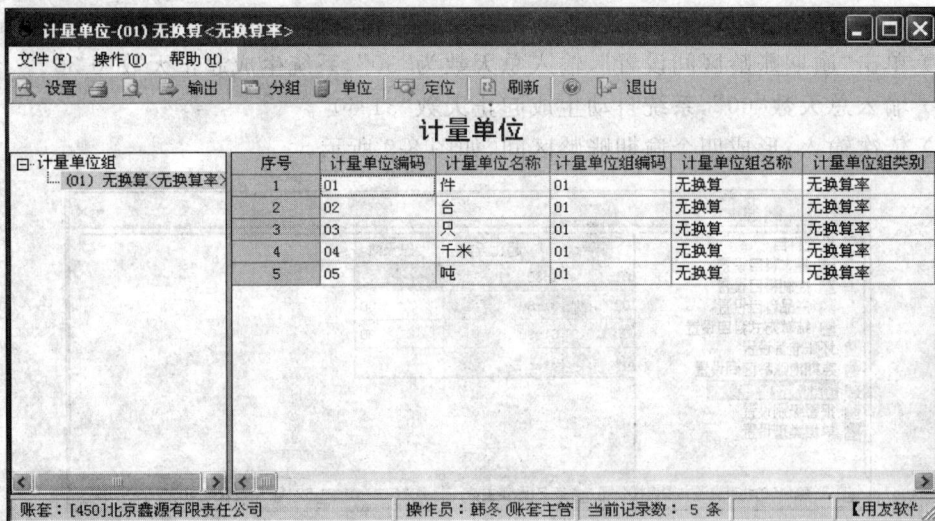

图 8-11　设置计量单位

实验指导 5：设置存货分类

（1）在企业应用平台中选择"基础信息"，双击"基本档案"图标，弹出"基础档案"对话框。双击"存货"类别下的"存货分类"，进入"存货分类"窗口。

（2）单击"增加"按钮，输入存货分类"1"，输入存货类别名称"件"，单击"保存"按钮。同理分别输入其他存货的计量单位，如图 8-12 所示。

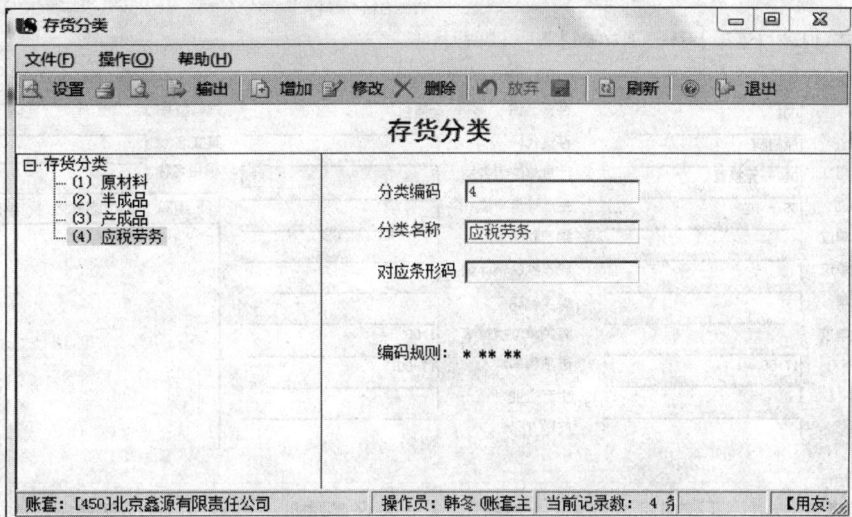

图 8-12　存货分类设置

实验指导 6：设置存货档案

（1）在企业应用平台中，执行"基础信息"命令。

（2）双击基础档案窗口下的存货类别下的"存货档案"，进入"存货档案"窗口，选中左侧的"原材料"分类。

（3）单击"增加"按钮，输入存货编码"001"，存货名称"C 原料"，选择"无换算关系"计量单位组，删除"主计量单位"默认单位"件"，单击主计量单位处的参照钮，选择计量单位"吨"。单击"确定"按钮，再选择存货属性"外购"、"生产耗用"，再"保存"，如图 8-13 所示。

（4）同理增加其他存货档案，设置完毕单击"退出"按钮退出。

实验指导 7：设置单据编号

（1）在企业应用平台中，执行"基础设置|单据设置|单据编号设置"命令，打开"单据编号设置"对话框。

（2）执行左侧"单据类型"对话框中的"销售发票|销售专用发票"命令，打开"单据编号设置"窗口。

（3）"单据编号设置|销售专用发票"对话框中，单击"修改"按钮，选中"手工改动，重号时自动重取"前的复选框，如图 8-14 所示。

（4）单击"保存"按钮退出。

（5）同理，设置应收款管理中的"其他应收款"和"收款单"，其编号选中"手工改动，重号时自动重取"。

实验指导 8：设置开户银行

（1）在企业应用平台中，双击"基础档案"窗口收付结算类别下的"开户银行"，进入"本单位开户银行"窗口。

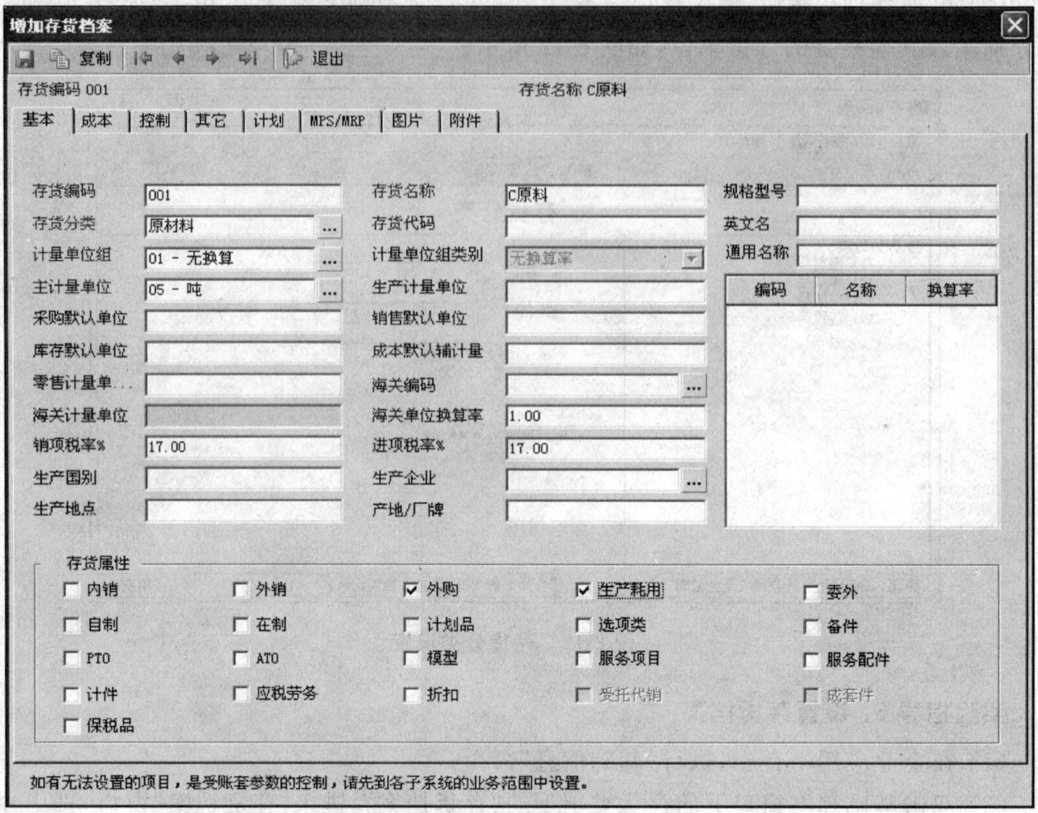

图 8-13　存货档案设置

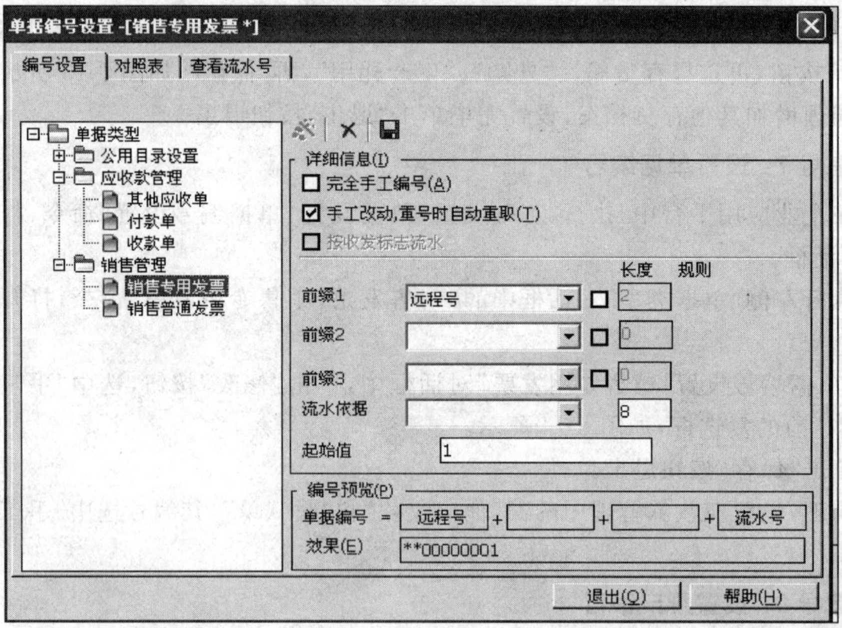

图 8-14　设置单据编号

（2）单击"增加"按钮，输入开户银行编码"01"，输入银行账号"682476300012"，选择币种"人民币"，输入开户银行名称"中国工商银行海淀支行"，所属银行编码点开下拉菜单选择"01-中国工商银行"。

（3）单击"保存"按钮，如图 8-15 所示。

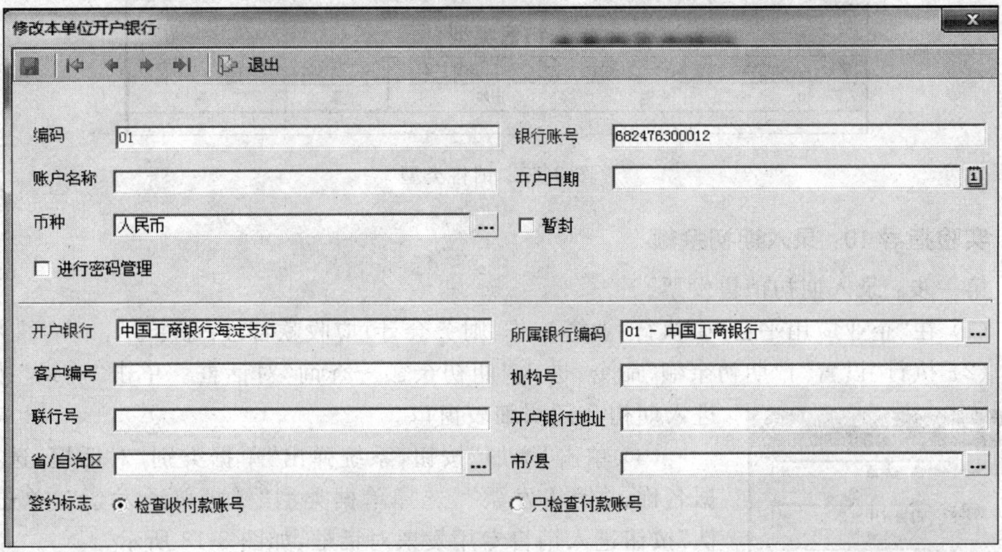

图 8-15　设置本单位开户银行

（4）单击"退出"按钮退出，再关闭"基础档案"窗口。

实验指导 9：设置收发类型、销售类型

（1）退出"应收款管理系统"，启用"销售管理"模块，在企业应用平台中打开"基础设置"选项卡，执行"基础档案|业务|收发类别"命令，打开"收发类别"对话框，按实验资料输入信息后退出，如图 8-16 所示。

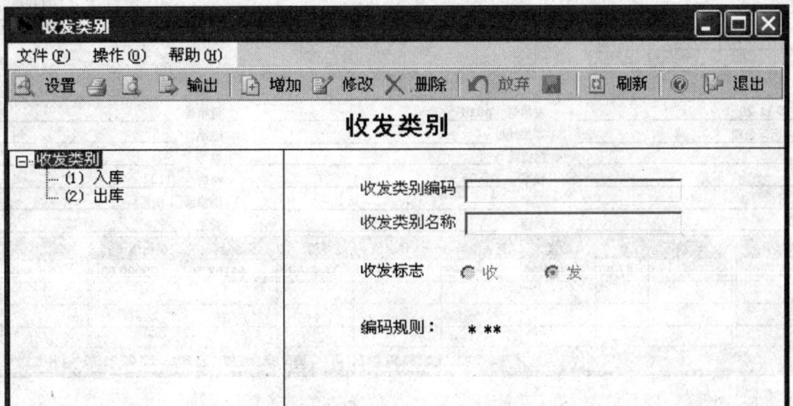

图 8-16　收发类别

（2）执行"基础档案|业务|销售类别"命令，打开"销售类型"对话框，按实验资料输入信息后退出，如图 8-17 所示。

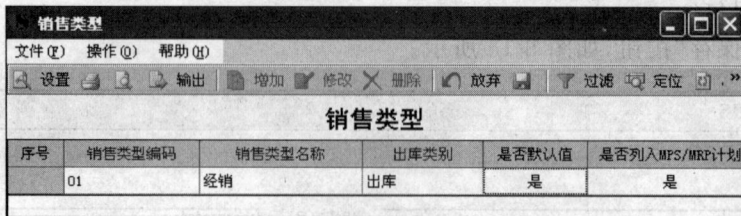

销售类型

序号	销售类型编码	销售类型名称	出库类别	是否默认值	是否列入MPS/MRP计划
	01	经销	出库	是	是

图 8-17　销售类型

实验指导 10：录入期初余额

第一步：录入期初销售发票。

（1）在"企业应用平台"中执行"业务工作|财务会计|应收款管理"命令。

（2）执行"设置"|"期初余额"命令，进入"期初余额—查询"对话框。单击"确认"按钮，进入期初余额明细表窗口。

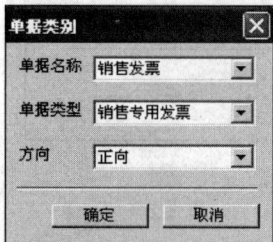

（3）单击"增加"按钮，系统弹出"单据类别"对话框，选择单据名称："销售发票"，选择单据类型"销售普通发票"，单击"确认"按钮进入销售专用发票对话框，如图 8-18 所示。

（4）单击"增加"按钮，修改发票号为"p029"，输入开票日期"2015-11-20"，单击客户名称处的参照按钮，选择"北京远洋公司"，单击销售部门处的参照按钮，选择销售部门"销售科"，单击"业务员"处的参照按钮，选择"吴军"。

图 8-18　"单据类别"对话框

（5）双击表体的货物名称栏，单击参照按钮，选择"甲产品"，输入数量"100"，输入含税单价"750"，单击"保存"按钮，如图 8-19 所示。

图 8-19　业务 1 的销售专用发票

（6）同理，输入第二张期初销售专用发票数据信息，如图 8-20 所示。

第二步：录入期初其他应收单。

（1）在应收款管理系统中执行"设置|期初余额"命令，进入"期初余额—查询"对话框。

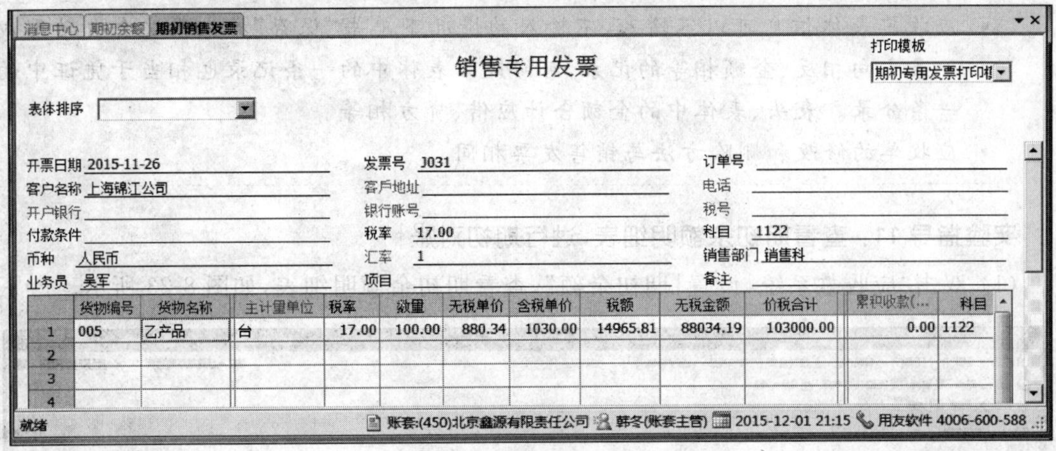

图 8-20 业务 2 的销售专用发票

单击"确认"按钮进入期初余额明细表窗口。

（2）单击"增加"按钮，打开"单据类别"对话框。

（3）单击"单据名称"下三角按钮，选择"应收单"，如图 8-21 所示。

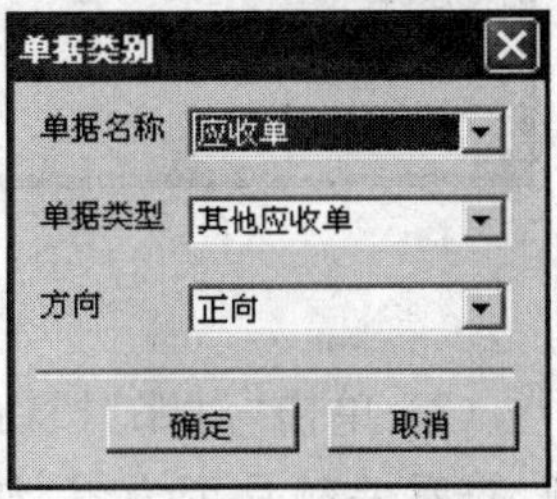

（4）单击"增加"按钮，修改单据编号为"K002"，修改日期为 "2015-11-28"，在"客户名称"栏输入"04"客户栏的参照按钮，选择 "上海锦江公司"，系统自动显示相关信息；在"本币金额栏"输入 "2 000"，在摘要栏输入代垫运费，单击"保存"按钮，如图 8-22 所示。

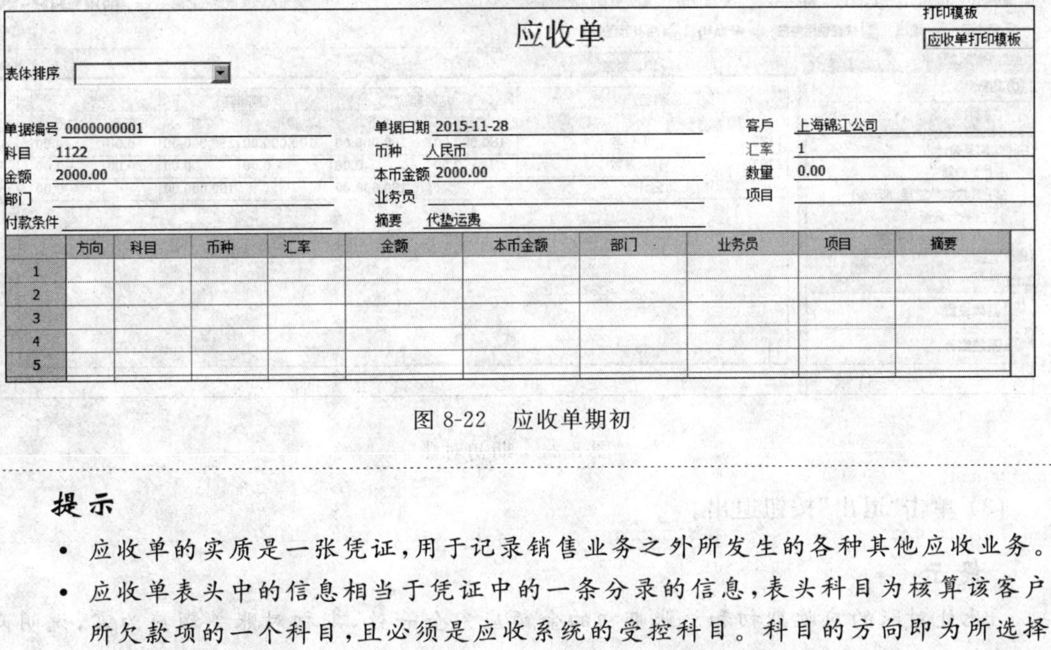

图 8-21 "单据类别"对话框

图 8-22 应收单期初

提示

- 应收单的实质是一张凭证，用于记录销售业务之外所发生的各种其他应收业务。
- 应收单表头中的信息相当于凭证中的一条分录的信息，表头科目为核算该客户 所欠款项的一个科目，且必须是应收系统的受控科目。科目的方向即为所选择 的单据的方向。

- 应收单表体信息可以不输入，不输入的情况下单击“保存”按钮系统会自动形成一条方向相反、金额相等的记录，可修改。表体中的一条记录也相当于凭证中的一条分录。表头、表体中的金额合计应借、贷方相等。
- 应收单的修改和删除方法与销售发票相同。

实验指导 11：查看期初余额明细表，进行期初对账

（1）双击“应收款系统|设置|期初余额”，查看期初余额明细表，如图 8-23 所示。

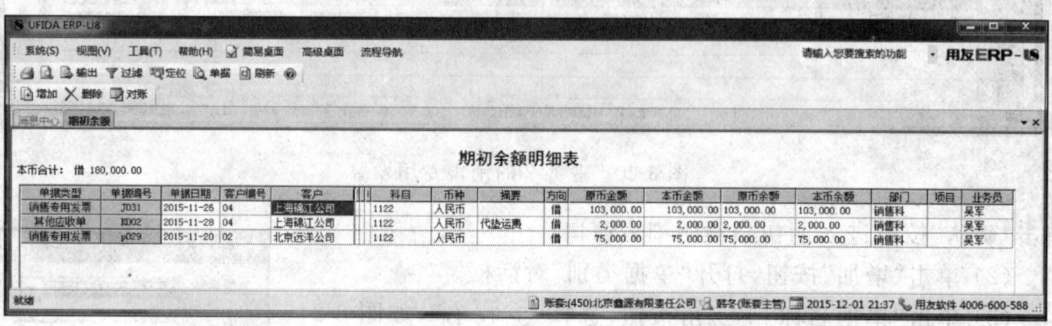

单据类型	单据编号	单据日期	客户编号	客户	科目	币种	摘要	方向	原币金额	本币金额	原币余额	本币余额	部门	项目	业务员
销售专用发票	J031	2015-11-26	04	上海锦江公司	1122	人民币		借	103,000.00	103,000.00	103,000.00	103,000.00	销售科		吴军
其他应收单	K002	2015-11-28	04	上海锦江公司	1122	人民币	代垫运费	借	2,000.00	2,000.00	2,000.00	2,000.00	销售科		吴军
销售专用发票	p029	2015-11-20	02	北京远洋公司	1122	人民币		借	75,000.00	75,000.00	75,000.00	75,000.00	销售科		吴军

图 8-23　应收系统期初余额明细表

（2）单击“对账”按钮，进入“期初对账”窗口。查看此处的应收期初和总账期初栏目金额，查看差额是否为零，如图 8-24 所示。

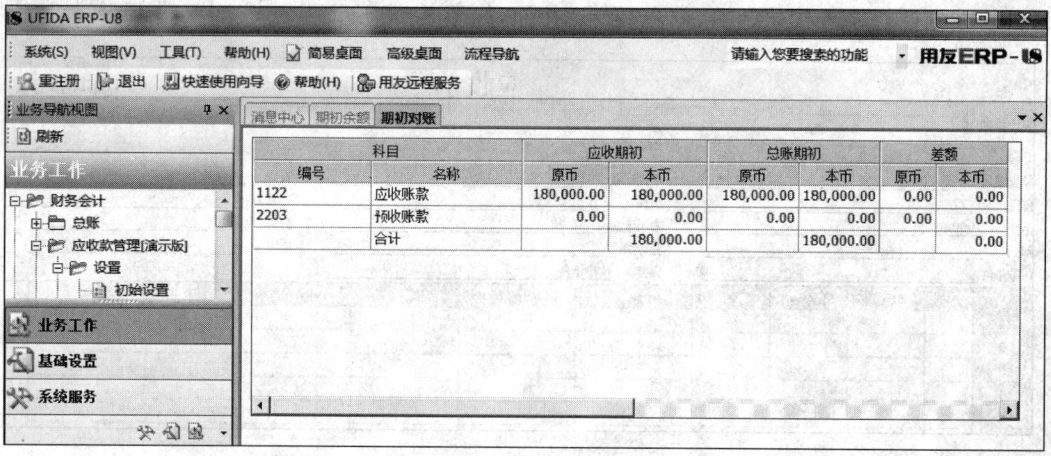

科目		应收期初		总账期初		差额	
编号	名称	原币	本币	原币	本币	原币	本币
1122	应收账款	180,000.00	180,000.00	180,000.00	180,000.00	0.00	0.00
2203	预收账款	0.00	0.00	0.00	0.00	0.00	0.00
	合计		180,000.00		180,000.00		0.00

图 8-24　期初对账

（3）单击“退出”按钮退出。

提示

此处对账的应收期初和总账期初的金额应完全一致，期初对账差额应为零，说明两个系统期初数据一致，才可以进行日常工作。

实验指导 12：账套备份

（1）在 E 盘（或 D 盘）"会计信息系统"文件夹中新建"实验十"文件。

（2）将账套保存至"实验十"文件夹中。

第三节 应收款管理系统业务处理

一、单据处理

销售发票和应收单据是应收款管理系统日常核算的最主要的原始单据。单据处理是应收款管理系统的起点。在不启用销售系统或者企业未购买销售系统的情况下，销售发票和应收单据的录入和查询工作都在应收款管理系统下进行。

1. 单据录入

本系统可对销售发票和应收单进行录入。如果企业同时启用销售管理子系统，则本系统只能录入应收单。

2. 单据的修改、删除

单据录入后可进行单据修改，但单据的名称和类型不能修改。

若单据已审核但尚未核销，发现它有错误，由于审核后的单据在单据明细表中看不到，可以选取"系统工具"菜单中"取消操作"，选取"应收单记账"，则显示所有未核销的单据，再返回单据录入界面，刚才审核的单据恢复，再进行修改、删除操作。

3. 单据审核

录入的单据必须经过审核后，才能参与结算。单据被审核后，将从单据录入界面消失。可以在"统计分析"菜单下的"单据查询"中查看这些单据。单据明细表中显示的均为未审核的单据。

4. 单据查询

若只查看未审核的单据，在单据录入界面，选取要查询的单据，单击"单据"按钮即可。若要查看全部单据，在"统计分析"菜单下的"单据查询"中查看这些单据。

如果输入了一张方向为贷的应收单，它将生成一张红字的应收单，则可以在单据的"对应单据"栏输入红字单据对应的蓝字（方向为借）应收单的单据编号。

应收单的实质是一张凭证，用于记录销售业务之外所发生的各种其他应收业务。表头中的信息相当于凭证中的一条分录的信息，表头科目应该为核算该客户欠款的一个带有客户往来辅助核算的科目，表头科目的方向即为所选择的单据的方向。表体中的一条记录也相当于凭证中的一条分录，表头、表体中的金额合计应借、贷方相等。

5. 单据结算

单据结算的功能包括录入收款单、付款单，对发票及应收单进行核销，形成预收款并核销预收款和处理代付款。

6. 核销

核销就是指确定收款单与原始的发票、应收单之间对应关系的操作，即需要指明每一次收款是收的哪些销售业务的款项。明确核销关系后，就可以进行精确的账龄分析，更好地管理应收账款。

核销时，与"选项"中设置的应收款核销方式有关。如果按单据核销，需要在核销时指明具体要进行核销的收款单和发票或应收单；如果按余额核销，则系统自动按时间顺序对单据进行核销。如果有代付款情况，则核销时被代付的客户应一次核销。

单据的核销分为以下几种情况。

（1）收款单的数额等于原有单据的核销数额，收款单与原有单据完全核销。

（2）如果一张收款单的金额小于单据中的金额，而该客户有预收款，在核销时可以单击"使用预收"，输入预收金额，在"本次结算"一栏输入结算单金额和预收金额合计，系统即进行核销，核销时系统优先使用收款单中的金额。例如，收款单金额100元，本次使用预收款100元，但本次结算150元；则收款单结算100元，预收款仅使用了50元。

（3）当收款金额大于单据中的金额，核销时，系统将单据金额进行核销，并自动将剩余部分转为该客户的预收款。

（4）收款单的数额小于原有单据的数额，核销后单据仅得到部分核销，单据金额减去核销金额的部分在下次进行核销。

（5）如果用预收款冲应收款，应到"其他处理"中的"预收冲应收"中进行。

二、转账处理

在日常处理中，经常会发生如下几种转账处理的情况：某客户有预收款时，可用该客户的一笔预收款冲一笔应收款；若某客户既是销售客户又是供应商，则可能发生应收款冲应付款的情况；当发生退货时，用红字发票对冲蓝字发票；当一个客户为另一个客户代付款时，发生应收款冲应收款的情况。

1. 预收款冲应收款

当销售给某客户一批货物，该客户有预收款时，可以用该客户的预收款冲销应收款。操作过程中输入的日期应大于已经结账日期并且小于当前业务日期。每一笔预收款和应收款的转账金额不能大于其余额；应收款的转账金额合计应该等于预收款的转账金额合计。

2. 应收款冲应付款

当销售给某客户一批货物，形成一笔应收账款，但同时，本企业还欠该客户采购货物款项，则可使用应收冲应付功能进行转账。如本单位在2月份从大地公司购入一批货物，货款未付，随后销售给该公司一批货物，货款未收，此时可进行应收冲应付。

应收冲应付功能可以进行不等额对冲。如果应收金额大于应付金额，则多余金额作为预付处理，即将多余金额生成一张该供应商的预付款凭证。如果应付款金额大于应收款金额，则多余金额作为预收处理，即将多余金额生成一张该客户的预收款凭证。

如果应付款系统采用的是总账控制方式，则该功能不能执行。

3. 红字单据冲蓝字单据

红字单据冲销正向单据的处理，系统提供两种处理方式：自动冲销和手工冲销。如果红字单据中有对应单据号，系统会自动执行红冲；如果单据发票中无对应单据号或红字单据所对应的单据已经转账，可以手工选择相互转账的单据以冲减部分应收款。

三、坏账处理

坏账处理包括：坏账计提、坏账发生及收回等。

1．计提坏账准备

系统提供的计提坏账的方法主要有销售收入百分比法、应收账款百分比法和账龄分析法。在进行坏账处理之前，应在系统"选项"中选择坏账处理的方法，然后在"初始设置"中设置有关参数（如计提比率、坏账期初等）。

不管采用什么方法计提坏账，初次计提时，如果没有进行预先的设置，则应先在初始设置中进行设置。应收账款的余额默认为本会计年度最后一天所有未结算完的发票和余额之和减去预收款数额。外币账户用其本位币余额，可以根据实际情况进行修改。销售总额默认为本会计年度发票总额，可以根据实际情况进行修改。账龄分析法各区间余额由系统生成（本会计年度最后一天的所有未结算完的发票和应收单余额之和减去预收款数额），可以根据实际情况进行修改。

2．坏账的发生和收回

（1）坏账发生。当某笔金额确认无法收回时，确认为坏账，反映坏账的发生。

（2）坏账收回。当收回一笔坏账时，应首先在"单据结算"功能中录入一张收款单，该收款单的金额即为收回坏账的金额。单击"日常处理"菜单项下"坏账处理"中的"坏账收回"，输入必要信息，进行确认即可。在录入一笔坏账收回的款项时，应该注意不要把该客户的其他收款业务与该笔坏账收回业务录入同一张收款单中。例如，12月4日大地公司支付了一笔货款，同时还付了一笔以前的坏账款项，这时，应录入两张收款单，分别记录收到的货款和收到的坏账款项。

四、票据管理

票据管理功能可以对银行承兑汇票和商业承兑汇票进行管理。记录票据详细信息，记录票据处理情况，查询票据贴现、背书、计息、结算、转出等情况。如果要实现票据的登记簿管理，必须将"应收票据"科目设置成为带有客户往来辅助核算的科目。

1．增加（修改、删除）应收票据

将本单位的应收票据基本信息录入系统中，票据基本信息包括：票据种类、票据编号、承兑单位、承兑银行、票据面值、票面利率、背书单位、背书金额等信息。对于刚刚输入系统中的票据，可以进行修改和删除。以下票据不允许修改和删除。

（1）收到日期在已经结账月的票据。

（2）票据所形成的收款单已经核销。

（3）已经计息、结算、转出处理过的票据。

2．票据贴现

票据贴现是指持票人因急需现金，将未到期的承兑汇票背书后转让银行，贴给银行一定利息后收取剩余票款的业务活动。可在"票据管理"界面中，选择要贴现的票据，单击"贴现"按钮进行贴现。票据贴现后将不能再对其进行其他处理。

3．票据背书处理

票据背书是指收款人或者持票人为将票据权利转让他人或者将一定的票据权利授权予

他人，在票据背面或者粘单上记载有关事项并签章的行为。可在"票据管理"界面中选择要背书的票据，单击"背书"按钮进行背书。票据背书后，将不能再对其进行其他处理。

4. 票据计息处理

如果应收票据是代息票据，需要对其进行计息处理。可在"票据管理"界面中选择需要计息的票据，单击"计息"按钮进行计息。

5. 票据结算处理

应收票据到期时，如果对方付款，需要对票据进行结算处理。可在"票据管理"界面中选择要结算的票据，单击"结算"按钮进行结算。

6. 票据转出处理

在应收票据到期后，如果既没有结算，也没有贴现，或者对方拒绝承兑，应将其从应收票据中转入应收款。可在"票据管理"界面中，选择要转出的票据，单击"转出"按钮进行转出。票据转出后，将不能再对其进行其他处理。

五、制单

系统提供两种制单方式，一种为业务发生后立即制单；另一种是批量制单。在单据审核完毕、转账处理完毕、坏账处理完毕后，系统会自动提示："是否立即制单?"，当选择"是"时，系统会自动立即制单，传递到总账。也可选择"否"，当日常业务全部完成后，快速地、成批的生成凭证。

> **提示**
> - 制单日期系统默认为当前业务日期。制单日期应大于等于所选的单据的最大日期，但小于当前业务日期。
> - 如果总账存在"制单序时控制"时，需要注意所制凭证的时间顺序。
> - 系统对一张原始单据只制单一次。原始单据已制单后，不能再次对其进行制单。

六、期末结账

1. 月末结账

如果确认本月的各项处理已经结束，可以选择执行月末结账功能。结账后本月不能再次进行单据、票据、转账等业务的增删改等处理。

> **提示**
> - 如果上月未结账，本月不能结账。
> - 本月的单据在结账前应该全部审核，处理完毕。
> - 若本月的结算单还有未核销的，不能结账。
> - 如果结账期间是本年度最后一个期间，则本年度进行的所有核销、坏账、转账等处理必须制单，否则不能向下一个年度结转。

结账后如果发现错误,可以执行"取消结账"命令,然后修改错误,重新结账。但取消结账的时间应在总账系统进行当月月末结账之前。

2. 年末结账

每年年末结束本年度工作,开始下一年度工作。执行"年末结账"命令,将上年度数据结转到新的年度账上。

实验十一 应收款管理系统业务处理

【实验准备】

可以引入 E 盘中"会计信息系统"文件夹中"实验十"的备份数据,将系统日期修改为"2015 年 12 月 31 日"。

由"002 夏雪"执行应收款管理系统业务处理。

【实验内容】

(1) 应收款日常业务处理。

(2) 应收款期末业务处理。

【实验资料】

1. 权限

设置操作员数据权限,即设置操作员"002 夏雪"对其他操作员所做单据具有相应的删改、审核、关闭等权限。

2. 日常业务处理

2015 年 12 月发生下列经济业务。

(1) 12 月 3 日,销售科吴军销售给远洋公司甲产品 50 台,含税单价 750 元,开出专用发票,货已发出。

(2) 12 月 5 日,收到锦江公司转账支票(支票号 ZZ702),金额 63 800 元,结算其所欠购货款。

(3) 12 月 6 日,销售科吴军销售给锦江公司乙产品 20 台,含税单价 1 030 元,货款共计 20 600 元,开出专用发票,并以库存现金代垫运费 500 元。货已发出,货款未收到。

(4) 12 月 8 日,收到远洋公司现金支票(支票号 XJ623)一张,金额 10 000 元,作为预购乙产品的定金。

(5) 12 月 20 日,收到通知,将 12 月 6 日应收锦江公司款项 21 100 元(货款 20 600 元和运费 500 元)转为应收远洋公司的款项。

(6) 12 月 20 日,收到远洋公司通知,暂不采购 12 月 8 日预定的乙产品,将其定金用于偿还 2015 年 12 月 3 日所欠购货款。

(7) 12 月 23 日,确认本月 20 日转给远洋公司的运费 500 元为坏账,做坏账处理。

(8) 12 月 31 日,计提本月坏账准备。

3．期末处理

（1）完成本月应收款管理系统的月末结账。

（2）取消结账。

4．账套备份

略。

【实验指导】

实验指导1：权限设置

（1）以"001"账套主管韩冬的身份进入企业应用平台。

（2）执行"系统服务|权限|数据权限分配"命令，选择用户"002 夏雪"，单击"业务对象"下拉菜单，选择"用户"，单击"授权"按钮，进入"记录权限设置"界面，如图 8-25 所示。

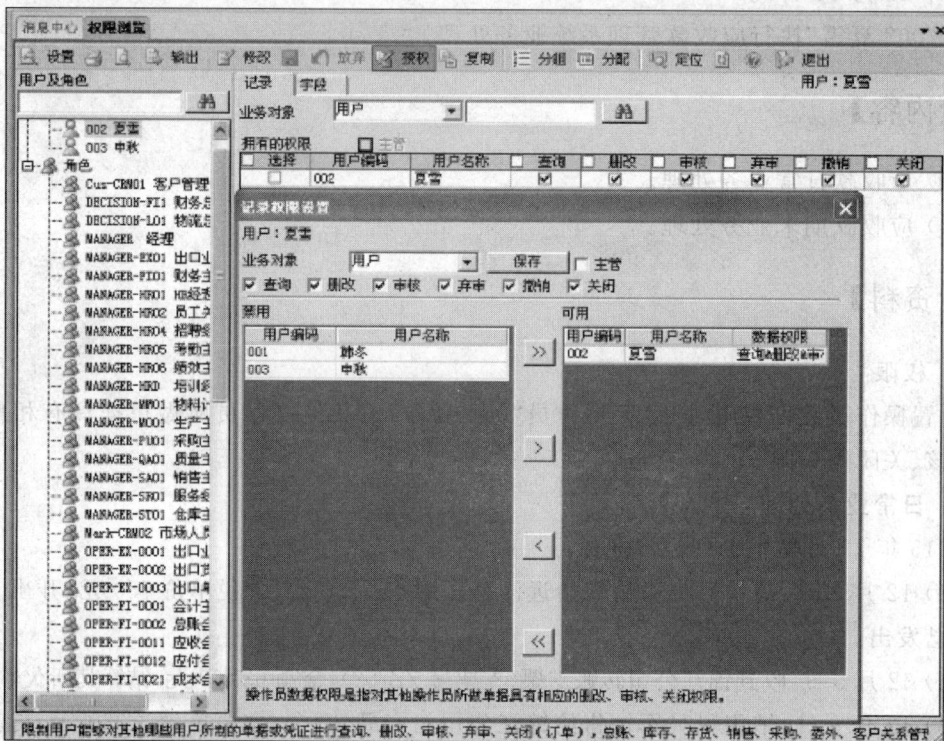

图 8-25　记录权限设置（一）

（3）将"002 夏雪"设置为"可用"，单击"保存"按钮，完成对夏雪的权限设置，如图 8-26 所示。

实验指导2：日常业务处理

第一步：经济业务1——销售产品。

> **提示**
>
> 输入并审核销售专用发票，根据发票制单。

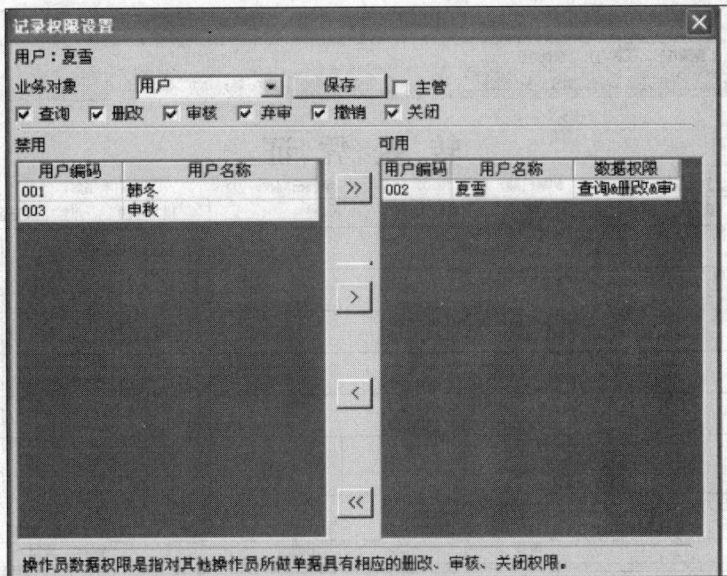

图 8-26 记录权限设置(二)

（1）执行"应收款管理|应收单据处理|应收单据录入"命令，打开"单据类型"对话框。选择单据名称"销售发票"，单据类型"销售专用发票"，方向"正向"，单击"确认"按钮，进入销售专用发票窗口。

（2）单击"增加"按钮，输入开票日期"2015-12-03"，客户名称"北京远洋公司"，选择货物名称"甲产品"，输入数量"50"，含税单价"750"，其他金额自动算出，如图 8-27 所示。

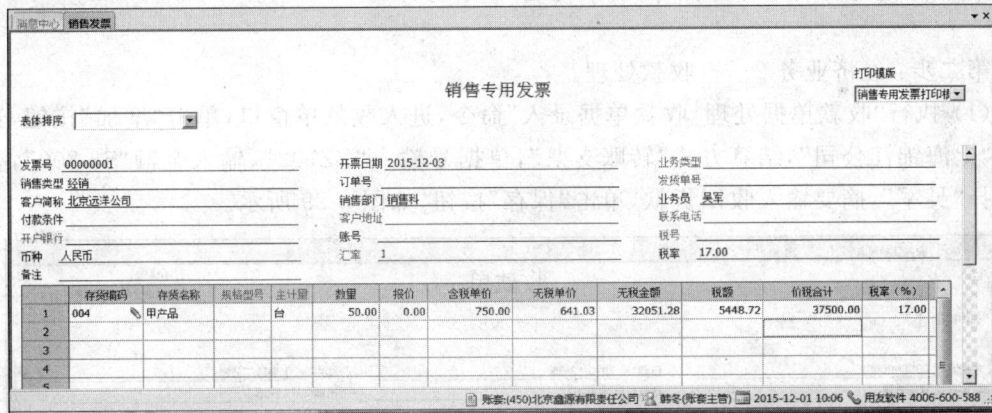

图 8-27 销售专用发票

（3）单击"保存"按钮。

（4）更换操作员"001"审核销售专用发票。

（5）单击"审核"按钮，系统提示，本次选择 1 张单据，审核成功 1 张，退出。

（6）更换操作员"002"，执行"制单处理|发票制单"命令，单击"确定"按钮。

（7）选择凭证类型"转账凭证"，单击"保存"按钮，凭证左上角打上"已生成"标记，表明凭证已传到总账，如图 8-28 所示。

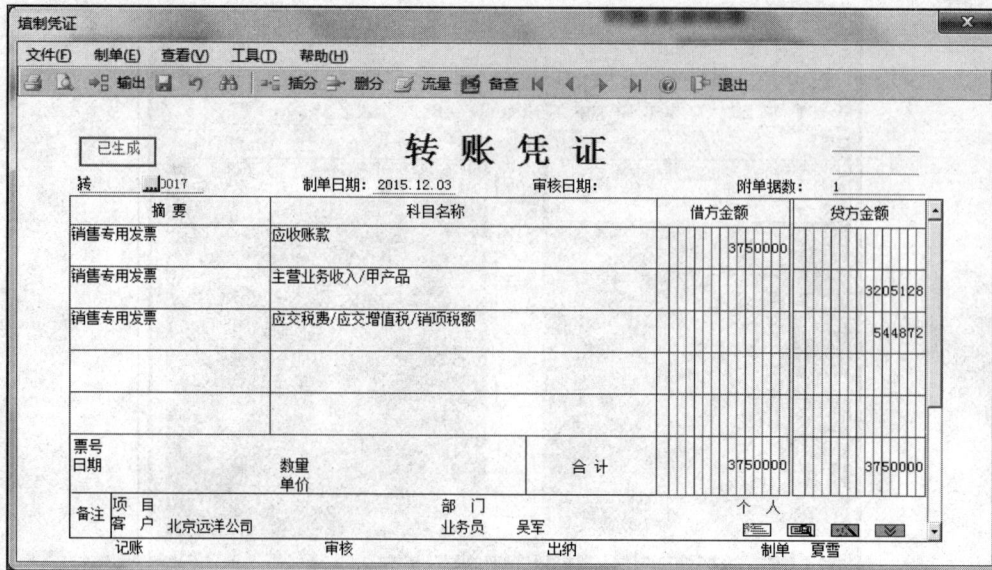

图 8-28　销售制单(经济业务 1)

(8) 更换操作员"001",到总账系统对这张凭证进行审核记账。

提示

此处可以采用两种制单方式:一种为业务发生后立即制单,即审核完毕提示"是否立即制单",单击"是"按钮,系统可立即制单。另一种制单方式为批量制单,即此处单击"否"按钮,到需要制单时可执行"制单处理"命令进行制单。

第二步:经济业务 2——收款处理。

(1) 执行"收款单据处理|收款单据录入"命令,进入收款单窗口,单击"增加"按钮,选择客户"上海锦江公司",结算方式"转账支票",单据号输入"ZZ702",输入金额"63 800",业务员选择"吴军",摘要输入收回货款,单击"保存"按钮,如图 8-29 所示。

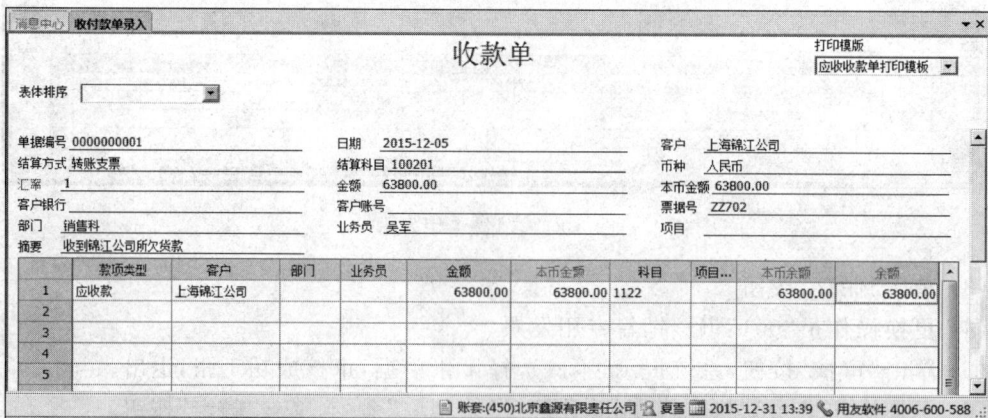

图 8-29　收款单

(2) 单击"审核"按钮,系统弹出"是否立即制单"信息提示对话框,单击"是"按钮,系统自动弹出"收款凭证",选择现金流量项目,单击"保存"按钮。凭证自动打上"已生成"标志,如图 8-30 所示。

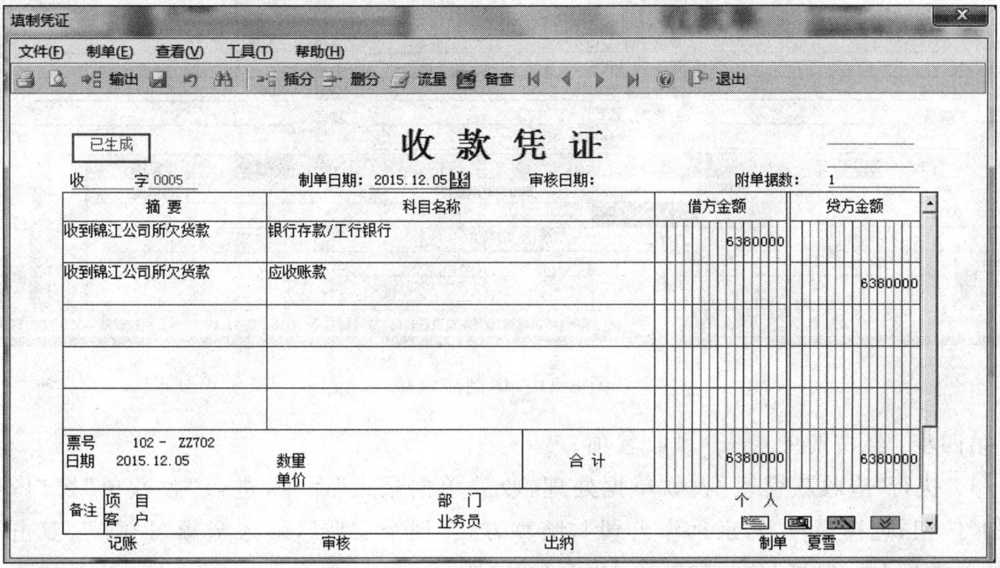

图 8-30 收款单据制单(经济业务 2)

(3) 更换操作员"001",到总账系统对这张凭证进行审核记账。

第三步:经济业务 3——销售产品并代垫运费。

(1) 执行"应收款管理|应收单据处理|应收单据录入"命令,打开"单据类型"对话框。选择单据名称"销售发票",单据类型"销售专用发票",方向"正向",单击"确认"按钮,进入销售专用发票窗口。

(2) 单击"增加"按钮,输入开票日期"2015-12-06",选择销售类型"经销",客户名称"锦江公司",选择货物名称"乙产品",输入数量"20",含税单价"1030",其他金额自动算出。单击"保存"按钮。

(3) 单击"审核"按钮,系统弹出"是否立即制单",单击"否"按钮。单击"退出"按钮完成销售专用发票的录入和审核。

(4) 执行"应收款管理|应收单据处理|应收单据录入"命令,打开"单据类型"对话框。

(5) 选择单据名称"应收单",单据类型"其他应收单",方向"正向",单击"确认"按钮进入销售专用发票窗口。

(6) 单击"增加"按钮,输入开票日期"2015-12-06",客户名称"上海锦江公司",输入金额"500",摘要"代垫运费",输入对应科目"1001",单击"保存"按钮,如图 8-31 所示。

(7) 单击"审核"按钮,系统弹出"是否立即制单",单击"否"按钮,单击"退出"按钮。

提示

练习批量制单:经济业务 3～经济业务 8。

图 8-31　填制应收单

第四步：经济业务 4——预收款项。

（1）执行"应收款管理|收款单据处理|收款单据录入"命令，进入"收款单"窗口，单击"增加"按钮，选择客户"北京远洋公司"，结算方式"现金支票"，输入金额"1 000"，双击表体的"款项类型"栏，选择"预收款"，单击"保存"按钮，如图 8-32 所示。

图 8-32　录入预收款收款单

（2）单击"审核"按钮，系统弹出"是否立即制单"，单击"否"按钮，单击"退出"按钮退出。

第五步：经济业务 5——应收冲应收。

（1）执行"应收款管理|转账|应收冲应收"命令，进入"应收冲应收"窗口，选择转出户"上海锦江公司"，选择转入户"北京远洋公司"，单击"过滤"按钮。

（2）在表体第一行的最后一列"并账金额"栏输入转账金额"20 600"，第二行最后一列"并账金额"栏输入转账金额"500"，如图 8-33 所示。

（3）单击"确定"按钮，应收冲应收并账完成。

（4）系统提示"是否立即制单"，单击"否"按钮，单击"取消"按钮退出。

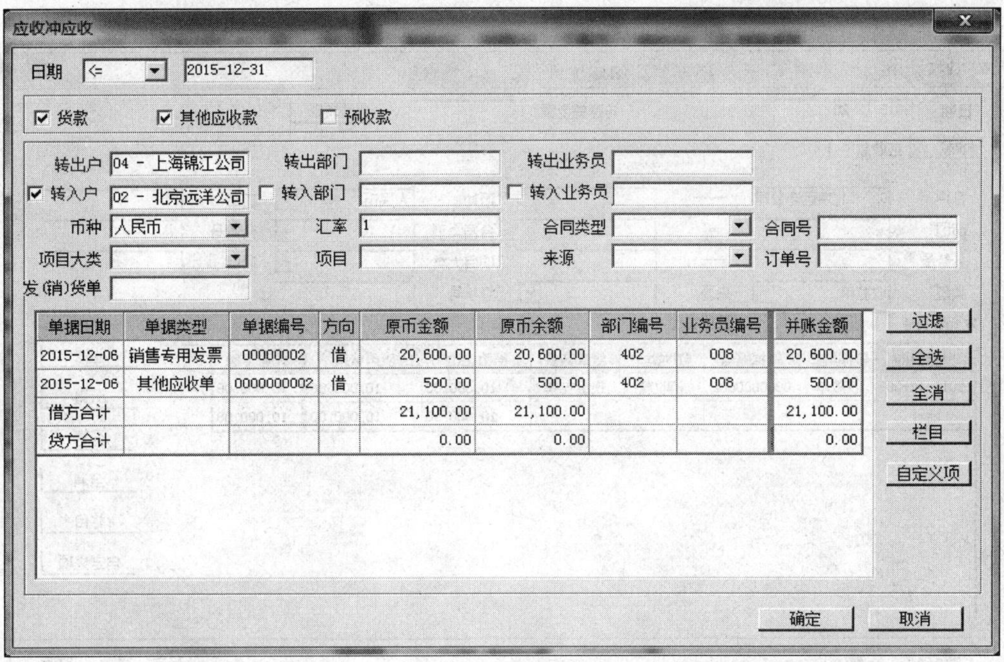

图 8-33　应收冲应收

提示

撤销并账操作

应收冲应收执行后可以撤销并账操作。

执行"应收款管理|其他处理|取消操作"命令,在"操作类型"下拉菜单中选择"应收冲应收",单击"确定"按钮。选择需要撤销的项目,单击"确认"按钮即可取消并账操作。

第六步:经济业务 6——预收冲应收。

(1)执行"应收款管理|转账|预收冲应收"命令,进入"预收冲应收"窗口,选择客户"北京远洋公司",单击"过滤"按钮。在表体第一行的"转账金额"栏内输入转账金额"10 000",如图 8-34 所示。

(2)再单击"应收款"页签,选择客户"北京远洋公司",单击"过滤"按钮,表体显示出了远洋公司的应收款金额。在表体第一行"转账金额"栏内输入转账金额"10 000",如图 8-35所示。

(3)单击"确定"按钮,系统提示"是否立即制单",单击"否"按钮再单击"取消"按钮退出。预收冲应收结转完成。

提示

撤销结转操作

预收冲应收执行后可以撤销结转操作。

执行"应收款管理|其他处理|取消操作"命令,在"操作类型"下拉菜单中选择"预收冲应收",单击"确定"按钮。选择需要撤销的项目,单击"确认"按钮即可取消结转操作。

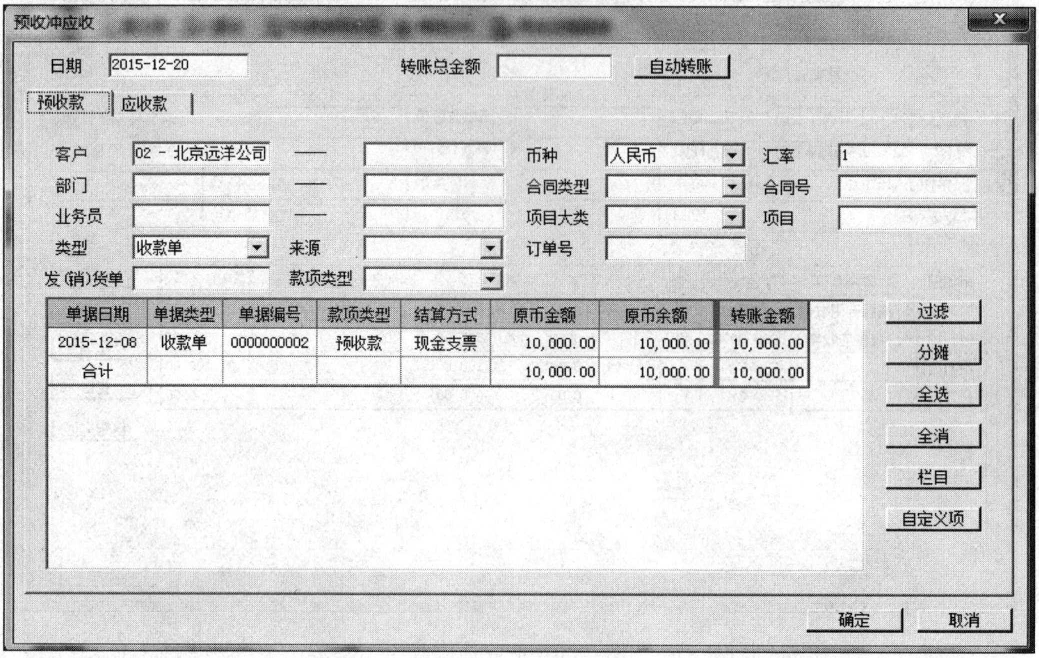

图 8-34　预收冲应收(一)

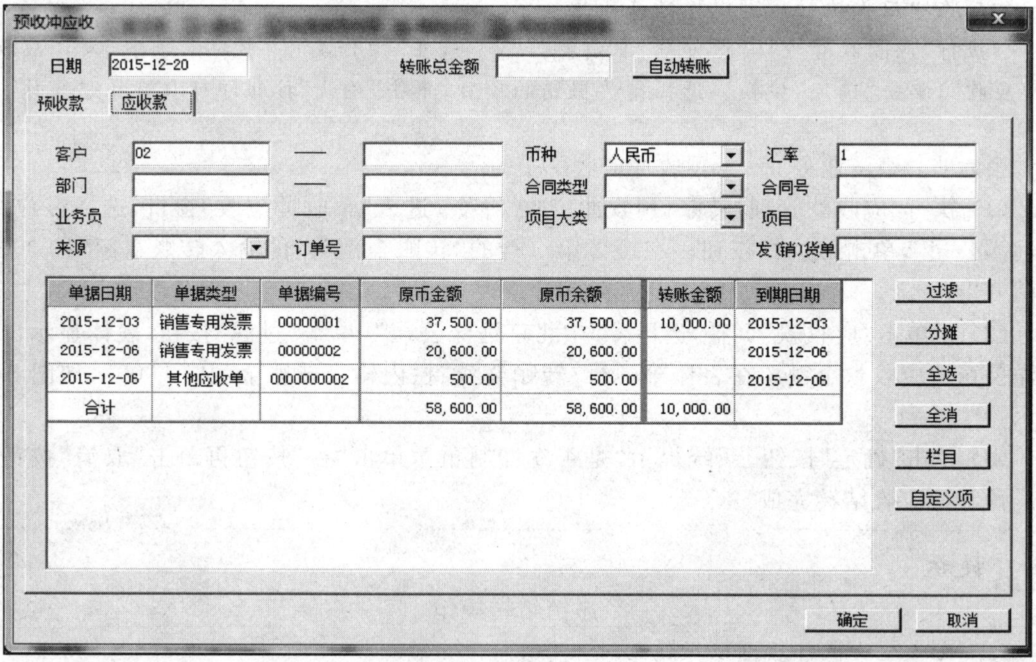

图 8-35　预收冲应收(二)

第七步：经济业务7——坏账发生。

（1）以操作员"002"身份登录应收款管理系统，登录日期"2015-12-23"。

（2）执行"应收款管理|坏账处理|坏账发生"命令，进入"坏账发生"窗口，选择客户"公司远洋"，单击"确认"按钮进入"坏账发生单据明细"窗口。

（3）在其他应收单的"本次发生坏账金额处"输入坏账金额"500"，如图8-36所示。

单据类型	单据编号	单据日期	合…	到期日	余　额	部　门	业　务　员	本次发生坏账金额
销售专用发票	00000001	2015-12-03		2015-12-03	27,500.00	销售科	吴军	
销售专用发票	00000002	2015-12-06		2015-12-06	20,600.00	销售科	吴军	
其他应收单	0000000002	2015-12-06		2015-12-06	500.00	销售科	吴军	500
合　计					48,600.00			500.00

图8-36　坏账发生

（4）单击"确认"按钮，系统提示"是否立即制单"；单击"否"按钮暂不生成凭证，单击"退出"按钮退出。

第八步：经济业务8——计提本月坏账准备。

（1）以操作员"002"身份登录应收款管理系统，登录日期"2015-12-31"。

（2）执行"应收款管理|坏账处理|计提坏账准备"命令，进入"应收账款百分比法"窗口，系统根据本月应收账款余额、坏账准备余额等数据自动计算本月应计提坏账数据，如图8-37所示。

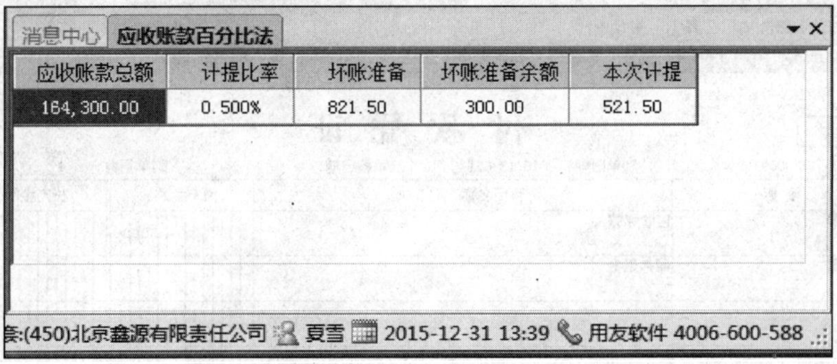

应收账款总额	计提比率	坏账准备	坏账准备余额	本次计提
164,300.00	0.500%	821.50	300.00	521.50

图8-37　计提本月坏账准备

（3）单击"确认"按钮，系统提示"是否立即制单"；单击"否"按钮暂不生成凭证，单击"退出"按钮退出。

第九步：批量制单（经济业务3～经济业务8）。

（1）执行"应收款管理|日常处理|制单处理"命令，打开"制单查询"对话框。

（2）选中"发票制单"复选框，单击"确认"按钮进入"销售发票制单"窗口。

（3）选择凭证类别"转账凭证"，单击"全选"按钮。

（4）单击"制单"按钮进入"填制凭证"窗口。

（5）单击"保存"按钮，凭证左上方出现"已生成"字样，表明此凭证已传递到总账系统，如图 8-38 所示。

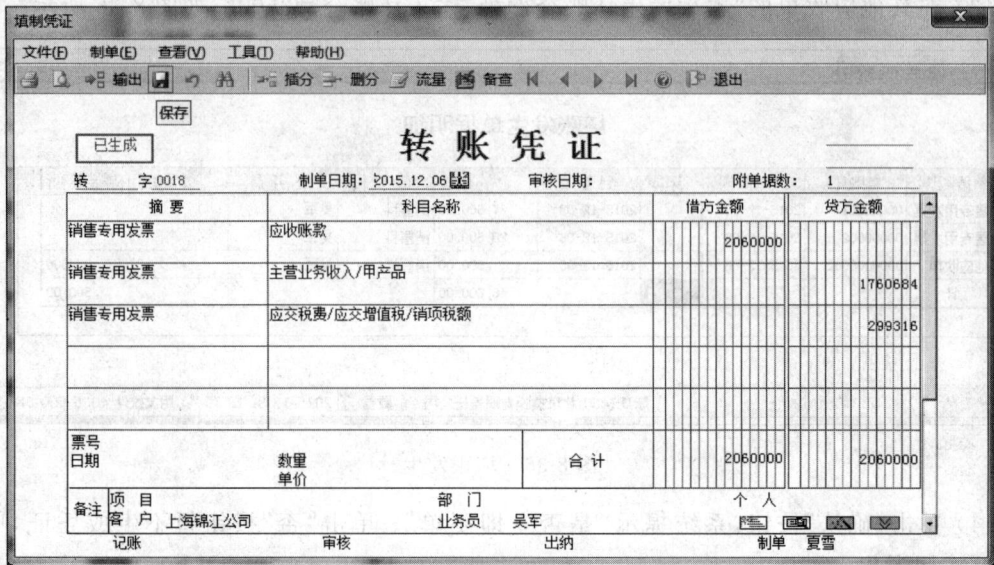

图 8-38　发票制单（经济业务 3：销售产品）

（6）同理，分别选择应收单制单、收付款单制单、并账制单、转账制单、坏账处理制单，分别生成本月的代垫运费、预收款项、应收冲应收、预收冲应收、坏账业务的凭证，如图 8-39～图 8-44 所示。

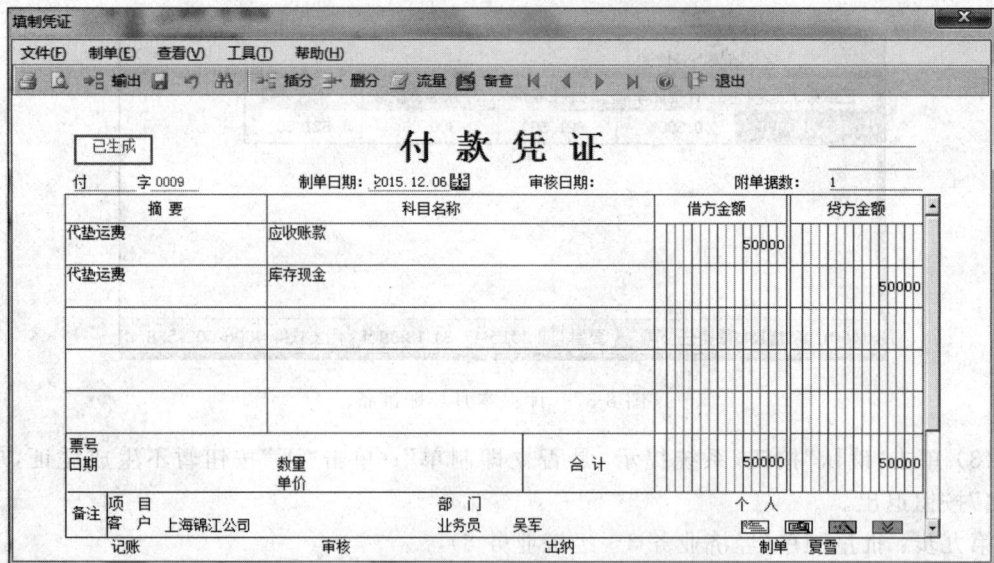

图 8-39　应收单制单（经济业务 3：代垫运费）

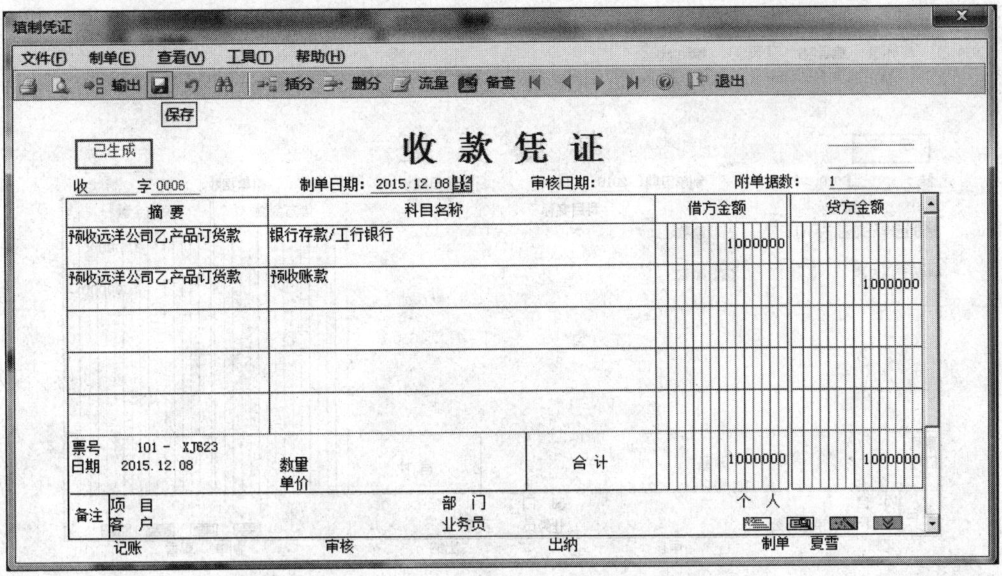

图 8-40　收款单制单(经济业务 4：预收款项)

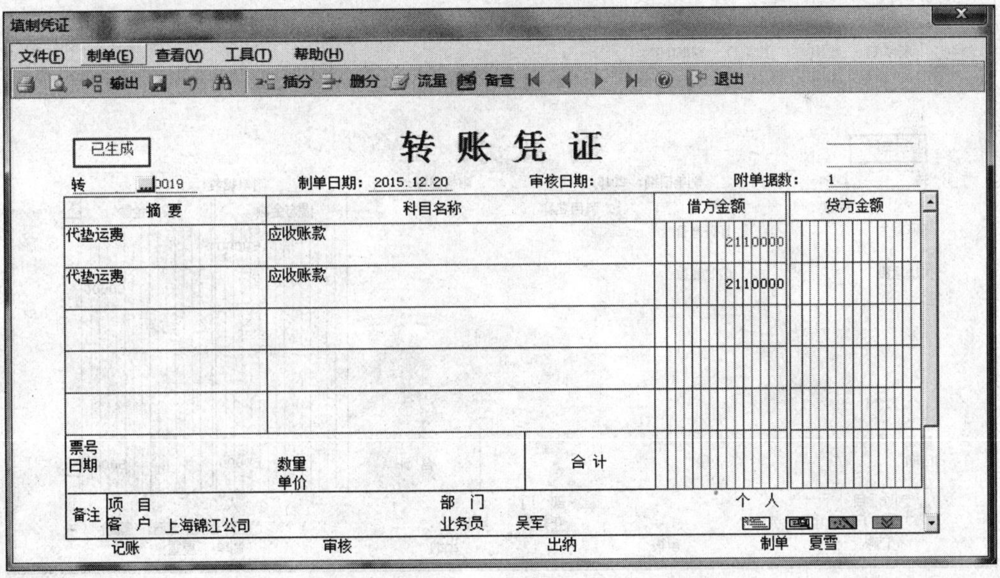

图 8-41　并账制单(经济业务 5：应收冲应收)

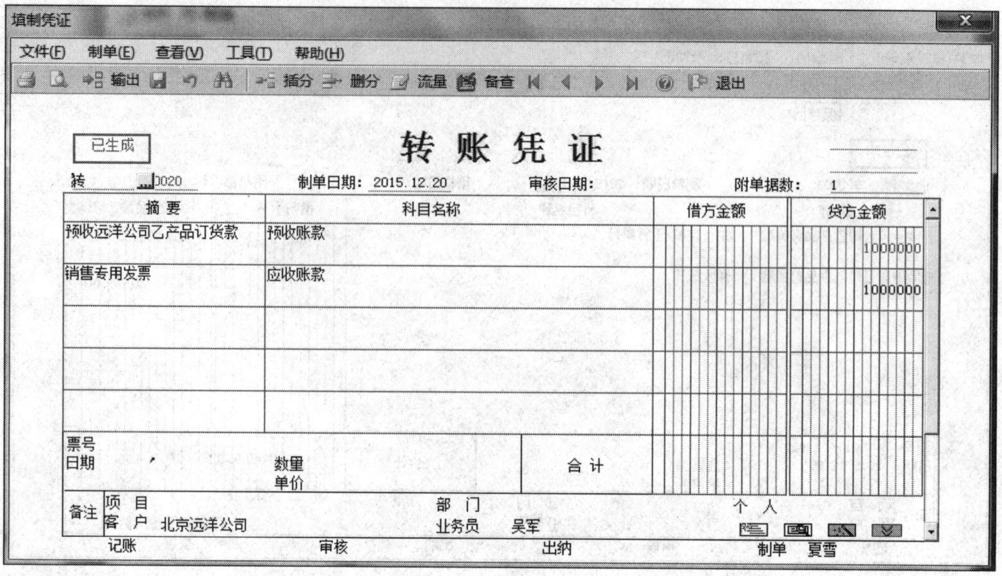

图 8-42　转账制单（经济业务 6：预收冲应收）

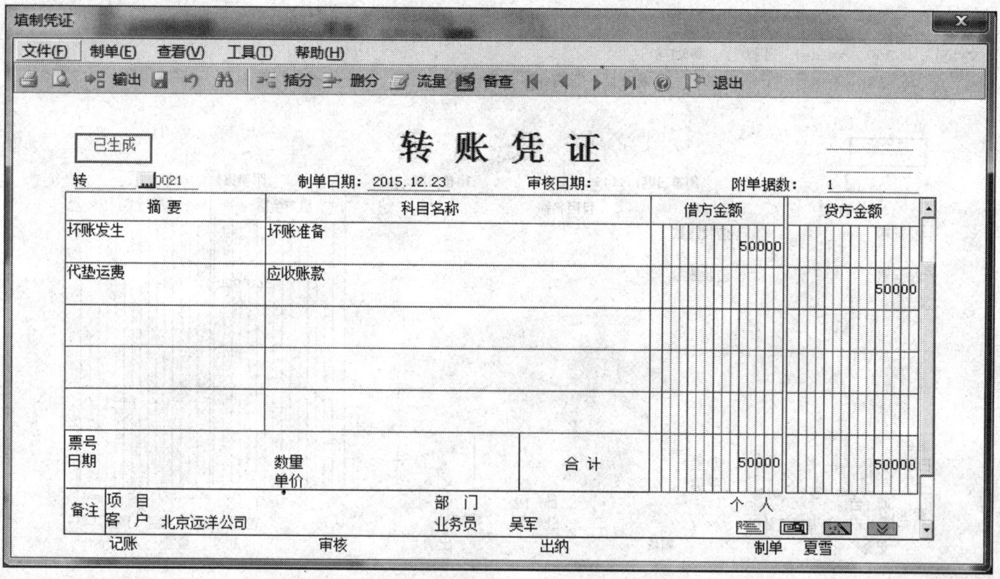

图 8-43　坏账处理制单（经济业务 7：发生坏账）

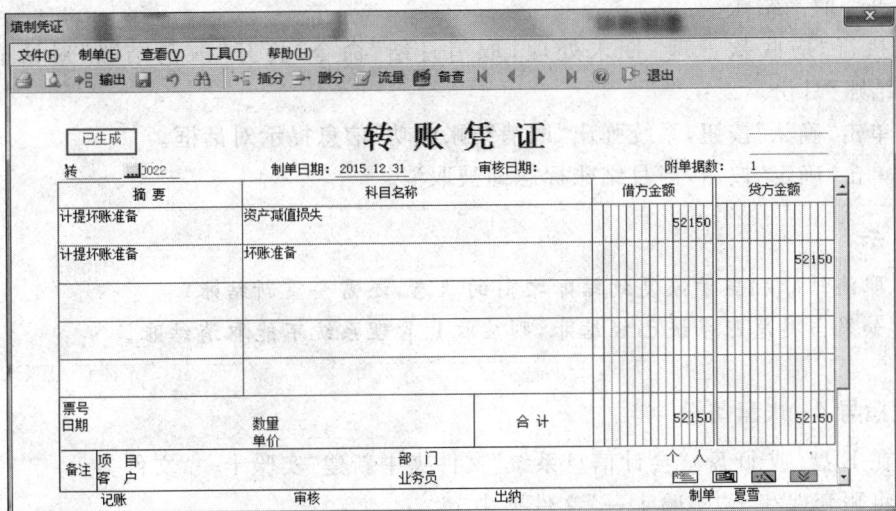

图 8-44　坏账处理制单(经济业务 8：计提本月坏账准备)

(7) 以账套主管"001"身份对这些传递到总账的凭证进行审核、记账。

实验指导 3：期末处理

第一步：完成期末处理。

(1) 执行"应收款管理|期末处理|月末结账"命令，打开"月末处理"对话框。双击 12 月份的结账标志栏，系统在十二月的结账标志栏打上"Y"标记，如图 8-45 所示。

(2) 单击"下一步"按钮，显示各处理类型的处理情况，单击"确认"按钮，系统进行结账工作。结账完毕，系统弹出"12 月份结账成功"信息提示对话框，如图 8-46 所示。

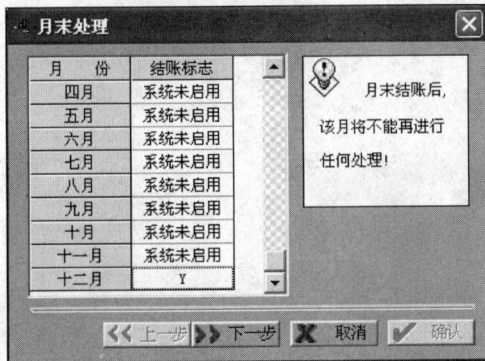

图 8-45　"月末处理"对话框

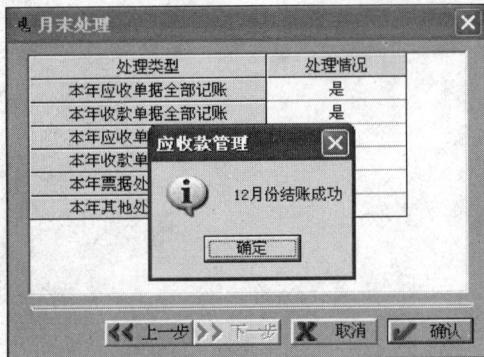

图 8-46　12 月份结账成功

(3) 单击"确认"按钮，系统自动在对应结账月份的"结账标志"栏中显示"已结账"字样。

提示

月末结账前系统要求完成以下全部项目。
- 本月的单据在结账前应全部审核。
- 本月全部的结算单据在结账前应全部核销。

第二步：取消结账。

（1）执行"应收款管理|期末处理|取消月结"命令，打开"取消结账"对话框。选择"12月已结账"月份。

（2）单击"确认"按钮，系统弹出"取消结账成功"信息提示对话框。

（3）单击"确定"按钮，当月结账标志即被取消。

> **提 示**
>
> • 取消结账相当于恢复到结账之前的状态，还需要重新结账。
>
> • 如果当月总账系统已经结账，则应收款管理系统不能取消结账。

实验指导4：账套备份

（1）在E盘（或D盘）"会计信息系统"文件夹中新建"实验十一"文件。

（2）将账套保存至"实验十一"文件夹中。

第九章

应付款管理系统

学习目标

通过本章的学习,要求学生掌握应付款管理系统的功能;理解应付款管理系统和其他系统之间的关系;完成应付款管理系统的初始化、日常处理和期末处理工作。

第一节 应付款管理系统概述

应付款管理系统主要用于核算和管理供应商往来款项,及时、准确地提供供应商往来款项余额资料,提供各种分析报表,帮助企业合理进行资金的调配,提供资金的利用效率。应付款管理系统和应收款管理系统从初始设置、系统功能、系统应用方案、业务流程上极为相似。

一、应付款管理系统的应用方案

应付款管理系统主要是对企业与供应商业务往来账款进行核算与管理,在应付款管理系统中以采购发票、其他应付单等原始单据为依据,记录采购业务及其他业务所形成的应付款项,处理应付款项的支付、冲销等情况;提供票据处理功能;实现对应付票据的管理。

根据对供应商往来款项的核算和管理的程度不同,系统提供了详细核算和简单核算两种方案。不同的应用方案,其系统功能、产品接口、操作流程等均不相同。

1. 详细核算

如果在企业采购业务中应付款核算与管理内容比较复杂,或者需要追踪每一笔业务的应付款、付款等情况,或者希望对应付款项进行各种分析或者需要将应付款核算到产品一级,则可以选择详细核算方案。

在这种方式下,供应商往来款项由应付款管理系统核算,应付款管理系统主要与总账系统、采购管理系统、应收款管理系统、UFO报表系统、库存管理系统、存货核算系统等有接口。所有的供应商往来凭证全部由应付款管理子系统生成,总账系统不再生成该种凭证。

详细核算方式下,应付款管理系统的功能主要包括以下几个方面。

(1)根据输入的单据记录应付款项的形成。

(2)处理应付款项的付款及转账情况。

（3）生成应付款项处理的会计凭证,并向总账系统传递。

（4）对外币业务及汇兑损益进行处理。

（5）提供各种查询和分析功能。

如果应付款管理系统与采购管理系统集成使用,系统根据由采购管理系统传递过来的单据记录应付款项的形成,非商品交易形成的应付项目在应付款管理系统中记录;若应付款系统不与采购管理系统集成使用,采购发票和应付单都在应付款管理系统中直接记录。

2．简单核算

如果在采购业务中应付账款业务并不十分复杂,或者现购业务很多,则可以选择简单核算方案。

在这种方式下,供应商往来款项由总账系统核算,应付款管理系统主要与总账系统有接口。应付款管理系统只是连接总账与采购业务系统的一座桥梁,即只是对采购系统生成的发票进行审核并生成凭证传递到总账,而不能对发票进行其他的处理,也不能对往来明细进行实时查询、分析。此时,往来明细只能在总账中进行简单查询。

简单核算方式下,应付款管理系统的功能主要包括以下两个方面。

（1）接受采购系统的发票,对其进行审核。

（2）对采购发票进行制单处理,并可查询凭证。

二、应付款管理系统的主要功能

应付款管理系统主要提供了设置、日常处理、单据查询、账表管理和其他处理等功能。

1．设置

设置主要包括三方面的内容。

（1）系统参数设置。企业可以结合管理有权进行参数设置,它是整个系统运行的基础。

（2）单据类型设置、账龄区间设置。该设置是为各种应付款业务的日常核算及统计分析做准备。

（3）期初余额录入。录入期初余额可以保证企业数据的完整性和连续性。

2．日常处理

日常处理提供了应付单据、付款单据的录入、处理、核销、转账、汇兑损益、制单等功能。

3．单据查询

单据查询提供了查阅各类单据的功能,包括各类单据、详细核算信息、报警信息、凭证等内容。

4．账表管理

账表管理提供了总账表、余额表、明细账等多种账表的查询功能,以及应付账龄分析、付款账龄分析、欠款分析等统计分析功能。

5．其他处理

其他处理功能包括进行远程数据传递、对核销或转账等处理进行恢复的功能、进行月末结账等处理功能。

应付款管理系统的操作流程如图9-1所示。

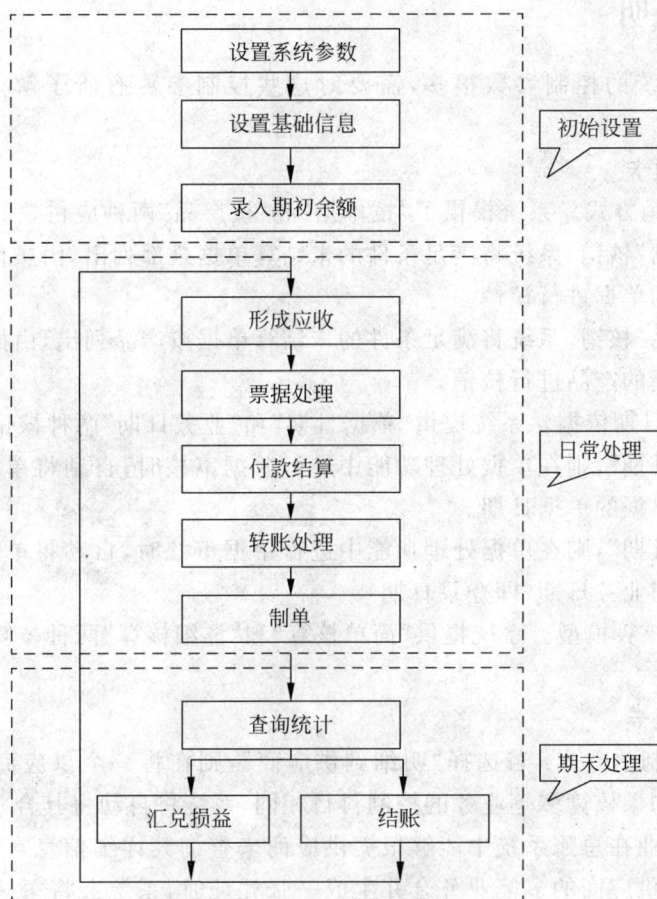

图 9-1　应付款管理系统操作流程图

说明：（1）初次进入应付款管理系统，要进行账套参数的设置。

（2）在进入正常处理之前，还应进行一些初始设置，并且录入期初余额。

（3）日常处理包括单据的录入、单据的结算、票据的管理、凭证的处理以及转账处理等。

（4）月末处理包括汇兑损益的处理及月末结账的处理。

第二节　应付款管理系统初始化

一、应付款管理系统初始化准备

为便于系统初始化，应该准备如下数据和资料。

（1）和本单位有业务往来的所有供应商的详细资料，包括供应商名称、地址、联系电话、开户银行、信用制度、最后的交易情况等。应付款管理系统可以根据供应商目录中的内容来准备资料。

（2）用于采购的所有存货的详细资料：包括存货的名称、规格型号、价格、成本等数据。

231

二、控制参数说明

应付款管理系统的控制参数很多，需要对这些控制参数有所了解，才能熟练应用该系统。

1. "常规"选项卡

（1）应付款核销方式。系统提供了"按单据"和"按产品"两种应付款的核销方式。

若选择"按单据"核销，系统将满足条件的未结算单据全部列出，由操作员选择要结算的单据，根据所选择的单据进行核销。

若选择"按产品"核销，系统将满足条件的未结算单据按产品列出，由操作员选择要结算的产品，根据所选择的产品进行核销。

（2）单据审核日期依据。系统提供"单据日期"和"业务日期"两种核销日期选择依据。

若选择"单据日期"，则在单据处理功能中进行单据审核时，自动将单据的审核日期（即入账日期）记为该单据的单据日期。

若选择"业务日期"，则在单据处理功能中进行单据审核时，自动将单据的审核日期（即入账日期）记为当前业务日期（即登录日期）。

（3）应付账款核算模型。系统提供"简单核算"和"详细核算"两种核算方式。系统默认选择"详细核算"方式。

2. "凭证"选项卡

（1）受控科目制单方式：若选择"明细到供应商"，则在将一个供应商的多笔业务合并生成一张凭证时，如果核算多笔业务的控制科目相同，系统将自动将其合并成一条分录。这种方式的目的是企业在总账系统中能够根据供应商来查询其详细信息。若选择"明细到交易所"，则在将一个供应商的多笔业务合并生成一张凭证时，系统会将每一笔业务形成一条分录。这种方式的目的是在总账系统中也能查看到每个供应商每笔业务的详细情况。

（2）控制科目依据：若选择"按供应商分类"，系统则根据一定的属性将供应商分为几个大类，在不同的方式下，针对不同的供应商分类设置不同的应付科目和预付科目。若选择"按地区"，系统则针对地区分类的不同设置不同的应付科目和预付科目。

（3）采购科目依据：按存货分类和按存货设置存货采购科目。

3. "权限与预警"选项卡

通过对报警级别的设置，将供应商按照对其欠款余额与其授信额度的比例分为不同的类型，以便于掌握在各个供应商处的信用情况，提高公司的信用度。

三、初始化设置

1. 科目设置

（1）基本科目设置

在基本科目设置中所设置的应付科目中的"应付账款"、预付科目中的"预付账款"和银行承兑科目与商业承兑科目中的"应付票据"，应在总账系统中设置其辅助核算为"供应商往来"，并且其受控系统为"应付系统"。否则在这里不能使用。只有在这里设置了基本科目，在生成凭证时才能直接生成凭证中的会计科目，否则凭证中将没有会计科目，相应的会计科目只能手工再录入。

（2）控制科目设置

在核算对供应商的赊购欠款时，若针对不同的供应商（供应商分类、地区分类）分别设置了不同的应付账款科目和预付账款科目，并且与基本科目设置中的科目不同时，在控制科目设置界面的内容受账套参数选择设置控制（即选择供应商设置、供应商分类设置、地区分类设置）。应付、预付科目必须是有"供应商"往来辅助核算的末级科目。

（3）产品科目设置

如果针对不同的存货（存货分类）分别设置不同的采购科目、应交进项税科目，则可以先在账套参数中选择设置的依据（即选择存货设置和存货分类设置）。当入账科目与"基本科目设置"中的科目不一致时在此处设置。

（4）结算方式科目设置

结算方式科目设置是针对已经设置的结算方式设置相应的结算科目，即在付款或收款时只要告诉系统结算时使用的结算方式就可以由系统自动生成该种结算方式所使用的会计科目。如果在此不设置结算方式科目，则在付款或收款时可以手工输入不同结算方式对应的会计科目。

2. 账龄区间设置

为了对应付账款进行账龄分析，应首先在此设置账龄区间。

3. 报警级别设置

通过对报警级别的设置，将供应商按照对其欠款余额与其授信额度的比例分为不同的类型，以便于掌握对各个供应商的信用情况。

4. 单据类型设置

与应收款管理子系统的单据类型对应，应付款管理子系统也提供了发票和应付单两大类型的单据。

（1）单据类型中的发票根据启用系统的不同而有所不同，若同时使用采购管理子系统，发票类型默认为专用发票、普通发票、运费发票、废旧物资收购凭证、农副产品收购凭证和其他收据；若只使用应付款管理子系统发票只有专用发票和普通发票两种。发票的单据类型不能删改。

（2）应付单记录采购业务之外的应付款情况。可以按应付款项的不同设置应付单类型，例如，可以将应付单分为应付费用款、应付利息款、应付罚款、其他应付款等。应付单的对应科目由用户自己定义。在此只能增加应付单的类型。

5. 付款条件

付款条件也叫现金折扣，是指企业为了鼓励客户偿还贷款而允诺在一定期限内给予的规定的折扣优待。这种折扣条件通常可表示为 $5/10, 2/20, n/30$，它的意思是客户在 10 天内偿还贷款，可得到 5% 的折扣，只付原价 95% 的贷款；在 20 天内偿还贷款，可得到 2% 的折扣，只要付原价 98% 的贷款；在 30 天内偿还贷款，则须按照全额支付货款；在 30 天以后偿还贷款，则不仅要按全额支付贷款，还可能要支付延期付款利息或违约金。

付款条件主要用于采购订单、销售订单、采购结算、销售结算、客户目录、供应商目录。系统最多同时支持 4 个时间段的折扣，即最多允许设置 4 个折扣条件。

四、期初数据录入

1. 期初余额录入

在初次使用应付款管理系统时,应将启用应付款系统时未处理完的所有供应商的应付账款、预付账款、应付票据等数据录入本系统。当进入第二年度时,系统自动将上年度未处理完的单据转为下一年度的期初余额。期初余额的录入包括采购发票、应付单、预付款、应付票据四种。

2. 应付款系统与总账系统对账

在录入完成应付款的期初余额后,即可进行"期初对账"工作。当保存了期初余额结果,或在每二年使用需要调整期初余额时可以进行修改。当第一个会计期已结账后,期初金额只能查询不能再修改。应付款系统与总账系统对账,必须要在总账与应付系统同时启用后才可以进行。

实验十二 应付款管理系统初始化

【实验准备】

可以引入 E 盘中"会计信息系统"文件夹中"实验十一"的备份数据,将系统日期修改为"2015 年 12 月 31 日"。启用应付款管理系统,启用时间为"2015 年 12 月 01 日"。

【实验内容】

（1）科目修改。
（2）参数设置。
（3）科目设置。
（4）账期内账龄区间。
（5）逾期账龄区间。
（6）期初余额。

【实验资料】

1. 修改会计科目

修改"应付账款"、"应付票据"、"预付账款"科目的受控系统为应付系统。

2. 设置控制参数（见表 9-1）

表 9-1 应付款管理系统控制参数

控 制 参 数	参 数 设 置
是否自动计算现金折扣	是
选择单据报警提前天数	提前天数：7 天
是否启用供应商权限	是

3. 初始设置
（1）科目设置（见表9-2）

表 9-2　科目设置

科目设置	参数设置
基本科目设置	应付科目(本币)：应付账款 预付科目(本币)：预付账款 银行承兑科目：应付票据 商业承兑科目：应付票据 采购科目：在途物资——生产用 采购税金科目：应交税费/应交增值税/进项税额
控制科目设置	所有供应商的控制科目：应付科目为应付账款 预付科目为预付账款
产品科目设置	所有产品：采购科目为"在途物资/生产用" 采购税金科目为"应交税费/应交增值税/进项税额"
结算方式科目设置	现金支票：币种为人民币；科目为"银行存款/工行存款" 转账支票：币种为人民币；科目为"银行存款/工行存款"

（2）设置账期内账龄区间（见表9-3）

表 9-3　账期内账龄区间

序　号	起 止 天 数	总天数
01	0～30	30
02	31～60	60
03	61～90	90
04	91 以上	

（3）设置预警级别（见表9-4）

表 9-4　预警级别

序　号	起 止 比 率	总比率	级　别
01	0～10%	10%	A
02	10%～20%	20%	B
03	20%～30%	30%	C
04	30%～40%	40%	D
05	40%～50%	50%	E
06	50%以上		F

4. 设置单据编号
将采购专用发票、采购普通发票、采购运费发票的编号允许手工改动。

5. 录入期初余额（见表9-5）
会计科目：应付账款 2202，余额：贷方 275 550，为期初两张采购普通发票。

表 9-5　期初采购发票

单据类型	开票日期	发票号	供应商	采购部门	科目	存货名称	数量	原币单价	金额
普通发票	2015.11.19	P025	联创公司	供应科	2202	C 原料	100	1 210.14	145 800
普通发票	2015.11.25	J033	中信公司	供应科	2202	K 零件	500	215.39	129 750
合　计									275 550

6. 查看期初余额明细表，进行期初对账

略。

7. 账套备份

略。

【实验指导】

实验指导1：修改会计科目

（1）执行"基础档案|财务|会计科目"命令，单击工具栏中的"查找"按钮，弹出"科目查找"窗口，输入"2201"，单击"查找"按钮，系统自动定位在"2201 应付票据"科目处。

（2）选中"2201 应付票据"科目，执行"修改"命令，再单击"修改"按钮，选择右上方的"辅助核算"下的"供应商往来"，并选择受控系统为"应付系统"。同理，选择应付账款为供应商往来应付系统，预付账款为客户往来应收系统。

实验指导2：设置控制参数

（1）在"企业应用平台"中执行"业务工作|财务会计|应付款管理"命令。

（2）执行"设置|选项"命令，打开"账套参数设置"对话框。

（3）单击"编辑"按钮，在"常规"选项卡选中"自动计提现金折扣"的复选框，打开"权限与预警"选项卡，在"单据报警"下的"提前天数"栏输入"7"，如图 9-2 所示。

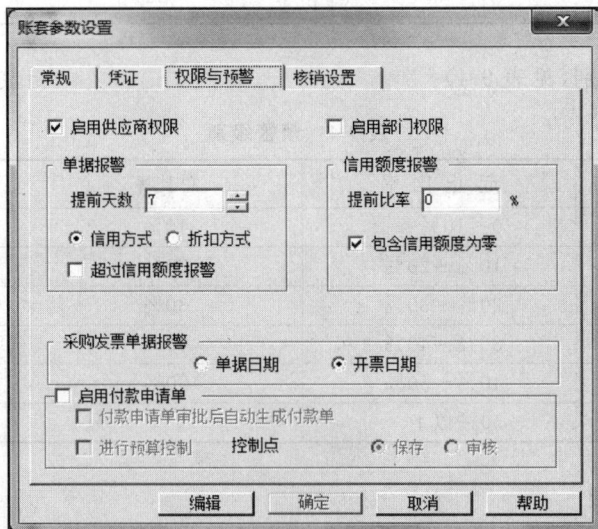

图 9-2　权限与预警选项卡（参数设置）

（4）单击"确定"按钮，重新登录注册后进入系统。

> **提 示**
>
> - 在进入应付款系统之前应在建立账套后启用应付款系统，或者在企业应用平台中启用应付款系统。应付款系统的启用会计期间必须大于等于账套的启用期间。
> - 在账套使用过程中可以随时修改账套参数。
> - 如果选择单据日期为审核日期，则月末结账时单据必须全部审核。
> - 关于应付账款核算模型，在系统启用时或者还没有进行任何业务处理的情况下才允许从简单核算改为详细核算；从详细核算改为简单核算随时可以进行。

实验指导3：初始设置

第一步：科目设置。

（1）基本科目设置

在应付管理系统中，执行"设置|初始设置"命令，打开"初始设置|基本科目设置"对话框，录入或选择应付科目"2202"及其他的基本科目，如图9-3所示。

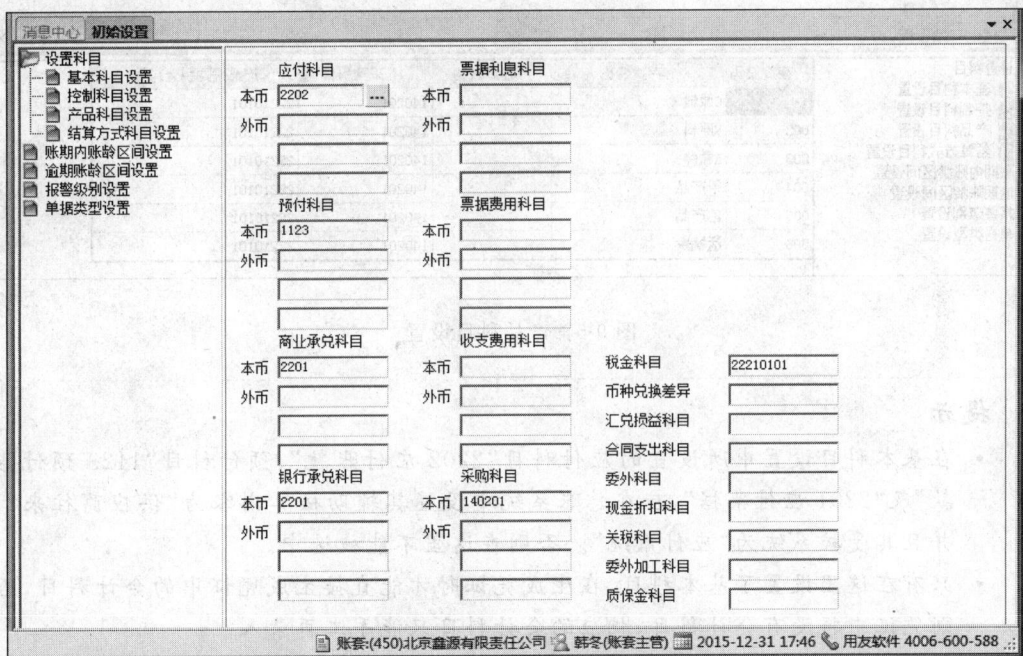

图9-3 基本科目设置

（2）控制科目设置

执行"设置|初始设置"命令，打开"初始设置"对话框，执行"产品科目设置"命令，录入控制科目，如图9-4所示。

图 9-4　控制科目设置

（3）产品科目设置

同理，打开"产品科目设置"，在存货名称下的所有采购科目全部输入"140201"，采购税金科目输入"22210101"，如图 9-5 所示。

图 9-5　产品科目设置

提示

- 在基本科目设置中所设置的应付科目"2202 应付账款"、预付科目"1123 预付账款"及"2201 应付票据"，应在总账系统中设置其辅助核算内容为"供应商往来"，并且其受控系统为"应付系统"。否则在这里不能被选中。

- 只有在这里设置了基本科目，在生成凭证时才能直接生成凭证中的会计科目，否则凭证中将没有会计科目，相应的会计科目只能手工再录入。

- 应付科目的核算币种应不相同。如果没有外币核算，可以不输入外币科目。

- 如果应付科目、预付科目按不同的供应商或供应商分类分别设置，则可在"控制科目设置"中设置，在此可以不设置。

- 如果针对不同的存货分别设置采购核算科目，则在此不用设置，可以在"产品科目设置"中进行设置。

（4）结算方式科目设置

执行"结算方式科目设置"命令，打开"结算方式科目设置"对话框。

单击"结算方式"下三角按钮，选择"现金结算"，单击"币种"栏，选择"人民币"；在"科目"栏录入或选择"100201"，按 Enter 键。以此方法继续录入其他的结算方式科目，如图 9-6 所示。

图 9-6　结算方式科目设置

提示

- 结算方式科目设置是针对已经设置的结算方式设置相应的结算科目。即在付款或收款时只要告诉系统结算时使用的结算方式就可以由系统自动生成该种结算方式所使用的会计科目。
- 如果在此不设置结算方式科目，则在付款或收款时可以手工输入不同结算方式对应的会计科目。

第二步：设置账期内账龄区间。

（1）在应付管理系统中执行"设置|初始设置"命令，打开"初始设置"选项卡。

（2）执行"账期内账龄区间设置"命令，在"总天数"栏录入"30"，按 Enter 键后再在"总天数"栏录入"60"后按 Enter 键。以此方法继续录入其他的总天数，如图 9-7 所示。

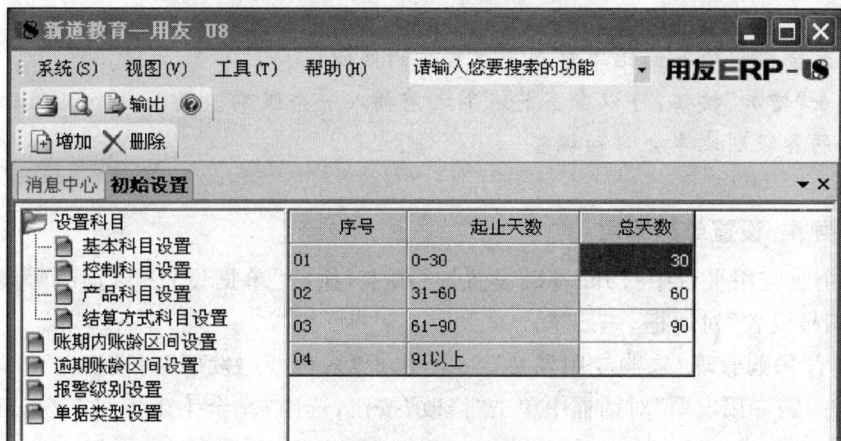

图 9-7　设置账期内账龄区间

（3）单击"退出"按钮退出。

提 示

- 序号由系统自动生成，不能修改和删除。总天数直接输入截至该区间的账龄总天数。
- 最后一个区间不能修改和删除。

第三步：设置报警级别。

（1）在应付管理系统中执行"设置|初始设置"命令，打开"初始设置"选项卡。

（2）执行"报警级别设置"命令，在"总比率"栏录入"10"，在"级别名称"栏录入"A"，后按 Enter 键。以此方法继续录入其他的总比率和级别，如图9-8所示。

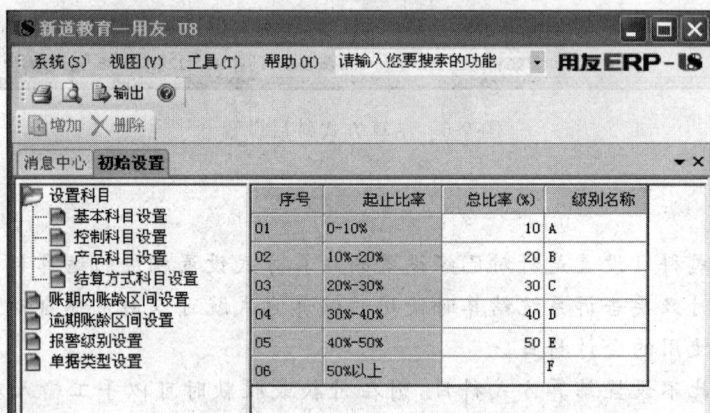

图 9-8　报警级别设置

（3）单击"退出"按钮退出。

提 示

- 序号由系统自动生成，不能修改、删除。应直接输入该区间的最大比率及级别名称。
- 系统会根据输入的比率自动生成相应的区间。
- 单击"增加"按钮，可以在当前级别之前插入一个级别。插入一个级别后，该级别后的各级别比率会自动调整。

实验指导4：设置单据编号

（1）在企业应用平台中打开"基础设置"选项卡，执行"单据设置|单据编号设置"命令，打开"单据编号设置"对话框。

（2）执行"采购管理|采购专用发票"命令，出现"采购专用发票"对话框。

（3）在"采购专用发票"对话框中单击"修改"按钮，选中"完全手工编号"复选框，如图9-9所示。

（4）单击"保存"按钮。

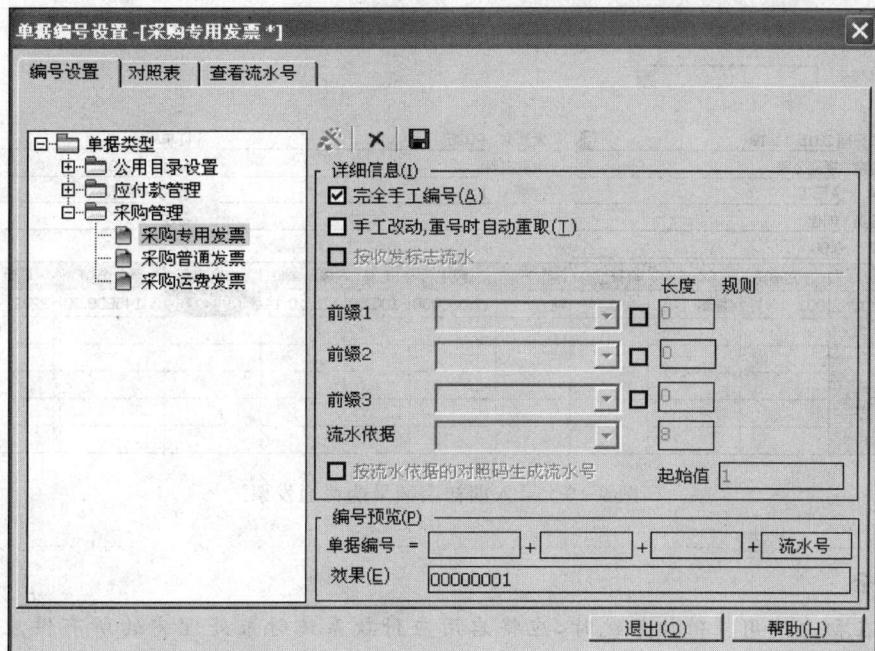

图 9-9　设置采购专用发票

（5）同理，设置应付系统中其他应付单、应付款"完全手工编号"，单击"退出"按钮退出。

提 示

- 如果不在"单据编号设置"中对采购专用发票采用"完全手工编号"，则在填制采购专用发票时其编号由系统自动生成而不允许手工录入编号。
- 在单据编号设置中还可以设置"重号时自动重取"及"按收发标志流水"等。

实验指导 5：录入期初余额

（1）在应付款管理系统中执行"设置|期初余额"命令，打开"期初余额—查询"对话框。

（2）单击"确定"按钮，打开"期初余额明细表"对话框。

（3）单击"增加"按钮，打开"单据类别"对话框。

（4）单击"确定"按钮，打开"采购普通发票"对话框。

（5）单击"增加"按钮，修改开票日期为"2015 年 11 月 19 日"，录入票号"P025"；在"供应商"栏录入"02"或单击"供应商"栏的参照按钮，选择"联创公司"；在"部门"栏选择"供应科"；在"存货编码"栏录入"001"或单击"存货编码"栏的参照按钮，选择"C 原料"，在"数量"栏录入"100"，在"原币金额"栏录入"145 800"，录入原币单价"1 210.14"元，如图 9-10 所示。

（6）单击"保存"按钮，以此方法继续录入第 2 张采购普通发票。

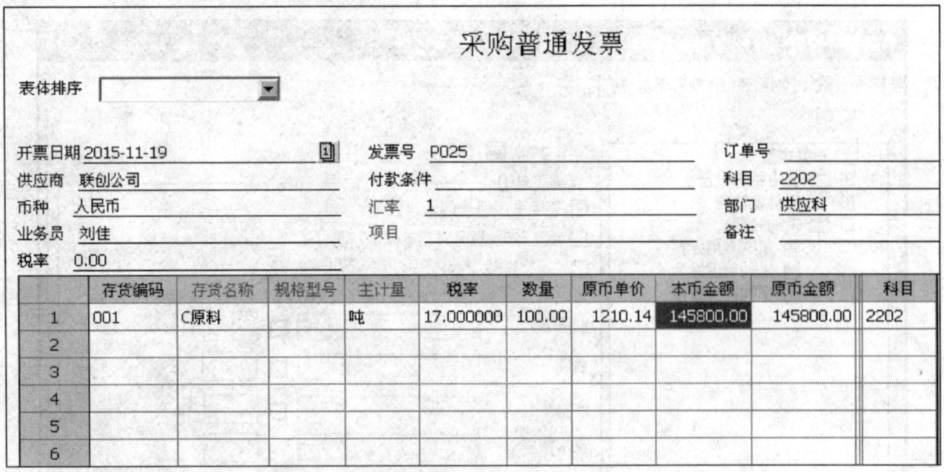

图 9-10　录入期初余额采购普通发票

提示

- 在初次使用应付款系统时,应将启用应付款系统时未处理完的所有供应商的应付账款、预付账款、应付票据等数据录入本系统。当进入第二年度时,系统自动将上年度未处理完的单据转为下一年度的期初余额。在下一年度的第一会计期间,可以进行期初余额的调整。在日常业务中,可对期初发票、应付单、预付款、票据进行后续的核销、转账处理。
- 如果退出了录入期初余额的单据,在"期初余额明细表"窗口中并没有看到新录入的期初余额,应单击"刷新"按钮,就可以列示所有期初余额的内容。
- 在录入期初余额时一定要注意期初余额的会计科目,比如采购发票的会计科目为"2201",即应付票据。应付款系统的期初余额应与总账进行对账,如果科目错误将会导致对账错误。
- 如果并未设置允许修改采购专用发票的编号,则在填制采购专用发票时不允许修改采购专用发票的编号。其他单据的编号也一样,系统默认的状态为不允许修改。

实验指导 6:查看期初余额明细表,进行期初对账

(1) 打开"期初余额—查询"对话框,查看"期初余额明细表",如图 9-11 所示。

图 9-11　期初余额明细表

（2）在"期初余额明细表"对话框中，单击"对账"按钮，打开"期初对账"选项卡，如图 9-12 所示。

科目		应付期初		总账期初		差额	
编号	名称	原币	本币	原币	本币	原币	本币
1123	预付账款	0.00	0.00	0.00	0.00	0.00	0.00
2201	应付票据	0.00	0.00	0.00	0.00	0.00	0.00
2202	应付账款	275,550.00	275,550.00	275,550.00	275,550.00	0.00	0.00
	合计		275,550.00		275,550.00		0.00

图 9-12　期初对账

（3）单击"退出"按钮退出。

> **提示**
>
> - 当完成全部应付款期初余额录入后，应通过对账功能将应付系统期初余额与总账系统期初余额进行核对。
> - 当保存了期初余额结果，或在第二年使用需要调整期初余额时可以进行修改。当第一个会计期已结账后，期初余额只能查询不能再修改。
> - 期初余额所录入的票据保存后自动审核。
> - 应付款系统与总账系统对账，必须在总账与应付系统同时启用后才可以进行。

实验指导 7：账套备份

（1）在 E 盘（或 D 盘）"会计信息系统"文件夹中新建"实验十二"文件。
（2）将账套保存至"实验十二"文件夹中。

第三节　应付款管理系统业务处理

一、单据处理

采购发票和应付单据是应付款管理系统日常核算的最主要的原始单据。单据处理是应付款管理系统的起点。在不启用采购系统或者企业未购买采购系统的情况下，采购发票和应付单据的录入和查询工作都在应付款管理系统下进行。

1. 单据录入

在应付款管理子系统中要录入采购发票，必须是没有启用采购管理子系统，如果启用采购管理子系统，在此只能录入应付单。单据的录入、审核、查询与应收款管理子系统相同，参照应收款管理子系统部分。单据录入审核后，可立即制单，也可以以后在制单功能中批量制单。采购发票生成的凭证如下。

借：在途物资

　　　贷：应付账款

生成的凭证自动传到总账子系统。

2. 单据结算

企业发生付款业务应录入子系统，以提供生成应付账款所需要的付款信息，然后对发票及付款单进行核销，形成预付款，并处理代付款等。

3. 核销

核销就是指确定收/付款单与原始的发票、应付单之间对应关系的操作。应付款子系统的所有采购须通过应付账款，单据录入是增加应付款的业务，当要支付款项时，通过单据结算，录入付款金额，同时减少应付款，为进行精确的账务分析，要指明本次是支付哪几笔采购业务的款项，此过程叫核销。

核销操作只用在单据结算中录入付款单，在表体中找到对应的单据，单击"核销"按钮，在单据的"本次结算"栏中输入核销金额保存即可。单据核销后，可立即制单，也可在制单功能中成批制单。核销生成的凭证如下。

借：应付账款

　　　贷：库存现金/银行存款

生成的凭证自动传到总账子系统。

应付款核销有以下几种情况。

（1）付款单的数额等于原有单据的核销数额，付款单与原有单据完全核销。

（2）付款单的金额小于单据金额，对此供应商有预付款，结算时，则单击"使用预付"输入预付金额，在"本次结算"金额栏输入预付金额与付款金额的合计，系统优先使用付款单的金额。

（3）付款单的金额大于单据金额，在"本次结算"金额栏输入单据金额，剩余金额将由系统自动形成预付款。

（4）付款单的金额小于单据金额，在"本次结算"金额栏输入付款单金额，剩余单据金额留待下次核销。

（5）本系统提供在"日常处理"菜单下"选择付款"中：可以一次支付多个供应商、多笔款项的业务处理，以简化日常付款操作，同时便于掌握和控制资金的流出。

4. 单据查询

对于业务单据及结算单的查询，在"统计分析"菜单下的"单据查询"中进行。

二、转账处理

同应收款管理子系统相对应，应付款管理子系统也有预付冲应付、应付冲应收、红票对冲及应付冲应付等几种转账处理情况。

1. 预付款冲应付款

当单位给某个供应商付款时，如果对此供应商有预付款，则可用预付款冲应付款。

2. 应付款冲应收款

若某单位既是客户又是供应商，则可进行应付款冲应收款的情况。

3．红票对冲

当发生采购退货时，可用红字单据冲蓝字单据，即红票对冲。

4．应付款冲应付款

当一个供应商为另一个供应商代付款时，发生应付款冲应付款的情况。

三、票据处理

一个企业一般情况下都有应付票据，本系统具有强大的票据管理功能，可以对开出的应付票据进行登记、转出、计息、结算的处理。应付票据的管理与应收票据的管理基本类似，与应收票据相比，应付票据没有贴现、背书处理。如果要实现票据的登记簿管理，必须将"应付票据"科目设置成为带有供应商往来辅助核算的科目。

1．应付票据的增加、修改、删除

当增加一张应付票据后，系统自动将该张票据生成一张付款单（在单据结算中可查到）。该张付款单用来冲应付账款。已经核销的付款单（依票据生成），或已经结算、转出计息的票据不能被删除。应付票据的增加、修改、删除操作同应收款管理子系统的应收票据的相关操作。

2．应付票据的计息

如果开出的应付票据是带息的票据，需要对其进行计息处理。

3．应付票据的结算

如果应付票据到期向供应商付款，则应进行票据的结算。

4．应付票据的转出

如果票据到期后仍不能付款，则应进行应付票据转入应付账款的处理。

四、制单

应付款管理子系统提供了与应收款管理子系统相对应的制单操作。其制单类型包括：单据制单（包括发票和应付单）、核销制单、票据处理制单、汇兑损益制单、转账制单、并账制单和现结制单。

五、月末处理

1．汇兑损益结转

应付款管理子系统提供了月末计算汇兑损益和单据结清时计算汇兑损益两种方式。如果单位发生有外币付款业务，同时在初始设置中汇兑损益的处理方式为月末计算，则在月末结账前须计算汇兑损益。若选取"单据结清时计算汇兑损益"，只有在外币应付款和应付票据两方面的外币全部付清时，才能对其进行汇兑损益处理。

2．月末结账

如果确认本月的各项处理已经结束，可以选择执行月末结账功能。当执行了月末结账功能后，该月将不能再进行任何处理。如果启用了采购管理子系统，采购管理子系统结账后,应付款管理子系统才能结账。若结账后发现有错误,在总账子系统没结账前可取消结账。应付款管理子系统的结账要求与应收款管理子系统的相同,不再赘述。

如果对原始单据进行了审核,对付款单进行了核销等操作后,发现操作失误,而又不能删除和取消时,可用"取消操作"和"取消结账"将其恢复到操作前的状态,以便进行修改。

系统提供了对以下几种情况的恢复操作功能:恢复应付单据(发票和应付单)的未审核状态,恢复付款单的核销前状态,恢复票据的处理前状态,恢复转账处理前状态,恢复计算汇兑损益前状态,恢复并账处理前状态。

实验十三　应付款管理系统业务处理

【实验准备】

可以引入 E 盘中"会计信息系统"文件夹中"实验十二"的备份数据,将系统日期修改为"2015 年 12 月 31 日"。

【实验内容】

(1) 日常业务处理。

(2) 期末业务处理。

【实验资料】

1. 日常业务处理

2015 年 12 月发生下列经济业务。

(1) 12 月 8 日,供应科刘佳向北京联创公司采购原材料 C 原料 100 吨,单价为 960 元/吨,增值税率为 17%,原材料已验收入库,货款尚未支付。对方开出采购专用发票一张,发票号 9003。

(2) 12 月 9 日,以转账支票(票号 ZZ711)支付给北京联创公司 8 日购货款 96 000 元。

(3) 12 月 15 日,供应科刘佳向中信公司以转账支票(票号 ZZ712)支付预购 C 原料的预付款 10 000 元。

(4) 12 月 20 日,经协商,同意将中信公司的预付款 10 000 元用于偿付所欠应付账款。

(5) 12 月 21 日,收到联创公司通知,将本公司 2015 年 11 月 20 日所欠应付账款145 800 元转为欠中信公司的应付账款。

(6) 12 月 25 日,向中信公司签发并承兑商业承兑汇票一张,票据号 95691,面值为100 000 元,到期日2016 年 4 月 22 日。

2. 期末业务处理

(1) 完成本月应付款管理系统的月末结账。

(2) 取消结账。

【实验指导】

实验指导 1：日常业务处理

第一步：经济业务 1——购入原材料。

> **提示**
>
> 输入并审核采购专用发票，根据发票制单。

（1）在应付款管理系统中执行"应付单据处理|应付单据录入"命令，打开"单据类别"对话框。

（2）单击"确定"按钮，打开"采购专用发票"对话框。

（3）单击"增加"按钮，修改发票日期为"2015-12-08"，录入发票号"9003"，在"供应商"栏录入"02"或单击"供应商"栏的"参照"按钮，选择"联创公司"；在"存货编号"栏录入"001"；在"存货名称"栏录入"C 原料"，在"数量"栏录入"100"，在"原币单价"栏录入"960"，如图 9-13 所示。

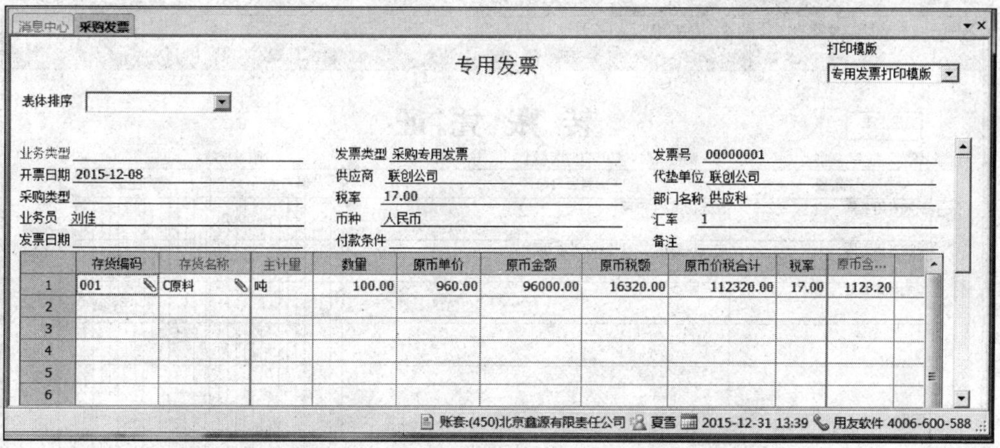

图 9-13　采购专用发票

（4）单击"保存"按钮，单击"审核"按钮，系统提示"是否立即制单"，单击"是"按钮，系统自动弹出该业务的凭证，选择"转账凭证"，单击"保存"按钮。凭证左上角打上"已生成"字样，表明凭证已经传递到总账系统，如图 9-14 所示。

> **提示**
>
> - 在填制采购专用发票时，税率由系统自动生成，可以修改。
> - 采购发票与应付单是应付款管理系统日常核算的单据。如果应付款系统与采购系统集成使用，采购发票在采购管理系统中录入，在应付系统中可以对这些单据进行查询、核销、制单等操作。此时应付系统需要录入的只限于应付单。
> - 如果没有使用采购系统，则所有发票和应付单均需在应付系统中录入。

- 在不启用供应链的情况下,在应付款系统中只能对采购业务的资金流进行会计核算,即可以对应付款、已付款以及采购情况进行核算,而其物流的核算,即存货入库成本的核算还需在总账系统中手工进行结转。

- 已审核的单据不能修改或删除,已生成凭证或进行过核销的单据在单据界面不再显示。

- 在录入采购发票后可以直接进行审核,在直接审核后系统会提示"是否立即制单",此时可以直接制单。如果录入采购发票后不直接审核可以在审核功能中审核,再到制单功能中制单。已审核的单据在未进行其他处理之前取消审核后再修改。

- 如果在"单据查询"窗口中,先选中"收付款单制单"后,再去掉"发票制单"的选项,则会打开"收付款制单"窗口。如果不去掉"发票制单"选项,虽然制单窗口显示的是"应付制单",但两种待制的单据都会显示出来。

- 在制单功能中还可以根据需要进行合并制单。

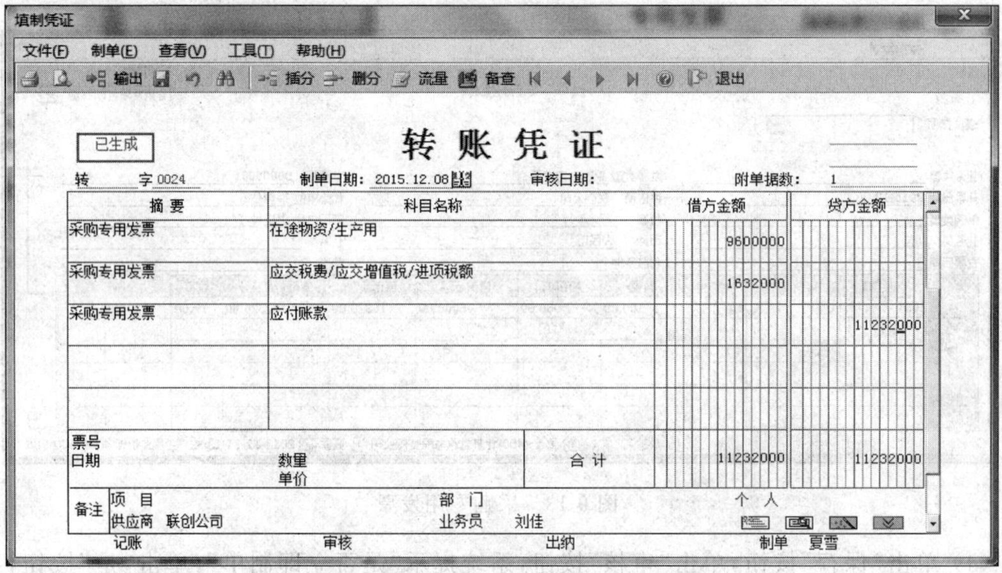

图 9-14　发票制单(经济业务 1)

第二步:经济业务 2——付款处理。

(1)在应付款管理系统中执行"付款单据处理|付款单据录入"命令,打开"付款单"对话框。

(2)单击"增加"按钮,修改开票日期为"2015-12-09";在"供应商"栏录入"002"或单击"供应商"栏的"参照"按钮,选择"联创公司";在"结算方式"栏录入"202"或单击"结算方式"下三角按钮,选择"转账支票";在"币种"栏选择"人民币";在"金额"栏录入"96 000",在"摘要"栏录入"支付所欠联创公司货款",单击"明细"栏,如图 9-15 所示。

(3)单击"审核"按钮,系统提示"是否立即制单",单击"是"按钮,系统自动弹出付款凭证,单击"保存"按钮,如图 9-16 所示。

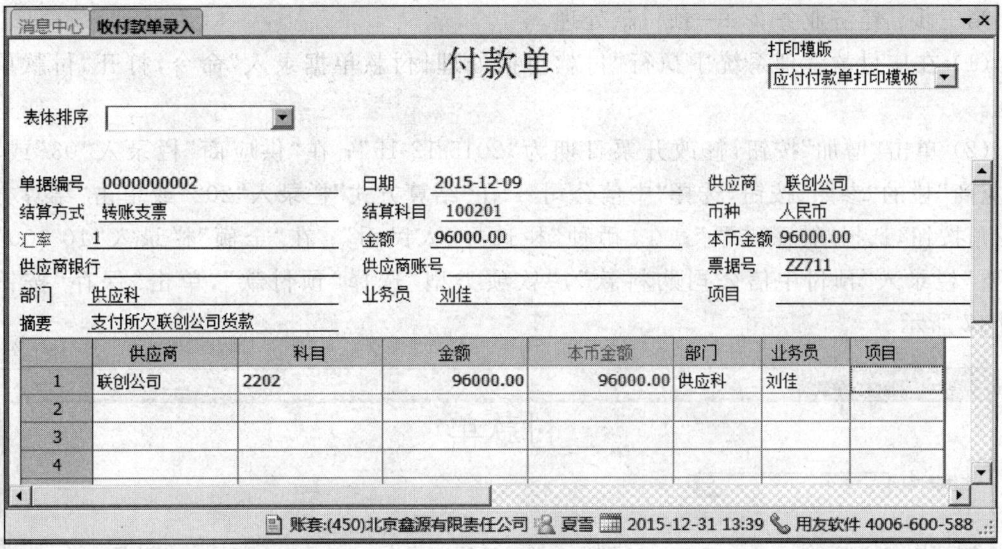

图 9-15 付款单

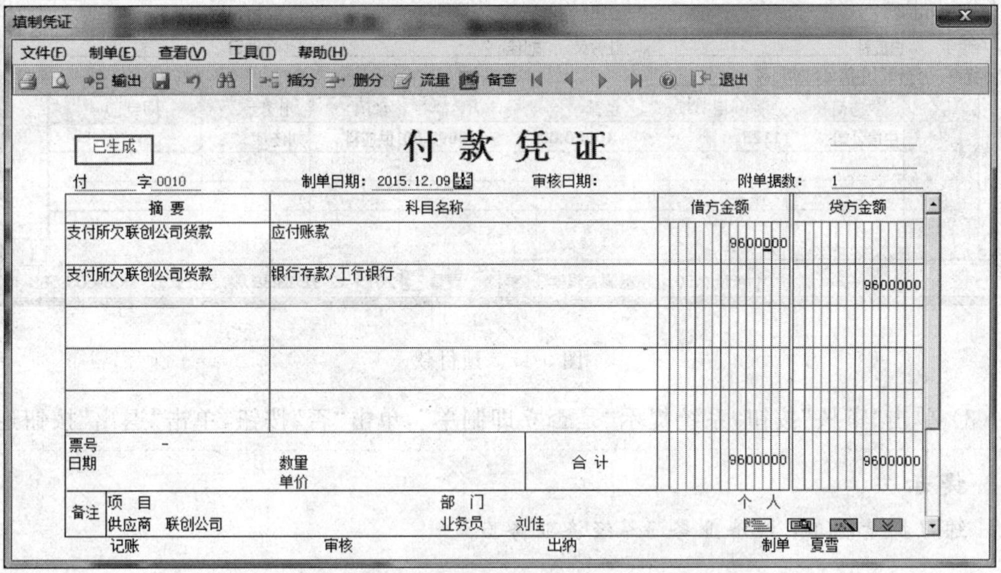

图 9-16 付款单制单(经济业务 2)

提示

- 在单击付款单的"保存"按钮后,系统会自动生成付款单表体的内容。
- 表体中的款项类型系统默认为"应付款",可以修改。款项类型还包括"预付款"和"其他费用"。
- 若一张付款单中,表头供应商与表体供应商不同,则视表体供应商的款项为代收款。
- 在填制付款单后,可以直接单击"核销"按钮进行单据核销的操作。
- 如果是供应商退款,则可以单击"切换"按钮填制红字付款单。

第三步：经济业务3——预付款处理。

（1）在应付款管理系统中执行"付款单据处理|付款单据录入"命令，打开"付款单"对话框。

（2）单击"增加"按钮，修改开票日期为"2015-12-15"；在"供应商"栏录入"03"或单击"供应商"栏的"参照"按钮，选择"中信公司"；在"结算方式"栏录入"202"或单击"结算方式"下三角按钮，选择"转账支票"；在"币种"栏选择"人民币"；在"金额"栏录入"10 000"，在"摘要"栏录入"预付中信公司购料款"，"款项类型"选择"预付款"，单击"保存"按钮，如图9-17所示。

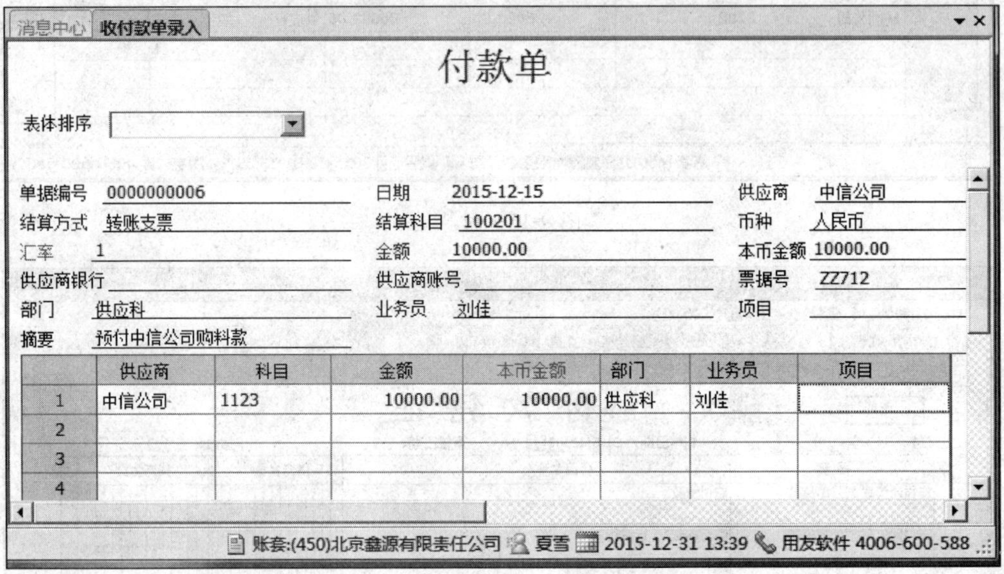

图9-17 预付款

（3）单击"审核"按钮，系统提示"是否立即制单"，单击"否"按钮，单击"退出"按钮退出。

提示

练习批量制单：经济业务3～经济业务6。

第四步：经济业务4——预付账款冲抵应付账款。

（1）在应付款管理系统中执行"转账|预付冲应付"命令，打开"预付冲应付"对话框。在"供应商"栏录入"03"或单击"供应商"栏的"参照"按钮，选择"中信公司"。

（2）单击"过滤"按钮，在"转账金额"栏录入"10 000"，如图9-18所示。

（3）打开"应付款"选项卡，单击"过滤"按钮，在"转账金额"栏录入"10 000"，如图9-19所示。

（4）单击"确定"按钮，系统提示"是否立即制单"，单击"否"按钮，再单击"取消"按钮退出。

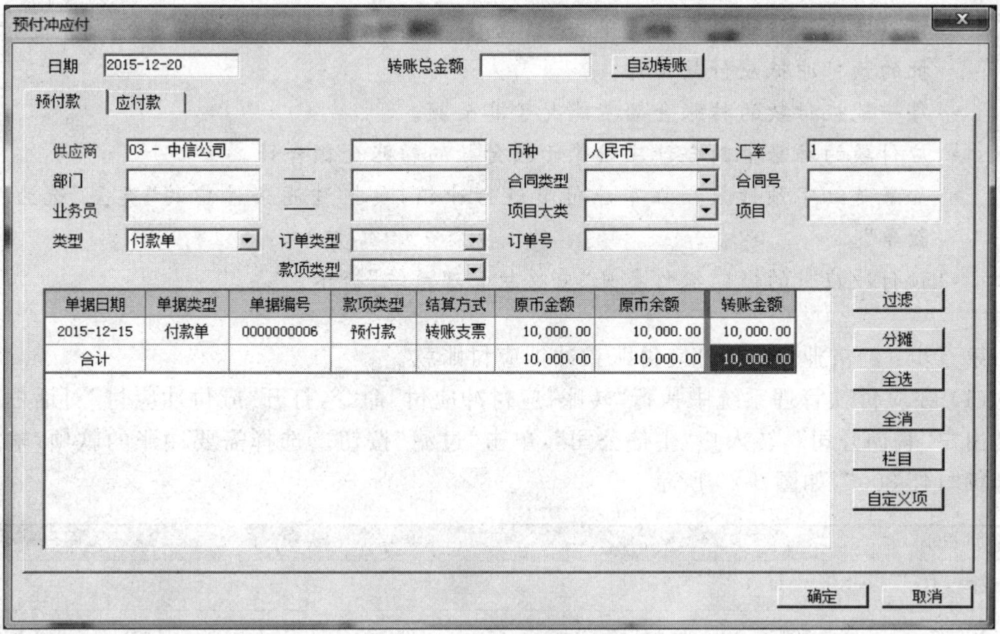

图 9-18 预付冲应付(一)

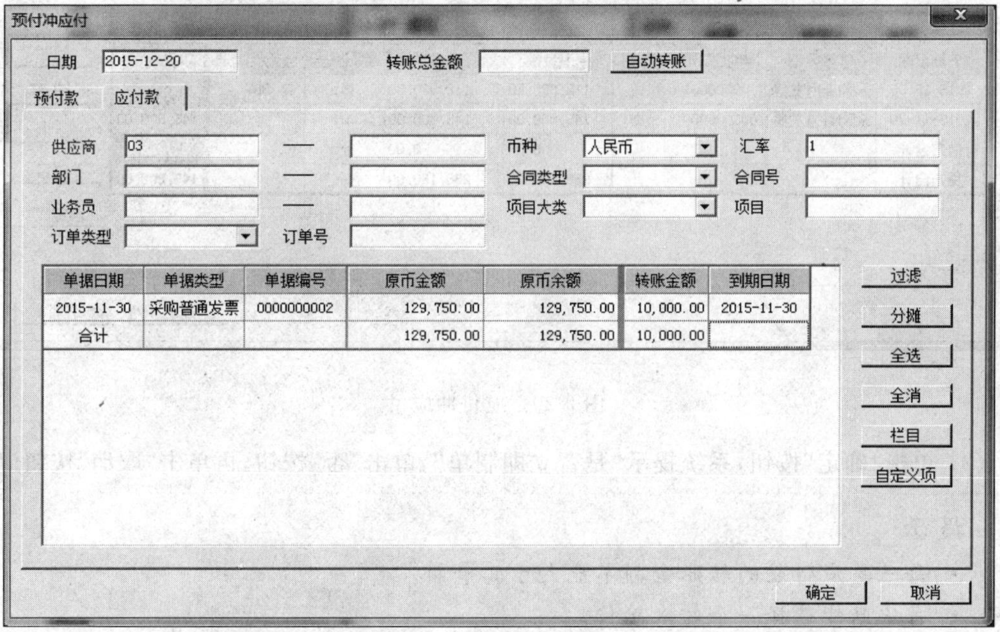

图 9-19 预付冲应付(二)

提示

- 可以在输入转账总金额后单击"自动转账"按钮,系统自动根据过滤条件进行成批的预付冲抵应付款工作。
- 每一笔应付款的转账金额不能大于其余额。
- 应付款的转账金额合计应该等于预付款的转账金额合计。
- 如果是红字预付款和红字应付单进行冲销,要把过滤条件中的"类型"选为"收款单"。
- 预付冲应付的撤销操作参见"应收款管理系统"提示。

第五步:经济业务5——应付账款冲抵应付账款。

(1)在应付款管理系统中执行"转账|应付冲应付"命令,打开"应付冲应付"对话框。选择转出户"联创公司",转入户"中信公司",单击"过滤"按钮。选择需要冲账的款项,输入并账金额"145 800",如图9-20所示。

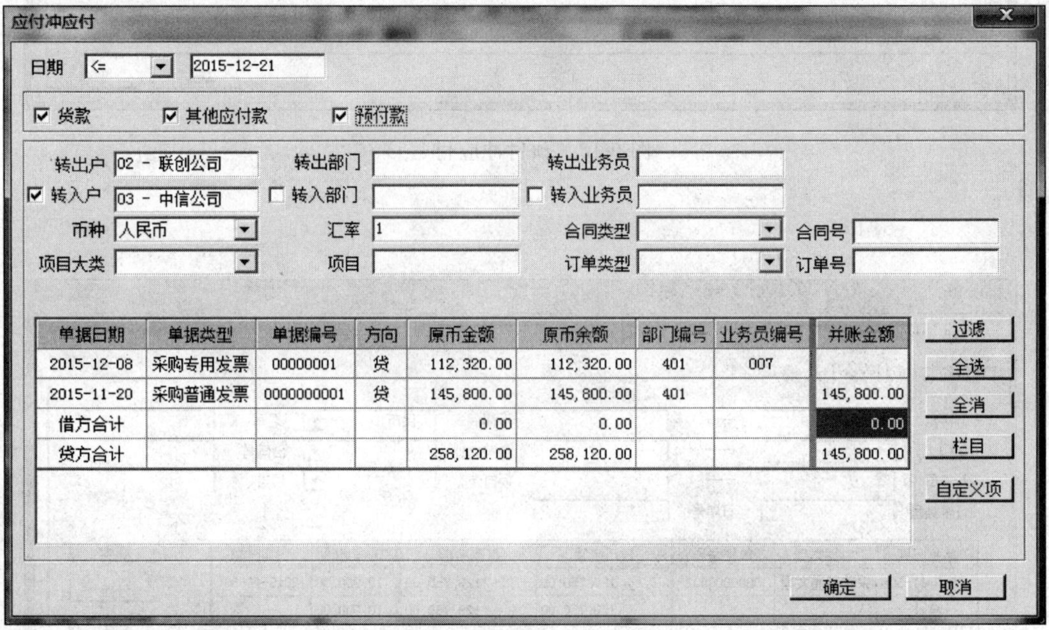

图9-20 应付冲应付

(2)单击"确定"按钮,系统提示"是否立即制单",单击"否"按钮,再单击"取消"按钮退出。

提示

- 每一笔应付款的转账金额不能大于其余额。
- 每次只能选择一个转入单位。

第六步:经济业务6——填制商业汇票。

(1)在应付款管理系统中执行"票据管理"命令,打开"过滤条件选择"对话框。单击"过滤"按钮,进入"票据管理"界面。

（2）单击"增加"按钮,打开"商业汇票"录入窗口,单击"票据类型"与"结算方式"栏的下三角按钮,选择"商业承兑汇票",在"票据编号"栏录入"95691",在"收款人"栏录入"03",或单击参照按钮,选择"中信公司",在"金额"栏录入"100 000",在"收到日期"与"出票日期"栏录入"2015-12-25","到期日"栏录入"2016-04-22";在"票据摘要"栏录入"签发并承兑商业承兑汇票",单击"保存"按钮,如图 9-21 所示。

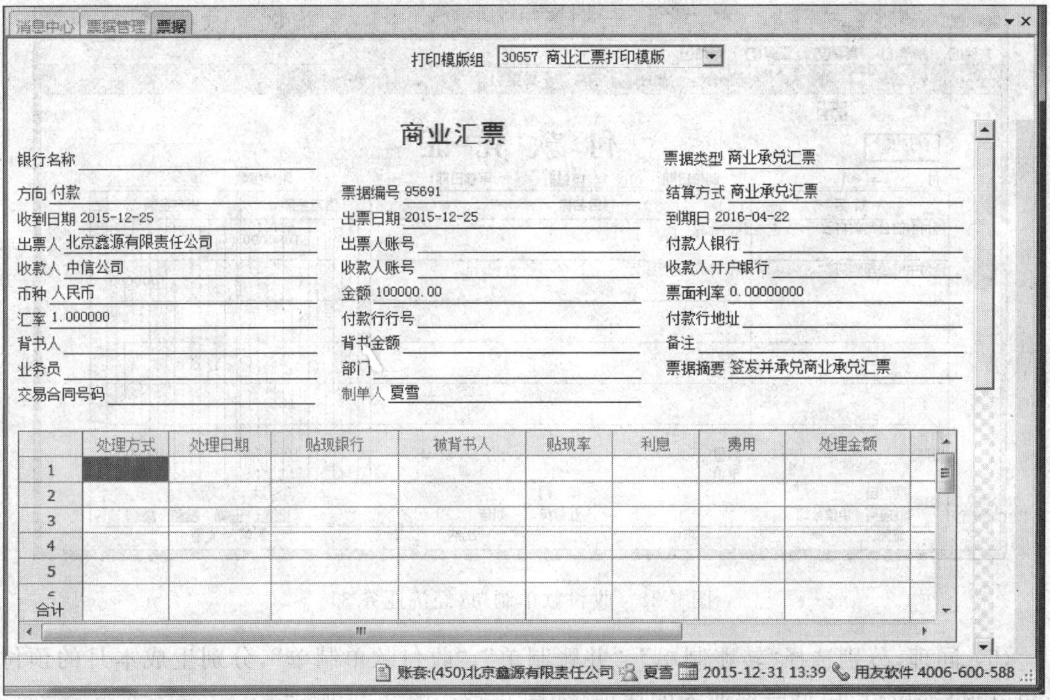

图 9-21　商业汇票

提示

- 保存一张商业票据之后,系统会自动生成一张付款单。
- 这张付款单还需经过审核之后才能生成记账凭证。
- 由票据生成的付款单不能修改。

（3）执行"应付款管理|付款单据处理|付款单据审核"命令,打开"收付款单列表"窗口,选择需要审核的单据,单击"审核"按钮,系统显示:本次审核选中单据 1 张,本次审核成功单据 1 张,本次审核未成功单据 0 张。

提示

- 在票据管理功能中可以对商业承兑汇票和银行承兑汇票进行日常业务处理,包括票据的取得、结算、背书、转出、计息等。
- 商业承兑汇票不能有承兑银行,银行承兑汇票必须有承兑银行。

第七步：批量制单（经济业务3～经济业务6）。

（1）执行"应付款管理系统|制单处理"命令，打开"制单查询"对话框。

（2）选中"收付款单制单"复选框，单击"确认"按钮，进入"收付款单制单"窗口。

（3）选择制单日期"2015-12-15"，单击"制单"按钮，进入"填制凭证"窗口。

（4）单击"保存"按钮，凭证左上方出现"已生成"字样，表明此凭证已传递到总账系统，如图9-22所示。

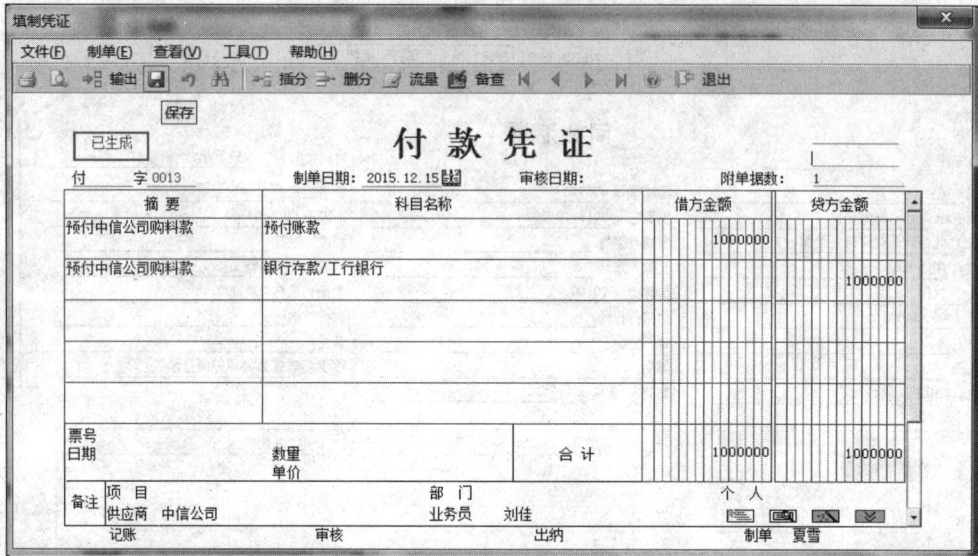

图9-22　收付款单制单（经济业务3）

（5）同理，分别选择"转账制单"、"并账制单"、"收付款单制单"，分别生成本月的预付冲应付、应付冲应付、应付票据业务的凭证，如图9-23～图9-25所示。

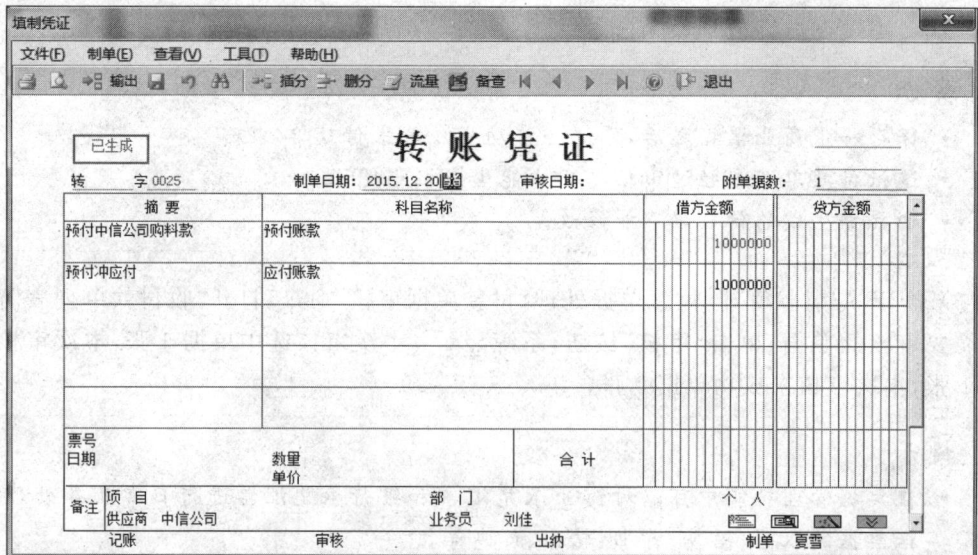

图9-23　转账制单（经济业务4）

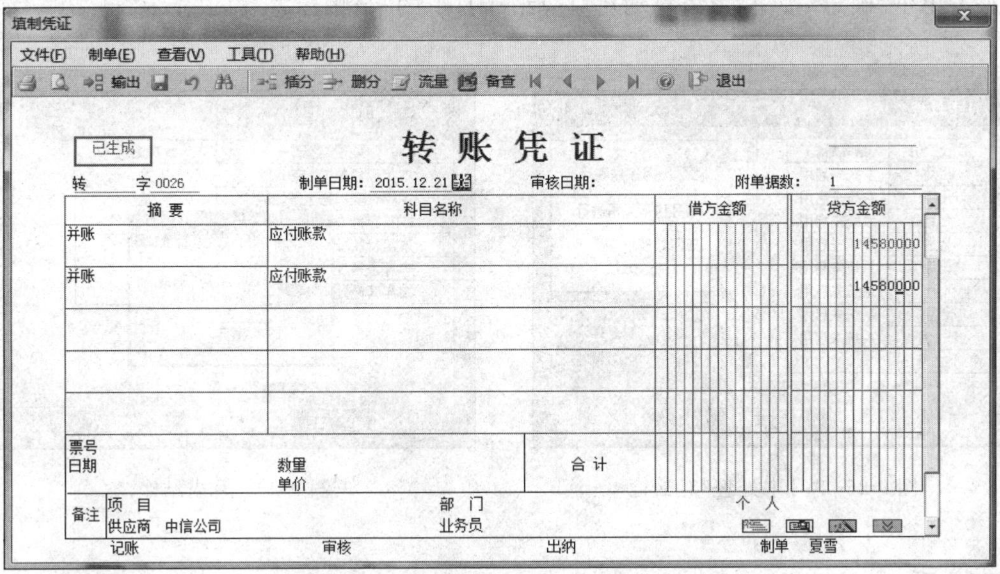

图 9-24　并账制单(经济业务 5)

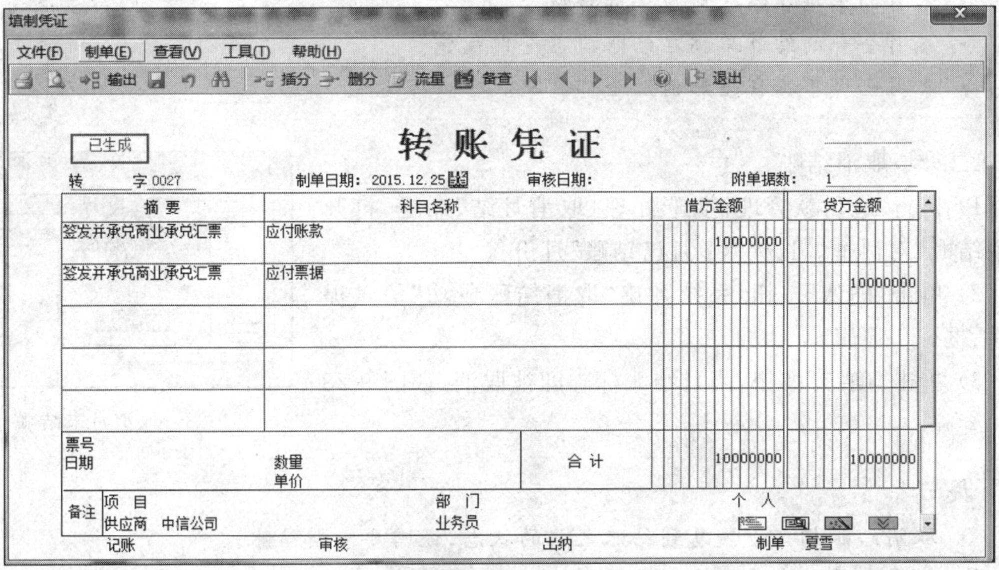

图 9-25　收付款单制单(经济业务 6)

（6）以账套主管身份对这些传递到总账的凭证进行审核、记账工作。

实验指导 2：期末处理

第一步：完成本月应付款管理系统的月末结账。

（1）执行"应付款管理|期末处理|月末结账"命令，打开"月末处理"对话框。双击 12 月份的结账标志栏，系统在 12 月的结账标志栏打上"Y"标记，如图 9-26 所示。

（2）单击"下一步"按钮，屏幕显示各处理类型的处理情况，单击"确认"按钮，系统进行结账工作。结账完毕，系统弹出"12 月份结账成功"信息提示对话框，如图 9-27 所示。

（3）单击"确定"按钮，系统自动在对应结账月份的"结账标志"栏中显示"已结账"字样，如图 9-27 所示。

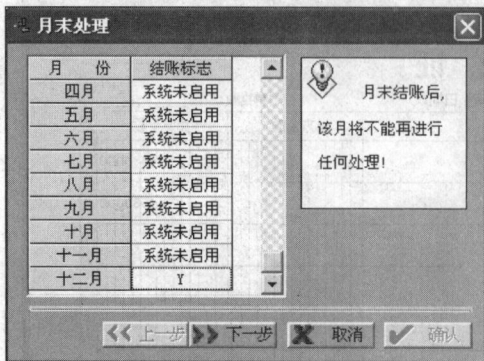

图 9-26　"月末处理"对话框

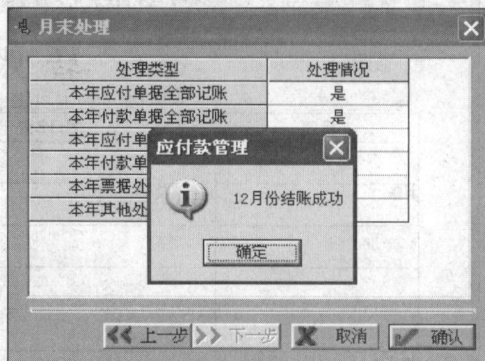

图 9-27　月末结账

提示

月末结账前系统要求完成以下全部项目。

- 本月的单据在结账前应全部审核。
- 本月全部的结算单据在结账前应全部核销。
- 本月全部单据在结账前应全部制单。

第二步：取消结账。

（1）执行"应付款管理|期末处理|取消月结"命令，打开"取消结账"对话框。选择"12月已结账"月份。

（2）单击"确认"按钮，系统弹出"取消结账成功"信息提示对话框。

（3）单击"确定"按钮，当月结账标志即被取消，如图 9-28 所示。

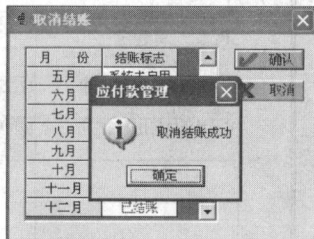

图 9-28　取消月末结账

提示

- 取消结账相当于恢复到结账之前的状态，还需要重新结账。
- 如果当月总账系统已经结账，则应收款管理系统不能取消结账。

实验指导 3：账套备份

（1）在 E 盘（或 D 盘）"会计信息系统"文件夹中新建"实验十三"文件。

（2）将账套保存至"实验十三"文件夹中。

参 考 文 献

[1] 齐莲花,康莉.财务软件应用[M].北京:机械工业出版社,2010.
[2] 王新玲,刘丽.用友 ERP 财务管理系统实验教程(U8.72 版)[M].北京:清华大学出版社,2015.
[3] 王新玲,汪刚.会计信息系统实验教程(用友 ERP-U8.72 版)[M].北京:清华大学出版社,2015.
[4] 徐晓鹏.会计信息系统[M].北京:清华大学出版社,2014.
[5] 钱光明,高俊云.会计信息系统[M].北京:人民邮电出版社,2014.
[6] 袁树民,王丹.会计信息系统(第 2 版)[M].上海:上海财经大学出版社,2014.
[7] 卢燕.会计信息系统实验(第 2 版)[M].北京:经济科学出版社,2014.
[8] 张瑞君,蒋砚章.会计信息系统[M].北京:中国人民大学出版社,2012.

推荐网站:

[1] 中华人民共和国财政部网站,http://www.mof.gov.cn.
[2] 中国国家税务总局网站,http://www.chinatax.gov.cn.
[3] 用友官方网站,http://www.youyou.com.
[4] 用友新道科技有限公司,http://www.seentao.com.
[5] 中国职业教育网,http://www.zgzyjyw.com.